Um historiador por seus pares:
trajetórias de *Ronaldo Vainfas*

CONSELHO EDITORIAL
Ana Paula Torres Megiani
Eunice Ostrensky
Haroldo Ceravolo Sereza
Joana Monteleone
Maria Luiza Ferreira de Oliveira
Ruy Braga

Um historiador por seus pares: trajetórias de *Ronaldo Vainfas*

Angelo Adriano Faria de Assis
Pollyanna Gouveia Mendonça Muniz
Yllan de Mattos
(organizadores)

Copyright © 2017 Angelo Adriano Faria de Assis/ Pollyanna Gouveia Mendonça Muniz/ Yllan de Mattos

Grafia atualizada segundo o Acordo Ortográfico da Língua Portuguesa de 1990, que entrou em vigor no Brasil em 2009.

Edição: Haroldo Ceravolo Sereza
Editora assistente: Danielly de Jesus Teles
Editora de livros digitais: Clarissa Bongiovanni
Projeto gráfico, diagramação e capa: Danielly de Jesus Teles
Fotografia: Lorena Salum
Assistente acadêmica: Bruna Marques
Revisão: Alexandra Colontini

CIP-BRASIL. CATALOGAÇÃO NA PUBLICAÇÃO
SINDICATO NACIONAL DOS EDITORES DE LIVROS, RJ

H578

Um historiador por seus pares: trajetórias de Ronaldo Vainfas / organização Angelo Adriano Faria de Assis, Pollyanna Gouveia Mendonça Muniz, Yllan de Mattos. - 1. ed. - São Paulo : Alameda, 2017.
23 cm

Inclui bibliografia
ISBN 978-85-7939-410-2

1. HISTORIOGRAFIA. I. ASSIS, ANGELO ADRIANO FARIA DE. II. MUNIZ, POLLYANNA GOUVEIA MENDONÇA. III. MATTOS, YLLAN DE.

17-45558   CDD: 907.2
            CDU: 82-94

ALAMEDA CASA EDITORIAL
Rua 13 de Maio, 353 – Bela Vista
CEP 01327-000 – São Paulo, SP
Tel. (11) 3012-2403
www.alamedaeditorial.com.br

Sumário

Prefácio
Francisco Bethencourt
9

Introdução
Ao Mestre, com carinho
11

Elogio do amigo
Mary del Priore
17

PARTE I: *Inquisição e Heresia*

As virtudes do Inquisidor-Geral: os sermões de exéquias e a imagem dos dirigentes do Santo Oficio no século XVII
Isabel M. R. Mendes Drumond Braga e Paulo Drumond Braga
23

Contatos proibidos nos cárceres do Santo Oficio
Daniela Buono Calainho
43

Branca Dias dos Apipucos: Inquisição e nativismo no Pernambuco oitocentista
Fernando Gil Portela Vieira
59

Negócios, famílias, judaísmo e Inquisição
(Portugal e Brasil - séculos XVI e XVII)
Lina Gorenstein
77

Sodomia não é Heresia: dissidência moral
e contra-cultura revolucionária
Luiz Mott
91

Os manuais de confissão como discurso:
"a volúpia da classificação"
Lana Lage da Gama Lima
109

PARTE II: *Relações internacionais e Diplomacia*

Observadores diplomáticos: os antecedentes da fuga da corte portuguesa
vistos a partir da Itália – 1794-1806
Laura de Mello e Souza
131

"Esse tribunal [...] eh praça que nesse Reyno está ainda
por conquistar e a mais perigoza que nelle temos":
o Santo Oficio e a Restauração (1640-1656)
Yllan de Mattos
151

O Padre Antônio Vieira e Ronaldo Vainfas
Thiago Groh
173

Origem e Estabelecimento da Inquisição de
Alexandre Herculano, seu conceito de História e
posteriores debates sobre a Inquisição portuguesa
Célia Cristina da Silva Tavares
185

Clérigos e leigos no Tribunal Episcopal: disciplinamento
social no bispado do Maranhão colônia
Pollyanna Gouveia Mendonça Muniz
201

PARTE III: *Olhares múltiplos*

Textos, trajetórias e promessas entre o Brasil colonial
e a Índia portuguesa
Andréa Doré
217

Brízida: uma índia feiticeira perante a Inquisição (1639)
Bruno Feitler
231

Revisitando o antonianismo: Beatriz Kimpa Vita
e o Congo cristão
Marina de Mello e Souza
241

"Enterrem meu coração na curva do rio... Tejo"
Maria Leônia Chaves de Resende
263

Memórias étnicas no tributo a um mestre
Reginaldo Jonas Heller
273

América colonial diante do olhar: propostas para um ensino de história
com imagens
Jorge Victor de Araújo Souza
285

PARTE IV: *Trajetórias*

Orientador, inspiração e muito a comemorar
Christiane Vieira Laidler
301

Ronaldo Vainfas, um historiador nas terras brasilis
Júnia Ferreira Furtado
311

Entre o público e o privado: diálogos com Ronaldo Vainfas
Maria Fernanda Bicalho
317

Ronaldo Vainfas e a história dos índios:
sobre encontros pessoais e profissionais
Elisa Frühauf Garcia
331

Ronaldo Vainfas e a Nova História nos Trópicos
Georgina Silva dos Santos
345

O que deve a historiografia sobre a Inquisição a Ronaldo Vainfas?
Angelo Adriano Faria de Assis
353

Um olhar sobre a historiografia de Ronaldo Vainfas
Jacqueline Hermann
371

Entrevista
De como um professor de História se
tornou historiador e vice-versa
*Angelo Adriano Faria de Assis, Pollyanna Gouveia Mendonça Muniz,
Yllan de Mattos, Aldair Carlos Rodrigues e Ronaldo Vainfas*
385

Sobre os autores
407

Prefácio

RONALDO VAINFAS é um dos expoentes da geração dourada de historiadores que renovou a percepção do passado e do presente do Brasil a partir dos anos de 1980. Ele contribuiu de forma decisiva para uma nova visão da história cultural colonial, que pela primeira vez valorizou as práticas das camadas populares, incluindo a maioria de origem africana e a minoria nativa. O seu primeiro livro sobre *Ideologia e escravidão* abriu caminho para a construção de uma história social relacionada com a história das ideias. *Trópico dos pecados* impôs uma nova maneira de fazer história dos costumes, religiosa e cultural, baseada nos processos da Inquisição. A sexualidade e a heresia encontraram ali uma nova interpretação, baseada em extraordinário material, até aí inédito. A *Heresia dos índios* é para mim uma obra prima, que coloca de forma definitiva a santidade de Jaguaripe no coração da resistência anti-colonial e mostra a complexidade do hibridismo religioso a partir de uma análise subtil e rigorosa, histórica e antropológica. *António Vieira - Jesuíta do Rei* proporcionou uma reavaliação da vida e obra do conhecido jesuíta com tantas ligações a terras brasileiras, conseguindo a renovação historiográfica numa área já densamente povoada de estudos. Mas há muito mais: o livro sobre o casamento e o amor no Ocidente, os volumes sobre a Inquisição, com publicação de documentos ou estudos de caso, o livro sobre os judeus portugueses no Brasil holandês. Os dicionários que dirigiu sobre o Brasil colonial e o Brasil Joanino são fundamentais para todos os estudiosos ou interessados em história do Brasil. Em todas estas publicações Ronaldo Vainfas não deixa de nos surpreender com a sua profunda cultura, solidez de análise e imaginação interpretativa. Estou certo que continuará a deliciar-nos com o seu trabalho inovador.

Francisco Bethencourt
Professor Charles Boxer
King's College London

Introdução

Ao Mestre, com carinho

Nem sempre é possível perceber, através da trajetória de um pesquisador, as mudanças profundas que sua obra alimentou na História. Até que ponto, enfim, pode um historiador, com seus textos, influir em nosso olhar sobre o passado e nos avanços e mudanças da historiografia? Embora difícil a resposta, o exemplo que trazemos materializado neste livro talvez seja dos mais profícuos para pensarmos sua abrangência. Celebrar em vida e vigor a carreira e a obra de um grande mestre, reconhecer e homenagear a quem se dedicou a repensar História, entusiasmando novas gerações e trabalhos.

A magia de contar uma história é algo singular. Exige, de quem o faz, seriedade investigativa, conhecimento do assunto, domínio das fontes e esforço de diálogo com outros autores. Mas também sagacidade de interpretação e inspiração de escrita. Ganha charme aquela que, para além da refinada pesquisa e análise, seu narrador a saboreia, transformando a aspereza das fontes em narrativa envolvente. É com essa beleza de escritor e maestria de historiador que Ronaldo Vainfas encanta o leitor, trazendo-o para a intimidade com o texto, dividindo com quem o lê as descobertas, como se as descobrissem juntos. Não há quem se forme em História sem se deparar com obras suas. Pudera, Ronaldo é um dos nossos grandes historiadores.

O mote para este livro que agora o leitor tem em mãos é verdadeiramente nobre: em 2015, Vainfas aposentou-se das atividades docentes junto ao Departamento de História da Universidade Federal Fluminense, onde ocupa lugar de destaque, depois de quase 40 anos de dedicação plena. Filho da mesma UFF onde se graduou em 1978, mesmo ano em que lá ingressou como professor, e onde também faria o mestrado (1983); em 1988, defenderia doutorado na USP.

Muito improvável que aquele jovem Ronaldo Vainfas, por mais determinado que fosse em seguir o caminho que tão bem soube construir, tivesse, nem de longe então, noção do impacto que sua carreira e produção causariam na historiografia brasileira. Destaque e referência, é pioneiro em vários sentidos. Pertence à primeira geração que divulgou em grande escala os estudos culturais no Brasil, ao lado de outros grandes pesquisadores, como Laura de Mello e Souza, Mary Del Priore, Luiz Mott, Lana Lage, entre outros. Seus livros não só promovem debates variados – escravidão, cotidiano, religiosidades, sexualidades, Igreja e Inquisição na América, santidades –, mas influenciam historiadores de Norte a Sul do Brasil. Hoje, não há dissertação ou tese defendida sobre a Modernidade, o mundo ibérico e a América portuguesa no país que não tenham os seus livros como referência bibliográfica obrigatória, selo de qualidade na trama temática e referencial teórico obrigatório.

Pesquisador incansável, escritor idem, brindou-nos com muitos textos que já nasceram clássicos: *Ideologia e Escravidão*, *Trópico dos Pecados*, *A Heresia dos Índios*, *Confissões da Bahia*, *Traição*, *Jerusalém Colonial*... Organizou, com Ciro Flamarion Cardoso, colega de UFF e seu orientador de mestrado, *Domínios* e *Novos Domínios da História*, refletindo a diversidade de *Clio*. Desvelou protagonistas anônimos e personagens ilustres, como a biografia dos jesuítas António Vieira e Manoel de Moraes. Publicou Dicionários sobre a Colônia, o Império e o período Joanino.

Sua produção é superlativa: até agora – e não temos a ilusão de que pare por aí –, 31 livros (entre publicações e reedições), 76 capítulos de livros, mais de 50 artigos em revistas e anais de eventos, cerca de 120 publicações na Imprensa. Fora as centenas de apresentações, conferências, entrevistas participações em bancas, projetos, colaborações das mais diversas... Amigo de novidades, sempre teve olhos para tornar a História mais próxima de todos, com escrita agradabilíssima e de compreensão fácil para leitores os mais variados; trabalhou para o sucesso de revistas para o grande público, como mostram seus textos na Revista de História da Biblioteca Nacional. Pesquisador 1A do CNPq, Cientista do Nosso Estado (FAPERJ), dos fundadores e líderes da *Cia das Índias* – influente grupo sobre História Moderna e América portuguesa, sediado na UFF e que conta com colaboradores nacionais e internacionais de grande projeção –, orientou várias pesquisas, muitas publicadas: 21 monografias,

24 iniciações científicas, 25 mestrados, 19 doutorados, 7 pós-docs. Fora as que estão em andamento e, oxalá, futuras.

Entretanto, Ronaldo gosta de dizer que forma quadros: muitos de seus ex-orientandos atuam em universidades, com produção reconhecida. Mais do que isso, alunos dedicados, que mantêm, para além da admiração pelo Mestre que os formou, laços de amizade que se estendem e consolidam mesmo fora da Academia. Mostraram isto ao aceitarem a tarefa – difícil e prazerosíssima de dialogar uma vez mais com o mestre, no evento em sua homenagem que deu origem a esta obra. Estes, mais do que ninguém, sabem da sua importância, caráter, coerência e competência. Sabem que Ronaldo nunca fugiu do combate, concordemos ou não com suas opiniões. Sempre gostou e foi, de peito aberto e sem meias palavras, para os debates...

Assim, este livro que aqui se apresenta é fruto de tudo isto um pouco. É organizado por três ex-orientandos de mestrado e de doutorado de Ronaldo. Três ex-orientandos que, mesmo tendo desenvolvido seus trabalhos de pesquisa em momentos distintos, tornaram-se grandes e verdadeiros amigos-irmãos, parceiros de Academia e de vida, e que dividem a admiração, carinho e respeito pelo ex-orientador, já há muito amigo. A ideia de fazê-lo começou a ser pensada alguns anos antes da aposentadoria de Vainfas, entendendo que este seria um momento ímpar e perfeito para homenageá-lo, gozando de plena saúde e feliz por partilhar conosco o momento, revisitando sua carreira entre amigos e discípulos. O evento ganhou forma e foi pensado em conjunto com outras celebrações, da qual foi uma das apoteoses. Foi assim que assinamos juntos, anunciando o que viria a seguir, um texto inicial publicado na Revista de História da Biblioteca Nacional, em outubro de 2015, intitulado, não por acaso, "Um feiticeiro, por três aprendizes". Mas era impossível, sabíamos antes mesmo de terminar a tarefa que, no espaço de uma única página, na seção que encerrava a edição (*A história do historiador*), conseguíssemos descrever o significado de Ronaldo para nós e para a História. Era preciso muito mais.

Assim, a princípio contra a própria vontade acanhada do homenageado, conseguimos convencê-lo a uma segunda homenagem, agora, no nobilíssimo espaço da Biblioteca Nacional do Rio de Janeiro, verdadeiro templo de fontes, livros e ideias. No Auditório Machado de Assis, entre os dias 21 e 22 de julho de 2016, foi realizado o evento *Um historiador por seus pares: trajetória de Ronaldo Vainfas*. Nos dois dias de atividades, com auditório lotado e transmissão ao vivo via rede mundial de computadores, assistimos aos depoimentos de vários daqueles que fazem, de alguma forma, parte da trajetória de Ronaldo: colegas de trabalho, pesquisadores parceiros, gerações de ex-orientandos, amigos de longa data. Mas não nos enganemos sobre o conteúdo dos trabalhos apresentados: para além das lembranças e comemorações emocionadas, os textos debateram com a lavra do grande pesquisador, referência vital na obra de todos. Serviram como semente deste livro os trabalhos apresentados ao longo das sessões do evento, aos quais se juntaram textos de historiadores que, por motivos diversos, não puderam se fazer presentes.

O livro, fruto destas homenagens e resultado direto do evento, pretende, também, ser material de debate, com reflexões históricas sobre os temas que, de algum modo, compartiram com na trajetória de Vainfas. Neste sentido, este feito coletivo foi dividido em quatro eixos, em nada excludentes, diga-se de passagem, mas antes, complementares. Cada um, ao seu modo, relaciona-se com a obra, as memórias, o convívio, a influência de Ronaldo. Escolha esta, que não nos foi aleatória: Ronaldo é mesmo isso, tudo ao mesmo tempo – amigo, referência, historiador, orientador, parceiro.

O livro se inicia com o delicado texto de Mary del Priore, *Elogio do amigo*, relembrando um Ronaldo ainda jovem, do início de carreira e dos tempos em que estudaram juntos, ponte sólida que construiu a firme amizade entre ambos.

A primeira parte, *Inquisição e heresia*, abre com o texto de Isabel e Paulo Drumond Braga que, em *As Virtudes do Inquisidor-Geral: Os Sermões de Exéquias e a Imagem dos Dirigentes do Santo Ofício no século XVII*, examinam sermões de exéquias proferidos por ocasião do falecimento de quatro inquisidores-gerais durante o século XVII, buscando traçar a imagem do mais relevante ministro do Santo Ofício. Daniela Buono Calainho, em *Contatos proibidos nos cárceres do Santo Ofício*, analisa O cotidiano e o significado deste espaço prisional, onde os réus poderiam aguardar por meses ou anos a fio o desenrolar de seus processos. Fernando Gil Portela Vieira, ao estudar o caso de *Branca Dias dos Apipucos: Inquisição e nativismo no Pernambuco oitocentista*, retoma o drama teatral *Branca Dias dos Apipucos*, resenhado pelo jornalista Antônio Pedro de Figueiredo na imprensa do Recife em meados do século XIX, inspirado na célebre personagem, figura das mais denunciadas durante a visitação quinhentista da Inquisição à colônia. *Negócios, Famílias, Judaísmo e Inquisição (Portugal e Brasil - séculos XVI e XVII)*, tema de Lina Gorenstein, traça um perfil da perseguição aos cristãos-novos e das redes e estratégias de proteção, a partir do caso de Fernão Rodrigues Penso e de sua família. *Sodomia não é Heresia: Dissidência moral e contra-cultura revolucionária*, artigo de Luiz Mott, procura definir heresia e sodomia e, em seguida, analisar a ótica dos inquisidores e dos próprios sodomitas desqualificando a sodomia como heresia e, nesse sentido, reavivando os debates com Vainfas. Por fim, Lana Lage da Gama Lima analisa os manuais de confissão e a perseguição inquisitorial aos sacerdotes solicitantes no Brasil Colonial, em *Os manuais de confissão como discurso: "a volúpia da classificação"*.

A segunda parte, *Relações internacionais e Diplomacia*, se inicia com Laura de Mello e Souza em texto acerca dos *Observadores diplomáticos: os antecedentes da fuga da corte portuguesa vistos a partir da Itália – 1794-1806*, em que esmiúça os despachos diplomáticos dos embaixadores portugueses junto à corte sarda como ângulo privilegiado de observação da conjuntura europeia e das diretrizes políticas e diplomáticas de Portugal. Yllan de Mattos, autor de *"Esse tribunal [...] eh praça que nesse Reyno está ainda por conquistar e a mais perigoza que nelle temos": o Santo Ofício e a Restauração (1640-1656)*, investiga o partido que tomou a Inquisição, ou o inquisidor-geral, no processo da Restauração portuguesa. Thiago Groh, em *O Padre Antônio Vieira e Ronaldo Vainfas*, dialoga com o personagem e o biógrafo, o autor e a obra, ou seja, o modo como Vainfas retratou Vieira em livro biográfico, e como o próprio Groh utiliza estas questões em suas pesquisas. Célia Cristina da Silva Tavares aborda, em *Origem e Estabelecimento da Inquisição de Alexandre Herculano, seu conceito de História e posteriores debates sobre a Inquisição portuguesa*, o papel e influência do grande historiador português e de sua célebre obra nas discussões sobre o Tribunal inquisitorial lusitano. Pollyanna Gouveia Mendonça Muniz encerra esta parte com estudo refinado sobre a função que tribunais eclesiásticos tiveram na organização da Igreja, em seu *Clérigos e leigos no Tribunal Episcopal: disciplinamento social no bispado do Maranhão colonial*.

A terceira parte, *Olhares múltiplos*, se inicia com *Textos, trajetórias e promessas entre o Brasil colonial e a Índia portuguesa*, de Andréa Doré, em que a autora apresenta diferentes personagens, trajetórias e documentos que põem em paralelo os contextos do Brasil colonial e da Índia portuguesa. Bruno Feitler, em *Brízida: uma índia feiticeira perante a Inquisição (1639)*, recorre a trabalho micro-analítico para estudar o caso de uma índia cristianizada emaranhada nas perseguições do Santo Ofício durante o Seiscentos. Marina de Mello e Souza, também em estudo de caso, percorre a trajetória de uma heresia centro-africana liderada por Beatriz Kimpa Vita, em *Revisitando o antonianismo: Beatriz Kimpa Vita e o Congo cristão*. Maria Leônia Chaves de Resende reflete sobre a influência da obra de Ronaldo Vainfas em suas pesquisas sobre a história indígena em *Enterrem meu coração na curva do rio... Tejo*. Reginaldo Jonas Heller, em jornada similar, revisita suas trajetórias de pesquisa sob a orientação de Vainfas e as discussões sobre identidades judaicas em *Memórias étnicas no tributo a um mestre*. Por último, Jorge Victor de Araújo Souza explora as relações entre imagens coloniais e a história colonial das Américas no espaço da sala de aula, em *América colonial diante do olhar: propostas para um ensino de história com imagens*.

Trajetórias, quarta e última parte da obra, abre com o trabalho de Christiane Vieira Laidler, *Orientador, inspiração e muito a comemorar*, momento da autora relembrar reverenciar a influência de Vainfas em sua formação e atuação como historiadora. Júnia Ferreira Furtado invoca sua experiência pessoal com o homenageado em sua trajetória intelectual, abordando a segunda a partir da primeira, em *Ronaldo Vainfas, um historiador nas terras brasilis*. *Entre o público e o privado diálogos com Ronaldo Vainfas*, de Maria Fernanda Bicalho, refaz o caminho e produção intelectuais de Vainfas em diálogo com a historiografia brasileira das últimas décadas. *Ronaldo Vainfas e a história dos índios: sobre encontros pessoais e profissionais*, tema de Elisa Frühauf Garcia, reflete sobre a contribuição vainfiana para o desenvolvimento do campo da História indígena entre os pesquisadores brasileiros. Georgina Silva dos Santos discorre sobre a importância da Nova História na obra de Vainfas e o papel desempenhado por este na divulgação e fortalecimento deste campo na historiografia brasileira, em *Ronaldo Vainfas e a Nova História nos Trópicos*. *O que deve a historiografia sobre a Inquisição a Ronaldo Vainfas?*, assunto de Angelo Adriano Faria de Assis, faz um panorama da influência de Vainfas para o desenvolvimento dos estudos inquisitoriais no país. Jacqueline Hermann, como já deixa claro no título de seu trabalho, *Um olhar sobre a historiografia de Ronaldo Vainfas*, apresenta a fortuna do autor e o significado de suas obras para a historiografia.

Por último, encerrando esta homenagem, o próprio autor fala por si, sabatinado em entrevista a quatro mãos, *De como um professor de História se tornou historiador e vice-versa*, conduzida por Angelo Adriano Faria de Assis, Aldair Carlos Rodrigues, Pollyanna Gouveia Mendonça Muniz e Yllan de Mattos.

Esperamos que esta obra celebre Ronaldo Vainfas pelo que fez, pelo que é e pelo que significa para a historiografia brasileira e para as futuras gerações. Mas que também seja entendida como um agradecimento sincero de todos os que tiveram a fortuna de conhecer e conviver com Ronaldo, como amigos, colegas de pós-graduação ou parceiros de trabalho, orientandos, leitores e admiradores de suas obras. Que suas trajetórias continuem a inspirar novos historiadores.

Vida longa ao Mestre, com carinho!

Viçosa/São Luís/Rio de Janeiro, verão de 2016 – primavera de 2017.
Angelo Adriano Faria de Assis, Universidade Federal de Viçosa
Pollyanna Gouveia Mendonça Muniz, Universidade Federal do Maranhão
Yllan de Mattos, Universidade Federal Rural do Rio de Janeiro

Elogio do amigo

RONALDO AMIGO.

Diz-se que boa saúde e má memória são a fórmula da felicidade. Estou quase lá, e, das poucas lembranças que guardo da universidade, você tem a melhor parte. Recordo nosso primeiro encontro: o curso de pós-graduação da Professora Anita Novinsky. Você já autoridade reconhecida, eu, dona de casa e mãe de família, na espera febril de ser reconhecida no olhar de seus colegas. Você, mestre e com livros publicados, eu, acreditando que a vida acadêmica não seria mais do que uma sala de espera. Ambos na idade de todos os possíveis: a juventude.

Lembro-me de uma memorável estadia em Portugal: a velha Lisboa, seus comboios, o Tejo, grande lençol de cetim cinzento. O encontro era sempre, cedo pela manhã, na sessão de Obras Raras da Biblioteca Nacional, onde, nós, de fraldas, éramos respeitosamente tratados de Doutor e Doutora. Misteriosa alegria ressudava desses encontros. Pois, o que dizer da sedução das gavetas de dentro das quais, os mortos nos acenavam com suas histórias. E o que contar do sentimento de estar imantado pelas fichas cheias de surpresas, os documentos que nos atraiam e traziam descobertas incessantes. E o silêncio de chumbo dentro da sala, inversamente proporcional a alegria de que estávamos tomados. O tempo imóvel da velha instituição, a lassidão das bibliotecárias, contrastando com nossa juventude, nossa avidez em conhecer. Diante da riqueza dos arquivos portugueses, nos intoxicávamos com as mais deliciosas histórias. Aquelas que como dizia a própria Anita Novinsky, gesticulando com as mãos finas de unhas vermelhas, davam carne e sangue para a grande História. E ali descortinávamos a matéria mesma que depois de muitas alquimias, iríamos transformar em nosso ouro. O ouro de nossas teses, escritas com o desejo de encontrar novos territórios e dar vida a novos personagens históricos. Nessas cenas lisboetas, me vem à memória duas musas: Daniela Calainho e Lana Gama Lima, beleza e a competência iluminando o grupo. Um guia e mestre: Caio Boschi e a busca do cálice sagrado de vinho do Porto. E a noite, à volta da mesa, a doçura das conversas e dos doces portugueses. Penso que, para todos nós, o início, não foi o Verbo, mas os arquivos...

Houve o momento "Trio Iraquitã". O terceiro membro era Laura de Mello e Souza. Por trás do apelido musical, nos batíamos contra grupos que consideravam o que fazíamos, deletério. Uma bizarrice. Embora Foucault estivesse na moda, estudos sobre sexualidade, não acrescentavam às velhas fórmulas sobre "a luta de classes" aplicadas como uma injeção dolorosa. Era proibido ser original. A ordem era manter interpretações coletivas e que atendessem aos projetos coletivos, obedecendo às leis metafísicas. Em nome da liberdade, queriam suprimir a nossa. A tendência era manter uma história racional, feita de esquemas sufocantes. Esqueciam-se de que, como diz Pierre Bourdieu, em sua crítica sobre o marxismo escolástico, "o dominante também é dominado por....Paixões".

Nosso combate foi suave. Ele veio do ofício. Nasceu dos arquivos sobre os quais nos debruçávamos incessantemente. Dos textos, aos quais buscamos insuflar um sopro diverso. Um ritmo e conteúdos diferentes. Sem sabê-lo, vejo hoje que éramos guiados por uma máxima de Hanna Arendt: buscávamos a inteligência desinteressada feita de amor à disciplina e liberdade interior. Devo a esse momento que não recordo como penoso, apenas tenso, o objetivo que então me dei: a liberdade não seria para mim um ideal a conquistar, mas uma prática, uma atitude em relação a mim mesma e aos outros. E tive a sorte de, como membro do Trio Iraquitã, participar de muitos encontros, palestras, congressos num coro onde, cada qual com sua voz, dava voz aos documentos. Voz que apreciava arquivos, a pesquisa, valorizando, enfim, a volta à cozinha da História. Tudo regado à rivalidade que Jacques Derrida diz ser parte da verdadeira amizade, pois ela nos convida a nos ultrapassarmos. A sermos melhores do que acreditamos que somos. Nela, nenhuma fusão ou excesso de familiaridade, mas a reserva feita de respeito e de reconhecimento do talento do

Outro. Devo, portanto, Ronaldo, a você e Laura, a gratidão por esse bom combate, e a transformação da estudante que eu era, na profissional que ainda desejo ainda ser.

Depois houve essa coisa fabulosa chamada vida. Vida: a grande onda que, ao abater-se, separa o que estava junto. Nada de transladações lineares. Nada como antes... O tempo embaralhou as constelações, as estruturas, as perspectivas e as relações. Casamentos, viagens, mudanças de espaço geográfico e profissional e cada qual seguiu seu caminho. O caleidoscópio se organizou com novas combinações. Mas, eu levando sempre no coração essa foto de família. Foto que, longe de estar apagada ou mumificada, revive, graças ao carinho e saudades que tenho de todos.

Esses foram tempos em que pude compartilhar com você inteligência, conhecimentos, leituras, humor, simpatia e seu largo sorriso por trás da barba cerrada e, então, escura. Desde então, só tive o exemplo do melhor intelectual: o que está a escuta do Outro. Pois, para ser um grande historiador, não basta dar aulas, ter centenas de artigos publicados, dezenas de orientandos, ser dono de um texto ondulante de qualidade ou de análises pertinentes. É preciso saber ouvir. Ouvir ouvindo, olhando no olho, dividindo as dúvidas, esclarecendo os problemas, mostrando-se disponível. E desde então, para mim, Ronaldo, esse grande historiador é você.

De sua admiradora e amiga, *Mary del Priore*

Parte I
Inquisição e Heresia

As virtudes do Inquisidor-Geral: Os sermões de Exéquias e a imagem dos dirigentes do Santo Ofício no século XVII

Isabel M. R. Mendes Drumond Braga
Paulo Drumond Braga

ESTE TEXTO É DEDICADO AO AMIGO E COLEGA RONALDO VAINFAS, cujas amizade e colaboração científica tiveram início à volta da mesa de um restaurante no Leme, no ano de 2004. De então para cá, muitas foram as vezes em que, quer no Rio de Janeiro quer em Lisboa, repetimos a partilha de ideias e nos deliciámos com o seu magnífico sentido de humor. Brindemos, pois, às suas polifacetadas virtudes.

***

A partir das existências da Biblioteca Nacional de Portugal, foi possível localizar seis sermões de exéquias proferidos por ocasião do falecimento de quatro inquisidores-gerais durante o século XVII, designadamente D. Fernão Martins Mascarenhas, D. Francisco de Castro, D. Pedro de Lencastre e D. Veríssimo de Lencastre. A partir destas fontes, frequentemente negligenciadas, pretendemos traçar a imagem do mais relevante ministro do Santo Ofício, num período em que a Inquisição intensificou a sua atuação face aos cristãos-novos judaizantes, assistiu à prisão de um inquisidor-geral sob suspeita de conspiração contra o primeiro monarca da nova dinastia e conheceu um inusitado conflito com o Papado, tendo inclusivamente visto a sua atividade suspensa, nos anos de 1674 a 1681, ou seja, durante um século em que não faltaram desafios a uma instituição que se soube adaptar e transformar de modo a assegurar a sua sobrevivência. Atendendo às características destas fontes, que utilizam de forma sistemática uma linguagem encomiástica, mais relevante do que as características de cada um dos quatro ministros aqui em causa, é a imagem que se pretende dar de uma instituição e do seu maior representante. Foi nessa ótica que aqui se estudaram os seis sermões.

1. Comecemos por recordar alguns traços biográficos dos quatro inquisidores-gerais cujos sermões de exéquias tiveram honras de impressão. D. Fernão Martins Mascarenhas (c. 1548-1628), líder máximo do Santo Ofício de 1616 até à sua morte, era oriundo de uma família que desde o tempo de D. João III se achava ao serviço da casa real. Doutor em Teologia pela Universidade de Coimbra, onde desempenhou as funções de reitor, cónego da sé de Évora, bispo do Algarve (1594-1616) foi, em 1611, nomeado capelão-mor de Filipe III. A partir de 1616, passou a estar à frente do Santo Ofício português, com quem já havia colaborado como qualificador. Durante a sua gestão, houve um incremento da atividade repressiva, revelando um desejo de reforço do papel do Tribunal na sociedade portuguesa. Recordem-se os processos movidos a professores da Universidade de Coimbra acusados de pertencerem à confraria de São Diogo, de judaizantes, e também os que visaram numerosas religiosas de diversas casas de Coimbra, alegadamente presas sob suspeita de judaísmo. Lembre-se ainda que o inquisidor lutou para evitar novos perdões gerais a conceder aos cristãos-novos. Durante a gestão de D. Fernão Martins Mascarenhas, houve uma clara tentativa de defender a autonomia da Inquisição das tentativas de controlo por parte da Coroa. Foi, aliás, significativo que, em 1623, o tenham querido afastar da posição cimeira que ocupava no tribunal da fé, acenando-lhe com a mitra de Coimbra.[1]

D. Francisco de Castro (1574-1653) foi inquisidor-geral entre 1630-1653. Era filho de D. Álvaro de Castro, falecido na batalha de Alcácer-Quibir, e que havia sido vedor da fazenda e embaixador em Roma no reinado de D. Sebastião; e neto, via materna, de D. João de Castro, vice-rei da Índia. Doutorou-se em Teologia e desempenhou diversos cargos antes de chegar ao lugar cimeiro do Santo Ofício, em 1630,

---

[1] CODES, Ana Isabel López-Salazar. *Inquisición y Política. El Gobierno del Santo Oficio en el Portugal de los Austrias (1578-1653)*. Lisboa: Universidade Católica Portuguesa, Centro de Estudos de História Religiosa. p. 56-73; PAIVA, José Pedro. 'Mascarenhas, Fernão Martins' In: *Dizionario Storico dell' Inquisizione*, direção de Adriano Prosperi, com a colaboração de Vincenzo Lavenia e John Tedeschi, vol. 2. Pisa: Edizione della Normale, 2010. p. 1004-1006; MARCOCCI, Giuseppe e PAIVA, José Pedro. *História da Inquisição Portuguesa. 1536-1821*. Lisboa: A Esfera dos Livros, 2013. p. 147-154.

designadamente, foi reitor da Universidade de Coimbra (1605-1611), conselheiro de Estado (desde 1605), bispo da Guarda (1617-1630) e presidente da Mesa da Consciência e Ordens (1611-1617). Em 1641, foi preso sob acusação de ter participado na conspiração que teve como objetivo a deposição de D. João IV.[2] Se bem que o papel do inquisidor tenha sido reduzido, aparentemente a única culpa que teria tido limitara-se a ter conhecimento da trama e não a ter denunciado, acabou por ser detido a 28 de julho de 1641 e solto a 5 de março de 1643.[3] D. Francisco de Castro parece ter inicialmente optado por não se manifestar, limitando-se a informar os inquisidores dos tribunais de distrito dos factos sem sobre eles emitir opiniões.[4] Teresa Vale colocou a hipótese, bastante pertinente, de a libertação se ter ficado a dever a manobras diplomáticas junto da Santa Sé, numa época em que se negociava o reconhecimento da nova dinastia, o que como se sabe, só ocorreu em 1669. Efetivamente, a presença em Roma do agente de D. João IV, Pantaleão Rodrigues Pacheco, no final de 1642, e a libertação do inquisidor no princípio de março do ano seguinte poderá não ser uma coincidência. Tanto mais que a ligação entre Pacheco e Castro era uma realidade comprovada pelo facto de o primeiro ter sido um dos testamenteiros do inquisidor.[5] Enquanto figura máxima do Santo Ofício, D. Francisco de Castro começou por visitar os três tribunais distritais do continente, organizou, a pedido de D. João IV, uma companhia de familiares para lutar durante a Guerra da Restauração e fez publicar, em 1634, o colectório e, em 1640, o novo regimento. As relações entre o monarca e o inquisidor-geral conheceram novo momento de tensão em 1649-1650, a propósito da utilização de capitais dos cristãos-novos na Companhia Geral do

---

2 Sobre D. Francisco de Castro, cf. VALE, Teresa Leonor M. 'D. Francisco de Castro (1574-1653) Reitor da Universidade de Coimbra, Bispo da Guarda e Inquisidor Geral'. In: *Lusitania Sacra*, 2.ª série, vol. 7. Lisboa: 1995. p. 339-358; OLIVEIRA, Maria do Rosário Álvaro de Oliveira Mendes de. *D. Francisco de Castro e o Morgado do 'Menor' D. João de Castro Telles Meneses Henriques (1641-1654)*. 2 vols, Lisboa: Dissertação de Mestrado em História Moderna apresentada à Faculdade de Letras da Universidade de Lisboa, 2000; PAIVA, José Pedro. 'D. Francisco de Castro'. In *Dizionario Storico dell'Inquisizione*, [...], vol. 1. p. 302-304; CODES, Ana Isabel López-Salazar, *Inquisición y Política. El Gobierno del Santo Ofício en el Portugal de los Austrias* [...], p. 73-88, 91-98, *passim*.
3 Sobre a conspiração de 1641, cf. TORGAL, Luís Rei. *Ideologia Política e Teoria do Estado na Restauração*. vol. 1, Coimbra: Biblioteca Geral da Universidade de Coimbra, 1981. p. 90-92, *passim*; COSTA, Leonor Freire e CUNHA, Mafalda Soares da. *D. João IV*. Lisboa: Círculo de Leitores, 2006. p. 105-150; WAGNER, Mafalda de Noronha. *A Casa de Vila Real e a Conspiração contra D. João IV*. Lisboa: Colibri, 2007. p. 155-213. Sobre a participação do inquisidor-geral, cf. VALE, Teresa Leonor M. 'D. Francisco de Castro (1574-1653) [...]'. p. 339-358.
4 CODES, Ana Isabel López-Salazar. *Inquisición y Política* [...], p. 83-84.
5 VALE, Teresa Leonor M. 'D. Francisco de Castro (1574-1653) [...]'. p. 358.

Comércio do Brasil. Durante a fase em que D. Francisco de Castro esteve à frente do Santo Ofício houve preocupações com a reorganização interna do Tribunal e com a conservação da autonomia do mesmo.[6]

D. Pedro de Lencastre (1608-1673), descendente de D. João II por via bastarda, foi 5.º duque de Aveiro e 5.º marquês de Torres Novas, títulos que obteve em 1668, após longo e polémico processo. Embora segundo alguns biógrafos tenha estudado Cânones em Coimbra, nada o comprova em termos documentais. Foi, em 1651, designado presidente do Tribunal do Desembargo do Paço e, embora D. João IV lhe tenha confiado sucessivamente as dioceses da Guarda e de Braga, nunca foi provido nas mesmas em virtude de se acharem interrompidas as relações entre Portugal e a Santa Sé. Em 1671, quando era bispo titular de Sidonia, *diocese in partibus*, aceitou o lugar de inquisidor-geral, oferecido pelo príncipe regente D. Pedro. O tribunal não recebeu bem esta nomeação, habituado que estava a ver um dos seus a atingir o lugar cimeiro. D. Pedro de Lencastre geriu o Santo Ofício durante somente quinze meses, tempo em que foram presas várias famílias de mercadores cristãos-novos e se proibiu que os penitenciados pelo tribunal pudessem receber comendas e hábitos das Ordens Militares e gozar de outros privilégios. Pouco depois da morte deste inquisidor, em 1674, a Inquisição foi suspensa pelo Papa, num processo que remonta ao tempo da sua gestão, quando se iniciou nova luta pela obtenção de um perdão geral aos cristãos-novos.[7]

D. Veríssimo de Lencastre (1635-1692), Doutor em Cânones pela Universidade de Coimbra, entrou ao serviço da Inquisição em 1644, concretamente como promotor do tribunal de Évora, onde chegou a inquisidor, cinco anos depois. Em 1660, transferiu-se para Lisboa, ascendendo depois a deputado do Conselho Geral do Santo Ofício (1664). Protegido pelo príncipe regente D. Pedro, de quem foi conselheiro de Estado e sumilher da cortina, foi por este nomeado arcebispo de Braga, cargo que desempenhou de 1670 a 1677. Escolhido para inquisidor-geral em 1675, só no ano seguinte foi passado o breve papal de nomeação e D. Veríssimo de Lencastre tomou posse em 1677. Em 1686, foi feito cardeal. A sua gestão à frente do Santo Ofício coincide em parte com a interrupção das atividades do mesmo, ordenada pelo Papa (1674-1681). No seguimento da contenda, deram-se alterações nos procedimentos

---

6   PAIVA, José Pedro, 'D. Francisco de Castro' […], p. 302-304.
7   PAIVA, José Pedro. 'Lencastre, Pedro de' In: *Dizionario Storico dell' Inquisizione* […]. vol. 2. p. 881; MARCOCCI, Giuseppe e PAIVA, José Pedro. *História da Inquisição Portuguesa* […], p. 201-206.

do Tribunal, após o breve *Romanus pontifex,* de 22 de agosto de 1681, tais como só se proceder ao confisco após a sentença, a possibilidade de o réu escolher o procurador, o qual teria que ser aprovado pelo Santo Ofício, e com ele falar em privado; a admissibilidade de testemunhas de defesa cristãs-novas, a obrigatoriedade de os absolvidos serem soltos de imediato, a retirada dos cadafalsos dos autos da fé e a redução dos gastos com banquetes, sem esquecer, a alteração fundamental: uma segunda audição de todas as testemunhas após a defesa, o que tornou os processos mais longos e dispendiosos.[8] O inquisidor-geral teve de aceitar a medida régia de expulsão dos cristãos-novos de Portugal, aliás, nunca implementada (1683), enquanto a ação do Tribunal nesta época caraterizou-se por um aumento da repressão aos cristãos-velhos (nomeadamente nos delitos de solicitação, blasfémia e magia) e pela diminuição do número das condenações e dos ritos públicos do Santo Ofício.[9]

2. Os seis sermões, da autoria de três dominicanos, dois jesuítas e um carmelita, foram pregados em Lisboa, Coimbra, Évora e Arrábida. Foram textos que oscilaram entre 20 e 40 páginas e, um deles, concretamente o que foi pregado por morte de D. Pedro de Lencastre, foi publicado por ordem de D. Maria de Lencastre, marquesa de Gouveia e condessa de Portalegre, irmã do falecido inquisidor-geral. No caso do sermão por ocasião das exéquias de D. Veríssimo de Lencastre, no texto impresso não consta o autor, sendo o mesmo, frei Francisco de Lima, bispo de Pernambuco, dado a conhecer por uma nota manuscrita, o que foi confirmado por Diogo Barbosa Machado.

Quadro
Pregadores e Locais de Pregação dos Sermões de Exéquias

Inquisidor	Pregador	Ordem	Local da Pregação	Data de Publicação	Número de páginas
D. Fernão Martins Mascarenhas	Padre Diogo de Areda	Companhia de Jesus	Lisboa, Igreja de São Roque	1628	20

---

[8] MARCOCCI, Giuseppe e PAIVA, José Pedro. *História da Inquisição Portuguesa* [...], p. 240-241, 279.

[9] Sobre este homem e a sua ação como inquisidor-geral, cf. BRAGA, Paulo Drumond. *D. Pedro II. Uma Biografia.* Lisboa: Tribuna da História, 2007, p. 142; PAIVA, José Pedro. 'Lencastre, Veríssimo' In: *Dizionario Storico dell' Inquisizione* [...]. vol. 2. p. 882; MARCOCCI, Giuseppe e PAIVA, José Pedro. *História da Inquisição Portuguesa* [...], p. 206-209.

Inquisidor	Pregador	Ordem	Local da Pregação	Data de Publicação	Número de páginas
D. Francisco de Castro	Frei Manuel Ferreira	Ordem de São Domingos	Lisboa, Convento de São Domingos	1654	30
D. Francisco de Castro	Padre Nuno da Cunha	Companhia de Jesus	Coimbra, Mosteiro de Santa Cruz	1654	30
D. Francisco de Castro	Frei António Vel	Ordem de São Domingos	Évora, Convento de São Domingos	1654	40
D. Pedro de Lencastre	Frei Jorge de Castro	Ordem de São Domingos	Arrábida, Convento da Arrábida	1673	40
D. Veríssimo de Lencastre	[Frei Francisco de Lima]	Ordem do Carmo	Lisboa, Convento de São Pedro de Alcântara	1693	28

Os autores dos sermões, além de pregadores, desempenharam outros cargos e funções. Em alguns casos, tais informações foram fornecidas, como era comum na época, no próprio frontispício dos livros. Assim, sobre os dominicanos, todos eles qualificadores do Santo Ofício, frei Manuel Ferreira, frei António Vel e frei Jorge de Castro, sabemos que o primeiro foi visitador, comissário e vigário-geral da província dominicana, além de regente do colégio de São Tomás da Universidade de Coimbra, prior dos conventos de Lisboa e de Coimbra, deputado da Inquisição de Évora, desde 1654, e, na expressão de Barbosa Machado, "passou de caduco a eterno", em fevereiro de 1659.[10] O segundo foi lente de prima no curso de Teologia do convento de São Domingos de Évora e o terceiro mestre em Teologia, regente de estudos, reitor e prior do convento da Batalha e do Colégio Real de São Tomás de Coimbra. Foi ainda provincial da ordem de 1675 e, na Inquisição, foi deputado do Tribunal de Évora e do de Lisboa, chegando a ser nomeado deputado do Conselho Geral, não tendo tomado posse, pois morreu em 1685.[11] Do jesuíta Diogo de Areda

---

10 MACHADO, Diogo Barbosa. *Biblioteca Lusitana*. tomo 3. Coimbra: Atlântida, 1946, p. 265.
11 MACHADO, Diogo Barbosa. *Biblioteca Lusitana*. tomo 2 [...], p. 802.

(1568-1641), informa-nos Barbosa Machado que lecionou Filosofia no colégio de Lisboa e Teologia no de Coimbra, ambos da Companhia,[12] enquanto o padre Nuno da Cunha (1593-1674) assistiu ao geral da Companhia de Jesus em Roma, foi reitor do seminário dos Irlandeses e dos colégios de Lisboa e de Coimbra e prepósito da casa de São Roque.[13] A ser verdade que o carmelita frei Francisco de Lima foi o autor do sermão de exéquias por morte de D. Veríssimo de Lencastre, refira-se que dele se sabe ter professado em 1649, tendo estudado no colégio de Coimbra e lecionado no convento de Évora, ambos da sua ordem. Reformador e visitador do convento da Horta, vigário-geral do Brasil, prior do convento de Lisboa, foi, em 1690, nomeado bispo do Maranhão e Pará não tendo chegado a entrar na diocese pois, entretanto, em 1694, foi provido no bispado de Pernambuco, onde morreu em 1704.[14]

3. Os sermões de exéquias patenteiam as características do defunto, que aparece sempre retratado como um modelo de virtudes. No caso da parenética relativa à morte dos inquisidores-gerais, as características apresentadas foram: benévolo, brando, caridoso, generoso, grandioso, liberal, suave e zeloso, no caso de D. Fernão Martins Mascarenhas.[15] Benevolente, devotíssimo, esmoler, grave, humilde no vestuário,[16] justo, misericordioso, modesto, valoroso e com "limpeza de mãos", ou seja, sem nunca ter pedido empréstimos,[17] na ótica de Manuel Ferreira, que pregou

---

12 MACHADO, Diogo Barbosa. *Biblioteca Lusitana*. tomo 1. [...], p. 633-634.
13 MACHADO, Diogo Barbosa. *Biblioteca Lusitana*. tomo 3. [...], p. 503-504.
14 MACHADO, Diogo Barbosa. *Biblioteca Lusitana*. tomo 2. [...], p. 173.
15 Diogo de Areda. *Sermam que o Padre [...] da Companhia de Jesus pregou nas Exequias, que o Sancto Officio mandou fazer na Igreja de S. Roque de Lisboa da mesma Companhia, ao Illustrissimo, & Reverendissimo Senhor Bispo Dom Fernão Martins Mascarenhas, Inquisidor Geral nestes Reynos, & Senhorios de Portugal*. Lisboa: Pedro Craesbeeck, 1628. f. 1v-6.
16 As afirmações acerca da humildade do vestuário de D. Francisco de Castro chocam frontalmente com o inventário de bens no qual se arrolaram os pertences existentes nos aposentos do inquisidor-geral, ocupados a partir de 1630. Vejam-se as referências ao mobiliário do quarto, aos objetos da capela e ao vestuário particular, rico e variado, com peças comuns a leigos de grupos sociais elevados e com peças específicas da condição de eclesiástico. Se tivermos em conta o quarto, ficamos a saber que nele se encontravam um leito de pau-santo com dossel, alcatifas pardas, cobertores com barra de veludo, lençóis de linho e tapetes de cama. O mobiliário contava ainda com baqueta, bofete, dois contadores, genuflexório e tripeça. A decorar o espaço um *Ecce Homo* e dois relógios, um de areia e outro de sol. Uma rica livraria integrava ainda o património do inquisidor. Cf. OLIVEIRA, Maria do Rosário Álvaro de Oliveira Mendes de. *D. Francisco de Castro e o Morgado do 'Menor' D. João de Castro Telles Meneses Henriques (1641-1654)*. Lisboa: Dissertação de Mestrado em História Moderna apresentada à Faculdade de Letras da Universidade de Lisboa, 2000, p. 17-18.
17 *Oraçoens Funebres nas Exequias que o Tribunal do Santo Officio fez ao Illustrissimo, & Reve-*

sobre D. Francisco de Castro e ainda acrescentou que as suas virtudes não estavam sujeitas ao tempo, já que as manteve até à morte, designadamente "frescura de rosto", "agilidade de membros", "viveza de sentidos", "esperteza de juízo" e "firmeza de memória".[18] Brando, esmoler, dotado de inteireza, justo, maduro, modesto no vestuário, prudente e vigilante, na perspetiva de Nuno da Cunha, referindo-se ao mesmo inquisidor-geral,[19] e ainda devoto, esmoler, "dotado de siso, capacidade e prudência" desde que fora escolar em São Pedro de Coimbra e favorecido de "ânimo e valor" em todas as funções que desempenhou, no entendimento de António Vel.[20] Caridoso, constante, devoto, liberal, moderado, modesto, piedoso, valoroso e virtuoso foram as características atribuídas a D. Pedro de Lencastre.[21] Finalmente, no que se refere a D. Veríssimo de Lencastre teria sido amável, benigno, bondoso, brando, constante, forte, humilde, justo, modesto, prudente, suave, temperado e virtuoso.[22]

---

rendissimo Senhor Bispo D. Francisco de Castro, Inquisidor Geral destes Reynos, & Senhorios, do Conselho de Estado de S. Magestade, Lisboa, Oficina Craesbeckianna, 1654. p. 5-6, 12-13, 17, 19, 20.

18 Oraçoens Funebres nas Exequias que o Tribunal [...], p. 6-7.
19 Oraçoens Funebres nas Exequias que o Tribunal [...], p. 39, 47-51, 55-57.
20 Oraçoens Funebres nas Exequias que o Tribunal [...], p. 71, 73-75, 80-81, 87-88.
21 Jorge de Castro. Sermam nas Exequias do Excellentissimo e Reverendissimo Senhor D. Pedro de Alancastro, Duque de Aveiro, & Inquisidor Geral, &c. Dado a Luz por Ordem da Excellentissima Senhora D. Maria de Alancastro, Marqueza de Gouveia, & Condeça de Portalegre, sua amantíssima irmãa. Lisboa: Oficina de João da Costa, 1673, p. 12, 17-25.
22 [Francisco de Lima]. Panegyrico Funeral em as Honras do Eminentissimo Senhor D. Verissimo de Lancastro, Cardeal da Santa Igreja Romana, & Inquisidor geral, &c. que Celebrou o Conselho Geral do Santo Officio em S. Pedro de Alcantara, Convento da Provincia da Arrabida em Lisboa, donde está sepultado o seu corpo. Lisboa: Oficina de Miguel Deslandes, 1693, p. 6, 8, 10, 14, 16, 19-20.

Fig. 1. Frontispício do Sermão pregado nas Exéquias de
D. Fernão Martins de Mascarenhas

Uma das temáticas recorrentes nestes sermões foi lembrar o combate aos cristãos-novos judaizantes. Diogo de Areda, referindo-se a D. Fernão Martins Mascarenhas, notou que o ministro fora particularmente zeloso e misericordioso a "arrancar o judaísmo deste reino [...] sempre com perdão diante para aqueles que se quisessem aproveitar, mostrando que tinha por menos autoridade de sua pessoa e por menos autoridade deste sagrado Tribunal o castigar e queimar, que remediar e atalhar".[23] Nuno da Cunha realçou a responsabilidade da Inquisição, cujos ministros eram os "guardas e vigias da fé", na época em que esteve sob os auspícios de D. Francisco de Castro, ou seja antes do reconhecimento da independência de Portugal pela Santa Sé, o que impedia o provimento de novos bispos, correndo-se o risco de aparecerem mais "vícios, heresias e liberdade de consciência", situações que têm "destruído" a França, a Inglaterra, a Alemanha e "os mais [reinos] do Norte", aumentando, pois, a responsabilidade do Santo Ofício.[24] Por seu lado, Jorge de Castro, ao lembrar a ação

---

23 Diogo de Areda. *Sermam que o Padre* [...] *da Companhia de Jesus* [...]. f. 6.
24 *Oraçoens Funebres nas Exequias que o Tribunal* [...], p. 40-41.

de D. Pedro de Lencastre, considerou que o inquisidor-geral combatera as heresias, sem precisar nenhuma, escrevendo: "opondo-se a hereges e a suas heresias para que castigando-as todas sem perdoar a nenhumas as desterrasse todas que era só o que aos culpados mais convinha".[25]

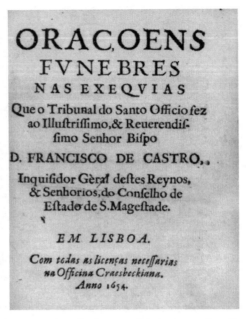

Fig. 2. Frontispício do Sermonário que reuniu a Parénese pregada nas Exéquias de D. Francisco de Castro

Manuel Ferreira lembrou que D. Francisco de Castro reduzira o número de ministros do Santo Ofício: "acrescentou o Tribunal, diminuindo-o; diminuindo o número de ministros, acrescentou o Tribunal em estimação e por arte nova fez que minguando na multidão crescesse na disciplina".[26] O mesmo pregador salientou que o inquisidor-geral ouvia sempre o Conselho Geral do Santo Ofício, em todas as matérias que lhe cumpria decidir.[27] Esta prática foi igualmente lembrada por António Vel, que escreveu: "mostrava a pouca avareza que tinha do governo e o peso grande que esse governo tinha [...] pois sendo a resolução só sua dele, outros quis que com ele a tomassem".[28]

---

25 Jorge de Castro. *Sermam nas Exequias* [...], p. 17.
26 *Oraçoens Funebres nas Exequias que o Tribunal* [...], p. 8-9.
27 *Oraçoens Funebres nas Exequias que o Tribunal* [...], p. 22-23.
28 *Oraçoens Funebres nas Exequias que o Tribunal* [...], p. 91.

Outras facetas foram ainda lembradas. Nuno da Cunha referiu que D. Francisco de Castro fora um bom inquisidor, que mandara fazer visitações e que cuidara da parte legislativa do Tribunal através do colectório e do novo regimento,[29] dando continuidade à ação pastoral que antes havia desenvolvido ao ter sido um bispo residente que fizera visitas e mandara imprimir as constituições sinodais.[30] As ações legislativa e pastoral também foram lembradas por António Vel, que recordou a preocupação de em 22 anos de governo, "em por as coisas do Santo Ofício em suma perfeição", nomeadamente o regimento e o coletorio e, enquanto bispo, ter saído da diocese apenas para participar nas Cortes de 1619, convocadas por Filipe III.[31]

Francisco de Lima não omitiu os graves problemas que o Santo Ofício viveu durante o tempo em que D. Veríssimo de Lencastre foi inquisidor-geral. Recorde-se que, entre 1674 e 1681, o Papa Clemente X suspendeu a ação do Santo Ofício depois de os procuradores dos cristãos-novos terem alegado irregularidades, solicitado a reforma dos estilos do Tribunal e a concessão de um novo perdão geral a troco de meio milhão de cruzados. O problema ganhou proporções inesperadas com o regente D. Pedro a pedir pareceres a bispos e a universidades, chegando a convocar as Cortes (1674). A teima arrastou-se, teve repercussões internacionais, designadamente chegou a ser objeto de notícia ao longo dos anos na *Gazette*, de Paris, e terminou com o restabelecimento do Santo Ofício, depois de D. Pedro se ter comprometido com Inocêncio XI a financiar um socorro à Polónia assediada pelos Turcos.[32] Nesta conformidade, o pregador lembrou:

> Com a virtude da fortaleza, sem que saísse dos limites da sua mansidão, podia resistir à violência do poder, defendendo a jurisdição e imunidade eclesiástica, opor-se, como se opôs; aos intentos com que a malícia, por dar ansias à sua iniquidade, procurou se variasse o estilo com que o Tribunal do Santo Ofício procede com tanta equidade e retidão, quanta não quiseram os êmulos de tão santa casa bem se viu nesta parte o quão incontrastável era a fortaleza de sua eminência, pois se não rendeu a tão desfeita tormenta nem o acobardou a maliciosa instância, por mais bem que a sentiu apadrinhada.[33]

---

29 *Oraçoens Funebres nas Exequias que o Tribunal* [...], p. 53-55.
30 *Oraçoens Funebres nas Exequias que o Tribunal* [...], p. 51-53.
31 *Oraçoens Funebres nas Exequias que o Tribunal* [...], p. 78-79, 93.
32 Sobre esta contenda, cf. Isabel M. R. Mendes Drumond Braga, Paulo Drumond Braga. *Duas Rainhas em Tempo de Novos Equilíbrios Europeus. Maria Francisca Isabel de Saboia. Maria Sofia Isabel de Neuburg*. [Lisboa]: Círculo de Leitores, 2011, p. 125-129 e a bibliografia aí citada.
33 [Francisco de Lima]. *Panegyrico Funeral* [...], p. 20-21.

Apesar de a linguagem utilizada pelos pregadores ser sempre favorável aos que eram lembrados, por vezes, vislumbram-se justificações para atitudes mal vistas que acabavam por correr como críticas entre alguns contemporâneos dos factos. Diogo de Areda, ao referir-se à vida de D. Fernão Martins Mascarenhas não escamoteou uma apreciação aparentemente corrente à ação do inquisidor-geral, isto é, o ter aumentado o número de ministros do Santo Ofício, para de imediato a neutralizar:

> Dir-me-eis que por mais que diga sempre houve quem reparasse em tantos ministros, quantos de novo se introduziram na Inquisição. É este argumento tão fraco, que com uma graça se solta, se fizermos diligência havemos de achar que nunca a Inquisição deste Reino teve nem maiores sucessos nem maiores ocupações que as que carregaram no tempo deste grande prelado. E se isto assim é, fácil fica a resposta porque nunca houve tenda bem afreguesada que não tivesse necessidade de muitos obreiros. E se quereis que leve isto por outro caminho, digo que sempre o senhor inquisidor-geral fez as comissões de importância a poucos. E isto basta para ficar em tudo justificado.[34]

António Vel, ao caraterizar D. Francisco de Castro, salientou que o mesmo tivera sempre o máximo cuidado ao escolher os ministros do Santo Ofício, daí lhe ter vindo a fama de "vagaroso", mas a verdade é que tinha de "escolher sem pressas" para escolher bem.[35] Isso, entretanto, nunca o impedira de defender os privilégios dos ministros do Tribunal.[36] Outras características dos inquisidores-gerais que tinham dado origem a críticas foram rebatidas por pregadores como Jorge de Castro que, a propósito do feitio de D. Pedro de Lencastre, recordou:

> Nunca lhe durou ira nem paixão, que acaso de alguém tivesse. Contra os de sua casa por esta ou por aquela causa teria suas indignações, mas a pouco espaço assim o achavam logo tão alegre e risonho como se nunca contra eles houvesse tido nada [...] não guardava rancor em seu peito pera ninguém por mais que o houvessem ofendido [...] julgando por mais acertado o molestar, sendo necessário, com alguma breve indignação de palavra do que perseverar em seu peito algum dilatado rancor.[37]

---

34 Diogo de Areda. *Sermam que o Padre* [...] *da Companhia de Jesus* [...]. f. 7-7v.
35 *Oraçoens Funebres nas Exequias que o Tribunal* [...], p. 85.
36 *Oraçoens Funebres nas Exequias que o Tribunal* [...], p. 91.
37 Jorge de Castro. *Sermam nas Exequias* [...], p. 34.

No afã laudatório, os pregadores não raras vezes compararam os falecidos inquisidores com diversas figuras bíblicas como os profetas Abraão e Samuel, o rei David e Neemias; imperadores romanos como Tito Vespasiano; papas como Leão X e ainda santos antigos e recentes como São Paulo e São Carlos Borromeu, respetivamente. Atente-se que o conteúdo bíblico destas como de outras peças parenéticas não foi dos mais significativos,[38] tendo os pregadores optado, algumas vezes, por utilizar uma linguagem alegórica, com metáforas e imagens para fazer passar as suas ideias rápida e eficazmente. Também fizeram comparações. Diogo de Areda entendeu que D. Fernão Martins Mascarenhas fora melhor que o profeta David, presumivelmente o rei de Israel David; o imperador Tito Vespasiano e o papa Leão X.[39] Manuel Ferreira comparou D. Francisco de Castro ao profeta Samuel[40] e António Vel a "boa velhice" do inquisidor-geral à do profeta Abraão.[41] Jorge de Castro foi mais longe ao considerar, rondando uma proposição, D. Pedro de Lencastre uma anjo e um Deus, posteriormente, foi mais contido ao comparar as características do inquisidor-geral a Neemias, São Paulo e São Carlos Borromeu.[42] Apesar das preocupações e das exigências com a formação dos pregadores, da vigilância exercida sobre os mesmos e até do castigo de alguns prevaricadores e, não obstante, a regulamentação das matérias e das formas de levar a efeito a parénese, incluindo as indicações sobre as fontes autorizadas – as Sagradas Escrituras, os comentários bíblicos, os Padres da Igreja e alguns textos de espiritualidade –, e tudo o que deveria ser obrigatoriamente banido – anedotas, fábulas, historietas humanas e até disputas sobre heresias mesmo que com o fim de as combater[43] – as fontes indiciam interpretações claras e interpretações erróneas por parte dos fiéis, muitas vezes bastante ignorantes mas nem sempre isentos de alguma argúcia intelectual.[44] Neste caso em concreto, foi o pregador dominicano

---

38 Sobre esta questão, cf. MEZZADRI, Luigi e VISMARA, Paola. *La Chiesa tra Rinascimento e Iluminismo* 2.ª ed., Roma: Città Nuova Editrice, 2010. p. 130.
39 Diogo de Areda. *Sermam que o Padre* [...] *da Companhia de Jesus* [...]. f. 2-4.
40 *Oraçoens Funebres nas Exequias que o Tribunal* [...], p. 1-3.
41 *Oraçoens Funebres nas Exequias que o Tribunal* [...], p. 63.
42 Jorge de Castro. *Sermam nas Exequias* [...], p. 12, 24, 30.
43 Sobre estas questões, cf. MARQUES, João Francisco. 'Oratória Sacra ou Parenética'. In *Dicionário de História Religiosa de Portugal*. Direcção de Carlos A. Moreira de Azevedo. vol. 4, Lisboa: Universidade Católica Portuguesa, Centro de Estudos de História Religiosa, 2001. p. 486.
44 Cf. BRAGA, Paulo Drumond. *A Inquisição nos Açores*. Ponta Delgada: Instituto Cultural de Ponta Delgada, 1997. p. 327; MARQUES, João Francisco. Oratória Sacra ou Parenética [...], p. 488; PAIVA, José Pedro. 'Episcopado e Pregação no Portugal Moderno: Formas de Actuação e de Vigilância'. In: *Via Spiritus*, n.º 16, Porto, 2009, p. 42-43.

Jorge de Castro, que pareceu ter extrapolado com as comparações efetuadas, as quais, contudo, passaram o crivo da censura.[45]

Fig. 3. Frontispício do Sermão pregado nas Exéquias de D. Pedro de Lencastre

Em alguns casos, os pregadores fizeram pequenas sínteses da vida dos inquisidores-gerais. Por exemplo, Diego de Areda considerou que D. Fernão Martins Mascarenhas "sendo cónego da sé de Évora, ninguém foi mais pio; sendo reitor da Universidade de Coimbra, ninguém foi mais aceite; sendo bispo do Algarve, ninguém foi mais vigilante; sendo inquisidor-geral deste reino, ninguém foi mais respeitado; sendo conselheiro de Estado, ninguém foi mais ouvido".[46] Nuno da Cunha e António Vel, ao pronunciarem-se sobre D. Francisco de Castro, exaltaram várias qualidades. O primeiro considerou que "governou com inteireza, valor e vigilância de mancebo e não com a frouxidão que ordinariamente trás a velhice",[47] enquanto o segundo entendeu que fora "o bispo mais exemplar, o prelado mais autorizado, o ministro

---

45 MARTINS, Maria Teresa Esteves Payan. *A Censura Literária em Portugal nos séculos XVII e XVIII*. Lisboa: Fundação Calouste Gulbenkian, Fundação para a Ciência e Tecnologia, 2005.
46 Diogo de Areda. *Sermam que o Padre* […] *da Companhia de Jesus* […]. f. 4v.
47 *Oraçoens Funebres nas Exequias que o Tribunal* […], p. 37.

mais inteiro, o inquisidor mais animoso, o conselheiro mais livre".[48] Jorge de Castro optou por referir a linhagem de D. Pedro de Lencastre, concretamente o facto de ser descendente de D. João II, e salientou que era "tudo o que o reino tinha, tudo o que tinha o tribunal da fé, pela fé e reino ser o seu tudo",[49] ao mesmo tempo que realçou o facto de o inquisidor-geral nada ter reformado, apresentando esse posicionamento como uma característica muito positiva da ação do ministro quer no período em que esteve à frente do Tribunal do Santo Ofício quer quando desempenhou outras funções. Efetivamente, segundo o orador, a D. Pedro de Lencastre "nunca ninguém lhe ouviu que achara neles [nos tribunais] que reformar",[50] uma vez que todos os ministros eram bons, o que constituía uma glória. Não esqueçamos que ao Santo Ofício importava muito a imagem que era transmitida para o exterior.[51] Finalmente, Francisco de Lima, descreveu D. Veríssimo de Lencastre como "sujeito tão excelente e herói tão singular que nem o zeloso ardor da justiça o desviava da brandura e suavidade com que a todos guardava, nem o génio tão brando e tão suave o fazia afrouxar na inteireza da justiça, com que aos delinquentes punia".[52]

---

48 *Oraçoens Funebres nas Exequias que o Tribunal* […], p. 62.
49 Jorge de Castro, *Sermam nas Exequias* […], p. 15.
50 Jorge de Castro, *Sermam nas Exequias* […], p. 25-26.
51 MARCOCCI, Giuseppe e PAIVA, José Pedro. *História da Inquisição* […], p. 252-253.
52 [Francisco de Lima]. *Panegyrico Funeral* […], p. 21.

Fig. 4. Frontispício do Sermão pregado nas Exéquias de D. Veríssimo de Lencastre

4. O século XVII foi, por excelência, o período áureo da parenética e os sermões aqui estudados nele foram produzidos e pregados. De qualquer modo, retenhamos que a parénese era diversificada e, consequentemente, servia vários propósitos. João Francisco Marques tipificou-a, considerando a pregação ordinária ou pastoral, de carácter pedagógico, dirigida à educação para a fé, que estava a cargo de bispos e párocos no exercício das suas atividades de pastores e que tinha como subgéneros o sermão catequético e o sermão homilético e a pregação extraordinária que compreendia o sermão propriamente dito com os subgéneros: encomiástico (panegírico e oração fúnebre), deprecatório (prece), eucarístico (ação de graças) e gratulatório (regozijo).[53] Ora, as homilias, as missões do interior, as exéquias, as ações de graças, os panegíricos dos santos e da Virgem, as canonizações, os aniversários da fundação de casas conventuais, as tomadas de hábito, os autos da fé, as procissões de resgate de cativos, os atentados a grandes figuras, as várias efemérides relativas à família real e bem assim todas as festas religiosas e litúrgicas, davam origem a sermões, o que explica a abundância deste tipo de textos, muitos dos quais tiveram honras de impressão, em especial durante os sé-

---

53 João Francisco Marques. 'Oratória Sacra ou Parenética [...], p. 471.

culos XVII e XVIII,[54] o que não deve fazer esquecer a significativa, abundante e muito dispersa produção concionatória manuscrita.

Se, como Federico Palomo chamou a atenção, a parenética estava sobretudo vocacionada para a difusão dos princípios doutrinais e morais da Igreja, também é certo que as questões políticas não ficavam alheias aos pregadores, constituindo uma arma valiosa que poderia encaminhar as populações num determinado sentido. O debate sobre a governação, a *res publica* e a imagem da monarquia nunca foram os principais objetivos da parenética[55] mas acabaram por estar presentes, fortalecendo a imagem da Coroa. Ora, neste sentido os sermões pregados por ocasião da morte de bispos e de inquisidores funcionaram igualmente como uma oportunidade para ajudar a consolidar ou a manter a boa imagem dos ministros da Igreja e do Tribunal do Santo Ofício.

A pregação ultrapassava a área espiritual e religiosa, havendo que distinguir as prédicas das ações missionárias, evangélicas e penitenciais destinadas a pessoas pouco catequizadas e analfabetas e a oratória culta, citadina, cortesã, de carácter mais político, a qual estava muitas vezes a cargo do pregador régio, um profissional preparado para desempenhar tais funções.[56] O sermão enquanto instrumento de utilidade catequética ou política era um importante meio de propaganda e de ataque, daí o interesse em ser publicado, uma vez que assim chegava também aos

---

54 Veja-se a lista dos sermões impressos entre 1619 e 1716 estabelecida por PONTES, Maria de Lourdes Belchior. *A Oratória Sacra em Portugal no século XVII segundo o Manuscrito 362 da Biblioteca Nacional de Lisboa*. Coimbra: [s.n.], 1961. Era comum a publicação de sermões, quer avulsos quer em conjunto, o que poderia traduzir não só o interesse por este tipo de textos entre a população culta como, e sobretudo, ser entendido como sintoma de crise e de alteração política. Por outro lado, essas publicações, de custo acessível, não deixavam de ser procuradas pelos próprios pregadores que assim se muniam de exemplos de fácil imitação. Se tivermos em conta os anúncios de livros aparecidos na *Gazeta de Lisboa*, entre 1715 e 1750, podemos verificar que das 2094 obras a que o periódico fez referência 224 eram sermões (entre espécimes avulsos e sermonários), o que representou 18,3 % dos livros de temática religiosa e 10,7 % do total das obras publicitadas. Cf., respetivamente, MARQUES, João Francisco. 'Lisboa Religiosa na Segunda Metade do século XVII'. In *Bento Coelho e a Cultura do seu Tempo 1620-1708*. Lisboa: Ministério da Cultura, Instituto Português do Património Arquitectónico, 1998. p. 162; BRAGA, Isabel M. R. Mendes Drumond. 'As Realidades Culturais'. In: *Portugal da Paz da Restauração ao Ouro do Brasil*. coordenação de Avelino Freitas de Meneses. Lisboa: Presença, 2001, p. 465-565.
55 PALOMO, Federico. *A Contra-Reforma em Portugal. 1540-1700*. Lisboa: Livros Horizonte, 2006, p. 78.
56 Sobre os diferentes tipos, cf. AMBRASI, Domenico. 'Panegirici e Panegiristi a Napoli tra Seicento e Settecento'. In: *La Predicazione in Italia dopo il Concilio di Trento tra Cinquecento e Settecento*. Roma: Edizioni Dehoniane, 1996, p. 347-389; João Francisco Marques, 'Oratória Sacra ou Parenética [...], p. 470-510.

que o não tinham ouvido. O conteúdo dos sermões continuava, deste modo, a ser objeto de discussão por parte dos leitores cultos. A parenética era, nas palavras de Lina Bolzoni, um elemento da vida social[57] e um sucedâneo da educação doutrinal.[58]

Recordemos que os sermões por ocasião de exéquias são necessariamente textos laudatórios, exagerados e por vezes não isentos de imprecisões e de omissões.[59] O cuidado em louvar o defunto não raras vezes se sobrepõe à verdade. Mas, tal como na parenética relativa à família real,[60] as reflexões do âmbito da teoria política estiveram presentes sempre que se qualificaram as ações dos inquisidores-gerais. Assim, se compreende a utilização sistemática de vocábulos relativos às suas pessoas e às suas ações enquanto figuras cimeiras do Santo Ofício, que os aproximam da linguagem utilizada nos sermões de exéquias das figuras da casa real. Por outro lado,

---

[57] BOLZONI, Lina. 'Oratoria e Prediche'. In *Letteratura Italiana*. direcção de Alberto Asor Rosa. vol. 3 (*La Forma del Testo: II. La Prosa*). Turim: Einaudi, 1984, p. 1065.

[58] FILIPPO, Claudia di. 'Pastorale Tridentina ed Educazione degli Adulti nelle Zone Retiche e Ticinesi all'Epoca di Carlo Borromeo'. In *La Comunicazione del Sacro (secoli IX-XVIII)*. direcção de Agostino Paravicini Bagliani e Antonio Rigoso. Roma: Herder, 2008, p. 337.

[59] Sobre a oratória fúnebre em outros espaços europeus, cf., por exemplo, Romano Allemano. *Oratori Sacri del Seicento. Antologia di Temi e di Motivi dell'Eloquenza Religiosa Barroca*. Turim: Tesi di Laura in Litteratura Italiana, Università degli Studi di Torino, Facultà di Lettere e Filosofia, 1968. p. 423-433; Bruno Petey-Girard. 'Parler des Morts, Parler de Soi. Remarques sur la Place du Sujet dans les Harangues Funèbres'. In *De Bonne Vie s'Ensuit Bonne Mort. Récits de Mort, Récits de Vie en Europe (XVe- XVIIe siècle)*. direção de Patricia Eichel-Lojkine. Paris: Honoré Champion, 2006. p. 169-182; Jeanne Shami. 'Women and Sermons'. In *The Oxford Handbook of the Early Modern Sermon*. Direção Peter McCullought, Hugh Adlington, Hugh, Emma Rhatigan. Oxford: Oxford University Press, 2011, p. 155-177.

[60] Sobre a parénese relativa à família real e às causas da Coroa portuguesa, cf. MARQUES, João Francisco. *A Parenética Portuguesa e a Dominação Filipina*. Porto: Instituto Nacional de Investigação Científica, 1986; Idem. *A Parenética Portuguesa e a Restauração 1640-1668*. 2 vols, Porto: Instituto Nacional de Investigação Científica, 1989; CERDAN, Francis. 'L'Oraison Funèbre du Roi Phillipe II de Portugal (Philippe III d'Espagne) par Frei Baltasar Paez en 1621'. In: *Arquivos do Centro Cultural Português*, vol. 31, Lisboa, Paris, 1992, p. 151-170; GRINÉ, Euclides dos Santos. *A Construção da Imagem Pública do Rei e da Família Real em Tempo de Luto (1649-1709)*. Coimbra: Dissertação (Mestrado em História Moderna), Faculdade de Letras da Universidade de Coimbra, 1997; CODES, Ana Isabel López-Salazar. 'May de Lisboa e dos Portuguezes Todos'. Imágens de Reinas en el Portugal de los Felipes'. In *Las Relaciones Discretas entre las Monarquias Hispana y Portuguesa: La Casa de Las Reinas (siglos XV-XIX)*. vol. 3, Madrid: Polifemo, 2008, p. 1749-1776; BRAGA, Isabel M. R. Mendes Drumond e BRAGA, Paulo Drumond. *Duas Rainhas em Tempo de Novos Equilíbrios* [...], p. 175-179; BRAGA, Isabel M. R. Mendes Drumond. 'A Parenética Franciscana ao Serviço da Monarquia por Ocasião do Nascimento de D. Maria Teresa de Bragança (1793)'. In: *Paralellus*, vol. 6, n.º 12, Recife, 2015. p. 119-138; Idem, 'Chorar uma Rainha em Portugal e no Brasil: os Sermões por Ocasião da Morte de D. Maria I'. In *Anais do I Congresso Lusófono de Ciência das Religiões – Religiões e Espiritualidades, Culturas e Identidades*. coordenação de Paulo Mendes Pinto, Carlos Andrade Cavalcanti, Sérgio Junqueira e Eulálio Figueira: Lisboa: Edições Universitárias Lusófonas, 2015.

as qualidades que estavam ou deveriam estar presentes nos inquisidores gerais, patenteadas pela sermonística – designadamente, e de entre outras, benevolência, caridade, fortaleza, gravidade, justiça, liberalidade, misericórdia, piedade, prudência, valor, vigilância e virtude – integravam o conjunto de características que o monarca deveria possuir para bem governar o reino, o qual se encontra patente em todos os textos de teoria política da Época Moderna. O bom rei a governar o seu reino para bem dos seus vassalos, o bom inquisidor-geral a comandar as rédeas do Tribunal do Santo Ofício para extirpar as heresias. Em qualquer dos casos, sempre com equidade e, especialmente, sempre utilizando justiça e misericórdia, aliás bem patentes na imagética da Inquisição.

Contatos proibidos nos cárceres do Santo Ofício

Daniela Buono Calainho

FOI EM FINAIS DE 1986 QUE O *Trópico dos Pecados*[1] e os *Agentes da fé*[2] ganharam sustança com a vasta pesquisa que eu e Ronaldo realizamos juntos no Arquivo Nacional da Torre do Tombo, em Lisboa, na época localizado em algumas salas do Palácio da Assembleia Nacional, em São Bento, sede do parlamento português. O caminho da Pensão York House até o arquivo era momento de reflexão sobre aquele mundo ainda desconhecido para nós dos processos inquisitoriais, e que no futuro iriam dar cores vivas aos nossos trabalhos. A disciplina e paciência de Ronaldo em estar a postos, às 9 horas em ponto, na porta do arquivo para pegar as senhas de entrada era fundamental para nos garantir o dia de pesquisa, pois a sala de consulta era pequena e só abria às 10 horas. Desvendar cada caso, cada página muitas vezes de dificílima leitura, conhecer aos poucos o *modus operandi* inquisitorial foi tarefa meticulosa e fascinante. Compartilhar da descoberta de Ronaldo de um dedo desenhado pelo notário de Heitor Furtado de Mendonça, apontando a confissão do réu num processo de bigamia do século XVI, ou das aventuras e desventuras de Luis

---

1 VAINFAS, Ronaldo. *Trópico dos Pecados. Moral, sexualidade e Inquisição no Brasil*. Rio de Janeiro: Editora Campus, 1989.
2 CALAINHO, Daniela. *Agentes da Fé: Familiares da Inquisição portuguesa no Brasil colonial*. São Paulo: EDUSC, 1986.

Delgado, o estanqueiro de tabaco sodomita; participar das discussões acaloradas com ele e Luiz Mott – querido amigo e companheiro de pesquisa desde sempre –, de cada detalhe dos processos que encontrávamos foi privilégio e aprendizagem.

O inverno era frio, mas muito terno, embalado por uma Lisboa de finais dos anos 1980 que se apresentava a nós como uma segunda cidade, a qual voltaríamos várias vezes nos anos seguintes. Era um tempo em que a pesquisa da documentação inquisitorial exigia de nós muito mais paciência, feita apenas com papel, lápis e caneta, nossos únicos instrumentos de trabalho. Era tempo em que o ANTT tinha de ser desbravado porque não contávamos ainda com o valiosíssimo guia elaborado pela Profa. Maria do Carmo Dias Farinha, nem muito menos com as facilidades da era da informática.[3] Foi tempo imensamente precioso para nós, tempo em que nossos caminhos como pesquisadores do Tribunal do Santo Ofício se iniciavam, tempo que gerou inúmeros frutos ao longo dos anos até hoje.

Voltamos pela segunda vez a Lisboa em 1991, um ano depois da transferência do ANTT para o portentoso edifício na Cidade Universitária, expressão de um novo Portugal pós Comunidade Europeia. Deslumbrados com a imensidão e o conforto da nova sede, continuamos nossas pesquisas: ele já com a *Heresia dos Índios*,[4] e eu finalizando os Agentes da Fé, mas já de olho nos feiticeiros africanos, que iriam se transformar alguns anos depois na *Metrópole das Mandingas*.[5] Trilhando ainda o caminho dos estudos inquisitoriais no mundo luso-brasileiro, segue minha contribuição nesta bonita homenagem a Ronaldo Vainfas.

* * *

A história da Igreja nos Tempos Modernos teve momento singular com o surgimento do tribunal inquisitorial ibérico, em meio à complexa problemática judaica local. Na Espanha, em 1478, e em Portugal, em 1536, renascia o Tribunal do Santo Ofício, voltado fundamentalmente para o resgate dos cristãos-novos judaizantes à fé católica, mas também daqueles que, transgredindo os dogmas e a moral oficial cristã, eram considerados suspeitos de heresia, como bígamos, sodomitas, feiticeiros, mouriscos, blasfemos, luteranos, solicitantes etc. A ação inquisitorial na Península ibérica e nas suas colônias fora essencial ao projeto disciplinador e moralizante pre-

---

3 FARINHA, Maria do Carmo Dias. *Os arquivos da Inquisição*. Lisboa: ANTT, 1990.
4 VAINFAS, Ronaldo. *A heresia dos índios. Catolicismo e rebeldia no Brasil Colonial*. São Paulo: Companhia das Letras, 1995.
5 CALAINHO, Daniela. *Metrópole das mandingas. Religiosidade negra e Inquisição portuguesa no Antigo Regime*. Rio de Janeiro: Garamond, 2008.

conizado pela Contra-Reforma e pelo Concílio de Trento (1525). A cruzada tridentina visava, antes de tudo, fortalecer o catolicismo frente ao avanço protestante, reafirmando dogmas, sacramentos, impondo rígida disciplina eclesiástica e reforçando a autoridade episcopal. Para tanto, era fundamental a depuração das moralidades populares e a extirpação das heresias, evangelizando-se as massas e reordenando-se a sociedade em direção aos valores genuinamente cristãos.[6]

O Santo Ofício foi instituição metódica nas suas ações, fazendo-se presente de modo significativo em todas as sociedades assoladas por seu ímpeto voraz na busca de hereges através de seus agentes locais – Comissários e Familiares; das visitações inquisitoriais; das visitas episcopais e das próprias confissões sacramentais. E não nos esqueçamos da própria população, envolta no medo e no terror que inspirava a Inquisição, delatando amigos, parentes, inimigos e todos aqueles que tivessem condutas e crenças heréticas dispostas nos monitórios gerais e editais da fé apregoados nas portas das Igrejas portuguesas e coloniais.

A consagração do ideal de *Misericordia et Justitia*, famoso lema do tribunal, se fez à custa de muitas vidas, de réus que amargaram sentenças variadas, lidas publicamente de modo pomposo e festivo nos autos de fé, desfilando nas procissões que levavam ao ápice do evento: o cadafalso, palco dos relaxados ao braço secular, símbolo para muitos do poder esmagador do Santo Ofício. Mas todo este doloroso percurso, da simples denúncia à leitura pública de sua sentença, significou para os penitenciados a total submissão ao olhar vigilante da Inquisição.

Nos tribunais locais de Lisboa, Coimbra ou Évora, ou então no tribunal de Goa, único do mundo colonial, os processos transcorriam muitas vezes por anos a fio, em segredo – peça chave do *modus operandi* inquisitorial –, aguardando os réus a decisão final dos Inquisidores nos cárceres do secreto, em meio a inúmeras sessões de inquirições e de tortura na Mesa Inquisitorial. O cotidiano e o significado deste espaço prisional são a análise que pretendemos desenvolver neste artigo.

O tribunal inquisitorial português primou pela complexa normatização de seus procedimentos, de sua máquina burocrática e administrativa e de suas diversas instâncias de atuação.[7] Tal metodologia se expressou de modo sistemático no conjunto dos quatro Regimentos que regulamentaram toda a estrutura institucional do Santo Ofício, criados nos anos de 1552, 1613, 1640 e 1774, com várias referências aos

---

6 DELUMEAU, Jean. *El catolicismo de Lutero e Voltaire*. Barcelona, Ed. Labor, 1973.
7 Para uma visão geral da história da Inquisição, ver o completo estudo de BETHENCOURT, Francisco. *História das Inquisições: Portugal, Espanha e Itália*. Lisboa: Círculo de Leitores, 1994.

cárceres inquisitoriais.[8] Citemos como exemplo o de 1640, maior e mais completo de todos, onde encontramos parágrafos específicos sobre os locais das prisões, disposição dos réus, medidas relativas a impedir o contato entre eles, regras de comportamento, condições de fornecimento de roupas e alimentação, cuidado com os que adoeciam, fosse do corpo ou da mente, e ainda títulos sobre os funcionários que atuavam diretamente nos calabouços, como os alcaides e guardas, cujo procedimento e conduta eram também matéria desta legislação. Também nele há determinações relativas a condutas heréticas envolvendo as prisões, como aqueles que fugiam, atentavam contra os cárceres, facultavam contatos indevidos com os presos etc.[9]

O alcaide era o funcionário responsável por uma série de procedimentos nos cárceres, garantindo o seu funcionamento. Recebia os presos, registrados num livro, e estava presente sempre que havia alguma visita dos médicos ou qualquer outra necessária; zelava pelo fornecimento de viveres e lavagem das roupas e deveria notificar à Mesa inquisitorial sobre a ocorrência de qualquer anormalidade, como brigas, discussões, suicídios, comportamentos inadequados e comunicações entre os que estavam em celas diferentes. O art 17 do regimento diz que o alcaide

> Ordenará que haja sempre muita quietação no cárcere, e que os presos não tenham brigas ou diferenças entre si; nem joguem jogo algum, nem usem de nomes diferentes dos que tiverem, nem tenham livros, nem se comuniquem de um cárcere para outro, batendo, falando ou escrevendo, e que falem em manso naquele em que estiverem; terá grande cuidado, que no comer da cozinha não vá nenhum aviso com que os presos possam ter notícia uns dos outros; e se algum deles exceder alguma destas coisas, o fará saber na mesa para que lhe dê o remédio e castigo que convém; mas ele os não poderá castigar, nem lançar-lhes ferros por autoridade própria.[10]

Já os guardas dos cárceres eram subordinados ao alcaide, e deveriam zelar pela limpeza das celas, entrega das roupas lavadas, e pela vigília dos presos.

Vivendo nos cárceres do secreto

As condições e o cotidiano do viver no *secreto* se afigurava como uma perspectiva aterradora de aí permanecer anos a fio aguardando a decisão final dos inquisi-

---

8 Todos os regimentos inquisitoriais estão em *Revista do Instituto Histórico e Geográfico Brasileiro*. Rio de Janeiro, n.392, jul/set.1996.
9 *Revista do Instituto Histórico e Geográfico Brasileiro*, p.693-883.
10 *Idem*.

dores. O Palácio dos Estaus, em Lisboa, abrigava seus réus inicialmente nos *cárceres da custódia*. Conforme a gravidade do caso, eram transferidos para os *cárceres do secreto*, até receber sua sentença final. A terceira modalidade referendada pelo mesmo Regimento de 1640 eram os *cárceres da penitência*, local onde os acusados, já cientes de suas penas, recebiam instrução religiosa e os sacramentos antes de cumpri-las.

As disposições nos regimentos inquisitoriais sinalizaram a existência de um abismo entre a norma e o cotidiano na *negra casa do Rocio*, não apenas em relação às condições materiais, físicas, destas prisões, como também face ao tratamento dispensado a estes réus.

Para Goa, foi o francês Charles Dellon que nos deu descrição detalhada dos cárceres inquisitoriais daquele tribunal. Blasfemo contumaz, chegou a Damão em 1673 como médico do governador local. Foi preso e permaneceu nos calabouços do Santo Ofício goês por 18 meses, sendo depois excomungado, seus bens confiscados e condenado a cinco anos de galés. Em sua *Relação da Inquisição de Goa*, publicada pela primeira vez em 1687, fez célebre relato das entranhas deste tribunal, pintando os cárceres com cores horripilantes. "A extrema penúria a que estavam reduzidos os meus pobres companheiros me causou a maior compaixão, e por isso escrevi acerca deles ao governador e às pessoas residentes na cidade, que todas tiveram a bondade de socorrer com o necessário subsídio essas desgraçadas vítimas do Santo Ofício".[11]

Lúgubre, insalubre, de precaríssimas condições de higiene, escuros, eram estas as condições que os réus enfrentavam em sua penosa saga nos cárceres do secreto. Em 1630, o jesuíta Gaspar de Miranda, residente em Évora, relatava ao Inquisidor Geral Francisco de Castro, algumas queixas sobre as condições dos aljubes:

> é cruel aperto estarem alguns juntos em uma casinha, com todo seu serviço necessário, sem sol, nem luz, nem ar, com mau cheiro, umidade, e corrupção de tudo, perigo de peste e doença. Por isso saem muitos do cárcere surdos, ou com dores de dentes, ou tolhidos de alguma parte, ou com outra alguma doença grave e alguns morrem mais cedo, principalmente os velhos ou melancólicos e desanimados.[12]

Outra alusão conhecida foi a do boticário e poeta cristão-novo Antonio Serrão de Castro, acusado pela Inquisição e preso em 1672. Inspirado pelas mazelas sofri-

---

11 DELLON, Charles. *Narração da Inquisição de Goa*. Lisboa: Antígona, 1996, p. 67.
12 COELHO, António Borges. *Inquisição de Évora. Dos primórdios a 1688*. Lisboa: Caminho, 1987, p.40.

das em dez amargos anos de prisão, onde ficou cego de um olho, lá escreveu o poema *Os ratos da Inquisição*, publicado por Camilo Castelo Branco em 1883.

Apesar destas descrições dos aljubes inquisitoriais, este quadro deve ser relativizado. Na correspondência trocada entre os inquisidores lisboetas e o Conselho Geral do Santo Ofício, estão registradas várias demandas oriundas de Lisboa acerca da necessidade de melhorias nos cárceres e também das condições gerais dos presos. Cito apenas um exemplo: em carta de 10 de junho de 1768, o Inquisidor de Lisboa escrevia que:

> Por chover em todos os cárceres da Penitência e nas Casas de alguns oficiais desta Inquisição, que também necessitavam de mais alguns reparos de obras de carpinteiros, mandamus proceder a elas a fim de evitarmos a indispensável ruína que se seguia aos referidos edifícios. Também para a segurança dos cárceres secretos são necessários algumas obras como reforçar grades de ferro, que a diuturnidade do tempo tem gasto, tapar algumas portas e reparar outras. E porque estão gastos os vinte mil réis Que concede o Regimento em cada ano para semelhantes despesas; pedimos licença a V.Sa. para mandarmos continuar com as referidas obras e satisfazer o custo delas pelo dinheiro que tiver o tesoureiro desta Inquisição.[13]

Os cárceres do secreto significaram muito mais do que espaços de confinamento utilizados pelo Santo Ofício, servindo, além disso, para apurar mais detalhadamente condutas heréticas para além das arguições na Mesa inquisitorial.

A vigilância dos presos nas celas por orifícios secretos foi uma das práticas mais correntes da máquina inquisitorial, exercida meticulosamente pelos seus Familiares e também pelos alcaides, buscando a comprovação de comportamentos desviantes, utilizada no momento oportuno pelos inquisidores. Em 10 de abril de 1738, por exemplo, o relatório do Familiar Maximiliano Gomes dizia o seguinte:

> Vi o preso na cama, da qual se levantou seriam seis horas, sem se benzer, e logo chegou o alcaide e lhe deu os bons dias que ele aceitou (...). O preso era magro, alvo, de estatura mediana, cabelo curto, castanho escuro, véstia parda, roupão azulado. Sentindo o dito preso assos, levantou-se e aceitou dois pães que lhe deu o guarda, e o pôs sobre a canastra junto da qual estava uma palanga que tinha coisas de comer, e levando-a para o canto do cárcere, lançou a coisa que tinha de comer no vaso imundo e a foi por aos pés da

---

13 Arquivo Nacional da Torre do Tombo (ANTT), Conselho Geral do Santo Ofício, Correspondência recebida da Inquisição de Lisboa, 1768/1770, fls 35.

cama e se tornou a deitar sobre a mesma, e no tempo em que o vigiei, se levantou mais de três vezes.[14]

Por volta do meio dia, chegava o Familiar Antônio Gomes Esteves para substituir seu colega de ofício, e depois Pedro da Silva Andrade, revezando-se todos na atenta vigília dos menores passos e atitudes do infeliz encarcerado. No dia seguinte, veio Francisco dos Reis Campos, observando gestos e expressões minuciosamente descritos em seu relatório: levantando-se a uma hora da madrugada, o preso passeara pela cela até às 4 horas, sempre com as mãos dentro do roupão, e num dado momento chegou à grade e, por uma fresta, "olhou para o céu em que se demorou algum espaço de tempo, posto de joelhos com alguma elevação para o ar".[15] Vigiado em seus mínimos movimentos, este réu da Inquisição, era o famoso teatrólogo português Antônio José da Silva, apanhado em 1726.

Nas visitações realizadas pelo Conselho Geral do Santo Ofício aos tribunais regionais, houve várias denúncias sobre as falhas na vigilância dos réus. De um modo geral, a visita averiguava a conduta moral dos funcionários, a relação com os presos, as condições dos cárceres e dos prédios onde funcionavam os tribunais. No caso de Lisboa, trabalhei com as visitações dos anos de 1643, 1649 e 1658, únicas até então disponíveis para o período que estudo.[16] Na visitação de 1643, realizada pelo Inquisidor Geral D.Francisco de Castro, por exemplo, um dos maiores problemas foi a vigilância das celas dos cárceres e ainda a tolerância nas comunicações entre presos de celas diferentes, atribuídas à conduta descuidada dos alcaides e guardas. Estes últimos também foram denunciados por não manterem as prisões devidamente limpas e por andarem sozinhos, quando, pelo Regimento, deveriam andar em duplas

Contatos proibidos

Apesar de constar dos Regimentos deliberações visando dificultar ao máximo o contato entre os presos, separando homens e mulheres, parentes, amigos e réus de mesmo delito, na prática, ao que indicam algumas narrativas, a sociabilidade entre eles era mais frequente do que os Inquisidores pretendiam.[17] O próprio *Manual dos*

---

14 BAIÃO, Antônio. *Episódios dramáticos da Inquisição portuguesa*. Rio de Janeiro, Ed. do Anuário do Brasil, 1912, Vol. II, p. 197.
15 BAIÃO, Antônio. *Episódios dramáticos da Inquisição portuguesa*, p. 202.
16 BETHENCOURT, Francisco. *História das Inquisições: Portugal, Espanha e Itália*, p.171.
17 Num livro de instruções para a Inquisição de Évora, no item referido aos cárceres, dizia-se que "quando dois presos estão por companheiros nos cárceres e um deles sair no auto e o outro

Inquisidores, no longínquo século XIV, recomendava-o: embora de efeito nefasto, esta coabitação renderia laços de amizade e solidariedades, "pois os criminosos não falam de outra coisa com seus companheiros de prisão, senão dos meios de esconder a verdade, fugir, adiar os interrogatórios etc."[18]

Nas centenas de processos de sodomia estudados por Luiz Mott, destaco o caso do Padre Antônio Nabo, preso em 1645, cujo companheiro de cela, o Padre Antonio Lourenço, comunicava-se por debaixo da porta do cárcere com outros homens, beijando-lhes as mãos, dentre outros carinhos. Alcunhado por um deles de *Provincial de Sodoma*, foi denunciado pelo colega de infortúnio por "mostrar seu membro viril" a José de Lis e ainda copular com ele três vezes em uma noite em sua cela.[19] Encarcerados no *secreto*, estes homens continuavam a perpetrar condutas heréticas aos olhos impiedosos do Santo Ofício, desafiando, dentro do próprio edifício da Inquisição, valores tão caros aos juízes inquisitoriais.

De uma cela para outra, os réus se comunicavam também através de batidas na parede, que correspondiam a letras do alfabeto. Bilhetes trocados pelos presos, e entre estes e o mundo exterior foram comuns, com a participação ativa dos alcaides e guardas em troca de presentes ou dinheiro. Saber da saúde da família, do nascimento de filhos, assuntar sobre o que os companheiros haviam confessado aos inquisidores, desabafos sobre a vida difícil e até conselhos foram temas que marcaram esta correspondência. Duarte Rodrigues, em 1593, em Coimbra, aconselhava seus companheiros de cela dizendo: "ajudemos uns com outros e se lá formos, as palavras que dissermos sejam poucas e certas, e não há de haver confessar logo porque primeiro hão de vir com o libelo contra nós".

Os alcaides e guardas, que atabalhoavam o reto ministério do Santo Ofício, seja por corrupção ou incúria, foram alvo de investigação em meados do século XVII, indignando os inquisidores de Lisboa: "Nesta mesa há informação certa que os presos e presas dos cárceres se comunicam e escrevem muito de ordinário sem os

---

ficar, nunca o que sair, quando se tornar a recolher, se há de por com o que há de ficar, por não lhe referir o que passou no auto". ANTT, Inquisição de Évora, Instruções - Livro 105.

18 EYMERICH, Nicolau. *Manual dos Inquisidores*. Brasília: Editora Universidade de Brasília, 1993, p.206.
19 ANTT, Inquisição de Lisboa, processo 4810. Cf MOTT, Luis. *Sodomitas perante o Santo Ofício*. Comunicação apresentada no I Simpósio Nacional *Intolerância: Os Crimes na Colônia*, Laboratório de Estudos sobre a Intolerância (LEI), Universidade de São Paulo, Casa de Cultura Japonesa, SP, 15-21/11/2006.

guardas o alcançarem nem darem disso conta, e por essa causa foram advertidos e repreendidos por vezes, sem haver emenda".[20]

Elvira Mea chama atenção para o fato de que a alimentação dos presos foi um bom veículo para se obter e dar informações. Até 1570, os familiares dos réus enviavam os alimentos, mas visando coibir este contato com o mundo exterior, os Inquisidores, a partir daí, determinaram que as refeições seriam preparadas nas cozinhas da Inquisição sob as ordens de um despenseiro. A medida não adiantou, pois a comida que circulava dentro dos cárceres continuou sendo um dos veículos mais importantes para a comunicação entre os presos. A cozinha era um espaço disputado, e as cozinheiras, portadoras de pedidos e bilhetes em seus tachos, panelas, e até em alimentos, transformando rolos de carne e talos de couve, por exemplo, em instrumentos para o trânsito mais seguro das mensagens. Caso curioso foi o de Ana Fernandes, presa pela Inquisição de Coimbra em 1601, e que escrevia para o filho numa casca de cebola usando uma pena de galinha com tinta feita de uma mistura de ferrugem e vinho.[21]

O contato entre os réus, apesar de não tolerado, forneceu também matéria herética para os inquisidores, uma vez que denúncias mútuas entre companheiros de cela chegavam também aos seus ouvidos nos interrogatórios. A professora Solange Alberro, em seu estudo sobre o Tribunal do México, levantou vários casos entre 1642-1647 através de uma instigante documentação, as *comunicaciones de cárceres*, onde verdadeiras teias de intriga no interior dos calabouços foram postas a nu diante do inquisidor. Esta autora apurou eficaz procedimento adotado pelo tribunal espanhol, por sinal já aconselhado pelo *Manual dos Inquisidores*: colocar junto de certos presos outros colegas de cela orientados a estimulá-los a falar, para depois assim denunciá-los.[22] Também encontrou alcaides corruptos, que acobertavam presos mais abastados em troca de presentes, e ainda interessantes exemplos de réus cujos escravos eram recolhidos à Inquisição junto aos outros bens sequestrados. Incorporados como cativos à vida nos cárceres, ajudavam seus antigos senhores na esperança de serem libertados futuramente, mas uma vez descobertos, eram usados pelos inquisi-

---

20 MEA, Elvira Cunha de Azevedo. *A Inquisição de Coimbra no século XVI. A instituição, os homens e a sociedade*. Porto: Fundação Eng. Antonio de Almeida, 1997.
21 MEA, Elvira Cunha de Azevedo. "O cotidiano entre as grades do Santo Ofício". In: FABEL, Nachman *et alli*. *Em nome da fé: estudos in memoriam de Elias Lipiner*. São Paulo: Perspectiva, 1999.
22 ALBERRO, Solange. *Inquisición y sociedad em México. 1571-1700*. México: Fondo de Cultura Económica, 1988, p.233-234.

dores como espiões e ainda processados.[23] Referência notável foi a comparação dos aljubes portugueses aos mexicanos, estes últimos considerados como *pan benedito* por Catalina de Campos, presa em 1642, com passagem pelos cárceres lisboetas: *"é pão com mel o que acontece aqui, se tu viste o que acontece nas casas que há como esta em Portugal, tu ficarias envergonhado do modo e rigor com que os tratam"*.[24]

Para a Inquisição portuguesa, no entanto, estas referências estão dispersas nos processos. Citemos apenas, entre muitos outros, o caso do cristão-novo José Antônio Pinto, em cujo processo, de 1713, encontramos testemunhas de pelo menos 3 companheiros de cela e dois guardas, denunciando práticas que fazia com frequência no cárcere, como jejuns, rezas, hábitos alimentares e higiênicos.

Médicos, cirurgiões e barbeiros, para além de suas funções normais, fora do Tribunal, estavam diretamente envolvidos nos cárceres do secreto, com já o dissemos, deliberando sobre as condições dos réus e responsabilizando-se por sua integridade física, de modo a que cumprissem suas penas e saíssem de lá vivos, tudo isso referendado pelo Regimento. Também sua presença era imprescindível nas sessões de tormento, avaliando a capacidade dos réus de suportá-lo.

De novo Luiz Mott nos conta sobre o jovem Domingos Godinho Lima, preso em 1620 e logo confitente "pelo medo e efeito dos cárceres", embora não tenha escapado de algumas sessões de tormento:

> atado perfeitamente gritava por Jesus que lhe valesse, aí gastaram 15 minutos para consertar o calavre[25] enquanto o réu esteve atado com os cordéis e correia, e por achar o médico e cirurgião que as mãos se inchavam e as unhas se começavam a fazer negras e que lhe podia correr tanto humor que se lhe mortificassem, e que era mais seguro e conveniente que fosse desatado e levado para seu cárcere e dilatar o tormento para outro dia, dizendo que confessasse e ele respondeu que não tivera o que confessar...[26]

Laura de Mello e Souza, estudando a religiosidade popular no Brasil colonial em seu clássico *O diabo e a terra de Santa Cruz*, considerou a Inquisição como instância punitiva desestruturante do tecido social, "responsável por pânicos coletivos e tragédias pessoais", afirmando ainda que "mesmo quando não matava, prendia por longos anos, isolava os réus nos cárceres, mantendo-os longe da família e de

---

23 ALBERRO, Solange. *Inquisición y sociedad em México. 1571-1700*, p.236-240.
24 ALBERRO, Solange. *Inquisición y sociedad em México. 1571-1700*, p.241. Tradução livre.
25 *"Calabre ou calavre*: corda grossa".
26 ANTT, Inquisição de Évora, Processo 7889. Cf. Luiz Mott, *Op.cit.*

toda forma de convívio, torturando-os e, não raro, enlouquecendo-os".[27] A autora crê terem sido comuns casos de presos acometidos por graves perturbações mentais nas prisões inquisitoriais, destacando o triste destino do sapateiro Antônio Carvalho Serra. Natural de Mariana, Minas Gerais, chegou a Lisboa preso por roubo de hóstias em 1757. Dois anos depois, já doente, "perdeu o juízo": a misericórdia inquisitorial enviou-o ao Hospital de Todos os Santos em 1761, após vários depoimentos sobre seu péssimo estado. Gritava todas as noites, andava nu, recusava-se a comer, não admitia companheiros de cela, falava frequentemente sozinho, delirava, achando-se homem rico, e sua magreza era impressionante, segundo as testemunhas.[28]

Lembremo-nos também do estudo de Georgina Santos, que em sua análise sobre a Irmandade de São Jorge de Lisboa entre os séculos XVI e XVIII, constatou ser esta associação composta por indivíduos que compunham a corporação dos ofícios de ferro e fogo. Dentre estes oficiais mecânicos, estavam os barbeiros, muitos deles familiares do Santo Ofício, atuando também dentro dos cárceres inquisitoriais praticando a arte da sangria como tratamento principal. A autora traçou um excelente panorama da atuação destes profissionais nos cárceres e fora dele, demonstrando as precárias condições em que viviam os réus presos e os que já estavam cumprindo sua pena, como os condenados às galés, a ponto de chegarem a encaminhar petições solicitando mudança nas condições de sua pena, ou então licença para curarem-se fora dos calabouços inquisitoriais para aqueles ainda sob a custódia do Santo Ofício.[29]

Cárceres e terror inquisitorial: algumas reflexões

A dureza e a crueldade dos procedimentos inquisitoriais modernos, incitando o medo e o terror àqueles que chegavam como réus à *negra Casa do Rocio*, não podem ser vistos isoladamente em relação aos métodos punitivos e judiciários do Antigo Regime. Juízes seculares e inquisitoriais tinham em comum o uso de testemunhas anônimas, da tortura, a valorização da confissão, do segredo do processo, etc. Os horrores das penas inquisitoriais situaram-se no mesmo plano da era dos suplícios, tão bem caracterizada por Michel Foucault, ao refletir sobre a justiça civil moderna européia e a sua subsequente transformação a partir de meados do século XVIII. Em

---

27 SOUZA, Laura de Mello e. *O Diabo e a Terra de Santa Cruz. Feitiçaria e religiosidade popular no Brasil Colonial.* São Paulo: Companhia das Letras, 1986, p.327.
28 ANTT, Inquisição de Lisboa, Processo 1078. *Apud Ibid*, p.328-9.
29 SANTOS, Georgina Silva dos. *Ofício e sangue. A irmandade de São Jorge e a Inquisição na Lisboa moderna.* Lisboa: Colibri, 2005, pp.284-301.

Vigiar e punir, impressiona logo no primeiro capítulo a narrativa sobre o parricida francês Damien, condenado à morte em 1757, esquartejado e depois queimado em plena praça pública, depois de exibido nu à porta de uma Igreja, pedindo perdão, e em seguida atenazado em várias partes do corpo.[30]

O sistema judiciário moderno, centrado na figura do rei absolutista, entende os delitos como uma afronta ao próprio rei, ao Estado centralizado, daí o peso dos atos supliciantes e da punição como meio de revigorar a figura do monarca vingando-o, numa "graduação calculada de sofrimentos", nas palavras de Foucault, até a morte final.[31] O ritual punitivo transformava-se em espetáculo, afirmando publicamente a força e o poder real, exemplo para todos que ousassem ir contra o soberano.

Instituição de poder ímpar na história da Igreja e do Estado português moderno, a Santa Inquisição seguiu à risca um ritual político de controle social pelo medo.[32] A reflexão sobre as estruturas de poder apresentadas por Foucault mostra-nos que os poderes se exercem em variados níveis do corpo social, em instituições estatais e não estatais, compondo uma rede que pode estar integrada ou não ao Estado. Foucault recusa a ideia do poder centralizado e localizado única e exclusivamente no Estado, estando disperso e se manifestando também em outras instâncias.

> O sistema do direito, o campo judiciário são canais permanentes de relações de dominação e técnicas de sujeição polimorfas (...). Não se trata de analisar as formas regulamentares e legítimas do poder em seu centro, no que possam ser seus mecanismos gerais e seus efeitos constantes. Trata-se, ao contrário, de captar o poder em suas extremidades, em suas últimas ramificações, lá onde ele se torna capilar; captar o poder nas suas formas e instituições mais regionais e locais (...). Ter bem presente que o poder não é algo que se possa dividir entre aqueles que o possuem e o detêm exclusivamente e aqueles que não o possuem e lhe são submetidos. O poder deve ser analisado como algo que circula, ou melhor, como algo que só funciona em cadeia. O poder funciona e se exerce em rede. Nas suas malhas os indivíduos não só circulam mas estão sempre em posição de exercer este poder, são sempre centros de transmissão. Em outros termos, o poder não se aplica aos indivíduos, passa por eles.[33]

---

30 FOUCAULT, Michel. *Vigiar e punir. Nascimento da prisão.* Petrópolis: Vozes, 2004, p.9 e segs.
31 FOUCAULT, Michel. *Vigiar e punir. Nascimento da prisão*, p.14.
32 ESCANDELL, Bartolomé. "La Inquisición como dispositivo de control social y la pervivencia actual del modelo inquisitorial". In: ALCALÁ, Ángel. *Inquisición española y mentalidad inquisitorial*. Barcelona, Ariel, 1983, pp.597-611.
33 FOUCAULT, Michel. *Vigiar e punir. Nascimento da prisão*, p.182-183.

O poder da Inquisição de processar e punir advém da complexa rede que marcou o Tribunal nas suas relações com o Estado português, desde a sua criação. Braço da estrutura de poder estatal no Antigo Regime, foi também difusora de um controle social através do pânico que gerou seus procedimentos. Lembremo-nos dos famigerados autos da fé, emblema do poder esmagador do Santo Ofício, incitando o imaginário do massacre que sofriam todos aqueles que de algum modo, por atos ou palavras, se afastavam da fé católica no mundo ibérico.

Ronaldo Vainfas, em seu *Trópico dos pecados*, chamou-nos a atenção para a especificidade do Tribunal inquisitorial, que para além das técnicas de busca da heresia em si, inovou ao tentar esquadrinhar a "personalidade dos réus", pesquisando "sobre o indivíduo, sua natureza, seu passado. Pesquisa até certo ponto arcaica, ainda ligada à decifração da alma pecadora e de suas intenções ou à busca de antecedentes criminais na vida pregressa do acusado",[34] antecipando assim a criminologia e processualística de finais do século XVIII. Diz-nos ainda que no caso da pena capital, a Inquisição foi mais "moderna" que as justiças civis, menos violenta, mais rápida, até porque era pena limite, aplicada numa minoria dos casos, igualmente ao que tribunal espanhol vivenciou.

A análise do espaço prisional inquisitorial se inscreve, portanto, na dinâmica do poder exercido pelo Santo Ofício que se perpetua pela sociedade portuguesa e colonial e se expressa, dentre outros campos, no cotidiano deste espaço.

Outro aporte que consideramos importante para se pensar os cárceres do Santo Ofício foram as reflexões do historiador francês Bartolomé Bennassar em relação ao Tribunal espanhol, mas que são também aplicáveis ao português.[35] Considerou em sua análise como um dos mais importantes métodos inquisitoriais a sutil difusão do medo no corpo social, expressa nos próprios textos normativos da instituição, a exemplo do já citado *Manual dos Inquisidores* de 1578. "Aterrorizar o povo, proclamando as sentenças e impondo os sambenitos", a visão dos condenados nos autos da fé, as efígies dos ausentes, "é um bom método", segundo o célebre guia de atuação dos juízes inquisitoriais. Estas imagens do Tribunal, ameaçadoras àqueles que por ventura se distanciassem da fé católica, promoviam um impacto significativo na

---

34 VAINFAS, Ronaldo. *Trópico dos pecados. Moral, sexualidade e Inquisição no Brasil*. Rio de Janeiro: Campus, 1989, p.299.
35 BENNASSAR, Bartolomé. "Modelos de la mentalidad inquisitorial: metodos de su pedagogia del miedo". In: ALCALÁ, Ángel (org.). *Inquisición española y mentalidad inquisitorial*. Barcelona: Ariel, 1984, p.175-176.

população.[36] Os próprios funcionários do aparelho inquisitorial, como familiares e comissários, exerciam este efeito, havendo casos notáveis de indivíduos que se fingiram destes agentes, bastando mostrar uma carta ou medalha toscamente falsificada, que eram imediatamente temidos e respeitados.[37]

Bennassar desenvolveu o que chamou de "pedagogia do medo", demonstrando que as raízes deste pânico difuso gerado pela ação do Santo Ofício estariam relacionadas nem tanto à prática da tortura e o rigor das sentenças – especialmente a fogueira –, mas, principalmente, à engrenagem do segredo, à memória da infâmia, ao sequestro de bens e à miséria daí decorrente.

Essencial à práxis inquisitorial, o segredo marcou a sua ação, "porque no Santo Ofício, não há coisa em que o segredo não seja necessário", dizia o Regimento de 1640[38]. O réu, a partir do momento em que era preso, isolava-se do mundo exterior. Não sabia do que era acusado; não tinha a mais vaga ideia do desenrolar do seu processo, muito menos do conteúdo dos autos, e até mesmo as testemunhas desconheciam a razão de sua convocatória. O Inquisidor jamais lhe permitia perceber por que estava ali, levando a que confessasse crimes que eles próprios não imaginavam, e com medo, delatavam membros de sua família, amigos ou vizinhos. Também eram proibidos de comentar qualquer fato relativo ao Tribunal, sendo considerados hereges aqueles que o fizessem.

A memória da infâmia era nefasta para quem passava pelos trâmites inquisitoriais: sambenitos pendurados em igrejas com nomes bordados e visíveis; leituras públicas de sentenças; açoites nas ruas e praças à vista de todos; nomes inscritos para sempre nos repertórios dos Tribunais. Alijados da sociedade, proibidos de ocuparem cargos públicos e eclesiásticos, legavam este pesado fardo a seus filhos e netos, a exemplo do que analisamos em relação aos rejeitados ao cargo de Familiar.[39]

---

36 "Recordemos que el Santo Oficio se mostro desde temprano fechas diestre en el manejo de un importante medio de comunicación de masas: la imagen. Con su apoyo pretendió conseguir sus objetivos: inspirar espanto a su misteriosa autoridad, sostiene C. Lea, 'Ygrabar en la mente del pueblo el más absoluto horror a la herejía". Cf. CALDAS, Maria Victoria Gonzalez de, "Nuevas imágenes del Santo Ofício en Sevilla: el auto de fe". In Ángel Alcalá (org). *Inquisición española y mentalidad inquisitorial*, p. 244.

37 CALAINHO, Daniela. *Agentes da fé. Familiares da Inquisição portuguesa no Brasil colonial*. São Paulo: EDUSC, 2006, pp.147 e segs.

38 *Revista do Instituto Histórico e Geográfico Brasileiro...*, p.695.

39 BENNASSAR, Bartolomé. "Modelos de la mentalidad inquisitorial: metodos de su pedagogia del miedo". In: ALCALÁ, Ángel (org). *Inquisición española y mentalidad inquisitorial*. Barcelona: Ariel, 1984, p.117-118.

A perspectiva da miséria, do sequestro de bens, era igualmente trágica, principalmente para os acusados de crimes contra a fé, em especial os judaizantes, alvo principal dos confiscos, e depois os sodomitas, também passíveis de sofrer esta pena. Culpado ou inocente, qualquer processado deveria pagar as custas dos autos, sessões de interrogatório, gastos nas diligências, gastos com o Familiar que o prendeu, com o Procurador das partes em sua defesa, com as viagens eventualmente necessárias, etc, levando centenas de réus quase à ruína.[40]

Instituição poderosa no controle social que exercia nas sociedades ibéricas modernas, a Inquisição estimulou, no entanto, dentro de suas próprias entranhas, a reprodução de práticas e crenças que ela própria condenava, sendo o espaço dos cárceres privilegiado neste sentido. Lá permanecendo por meses ou anos a fio, os réus de algum modo burlavam o segredo inquisitorial, não de seu processo, mas de seu cotidiano através de contatos que estabeleciam uns com os outros, e assumindo, a partir desta circulação de ideias, uma outra postura diante do Inquisidor. O estudo que fizemos sobre as práticas mágico-religiosas dos africanos e descendentes em Portugal, acusados de feitiçaria pela Inquisição, sinalizou com a perspectiva da difusão da heresia através das próprias instâncias de poder.[41] Referimo-nos, no caso, à construção mental do pacto demoníaco, eixo da feitiçaria portuguesa, na própria Mesa Inquisitorial. Para alguns, a confissão imediata de pacto e relações com o Diabo era estratégica, movida pelo medo, para tentarem sentenças mais brandas ou mesmo se livrarem delas, ainda que sua conduta passasse ao largo dos caminhos do Príncipe das Trevas. Provavelmente tinham algum conhecimento, mesmo que difuso, do funcionamento do Tribunal, adquirido nos próprios cárceres ou por intermédio de antigos réus que eventualmente estivessem cumprindo penas de degredo, ou já versados nas artimanhas de seus juízes para a confissão de pacto. A ideia era confessar o que de fato o Inquisidor desejava ouvir, no intuito de obter o perdão e quiçá a liberdade.[42]

---

40 BENNASSAR, Bartolomé. "Modelos de la mentalidad inquisitorial: metodos de su pedagogia del miedo". In: ALCALÁ, Ángel (org). *Inquisición española y mentalidad inquisitorial*. Barcelona: Ariel, 1984, p.179.
41 CALAINHO, Daniela. *Metrópole das mandingas. Religiosidade africana e Inquisição portuguesa no Antigo Regime*. Rio de Janeiro: Garamond, 2009.
42 Pedro Paiva cita o caso de Maria Gomes, que confessando imediatamente pacto diabólico, ao final revogou sua confissão dizendo que acreditava ser esta a melhor forma de colocarem-na em liberdade. PAIVA, José Pedro. *Bruxaria e superstição num país sem "caça às bruxas". 1600/1774*. Lisboa: Notícias Editorial, 1998, p.200.

Acreditamos que a aquisição destes conhecimentos – demonológicos, no caso da feitiçaria – se originava também nas próprias instâncias de poder: além dos cárceres, nos editais apregoados nas igrejas, que incitavam denúncias e nos próprios autos-de-fé, com leituras públicas das sentenças. Assim, a circulação destes saberes entre réus e Inquisidores – sejam os demonológicos, judaicos ou outros – leva-nos à reflexão de Carlo Ginzburg acerca dos níveis culturais nas sociedades. Inspirado pela antropologia social, este autor definiu cultura como uma "massa de discursos, formas de consciência, crenças e hábitos relacionados a um grupo historicamente determinado".[43] Cuidou, portanto, inspirado em Mikail Bakthin, de distinguir a chamada "cultura popular" ou "oral" da "cultura erudita" ou "letrada", dimensionando o intercâmbio que se estabelece entre esses níveis culturais, e introduzindo o conceito de circularidade cultural para definir essa dinâmica. Acreditamos que o espaço dos cárceres do secreto da Inquisição foi privilegiado para a difusão oral do que Ginzburg chamou de "cultura letrada", neste caso dos inquisidores, produtores e reprodutores dos valores e símbolos cristãos dominantes, uma vez que os réus, vindos de suas sessões de inquirição, absorvendo o que estes juízes gostariam que eles confessassem, certamente comentavam essas ideias com os outros presos.

Instituição poderosa no controle social que exercia nas sociedades ibéricas modernas, a Inquisição assistiu, dentro de suas próprias entranhas, a reprodução de práticas e crenças que ela própria condenava, em especial no espaço dos cárceres. Lá permanecendo por meses ou anos a fio, os réus burlavam o segredo inquisitorial tão caro ao tribunal, no seu cotidiano através de contatos que estabeleciam uns com os outros, e assumindo, a partir desta circulação de ideias, uma outra postura nos interrogatórios diante do Inquisidor.

Em conclusão, o estudo dos cárceres inquisitoriais, ao demonstrar micro relações cotidianas, permite compreender melhor a construção de autoridade e dominação do Santo Ofício na própria sociedade, e por outro lado, permite observar também os limites dessa mesma autoridade. As relações nas prisões inquisitoriais iluminam, assim, jogos de poder em micro escala, refletindo e reconstruindo as estruturas de dominação social maior.[44]

---

43 GINZBURG, Carlo. *O Queijo e os vermes. O cotidiano e as ideias de um moleiro perseguido pela Inquisição*. São Paulo: Companhia das Letras, 1987, p.15-33.
44 Ver LEVI, Giovanni. "Sobre a micro-história". In: BURKE, Peter (org.). *A escrita da história: novas perspectivas*. São Paulo: UNESP, 1992; REVEL, Jacques. *Jogos de escalas: a experiência da microanálise*. Rio de Janeiro: FGV, 2000.

Branca Dias dos Apipucos: Inquisição e nativismo no Pernambuco oitocentista

Fernando Gil Portela Vieira

Revisitando o tema, relembrando o mestre

PARTICIPAR DA HOMENAGEM ao Professor Ronaldo Vainfas é, além de um grande prazer, rememorar a trajetória que me inseriu nas lides do ofício de historiador. Os meus estudos na Graduação em História e no Mestrado em História Social na Universidade Federal Fluminense são indissociáveis das contribuições do Professor Ronaldo, meu orientador em ambas as fases dessa trajetória. Guardo na memória a primeira leitura que fiz de um trecho de *Trópico dos Pecados*, em disciplina do ciclo básico do Bacharelado. Nascia, ali, uma dupla paixão: pela temática da Inquisição e dos cristãos-novos, à qual dedico minha produção acadêmica, e pela escrita de Vainfas. Sua disposição e generosidade foram fundamentais para que eu fosse apresentado à Professora Anita Novinsky, da Universidade de São Paulo, minha orientadora no Doutoramento, em cuja defesa pude contar com a presença do primeiro mestre.

A oportunidade que se apresenta me permite reviver os bons momentos de aprendizado que tive com Vainfas, nas reuniões para elaboração da Monografia, nos encontros com os demais bolsistas da Companhia das Índias (Núcleo de Estudos Ibéricos e Coloniais do Departamento de História da UFF) e nas atividades que participei como mestrando. Embora o tempo já se distancie – são nove anos desde a defesa da Dissertação –, as recordações daquela época constituem motivação para lá de estimulante, na revisita ao tema com o qual trabalhei sob os auspícios do Professor Ronaldo. Trata-se da compreensão do "judaísmo às ocultas" de Branca Dias, a célebre cristã-nova quinhentista corresponsável pela "esnoga" de Camaragibe, em Pernambuco, e das apropriações literárias dessa personagem nos séculos seguintes. Uma dessas apropriações, o drama teatral *Branca Dias dos Apipucos*, resenhado pelo jornalista Antônio Pedro de Figueiredo na imprensa do Recife em meados do século XIX, é o tema deste artigo.

Que o Professor Ronaldo sinta-se contemplado com esta singela homenagem de seu antigo orientando, que desde o primeiro contato conserva a admiração de estudante e eterno aprendiz. E que o leitor encontre nestas linhas, uma contribuição para o estudo acerca da memória da ação inquisitorial e da presença dos cristãos-novos em terras brasílicas.

Branca Dias, a matriarca "judaizante" de Camaragibe

Autor de *Gente da Nação*, obra dedicada ao tema dos cristãos-novos "judaizantes" em Pernambuco nos séculos XVI e XVII, José Antônio Gonsalves de Mello anotou, em sua pesquisa, quinze processos inquisitoriais do século XVI com o nome de Branca Dias. Um desses casos corresponde aos dados, até então conhecidos, da cristã-nova do mesmo nome, denunciada como judaizante durante a visitação inquisitorial de 1591-5 às capitanias brasílicas de Pernambuco, Itamaracá e Paraíba.[1] Presa em setembro de 1543, acusada pela mãe, Violante, e pela irmã, Isabel, de praticar o judaísmo em segredo, Branca Dias confirmou durante o processo ser natural de Viana da Foz do Lima, norte do reino, mãe de sete filhos e casada, havia entre doze e quinze anos, com o comerciante de tecidos Diogo Fernandes, cristão-novo e, àquela altura, residente no Brasil. Ao contrário do que seria a práxis inquisitorial nos séculos seguintes, os juízes não ocultaram a Branca Dias o nome de suas acusadoras. A ré atribuiu a delação feita pela mãe ao fato desta não aceitar o casamento com Diogo e a denúncia feita pela irmã ao pouco juízo da mesma.[2]

Embora as denúncias entre familiares soem aterradoras à sensibilidade atual, o processo criminal no Santo Ofício sempre contemplou a delação como ingrediente de uma "boa" confissão. Mãe e filhas se vergaram a esse arbítrio da ação in-

---

1 MELLO, José Antônio Gonsalves de. *Gente da Nação: cristãos-novos e judeus em Pernambuco, 1542-1654*. 2ª Ed. Recife: FUNDAJ/Massangana, 1996, p. 118.
2 *Idem* p. 119-21.

quisitorial – o servir-se da confissão de um réu ligado a outro por laços familiares[3] –, que aumentava as chances de o processado merecer a reconciliação por parte do tribunal. Violante, que no primeiro depoimento confessou práticas judaizantes, foi reconciliada e sentenciada a dois anos de cárcere, penitência suspensa em junho de 1544, enquanto Isabel também foi reconciliada no mesmo ano. Branca Dias, que também confessou culpas e foi reconciliada em abril, não escapou da sentença de dois anos de cárcere e do uso do sambenito, o hábito penitencial trazido pelos penitentes da Inquisição. Um ano depois, a penitente pediu, e obteve, a permissão para tirar o hábito, argumentando que precisava trabalhar para sustentar os filhos, dado que o marido estava fora de Portugal. A Mesa não lhe concedeu, porém, licença para deixar o reino, salvo com licença especial.[4]

Contudo, muitas referências sobre Branca Dias – a mesma esposa de Diogo Fernandes, mãe de vários filhos, inclusive um aleijado, que fora citado como um dos argumentos para ser dispensada do cárcere – serão encontradas durante a visitação inquisitorial de 1591-5. Como Branca veio para o Brasil com a prole, se sua sentença proibia a passagem para o ultramar e, a confiar em Gonsalves de Mello, inexistem referências a respeito no processo de 1543-5? Geraldo Pieroni, especialista em degredados do Santo Ofício luso para o Brasil, destaca que as primeiras penas de degredo pela Inquisição provêm do tribunal de distrito de Évora, em 1555.[5] Lembra ainda que apenas 8,48% dos degredados da Inquisição no século XVI tiveram a colônia brasílica como destino. Em seu livro *Banidos*, que lista todos os conversos, de que há registro, degredados pelo Santo Ofício para o Brasil, não se registra o nome de Branca Dias.[6] Cabe recordar que os inquisidores sabiam que Diogo Fernandes residia no Brasil; quanto a nossa personagem, degredá-la para o Brasil, e o degredo era, antes de tudo, uma punição, implicava na possibilidade de o marido ir ao encontro da penitente.

Sabe-se que, enquanto sua esposa era processada pelo tribunal da fé no reino, Diogo construía sua vida nas terras brasílicas. Em 1542, o marido de Branca recebeu

---

3 HERCULANO, Alexandre. *História da origem e do estabelecimento da Inquisição em Portugal*. Porto Alegre: Pradense, 2002, p. 364.
4 MELLO, José Antônio Gonsalves de. *Op. cit.*, p. 120-1.
5 PIERONI, Geraldo. *Os excluídos do reino: a Inquisição portuguesa e o degredo para o Brasil colônia*. Brasília/São Paulo: Editora da Universidade de Brasília/Imprensa Oficial do Estado, 2000, p. 274.
6 PIERONI, Geraldo. *Banidos: a Inquisição e a lista dos cristãos-novos condenados a viver no Brasil*. Rio de Janeiro: Bertrand Brasil, 2003, p. 113-27.

do donatário da capitania de Pernambuco, Duarte Coelho, uma sesmaria às margens do Rio Camaragibe, para construir um engenho de açúcar. Tendo enfrentado ataques sucessivos de indígenas ao longo dos anos seguintes, Diogo conseguiu do terceiro donatário, Duarte de Albuquerque Coelho, a ordem para realização de uma campanha formada pelos colonos da terra para expulsar os nativos, empresa liderada por Bento Dias de Santiago, rico mercador cristão-novo, morador em Olinda. Como recompensa pela campanha vitoriosa, as terras de Camaragibe foram cedidas a Santiago em 1563, ao passo que a Diogo coube um quarto da terra, quinhão que cultivou até a morte.[7] E Branca Dias, quando se juntou a seu marido? Uma pista é a carta datada de 1555, enviada pelo segundo donatário, Jerônimo de Albuquerque, ao rei D. João III, na qual comunica a destruição de Camaragibe pelos indígenas e roga auxílio para Diogo Fernandes. Consta na missiva:

> Dois engenhos se perderam ou quasi tres no tempo desta guerra, nos quaes se fazia muitos assucares; um delles é o de Iguamçuu e o outro de Santiago de Olinda, que por estar francamente provido nelle um Diogo Fernandes, que o fez com outros companheiros de Vianna [...] Folgue Vossa Alteza de favorecer nisto o dito Diogo Fernandes, que está muit pobre, *com seis ou sete filhas e dois filhos*, sem ter com que os possa manter pela dita perda que recebeu, e elle é homem que para negociar os ditos engenhos outro mais sufficiente na terra que elle não se achára, e que com menos dinheiro e tempo isto acabee ponha no estado que cumpre, dando-lhe um quinhão como elle soia ter no dito engenho [...].[8]

De acordo com o documento, portanto, Branca Dias e os filhos já estavam em Pernambuco em 1555. Inclusive, o casal já havia gerado um ou dois filhos na colônia, posto que, doze anos antes, Branca afirmara ser mãe de sete filhos ao passo que, na capitania, eram oito ou nove. A carta também permite inferir que Branca e os filhos chegaram à colônia na década entre 1545, quando aquela recebeu a dispensa do sambenito pelos inquisidores, e a redação da carta, ou melhor, um ou dois anos antes talvez. Para além das lacunas, sabe-se com base nas denúncias feitas ao visitador da Inquisição nos anos 1590, que Branca Dias abriu na vila de Olinda uma

---

7   Sobre as referências a Diogo Fernandes e ao engenho de Camaragibe, ver MELLO, José Antônio Gonsalves de. *Op. cit.*, p. 123-4; LIPINER, Elias. *Os judaizantes nas capitanias de cima: estudos sobre cristãos-novos do Brasil nos séculos XVI e XVII*. São Paulo: Brasiliense, 1969, p. 165.
8   'Carta de Jeronymo de Albuquerque a el-rei de Portugal (D. João III)' In: *Revista do Instituto Histórico e Geográfico Brasileiro*, vol. XLIX, t. I. Rio de Janeiro, 1886, p. 584-6 (grifo meu).

escola de "prendas domésticas" para meninas.[9] Algumas de suas ex-alunas, adultas entre 1591-5, denunciariam a antiga mestra e seu marido por atitudes suspeitas de judaísmo. Tanto Branca como Diogo não puderam responder às acusações, pois a morte os colhera bem antes da incursão inquisitorial. Diogo provavelmente falecera nos anos 1560, e Branca ainda era viva em 1567.[10] Não era a morte, todavia, impedimento para que o tribunal acolhesse denúncias e, se julgasse conveniente, abrisse processo *post-mortem*.[11]

Alguns dos principais historiadores dedicados à ação inquisitorial no Brasil escreveram sobre as motivações que levaram à realização da visita inquisitorial ao nordeste brasílico no final do século XVI.[12] Destaco um componente da incursão apontado por Angela Maia, relacionado ao traço ambivalente do Santo Ofício, tribunal eclesiástico e régio: a visitação é a extensão de um dos braços do poder metropolitano à colônia, incrementando sua presença no ultramar.[13] Em contexto que, apesar de marcado pelas vicissitudes do mundo colonial, continuava marcado pelo selo do catolicismo e da fidelidade à Coroa, a presença do visitador e as ameaças de excomunhão e de cárcere são suficientes para despertar uma fidelidade até então matizada nas capitanias brasílicas. O atendimento aos éditos da fé e da graça e ao monitório por parte dos colonos, que atenderam em grande número à convocação para confessar culpas e delatar cúmplices, expressa a equação em que a desobediência ao visitador é sinal do rompimento com Cristo, com a Igreja e com a Coroa.[14] O

---

9 LIPINER, Elias. *Op. cit.*, p. 166.
10 O livro da Chancelaria de D. Sebastião, ao registrar a demarcação das terras de Camaragibe em 1567, informa que Diogo Fernandes já não era vivo. Nesse documento há referência à moradia localizada no engenho como a "casa de Branca Dias". Cf. MELLO, José Antônio Gonsalves de. *Op. cit.*, p. 131.
11 Um exemplo desse procedimento do Santo Ofício é o respeitante à cristã-nova Ana Rodrigues, mulher bastante idosa, residente no engenho de Matoim, na Bahia, fartamente denunciada como judaizante durante a visitação inquisitorial de 1591-5. Presa e levada para o reino, faleceu no cárcere da Inquisição. Todavia, o processo teve continuidade e a ré, condenada ao relaxe à justiça secular – isto é, à morte na fogueira –, teve seus ossos desenterrados e queimados. Sobre o caso Ana Rodrigues e sua família, ver ASSIS, Angelo Adriano Faria de. *Macabéias da colônia: criptojudaísmo feminino na Bahia – séculos XVI-XVIII*. Tese (Doutorado em História) – Instituto de Ciências Humanas e Filosofia, Programa de Pós-Graduação em História, Universidade Federal Fluminense, Niterói, 2004.
12 Para um breve panorama da historiografia sobre o assunto, cf. VAINFAS, Ronaldo. *Trópico dos pecados: moral, sexualidade e Inquisição no Brasil*. 4ª reimpr. Rio de Janeiro: Nova Fronteira, 1997, p. 221.
13 MAIA, Angela Maria Vieira. *À sombra do medo: cristãos velhos e cristãos novos nas capitanias do açúcar*. Rio de Janeiro: Oficina Cadernos de Poesia, 1995, p. 145.
14 Sobre os éditos de convocação à confissão e a lista dos delitos a serem declarados à visitação

"judaísmo às ocultas" da matriarca de Camaragibe e mestra de Olinda será dado a conhecer nesse cenário.

Ainda que "filtrados" pela pena da Inquisição, os depoimentos sobre os costumes de Branca Dias não deixam dúvidas de que a mestra de meninas praticava atos "judaizantes" em segredo, ou seja, o "criptojudaísmo". Nem todas as diferenças entre este e o judaísmo livre, tradicional, podem ser dissecadas aqui, mas cabe uma palavra sobre o papel da mulher na tradição judaica. Embora o judaísmo ortodoxo negue às mulheres o papel de liderança religiosa, são-lhes concedidas funções específicas, como acender as luzes do *shabat* na tarde de sexta-feira e o cuidado na interdição de certos alimentos. Ademais, um judeu é definido pela tradição como quem nasce de mãe judia.[15] Essas fendas em favor das mulheres explicam como foi possível a algumas delas manter acesa a chamada "lei velha" em suas casas, mesmo após a imposição do monopólio católico no Mundo Português, em 1496-7. Nas palavras de Anita Novinsky, "proibida a sinagoga, a escola, o estudo, sem autoridades religiosas, sem mestres, sem livros, o peso da casa foi grande. A casa foi o lugar do culto, a casa tornou-se o próprio Templo".[16] Foi assim, com Branca Dias e Diogo Fernandes, na casa de Olinda e no engenho de Camaragibe.

Percorrendo algumas denúncias feitas por ex-alunas de Branca Dias, é possível perceber certas nuances do criptojudaísmo, sobretudo em relação ao universo feminino, no Pernambuco quinhentista. Joana Fernandes, que serviu na casa de Branca durante um ano, contou ao visitador que, nas tardes de sexta-feira, a mestra vestia suas mulheres roupas e se servia de um alimento que não era comum no resto da semana, na companhia apenas de suas filhas.[17] Maria Lopes, outra antiga pupila, lembrou durante a visitação que a casa de Branca Dias era limpa às sextas-feiras e que, aos sábados, a mesma descansava e vestia um traje especial[18]. Isabel Lamas, mameluca, disse ter

---

inquisitorial, cf. VAINFAS, Ronaldo. 'Introdução' In: _____ (org). *Santo Ofício da Inquisição de Lisboa. Confissões da Bahia.* São Paulo: Companhia das Letras, 1997, p. 20.

15 UNTERMAN, Alan. *Dicionário judaico de lendas e tradições*: 222 ilustrações. Trad. Paulo Geiger. Rio de Janeiro: Jorge Zahar, 1992, p. 140; 237-8; MAIA, Angela Maria Vieira. Op. cit., p. 130.

16 Apud ASSIS, Angelo Adriano Faria de. 'Inquisição, religiosidade e transformações culturais: a sinagoga das mulheres e a sobrevivência do judaísmo feminino no Brasil colonial – Nordeste, séculos XVI-XVII' In: *Revista brasileira de História*, v. 22, n. 43, 2002. Disponível em: <http://www.scielo.br/scielo.php?script=sci_arttext&pid=S0102-01882002000100004&lng=pt&nrm=iso>. Acesso em 16 junho 2004, p. 56.

17 Joana Fernandes contra Branca Dias, em 03/11/1593. Primeira Visitação do Santo Ofício às partes do Brasil. *Denunciações e Confissões de Pernambuco, 1593-1595.* Recife: FUNDARPE/Diretoria de Assuntos Culturais, 1984, p. 31.

18 Maria Lopes contra Diogo Fernandes, sua mulher Branca Dias, suas filhas Inez Fernandes,

perguntado a Brites Fernandes, primogênita de Branca e Diogo, o porquê da mestra guardar os sábados. Em resposta, Brites afirmou que sua mãe o fazia por ser devota de Nossa Senhora.[19] O cessar dos trabalhos na tarde de sexta-feira – considerando que o *shabat* começa após o pôr do sol –, os almoços restritos à família consanguínea e, em meio ao cenário mais amplo, o recurso à devoção católica, demonstram as possibilidades e limites do criptojudaísmo, além dos diferentes significados que seus ritos podiam adquirir para outras gerações da mesma linhagem cristã-nova.

Indício material das práticas judaizantes de Branca Dias é a referência à "toura", mencionada por alguns denunciantes à Mesa da visitação. Na tradição portuguesa do tardo medievo e do início da Época Moderna, a "toura" é identificada ao rolo de pergaminho que continha a *Torá* – os cinco primeiros livros da Bíblia, fundamento da religião judaica –, comparados ao formato de um touro devido à forma que assumiam quando enrolados. A corruptela pode ter origem no fato de os judeus lusos, quando tolerados no reino e regidos por leis próprias, juravam sobre a *Torá*, que era referida nas cartas de foral como "Toura".[20] Ana Lins, ex-aluna de Branca, denunciou que todos os sábados, na casa da mestra, "estava sobre a cama delles [do casal] huã cabeça de boi sem cornos", feita de "páo aleonado escuro [...] a qual cabeça de bezerro se punha muitas vezes sobre a ditta cama as sestas feiras e sobre a cama ficava até os domingos".[21] De acordo com o florista português João Ribeiro, o dito "a morte da bezerra" respeitava à identificação entre o formato do animal e os rolos da *Torá*. Os conversos sentenciados ao relaxe à justiça civil, isto é, à morte na fogueira, representariam a "morte da bezerra", ou seja, da lei judaica.[22]

Apesar de ligados pela ancestralidade à fé dos antepassados, os criptojudeus, especialmente no mundo colonial, estabeleceram relações sociais que iam além das conveniências básicas – é o caso do matrimônio. Na sociedade brasílica, as uniões exogâmicas eram mais comuns entre homens cristãos-velhos e mulheres conversas, dado o pouco número de mulheres brancas disponíveis no mercado matrimonial.[23]

Beatriz Fernandes, Felippa de Paz, Isabel Fernandes e Andresa Jorge e seu filho Jorge Dias de Paz, em 18/01/1594. *Idem* p. 149-53.

19 Isabel de Lamas contra Branca Dias e suas filhas Inez, Violante e Guiomar Fernandes, e Bento Dias Santiago, em 28/01/1594. *Idem* p. 182.

20 LIPINER, Elias. *Terror e Linguagem: um dicionário da Santa Inquisição*. S/ local: Círculo de Leitores, 1999, p. 138-9.

21 Anna Lins contra Diogo Fernandes, sua mulher Branca Dias e suas filhas, Violante Fernandes e Bento Teixeira, em 10/11/1593. *Denunciações e Confissões de Pernambuco*. Op. cit., p. 56.

22 LIPINER, Elias. *Op. cit.*, 1999, p. 139-40.

23 MELLO, Evaldo Cabral de. *O Nome e o Sangue: uma parábola familiar no Pernambuco colonial*.

A prole de Branca Dias e Diogo Fernandes computa onze filhos – pelo menos sete nascidos em Portugal –, dos quais oito foram casados; desse número, cinco contraíram uniões com cristãos-velhos. Gonsalves de Mello compila uma lista de vinte e dois netos de Branca e Diogo, descendência que, com o tempo, provavelmente se espalhou em Pernambuco e arredores. Tantos testemunhos contra Branca Dias não foram o bastante para que a antiga mestra sofresse processo póstumo, dado que o Conselho Geral do Santo Ofício não considerou as denúncias provas concludentes de judaísmo.[24]

O nome de Branca Dias, porém, não foi sepultado com o parecer dos inquisidores. Ao contrário, Branca sobreviveu, para além da história, nas lendas sobre um suposto fim nas fogueiras enfrentadas pelos condenados do Santo Ofício e no mito criado sob este nome. Na passagem do século XVII para o XVIII, corria em Pernambuco o boato de que os ossos da antiga mestra haviam sido desenterrados pela Inquisição e queimados no reino. No mesmo período, descendentes da célebre cristã-nova espalhavam dúvidas sobre a "pureza" do sangue dos nobres da terra, ao passo que estes tudo faziam para desvincular a memória de suas linhagens de tão má-fama.[25] Em sociedade iletrada como a colonial, na qual o "ouvir dizer" era fundamental, a concomitância entre afirmação e negação do nome de Branca Dias não apagou, antes fez o mesmo sobreviver com o tempo. Essa memória irá oscilar entre a escrita e a oralidade, o popular e o erudito, reaparecendo com força no século XIX. As mesmas terras que, cerca de três séculos antes, viram o casal de Camaragibe insistir nas práticas judaizantes, viriam o nome Branca Dias ser levado para o teatro e a imprensa de Pernambuco, agora uma província do Brasil Imperial.

2ª Ed. Rio de Janeiro: Topbooks, 2000, p. 102-4.

24 MELLO, José Antônio Gonsalves de. *Op. cit.*, p. 129-30, fornece a lista completa da prole de Branca Dias e Diogo Fernandes: Brites Fernandes, Inês, Violante, Guiomar, Baltasar Dias, Manuel Afonso, Ana, Jorge Dias de Paz, Andresa Jorge, Isabel e Filipa da Paz. Quanto aos filhos processados na Inquisição de Lisboa na passagem do século XVI para o XVII, cf. p. 136-60: no auto de fé realizado em agosto de 1603, Andresa abjurou de suspeita na fé em 1603, sendo-lhe pouco depois permitido regressar ao Brasil, ao passo que Beatriz, Ana e Catarina abjuraram de leve suspeita na fé. Sabe-se que as duas últimas foram proibidas de sair do reino.

25 Exemplo dessa resistência em admitir o prolongamento da descendência da matriarca judaizante é o do genealogista Antônio Borges da Fonseca, que na obra *Nobiliarquia Pernambucana*, escrita no século XVIII, afirmava que Branca Dias nunca havia deixado descendência em Pernambuco. Cf. MELLO, Evaldo Cabral de. *Op. cit.*, p. 87-91.

A Branca Dias de Apipucos, uma "Leoa do Norte" no século XIX

Durante a Guerra dos Mascates, conflito entre nobres de Olinda e comerciantes do Recife, entre 1710-1, uma rica senhora moradora em Apipucos, perto do Recife, era presa por ordem do Tribunal do Santo Ofício e, depois de julgada em Portugal, sofreia o relaxe à justiça secular, isto é, a morte na fogueira, por praticar o judaísmo. Esse é o cerne do drama intitulado *Branca Dias dos Apipucos*, assunto da seção "A Carteira" na edição de quatro de janeiro de 1858 do *Diário de Pernambuco*, coluna escrita por Abdalah-el-Kratif, pseudônimo do jornalista Antônio Pedro de Figueiredo.[26] Curiosamente, não se encontra o nome do autor desse drama naquela edição de "A Carteira". Porém, mais de um ano depois, a seis de abril de 1859, o mesmo *Diário de Pernambuco* noticiava o envio de moção à comissão de petições da Assembleia Legislativa Provincial, da parte de Joana Maria de Freitas Gamboa, autora do drama teatral *Branca Dias dos Apipucos*.[27] Apesar dessa referência, não se conhece o texto original do drama em questão; o enredo é conhecido apenas pelo "Juízo Crítico" escrito por Antônio Figueiredo.

De todo modo, possivelmente sabe-se menos a respeito de Joana Gamboa do que sobre o drama que ela própria escreveu. Henrique Capitolino Pereira de Mello, no livro intitulado *Pernambucanas Ilustres*, publicado em 1879, lamenta não saber o nome da "autora do drama histórico Branca Dias dos Apipucos",[28] título que provavelmente conhecera por meio da seção "A Carteira", indício corroborado por Augusto Gonçalves, em seu *Dicionário histórico e literário*.[29] Maria Cristina de Souza, em trabalho sobre o teatro feminino no Brasil, cita (erroneamente) Alexandrina Francelina de Souza Marinho, colaboradora do periódico recifense *Monitor das Famílias*, como autora de *Branca Dias dos Apipucos*, sob o pseudônimo Abdalah-el-Kratif.[30]

---

26 'Juízo crítico sobre Branca Dias dos Apipucos' In: *Diário de Pernambuco*, 4 jan. 1858. Utilizo as referências das páginas do mesmo texto reproduzido em MELLO, José Antônio Gonsalves de. *Diário de Pernambuco: economia e sociedade no 2º Reinado*. Recife: Ed. Universitária da UFPE, 1996a, p. 509-21.
27 'Sessão ordinária em 2 de abril de 1859. Presidencia do Sr. Barão de Camaragibe (Conclusão)' In: *Diário de Pernambuco*, 5 abr. 1859, p. 2.
28 MELLO, Henrique Capitolino Pereira de. *Pernambucanas Ilustres* (edição fac-similada da 1ª edição, de 1879). Recife: Assembleia Legislativa de Pernambuco, 1980, p. 146.
29 GONÇALVES, Augusto de Freitas Lopes. Branca Dias dos Apipucos. *Dicionário histórico e literário do teatro no Brasil*, vol. II. Rio de Janeiro: Cátedra, 1976, p. 269.
30 SOUZA, Maria Cristina de. *A tradição obscura: o teatro feminino no Brasil*. Rio de Janeiro: Bacantes, 2001, p. 43-4.

Referências desmentidas pela petição noticiada pelo *Diário de Pernambuco* e pelo fato do pseudônimo ser utilizado por Antônio Figueiredo, em sua coluna no jornal. Uma vez mais, é Gonsalves de Mello quem fornece pistas sobre o assunto. Em seu livro sobre o *Diário de Pernambuco*, o autor, sem indicar a fonte da informação, afirma que Joana Gamboa trabalhou no Teatro Público do Recife.[31]

Apesar da lacuna referente à biografia da autora do drama sobre Branca Dias, sabe-se que o teatro pernambucano era um dos centros da dramaturgia no atual Nordeste durante o Segundo Reinado, rivalizando com Salvador. Havia a Casa da Ópera, dirigida desde 1827 pelo português Francisco de Freitas Gamboa – um parente ou cônjuge de Joana de Freitas Gamboa? –, estabelecimento que mudou de nome para Teatro São Francisco, até a demolição em 1850.[32] Nesse ínterim, estavam em funcionamento no Recife diversas casas de espetáculo, como o Teatro Apolo, o Teatro Nacional, o Teatro Filo-Dramático e, o mais importante de todos eles, o Teatro Santa Isabel, projetado pelo francês Louis Vauthier e cuja construção fora questionada, na imprensa, por Francisco Gamboa.[33] Em meio aos anúncios de peças exibidas no Santa Isabel, publicadas ao longo de 1859 no *Diário de Pernambuco*, um deles, noticiado em setembro daquele ano, informava a apresentação de *Os dous renegados*, de Mendes Leal Júnior, que contava dois inquisidores entre suas personagens.[34]

Se o texto original do drama e sua autora são itens relativamente obscuros, a situação é diferente para Antônio Figueiredo, o autor do "juízo crítico". Nascido na vila pernambucana de Igarassú em data controversa – provavelmente no primeiro quarto do século XIX –, de origem humilde, mulato, Figueiredo recebeu educação formal no Convento do Carmo, no Recife, onde se abrigou após ser expulso da casa de certo protetor, cujo nome é ignorado. Apelidado de "Cousin Fusco", alcunha que mescla a referência por ter traduzido *Curso da historia da Philosophia*, de Victor Cousin, com a cor de sua pele, Figueiredo exerceu atividades profissionais variadas. Entre as décadas de 1840 e 1850, lecionou no Liceu do Recife e no Ginásio Pernambucano, e exerceu o jornalismo na revista literária *O Progresso* e, depois, no *Diário de Pernambuco*. Neste periódico, a partir de 1855, Figueiredo passou a escrever na seção "A Carteira" na qual,

---

31 MELLO, José Antônio Gonsalves de. *Op. cit.*, 1996a, p. 403.
32 SOUSA, J. Galante de. *O teatro no Brasil: subsídios para uma biobibliografia do teatro no Brasil*, t. II. Rio de Janeiro: Ministério da Educação e Cultura/Instituto Nacional do Livro, 1960. p. 255; HESSEL, Lothar. *O teatro no Brasil sob D. Pedro II*. Porto Alegre: Ed. da Universidade Federal do Rio Grande do Sul/Instituto Estadual do Livro, 1979, p. 154-5.
33 HESSEL, Lothar. *Op. cit.* p. 155-6; 159.
34 *Diário de Pernambuco*, 22 set. 1859, p. 2.

assinando Abdalah-el-Kratif, fazia críticas literárias, analisava revistas de teatro e discorrida sobre tradições, ciências e artes. Só a morte, em agosto de 1859, o retirou de seu trabalho no mais importante jornal recifense de então.[35]

O panorama literário, e em particular da literatura sobre temas históricos da província, era assaz profícuo no século XIX. A dominação neerlandesa nos Seiscentos foi tratada na literatura por José de Natividade Saldanha, participante dos movimentos de 1817 e de 1824 em Pernambuco. Em 1839, foi representada no Recife a peça *A Restauração Pernambucana*, de Gaspar José de Matos Pimentel. Oito anos depois, o português B. F. Abreu publicou a novela *Nossa Senhora dos Guararapes*, ambientada no período flamengo.[36] Filho da terra, Figueiredo externava o seu interesse pelo passado pernambucano na imprensa. N' "A Carteira" de vinte e três de fevereiro de 1857, o "Cousin Fusco" revelou um poema escrito entre o final do século XVIII e o início do século XIX sobre a primeira batalha dos Guararapes. Em junho do mesmo ano, lamentou, no jornal, a demolição da Porta da Terra, vestígio do período batavo; envolveu-se em polêmica com Joaquim de Aquino Fonseca, sobre a autenticidade da escultura chamada "pedra Jacó", suposto vestígio da dominação neerlandesa; e, na edição citada supra, em 1858, fazia a crítica de *Branca Dias dos Apipucos*.[37]

O resumo da ação dramática domina o "juízo crítico" desde as primeiras linhas. No drama, Branca Dias era uma rica senhora de engenho, natural da Paraíba, onde se casara em 1691, mas, agora viúva, aos trinta e seis anos, morava no engenho de Apipucos, em Pernambuco, na companhia do filho Simeão, de dezoito anos. Gozando de conforto material e da fama de caridosa, a personagem cultivava boas relações tanto com os humildes como com a nobreza da terra. Conta Figueiredo que a Branca Dias dos Apipucos "[tinha] boas relações com o Capitão-general da Província, Félix José Machado Mendonça e Castro, com o bispo D. Manuel Álvares Costa [...] com o Capitão-mor Jerônimo Rabelo",[38]

---

35 Sobre dados biográficos de Antônio Pedro de Figueiredo, ver: COSTA, Francisco Augusto Pereira da. *Dicionário Biográfico de Pernambucanos Célebres*. Recife: Fundação de Cultura Cidade do Recife, 1981, p. 145-8; QUINTAS, Amaro. *O Sentido Social da Revolução Praieira*. Rio de Janeiro: Civilização Brasileira, 1967. p. 147; CARVALHO, Alfredo. 'O jornalismo literário em Pernambuco' In: *Estudos Pernambucanos*. Recife: Secretaria de Educação e Cultura, 1978. p. 76. Sobre a educação recebida no Convento do Carmo, cf. *Diário de Pernambuco*, 23 ago. 1859, p. 2, artigo assinado por Manuel Paulino Cesar Loureiro.
36 Cf. HESSEL, Lothar, op. cit., p. 154; MELLO, Evaldo Cabral de. *Rubro Veio: o imaginário da restauração pernambucana*. 2ª Ed. Rio de Janeiro: Topbooks, 1997, p. 65-6.
37 Sobre as polêmicas em que Antônio Figueiredo se envolveu, ver: MELLO, Evaldo Cabral de. *Op. cit.*, 1997, p. 58-63.
38 Antônio Pedro de Figueiredo (Abdalá-el-Krafit). 'Juízo crítico sobre Branca Dias dos Apipucos (1858 – 4 de janeiro – A Carteira)'. In: MELLO, José Antônio Gonsalves de. *Op. cit.*, 1996a, p.

enfim, com a gente mais importante da capitania. O prestígio de Branca se revela em meio à Guerra dos Mascates, iniciada após o atentado contra o governador Sebastião de Castro e Caldas,[39] ato que, na trama, é obra de certo Manuel, mascate português que, para escapar à esperada punição, recorre aos favores de Branca Dias, que lhe consegue o indulto diretamente do Capitão-mor Rabelo. Esse auxílio, contudo, representa o início dos sofrimentos da protagonista e do seu filho.[40]

Apesar das boas relações, Branca Dias não aprovava o romance entre seu filho, Simeão, e a filha do Capitão-mor, D. Catarina Rabelo, pois – o segredo é revelado na trama – a matriarca e seu filho eram ocultamente judeus. Mesmo assim, Simeão traça um plano de fuga com Catarina, intento que, ao lado do judaísmo de mãe e filho, é descoberto pelo mascate Manuel, que se utilizará dessas informações para tentar obter os bens da senhora de Apipucos. A ocasião propícia para que ambos, Simeão e Manuel, coloquem seus planos em prática é a cerimônia de levantamento do engenho, para a qual Branca planeja convidar as autoridades da capitania. Enquanto Simeão vai ao Recife, sob o pretexto de convidar as autoridades, para fugir com Catarina Rabelo, Manuel revela a fuga ao pai da donzela e denuncia ao Santo Ofício o judaísmo de Branca Dias. No dia marcado para a recepção no engenho, treze de outubro, Branca é presa em Apipucos e levada para Lisboa, onde ingressa nos cárceres da Inquisição.

A interferência de eventos históricos no drama é determinante para o destino das personagens. Simeão e Catarina, que primeiro se abrigam em Porto Calvo, ao sul do Recife, seguem para o Rio de Janeiro, onde presenciam o ataque francês comandado por Duguay-Troiun à praça "fluminense". Depois de ser aprisionado por um navio gaulês, Simeão se livra dos invasores e, junto de Catarina, parte para Lisboa. Se no drama, Pernambuco era o lugar da felicidade, pelo menos até a Guerra dos Mascates, Portugal é o *locus* da amargura. Um naufrágio atinge a embarcação onde Simeão e Catarina viajam para o reino. Salvo por pescadores, Simeão é abrigado em Lisboa na casa do Marquês de Montebelo, outrora governador de Pernambuco e seu suposto padrinho de batismo. Suposto, dado que Branca Dias, judaizante convicta, substituíra o filho por outra criança na cerimônia batismal. Catarina, descoberta

---

510. Doravante referido como 'Juízo crítico sobre Branca Dias dos Apipucos'.
39 Para uma obra de referência sobre a Guerra dos Mascates, ver: MELLO, Evaldo Cabral de. *A fronda dos mazombos: nobres contra mascates, Pernambuco, 1666-1715*. 2ª Ed. São Paulo: Ed. 34, 2003.
40 A narrativa apresentada nos três parágrafos seguintes consta em 'Juízo crítico sobre Branca Dias dos Apipucos' In: MELLO, José Antônio Gonsalves de. *Op. cit.*, 1996a, p. 509-16.

pelo pai em Lisboa, onde estava à procura da filha, é levada até a casa de Montebelo, onde se encontra com Simeão. Ocasião, porém, que marca a separação definitiva do casal: Rabelo envia a filha para o Recolhimento da Esperança, como punição por seu comportamento.

As invectivas do mascate Manuel prosseguem, agora no reino. Utilizando o ardil do ingresso na Ordem dos Dominicanos, o vilão visita Branca Dias no cárcere, outra vez prometendo-lhe auxílio. Sua sorte, todavia, muda com uma conversa da ré com o Marquês de Montebelo, a quem revela o falso batismo de Simeão e a suspeita de que o mascate era o seu denunciante à Inquisição. Ciente da influência de Montebelo, Manuel rouba os vasos sagrados da Igreja de São Domingos e tenta fugir para a Espanha; no entanto, é apanhado e condenado à morte por sacrilégio. O triste fim, contudo, é compartilhado por todas as principais personagens. Tanto Branca Dias como Catarina Rabelo são sentenciadas a saírem no auto de fé, sendo a matriarca relaxada à justiça secular, levando Simeão ao desespero, a ponto de querer morrer junto com a mãe. Nas palavras de Figueiredo, a Branca Dias dos Apipucos representa "uma vítima imolada pelos ministros de um Deus de paz, em nome do Evangelho, às odientas paixões de fanatismo e feroz hipocrisia que dominava naquela época".[41]

A coluna de Figueiredo não se esgota com o fim dessa narrativa. O "Cousin Fusco" faz considerações sobre o contexto histórico em que o drama é situado e o quanto a personagem Branca Dias significa para si e, por extensão, para os pernambucanos. Como Joana Gamboa e, por meio do "juízo crítico", Antônio Figueiredo poderiam, no século XIX, sem conhecimento aprofundado da ação inquisitorial na América Portuguesa, conhecer a figura de Branca Dias? E, para Figueiredo em particular, por que valorizá-la a ponto de enxergar na personagem a metonímia das vítimas da opressão e do obscurantismo? O quanto de "pernambucano" há nas qualidades e nas vicissitudes enfrentadas pela senhora de Apipucos e por seu filho? Percorrer a memória, as tradições e a história desse quinhão do território brasílico, depois brasileiro, é a chave selecionada para responder a essas questões.

Nas palavras de Evaldo Cabral de Mello, o domínio batavo no Pernambuco seiscentista consistiu em "um quarto de século para variar", em lugar dos três séculos de "monotonia" da colonização lusa no resto do Brasil.[42] A experiência neerlandesa, somada à campanha dos colonos pela restauração da autoridade portuguesa na

---

41 Idem p. 515-6.
42 Cf. 'Entrevista com Evaldo Cabral de Mello' In: Nossa História, n. 1. Rio de Janeiro: Fundação Biblioteca Nacional, nov. 2003, p. 48-51.

capitania, legou uma herança marcada pela contestação e reivindicação, revelada na história pernambucana subsequente ao "tempo dos flamengos". No livro *A outra independência*, Cabral de Mello aborda os projetos alternativos encaminhados a partir de Pernambuco para a formação do Estado brasileiro, nos anos 1820. Tais projetos resistiam à concentração do poder na Corte do Rio de Janeiro, representado pelos "corcundas". Conforme o autor, "[não] se pode entender a Independência na província sem referência à tradição colonial, que, graças à experiência da guerra holandesa, gerara uma noção contratualista das relações entre a Capitania e a Coroa portuguesa".[43]

Essa herança reivindicativa, apoiada no argumento de que as lutas pela libertação de Pernambuco foram vitoriosas à custa "do nosso sangue, vidas e fazendas", aponta para a tradição nativista cuja força não esmorecera em meados do século XIX. Embora essa tradição contemple fases distintas – a radicalização antilusitana, da Restauração em 1654 até após a Guerra dos Mascates; a fase precursora das revoltas da época da Independência, em 1817 e 1824; e o período entre esses movimentos a revolta da Praieira, em 1848,–[44] há um ponto comum ao nativismo pernambucano: o sentimento anti-português que, no longo prazo, tributou conotação pejorativa a termo "mascate", por metonímia atribuído a todo aquele nascido em Portugal. Nos Oitocentos, a escrita da história *de* e *em* Pernambuco reforça tal legado. Cabe lembrar que naquele período as fontes conhecidas sobre o passado da província, então reputadas definitivas, ao advogarem a interpretação segundo a qual a restauração fora obra da gente da terra, contribuiu para a ideia de que os pernambucanos tinham qualidades especiais, diferentes dos demais brasileiros.[45] Os momentos-chave dessa escrita da história eram as lutas contra os batavos e as "alterações de 1710-1".

Abordada na *História da América* Portuguesa, escrita no século XVIII por Rocha Pitta, a Guerra dos Mascates ganhou maior atenção, porém, no século seguinte, em obras como *Memórias históricas* (1844-7), de Fernandes Gama, e *Os Mártires Pernambucanos victimas da liberdade nas duas revoluções ensaiadas em 1710 e 1817* (1853), publicada por Felipe Lopes Neto. O tema não era restrito às lides da história: as "alterações" apareceram também na literatura, nos romances *O Matuto* e *Lourenço*, de Franklin Távora. José de Alencar, aliás, um dos maiores romancistas dos Oito-

---

43 MELLO, Evaldo Cabral de. *A outra independência: o federalismo pernambucano de 1817 a 1824*. São Paulo: Ed. 34, 2004, p. 20-1.
44 MELLO, Evaldo Cabral de. *Op. cit.*, 1997, p. 21.
45 *Idem* p. 66; 73-4.

centos, foi o responsável pela consagração do termo "Guerra dos Mascates" nos anos 1870, em lugar da até então usual expressão "alterações pernambucanas".[46] Quando da publicação do "juízo crítico" sobre *Branca Dias dos Apipucos* em 1858, portanto, o levante ainda não era conhecido pelo nome atual. De fato, a expressão "Guerra dos Mascates" não é encontrada no texto de Antônio Figueiredo.

Apesar de ser homem de origens simples, o autor do "juízo crítico" fora educado em instituição religiosa do Recife e lecionara em importantes colégios da capital da província. Pode-se vislumbrar o apreço do "Cousin Fusco" pela terra natal em outra edição de "A Carteira", publicada em 1855: "[...] este pequenino canto do globo, que Veneza nos inveja e que os nossos pais chamaram Pernambuco [...] E que me importam a mim as maravilhas da velha Europa, o seu vapor e o seu gás, os seus monumentos e a sua grandeza, os seus arsenais e os seus canhões!".[47] Essa *pernambucanidade* é corresponsável pelas cores nativistas com que o "juízo crítico" pinta as personagens e a trama de *Branca Dias dos Apipucos*. Embora sem acesso ao texto original da peça, é lícito concluir que a autora tenha projetado valores nativistas no seu trabalho.

A leitura do "juízo crítico" mostra claramente de que lado está o heroísmo e de que lado está a vilania. Judia no coração, obrigada pelo monopólio católico a esconder sua crença, Branca Dias é uma senhora que prima pela gratuidade. Desinteressadamente, socorre a quem precisa, no caso, o mascate Manuel, cuja perfídia é, para a tradição nativista, condição inerente ao grupo a que pertence e, por extensão, a todos os reinóis. Não escapa à ótica de Figueiredo o sistema colonial, que acusa de arcaico e repressor. Para o jornalista, a senhora de Apipucos é antes de tudo vítima da arbitrariedade metropolitana, "quando o caráter cruel de uma desumana política se imprimia mui terrível [...] não era pouca [sic] admirar que Branca Dias encontrasse o mesmo fim que encontraram muitos outros colonos brasileiros, culpados de judaísmo".[48]

Essa vilania, entretanto, é personificada, mais do que em qualquer outro, na figura de Manuel, assassino (na trama) do governador Castro e Caldas e, num segundo momento, o traidor de Branca Dias, sedento pela riqueza de sua até então protetora. Se, no drama, os portugueses – o Capitão-mor Rabelo, os agentes da Inquisição – e a própria metrópole representam a repressão e o obstáculo à felicidade, Manuel

---

46 MELLO, Evaldo Cabral de. *Op. cit.*, 2003, p. 13-5.
47 Apud NASCIMENTO, Luiz do. *História da imprensa em Pernambuco: 1821-1954*. 2ª Ed, v. 1 (Diário de Pernambuco). Recife: Imprensa Universitária/Universidade Federal de Pernambuco, 1968, p. 60-1.
48 'Juízo crítico sobre Branca Dias dos Apipucos' In: MELLO, José Antônio Gonsalves de. *Op. cit.*, 1996a, p. 518.

é o *primus inter pares*. Como assinala Cabral de Mello, desde os anos 1670 – antes, portanto, das "alterações" – o mascate é, em Pernambuco, o intruso por excelência.[49] Representa o desprezo pela nobreza da terra que, em *Branca Dias dos Apipucos*, não é representada por um dos pró-homens de Olinda, mas pela judaizante que, de um reino de felicidade do qual gozava na capitania, passa para os horrores do cárcere inquisitorial.

Além da própria Branca Dias, a bravura da gente da terra também está presente no seu filho, o jovem Simeão. Este não desiste em nenhum momento, a despeito da prudência de sua mãe, do amor por Catarina. Trama a fuga com a namorada, passa por apuros no Rio de Janeiro, se salva de naufrágio e, mesmo em Lisboa, conserva a esperança de se reunir à sua amada. Mantém a dignidade ao querer morrer junto de Branca no cumprimento da sentença capital contra a mãe. Exemplo de bravura, se não exatamente belicosa, certamente aguerrida. Todavia, nem isso o poder metropolitano permite: ficará sem Catarina e Branca, sozinho no reino.

Resta uma questão de fundo na tarefa de compreender essa releitura da lenda sobre Branca Dias. Por que a Guerra dos Mascates? Por que a Inquisição? Nos anos 1850, a memória existente em Pernambuco comportava uma série de eventos marcantes na história da província. As referências às "alterações de 1710-1" e ao Santo Ofício são entendidas se subordinadas à valorização da pátria – aqui entendida como a terra natal – e ao ressentimento contra o monopólio do comércio externo, que caracterizam o contexto de produção de *Branca Dias dos Apipucos*. Esse panorama é a janela para explicar como era possível que Figueiredo, ex-professor de História, pouco se importasse com a falta de documentação sobre a Branca Dias retratada no drama, preferindo a *verossimilhança* do enredo. Escreveu o jornalista:

> Que muito era que uma mulher, denunciada como judia, numa quadra de extremado fanatismo religioso, provasse todas as torturas e infelicidades a que eram condenados os adeptos daquela religião abominada e proscrita? [...]
>
> É claro, pois que o fundamento da ação dramática, a que nos referimos, se não assenta em fato histórico evidente [...] não se opõe ao que nos mostra a história nos seus vivos quadros daquela situação excepcional e desastrosa.[50]

---

49 MELLO, Evaldo Cabral de. Op. cit., 1997, p. 271.
50 'Juízo crítico sobre Branca Dias dos Apipucos' In: MELLO, José Antônio Gonsalves de. *Op. cit.*, 1996a, p. 518-9.

Figueiredo aponta, pois, que a ação dramática de *Branca Dias dos Apipucos* está de acordo com o que se conhecia naquele momento da história da capitania e da ação inquisitorial, ou pelo menos de como esse período ficara marcado para a intelectualidade pernambucana. Diz-lo da seguinte forma: "a exposição da arte dramática está concebida e feita com toda a regularidade quanto aos costumes, às idéias, aos fatos e às personagens do período a que se refere".[51] Todavia, nem todo o entusiasmo do "Cousin Fusco" com a protagonista e a trama fazia-lhe esquecer que, mesmo na literatura, a inserção do componente histórico respeita alguns regramentos: "A autora, pois colocou aos acontecimentos onde lhe cumpria colocar [...] fez intervir com fortuna o auxílio do elemento histórico onde ele podia e devia caber [...] e respeitou as condições de verossimilhança no expor da ação".[52] Parecia que, nessas palavras, Figueiredo antecipava o diálogo polêmico, mas fascinante, entre historiografia e literatura, para o qual as várias apropriações de Branca Dias constituem profícuo material de trabalho.

Conclusão

Ao iniciar o item sobre Branca Dias de Camaragibe, fez-se referência à obra *Gente da Nação*, de Gonsalves de Mello, na qual o autor recupera o processo enfrentado pela matriarca quinhentista na Inquisição portuguesa. Entretanto, as referências à mestra de Olinda na historiografia brasileira não se esgotam nessa obra do historiador pernambucano. Outros trabalhos clássicos, como *Os judaizantes nas capitanias de cima*, de Elias Lipiner, e *O nome e o sangue*, de Evaldo Cabral de Mello, se dedicam à reconstituição da trajetória do casal Branca e Diogo e à memória do nome da matriarca no atual Nordeste brasileiro, nos séculos seguintes.[53] A fama que circulava nessa região até o século XIX, conforme testemunham as narrativas e os cantos populares coletados por autores como Pereira da Costa e Gilberto Freyre, expressam que, muito além do drama *Branca Dias dos Apipucos*, o nome dessa personagem histórica *e* lendária permaneceu representativo da perseguição inquisitorial até depois da Independência.[54] Tão rica memória popular contribui para levar

---

51   *Idem* p. 520.
52   *Idem* p. 521.
53   LIPINER, Elias. Op. cit. (1969), especialmente Capítulo IX, "Os Fernandes, do Engenho de Camaragibe". p. 165-78; MELLO, Evaldo Cabral de. *Op. cit.*, 2000, especialmente a Segunda Parte, "Brancas Dias e outras sombras", p. 85-151.
54   Sobre a lenda do Riacho da Prata, segundo a qual uma judia rica chamada *Branca Dias*, proprietária de engenho na localidade de Apipucos, perto do Recife, teria atirado suas riquezas em

o nome de Branca Dias, em suas versões lendárias e, depois, também a personagem documentada, para a literatura, no texto dramático e em prosa. No primeiro caso, *O Santo Inquérito*, de Dias Gomes, peça na qual Branca Dias é a vítima-símbolo do despotismo representado, mas não exclusivo, pela Inquisição.[55] No segundo, a peça *Senhora de Engenho – Entre a Cruz e a Torá*, de Miriam Halfim, e o romance *Memórias de Branca Dias*, de Miguel Real, reconstituições ficcionais da vivência da matriarca de Camaragibe e sua família no Pernambuco quinhentista.[56]

Em meio a esse cabedal de obras e influências, está o drama escrito por Joana Gamboa na metade dos Oitocentos. Ainda que conhecido indiretamente, pela pena de Antônio Figueiredo, o enredo é de uma engenhosidade notável, pois logra associar elementos das narrativas populares sobre o nome de Branca Dias a uma página importante da história pernambucana. Radicaliza-se a repulsa à herança colonial, valorizando o passado glorioso da província. Ao levar lenda, história e nativismo para o teatro e, por meio do colunista, para a imprensa, o drama *Branca Dias dos Apipucos* permite penetrar um pouco na memória sobre a ação inquisitorial e na compreensão da identidade do "Leão do Norte" que ganhava, no teatro, mais uma heroína para o seu panteão.

---

açude próximo a seu engenho, para livrar suas riquezas das garras da Inquisição, ver: FREYRE, Gilberto. *Apipucos: que há num nome?* Recife: Massangana, 1983. p. 41; COSTA, Francisco Augusto Pereira da. *Mosaico Pernambucano: collecção de excerptos históricos, poesias populares, anedoctas, curiosidades, lendas, antiqualhas, crenças, ditos celebres, agudezas, inéditos, etc. tudo relativo ao Estado de Pernambuco*. Recife: Ed. da Revista de História de Pernambuco, 1924 (1ª ed. 1884), p. 7.
55 GOMES, Dias. *O santo inquérito*. 24ª Ed. Rio de Janeiro: Ediouro, 2004.
56 HALFIM, Miriam. *Senhora de engenho: entre a cruz e a torá*. Recife: Fundação de Cultura Cidade do Recife, 2005; REAL, Miguel. *Memórias de Branca Dias*. Lisboa: Temas e Debates, 2003.

Negócios, famílias, judaísmo e Inquisição (Portugal e Brasil - séculos XVI e XVII)

Lina Gorenstein

LISBOA, 1671. O rico e poderoso homem de negócios Fernão Rodrigues Penso está preso nos cárceres do Limoeiro. Ali fica por quarenta e seis dias, acusado de cumplicidade com os judeus envolvidos em *"um caso tão grande como o de Odivelas"*.[1] Acontecera em maio de 1671. Alguém entrara na igreja paroquial de Odivelas, levando vários objetos e arrombando o sacrário. Ficou conhecido como o caso do "Senhor Roubado" e os bodes expiatórios, como inúmeras vezes antes, foram os cristãos-novos, vítimas de falsas denúncias. Mesmo após o verdadeiro culpado ter sido encontrado e sentenciado, os conversos continuaram a ser perseguidos.[2] Penso declarou aos Inquisidores que havia sido preso pelo *dito de um falsário* que não conhecia, mas havia recebido do pai deste uma carta em que pedia uma esmola em honra e louvor ao Santíssimo Sacramento.[3]

---

1 IAN/TT, IL, (Institutos dos Arquivos Nacionais, Torre do Tombo, Inquisição de Lisboa) Processos n.2332-2332-1, de Fernão Rodrigues Penso. Contraditas de próprio punho, p.66v., 17 de outubro de 1672.
2 João Lucio de Azevedo. *História dos cristãos-novos portugueses*. 3a ed. Lisboa: Clássica Editora, 1989, p.290 e seg.
3 IAN/TT, IL, Processo de Fernão Rodrigues Penso, cit., contraditas de próprio punho, 1672, p.66v

Após a restauração de 1640, intensificaram-se as disputas entre a Coroa, os jesuítas e a Inquisição. Debates sobre perdões gerais, auxílio financeiro dos homens de negócio cristãos-novos para a campanha das Índias, a Companhia de Comércio do Brasil, manifestações populares.[4] Padre Antonio Vieira[5] teve papel fundamental no "fechamento" da Inquisição em 1675. Escritos pediam a expulsão dos judeus, memoriais pediam o perdão geral. A D.Afonso VI, rei destronado, seguiu-se o governo de D.Pedro. As questões inquisitoriais influenciaram na política portuguesa e vice-versa. D.Pedro publicou a "Lei do Extermínio",[6] que determinava que todo cristão-novo penitenciado e sua família deveriam ser expulsos do reino, lei essa que acabou por não ser aplicada.

Durante o século XVII aumentara a riqueza e o poder dos cristãos-novos. Após a prisão de Manuel Vila Real e de Duarte da Silva, seguiu-se perseguição contínua aos mercadores e coletores de impostos cristãos-novos. Os relacionamentos familiares fundamentais para o sucesso dos negócios e para o desenvolvimento do capitalismo comercial,[7] foram também o guia para os tribunais inquisitoriais.

No século XVI, o principal produto negociado envolvendo o Brasil foi o açúcar – no início do século, logo após a descoberta, um tipo de madeira, o pau-brasil, foi explorado por um grupo de mercadores cristãos-novos liderados por Fernão de Noronha.

No desenvolvimento do comércio do açúcar encontramos algumas famílias marranas envolvidas – como exemplo, os Milão.

Manuel Cardoso de Milão, viveu por muitos anos em Pernambuco, assim como seu irmão Gomes Henriques de Milão, e uma irmã Ana de Milão, casada com Manoel Nunes de Matos, todos envolvidos no comércio do açúcar, deixando patente a rede de relacionamentos na administração de uma empresa mercantil, com o pa-

---

4   AZEVEDO, João Lucio de, cit. FRANÇA, Eduardo d'Oliveira. *Portugal na Época da Restauração*. São Paulo: Hucitec, 1997 e MATTOS, Yllan de. *A Inquisição contestada - críticos e críticas ao Santo Ofício português (1605-1681)*. Rio de Janeiro: Mauad, 2014.
5   NOVINSKY, Anita. "Sebastianismo, Vieira e o messianismo judaico". In: IANNONE, Carlos Alberto et al. (org.). *Sobre as naus da iniciação. Estudos Portugueses de literatura e história*. São Paulo, UNESP, 1998, p.65-79; "Padre Antonio Vieira, a Inquisição e os judeus". In: *Novos Estudos CEBRAP*, São Paulo, n.29, p.172-181, março 1991.
6   KAYSERLING, Meyer. *História dos judeus em Portugal*. São Paulo: Pioneira, 1971. O decreto data de 22 de junho de 1671.
7   ISRAEL, Jonathan. *La judería europea en la era del mercantilismo (1550-1750)*. Trad. Madrid, Cátedra, 1992. *Diasporas Within a Diáspora – Jews, Crypto-Jews and the World Maritime Empires*. London: Brill, 2002.

triarca Henrique de Milão em Lisboa supervisionando a chegada do açúcar brasileiro e seu envio para o mercado europeu.

Um irmão de Henrique Milão, Antonio Dias Cáceres, era mercador, proprietário de navios, e se estabelecera no México. Comerciava entre o México, África, Inglaterra, Oriente e Península Ibérica.

Só para termos uma ideia do volume de mercadorias que circulavam na família Milão, em um só contrato de 1592, foram comercializadas cinco toneladas de açúcar, quatro toneladas de vinho e azeite e uma tonelada de mercadorias não especificadas.[8]

A maioria desses mercadores foi presa pelo Santo Oficio na primeira metade do século XVII. Soltos, grande parte fugiu para a França, Hamburgo, Antuérpia, Itália e mais tarde para Amsterdã.

Eram em grande parte criptojudeus, e em seus processos na Inquisição de Lisboa, fica claro que a rede comercial permitia o conhecimento e o contato com o Judaísmo que era praticado na Europa. Conheciam as datas das celebrações, como o *Rosh há shaná, Yom Kipur e Pessach*, sabiam orações em hebraico, eram todos alfabetizados, liam e escreviam em latim, português e alguns em hebraico, faziam os jejuns judaicos, mantinham a alimentação *Kasher*, reuniam-se para celebrar o *shabbat*. Transmitiam esses conhecimentos para aqueles cristãos-novos que moravam na colônia, no Brasil, que distantes, a cada ano a memória e o conhecimento do Judaísmo esvanecia.[9]

Durante todo o século XVII esse contato comercial através das redes familiares proporcionou a manutenção do Judaísmo – ou criptojudaísmo – em Portugal e na colônia.

Da mesma maneira que a família que mencionamos acima, encontramos vários exemplos de redes familiares de comércio, conectadas ao Brasil, em que é possível detectar claramente a transmissão do Judaísmo.

Em meados do século XVII no Rio de Janeiro foi preso pela Inquisição um português, o homem de negócios Diogo da Costa.[10] Estabelecera-se na cidade, onde já estava um irmão seu. Os dois casaram-se em famílias cristãs-novas já tradicionais na

---

8   COSTA, Leonor Freire. *O transporte no Atlantico e a Companhia Geral do Comercio do Brasil (1580-1663)*. Lisboa, Comissão Nacional para as Comemorações dos Descobrimentos Portugueses, 2002. Vol.1, p.4.
9   Ver GORENSTEIN, Lina. "Um exemplo de globalização – a família Milão". In: LEWIN, Helena (coord.) *Judaísmo e Globalização: Espaços e Temporalidades*. Rio de Janeiro: 7Letras, 2010, p. 547-552.
10 IAN/TT/IL Processo de Diogo da Costa, n.2075 (1668).

cidade. Diogo e uma sobrinha, moradora em Lisboa, foram presos pela Inquisição. Diogo pertencia aos quadros da burocracia portuguesa – era escrivão da fazenda do Rio de Janeiro, apesar da interdição aos conversos pelos Estatutos de Pureza de Sangue,[11] que na cidade já haviam sido reiterados por duas leis municipais até meados do século XVII, o que indica claramente a existência do anti-semitismo local.

Mercador, em seu processo encontramos vários de seus pares,[12] que faziam negócios principalmente na Bahia e Pernambuco e intermediavam negócios com Portugal – todos integrantes da rede mercantil marrano-judaica de meados do século XVII.

Diogo mostrou-se um judaizante convicto, tendo feito vários jejuns nos cárceres,[13] rezando ao modo judaico, segundo os guardas que o denunciaram, além de rezar orações em hebraico e espanhol, comendo somente alimentos que tinha guardados em sua canastra, como favas, passas, queijo e pão e não comendo a carne trazida pelos guardas.

Em suas confissões disse acreditar no Deus único, e recitou uma oração que costumava rezar a Deus Todo Poderoso.[14] Em outra sessão, confessou ainda mais duas orações, e um salmo em honra ao Altíssimo, com o qual se encomendava a Deus, traduzido de um livro,[15] no qual encontramos evidência da influência das raízes ibéricas no criptojudaísmo, quando ele diz:

> O Deus mio quien te amasse (...) da-me senhor limpieza de honra, humildade de corazon, pobreza de espirito, perdona-me Redemptor, *ovio mis pecados e ter misericordia de yo o Rei de lós Cielos, hermosura de lós Angeles, que tarde te consociesse e my consociesse. No permitas senhor jamais que te aparte de ti...*

---

11 Ver GORENSTEIN, Lina. *A Inquisição contra as mulheres*. São Paulo: Humanitas, 2005, p.67 e seg.
12 IAN/TT/IL, Processo de Diogo da Costa, cit. Denunciou, por exemplo, os homens de negócio Miguel Cardoso, Afonso Manhos, Miguel Gomes Bravo, Sebastião Nunes Net, Henrique da Paz, entre tantos outros, que estiveram também na Bahia, Lisboa e Amsterdã, muitos citados na obra de Anita Novinsky, *Cristãos novos na Bahia*. São Paulo: Perspectiva, 1972.
13 IAN/TT/IL, Processo De Diogo da Costa, Vigia de Cárcere de 16 de maio de 1666.
14 *Idem*, confissão de 11 de agosto de 1666. *Mui Alto Deus de Abraham, muy forte Deus de Israel, Senhor que ouviste a Daniel, ouvis minha oração. Senhor que nas grandes alturas vos apoventates mui este pecador que vos chama das baixuras, Senhor que a toda creatura abristes caminhos e fontes erguerei os olhos aos montes, donde vivi minha ajuda. Ajuda de Nosso Senhor que fez os céus e a terra, senhor .... de guerra, bem ...... que e mim se encerra um grande pecador que pequei diante de ti, apiedata de mim, asi com o pai se apiada sobre seus filhos, quam que pequei se apiada Nosso Senhor de mim e de todos.*
15 *Ibidem*, confissão de 20 de dezembro de 1666.

Meio cristão-novo, foi preso no Rio de Janeiro por culpas de Judaísmo em 27 de outubro de 1665. Em maio de 1666 já estava nos cárceres dos Estaus. Foi condenado a cárcere e hábito penitencial perpétuo, tendo saído no Auto de Fé de 12 de março de 1668.

Diogo tinha 50 anos na época e era casado com Lucrécia Barreta, cristã-nova natural da capitania do Espírito Santo, filha de Manoel de Paredes da Costa. Não tiveram filhos, mas deixaram vários sobrinhos que foram presos no século XVIII e os denunciaram como criptojudeus.

Família de mercadores, ao se estabelecer no Rio de Janeiro dedicou-se além da mercancia à uma atividade burocrática (Diogo foi escrivão da Fazenda), uniu-se à cristãs-novas de famílias que já tradicionais na cidade e seus descendentes tornam-se lavradores de cana e senhores de engenho.

As cristãs-novas que demonstraram conhecer melhor o criptojudaísmo no Rio de Janeiro setecentista foram ensinadas por pessoas que no século XVII tiveram contato com pessoas presas pelo Tribunal da Inquisição, pertencentes a antigas famílias cristãs-novas.

É o caso de Ana de Paredes, a única que declarou conhecer um ritual funerário, e das poucas a tecer considerações sobre Cristo, que considerava como um grande Santo e que esperava ainda pelo Messias. Fora ensinada (em 1684) quando tinha 10 anos de idade, pela tia Lucrécia Barreta, casada com Diogo da Costa, mencionado acima.[16]

Diogo da Costa era um criptojudeu – integrado na rede comercial judaico-marrana, foi um elo importante na disseminação do judaísmo no Rio de Janeiro seiscentista.

De Diogo da Costa, disse Rodrigues Penso: *saiu penitenciado em 1666 mais judeu do que entrou.*[17]

No Rio de Janeiro morava também um de seus irmãos, Álvaro da Costa, casado com Esperança Cardoso, cristã-nova, filha de Baltazar Rodrigues Cardoso e Beatriz Cardosa; tiveram vários filhos e uma das filhas, moradora em Lisboa foi presa pela Inquisição.

---

16 GORENSTEIN, Lina. *A Inquisição contra as Mulheres*. Op. cit., p.327.
17 IAN/TT/IL Processo de Fernão Rodrigues Penso, n. 2332, ratificação da confissão, 16/3/1682, próprio punho.

Outra ilação das mais interessantes podemos encontrar na vida da sobrinha de Diogo da Costa, Ana da Costa.[18] Nascida no Rio de Janeiro, foi protagonista de um drama digno de qualquer folhetim. Casada com cristão-novo português, homem de negócios que lhe deixou um filho e uma filha, foi fazer negócios nas Indias, e morreu em Cadiz, Ana tornou-se amante de um dos mais poderosos personagens do reino de Portugal, o também cristão novo Fernão Rodrigues Penso, com quem teve um romance de vários anos.

Penso, rendeiro do rei, amigo de D.João IV e de seu filho Afonso VI, inimigo dos Inquisidores, só foi por estes preso após a queda de Afonso VI e a chegada ao poder de D.Pedro.

Era natural de Badajoz, reino de Castela.[19] Seu pai, Tristão de Morales, tinha interesses nas Indias de Castela, onde era familiar do Santo Ofício e a mãe era Maria de São Nicolau, também natural de Badajoz. Tristão morrera muito rico em Lima em 1659. Sem irmãos, Fernão decidira muito jovem, morar em Portugal. Sabia ler e escrever, e, ao tempo de sua prisão, havia viajado muito: Castela, Algarve, Ilha Terceira e Lisboa.[20]

Bem-sucedido homem de negócios, concorria com outros na disputa pelos impostos do reino. Casou-se com uma cristã-nova portuguesa D. Brites Pessoa, filha de Geronimo Gomes Pessoa, que fugira de Portugal indo antes para a França e depois para a Holanda. Era já viúvo em 1672 e tinha duas filhas legítimas, Mariana de Morales, casado com Pedro Gomes de Olivares e Ana Maria Penso.

Durante os anos de 1640 a 1670 acumulou grande riqueza, foi homem de negócios e contratador dos impostos reais. Gozava de prestígio na corte, e entre a comunidade dos mercadores, cristãos-novos e velhos.

Juntamente com outros do grupo de cristãos-novos, fazia negócios com o mundo atlântico e mediterrâneo. Dono de navios, enviava mercadorias para a Itália, para a Holanda, para todo norte europeu, para as Indias, para as Américas. Entre as principais famílias marranas e rivais comerciais estavam os Mogadouro, os Cáceres, os Pestana os Costa. Todos tinham contato com o Brasil, negociando principalmente o açúcar.

Nos trabalhos de muitos historiadores, encontramos os nomes de várias famílias na documentação de cunho econômico – mas o que não encontramos é a ques-

---

18 IAN/TT/IL Processo de Ana da Costa, n. 5411.
19 IAN/TT. IL Processo de Fernão Rodrigues Penso, n. 2332.
20 *Idem*, Genealogia, 30 de agosto de 1672, p.106.

tão que mais nos interessa, que é a do criptojudaísmo e da identidade dos integrantes dessa rede mercantil.

Como com os Milão, no início do XVII, houve a desintegração da rede comercial familiar, mas que aos poucos foi recomeçada e remontada tanto fora como dentro de Portugal e no Brasil.

Durante o século XVII houve algumas ondas de prisões de mercadores cristãos-novos, especialmente aqueles moradores no Porto – em 1618, em 1630, após a restauração, a maior delas, em 1672.

Examinando seus inventários – ao ser preso, o réu devia declarar para os Inquisidores tudo o que tinha – bens móveis e imóveis podemos ver que, como o principal contratador dos impostos reais por mais de 30 anos, Penso era um dos homens mais ricos do Reino.

Entre as posses, estava uma quinta em Palhavã[21] que era vizinha à quinta do rei. Eram duas propriedades que ele tornou em uma, que valeria cerca de 20 mil cruzados.

Na casa em que vivia em Lisboa, ocultara em uma parede dinheiro, ouro e prata, para qualquer emergência. O mesmo fizera em outra de suas casas, onde escondera mais ouro, dinheiro e joias. Móveis, serviços de louça e prata, criados que o serviam, escravos que carregavam suas liteiras, uma moura já cristianizada, um cavalo.

Inúmeros créditos e dívidas a receber, desde da Fazenda Real, que lhe devia de vários contratos, como os de Mazagão e Tanger, além dos contratos das terças do Reino de Portugal e dos Algarves passando por nobres como marqueses e condes, o próprio tesoureiro das alfândegas de Lisboa, até por mercadores, cristãos-novos e cristãos-velhos, com os quais tinha inúmeros negócios.

Fernão Rodrigues Penso, inocentado pelo crime de Odivelas, foi em seguida preso pela Inquisição acusado de culpas de judaísmo.

Desde 1644 constavam denúncias contra o réu no Tribunal do Santo Ofício acusado de crente na Lei de Moisés por dar esmolas a judeus penitenciados.[22] Em 1654, André Soares, médico,[23] contou aos inquisidores que havia pedido o auxílio de Penso para fugir de Portugal, mas este o enganara, fazendo com que fosse preso

---

21 IAN/TT/IL, Processo de Fernão Rodrigues Penso, cit., Inventário, 11 de agosto de 1672, p. 73-104. Os inventários dos homens de negócios presos em 1672 merecem análise profunda, que não cabe nos limites deste artigo.
22 IAN/TT/IL, Processo de Fernão Rodrigues Penso, cit., culpas de judaísmo, testemunho de Manoel Gomes de Bivar, 1644, p. 23 v.
23 Idem, culpas de judaísmo, testemunho de André Soares, Manoel Cordeiro.

juntamente com sua família. Outra testemunha, Jeronimo Brandão, acusava-o de ter crença na Lei de Moises, guardando os sábados, vestindo camisas lavadas e os melhores vestidos às sextas-feiras e sábados, pondo torcidas novas nos candeeiros e não comendo carne de porco.[24]

Além dessas denúncias, comuns em processos de cristãos-novos, uma outra, de um italiano, morador em Lisboa, chama a atenção. Conta João Francisco Doria Cornere, de 23 anos, que vivia de sua fazenda, que em casa de Manoel Mezas, junto com Fernando Penso, vieram a discorrer sobre o livre arbítrio, sendo que ele, o denunciante, *dera as razões católicas que se havia para se crer que os homens o tinham*. E Penso dissera: *pois, senhor, se Deus não fez violência contra o meu livre arbítrio, porque querem os homens violentar o meu arbítrio nesta lei que quero, sem declarar qual*.[25]

Pela primeira vez, em 1667 o promotor do Tribunal da Inquisição pede a prisão de Penso, oferecendo cinco testemunhos, dois de declaração de judaísmo em forma, dois de ouvida, um deles com a circunstância de o delato lhe dar forma, um deles com a circunstância de o delato lhe dar dinheiro por lhe dizerem que tinha crença na Lei de Moises, a quem também lhe fazia alguma esmolas, entendendo ser pelo mesmo respeito. E a quinta testemunha depois de ouvir dizer ao delato

> que se o arbítrio dos homens era livre, porque o não deixavam os homens crer na lei que ele queria, mostrando nesta sua restrição e declaração com que a testemunha estava violentado em ter a lei de Cristo Senhor Nosso, o sentindo o não lhe ser direito ser publicamente judeu, pois é certo que se ele professava a lei evangélica entre católicos, como esta, não podia haver quem o obrigasse a ter crença em outra lei, donde bem se escolhe ser herege, querendo somente mostrar ser católico, pelo medo que tem dos homens, de quem se queixa.

A mesa inquisitorial rejeitou a denúncia, votando para que se não decretasse a prisão com sequestro de bens de Fernão Rodrigues Penso, que se esperasse por mais provas, porque as culpas não eram bastantes. Pela segunda vez o promotor requer a prisão de Penso, em 1669, também negada pelo Tribunal.

As provas, consideradas insuficientes, e os repetidos pedidos de prisão demonstram o poder que ainda mantinha esse grupo de homens de negócios cristãos-novos,

---

24 *Idem*, testemunho de Jeronimo da Costa Brandão, 1656, p. 23v.
25 *Ibidem*, testemunho de João Francisco Doria Cornere.

especialmente Penso – por quase 30 anos conseguiu manter a Inquisição longe de seus negócios e de sua família.

Já em 1672, a história foi diferente. As condições políticas eram diferentes, D.Pedro não tinha simpatia pelos cristãos-novos.

Na terceira denúncia do promotor contra Fernão Penso, além daqueles testemunhos datados de 1644, 1654, 1655, 1662 são inúmeros os de 1672, incluindo os dos demais homens de negócios e suas famílias presos na mesma época. Agora, as culpas eram bastantes para que se prendesse Penso com sequestro de bens em 29 de julho de 1672.

Todo o grupo foi acusado de Judaísmo, e de comunicar a religião velha entre si e com familiares residentes da Itália, França, Holanda, Brasil e outros lugares em que faziam negócios, deixando muito clara a existência da rede familiar de negócios e criptojudaísmo.

Em vários processos encontramos contraditas de próprio punho, evidenciando a riqueza dos documentos. Penso escreve várias vezes durante sua detenção. Admite ter discutido sobre jejuns judaicos, mas sobretudo nega ser crente na Lei de Moises. Diz que foi acusado por inveja, razões financeiras e principalmente devido a seu comportamento com as mulheres. Admite ter tido "casos" com várias, desde muito jovem. Uma delas era a mãe de João Costa Cáceres, d.Ana Manoel, caso este que perdurou por muito tempo, quando o marido Gaspar da Costa Cáceres fora para a Índia. O trato ilícito acontecera desde o ano de 1636 até 1643. Mas embora tivesse ódio de Penso, ao crescer, João *servindo de muitos anos de corretor dos câmbios, e corretor de mercadorias do numero, e em ambos os ofícios me fez (a Penso) negócios de que tirou utilidades.*[26]

Tratos ilícitos e negócios. Marca registrada de Rodrigues Penso.

O mesmo ocorreu com a família Mezas, em que d.Maria, esposa de Diogo de Mezas ofereceu seus favores a Penso, que emprestou dinheiro para o dote de uma irmã.[27]

Fernão Penso em suas primeiras contraditas diz que *deixei por última o falar em Ana da Costa porque há passados com tais circunstancias que ainda quando do confessor é com vergonha e pesar grande com a mim me sucedia e esta sucedendo agora.*[28]

Nascida no Rio de Janeiro, casou-se com mercador cristão-novo Gaspar Pereira e mudou-se para Lisboa. Era filha de Alvaro da Costa, mercador, morador no Rio de

---

26 IAN/TT/IL, Processo de Fernão Rodrigues Penso, cit. Contraditas de próprio punho, p. 62.
27 *Idem*, p. 64v.
28 *Idem*, p. 65.

Janeiro e Esperança Cardoso, natural da cidade. O marido morrera em Cadiz e lhe deixara dois filhos.

De 1651 a 1667 tivera com Fernão Rodrigues Penso 8 filhos (três rapazes e cinco moças, uma delas, d.Teresa Penso, de 13 anos, recolhida no convento de Olivença), frutos de *mui estreita amizade*, que viviam na casa de Penso na quinta de Pavilhã.

Era tanta a amizade com Álvaro da Costa (pai de Ana) que quando havia festas no Rocio, as irmãs solteiras de Ana pousavam na casa de Penso em Lisboa. Foi com uma delas, Leonor, que Penso *tratou ilicitamente por dois anos, com grande recato*, até que ela engravidou, nascendo um menino Manoel, que ficou vivendo com a parteira e morreu aos cinco anos. Deflorou outra, Izabel, já falecida, que ninguém soube.

Quando Ana tomou conhecimento do acontecido com Leonor, ficou doente e não quis vê-lo. dizendo a Fernão que os tios que viviam no Rio de Janeiro, alguns ricos e sem filhos, ordenaram que fossem para lá as três filhas que Álvaro (já falecido) deixara sem dote, as quais Ana demorou em deixar partir, pois não queria ficar sozinha. Mas em 1661 Penso as enviou para o Rio de Janeiro.

Em retaliação às ações de Penso, Ana da Costa persuadiu a filha legítima de Penso, d.Ana, de 16 anos, a casar com o cristão-novo Manual de Mesa Cid, às escondidas do pai em 1666, para causar-lhe desonra e vingar-se, plano descoberto a tempo por Penso.

Em maio de 1669, acompanhada por seus filhos legítimos Ana da Costa vai ao Rio de Janeiro, mas volta para Lisboa com saudades dos outros filhos, que continuavam a viver com Penso.[29]

Foi presa em 1673,[30] denunciada por várias das testemunhas que acusaram Penso. Acusada como judaizante, mas não como adúltera, ou por trato ilícito. Esses assuntos não interessavam à Inquisição da mesma maneira que um bom crime de heresia. O inventário de Ana demonstrava que pouco tinha, alguns vestidos, uma caixinha de cristal com perfil de ouro, uma frasqueirinha de couro com três frascos de prata. Sabia ler e escrever. Seu processo decorreu em estado de negativo. Quando já se encontrava presa há 9 anos foi condenada a tortura: *e deu-se o tormento de tres cordas.*[31]

Admitiu crer na Lei de Moises, e por sua observância fazia o jejum do Dia Grande, o da rainha Esther e o dos Primogênitos, sem comer nem beber até após a

---

29 IAN/TT/IL, Processo de Fernão Rodrigues Penso. *Op. cit.*, p. 65v.
30 IAN/TT/IL, Processo de Ana da Costa, n. 5411.
31 *Idem*, Na casa do tormento, 4 de maio de 1682.

saída das sete estrelas, e foi condenada a cárcere a arbítrio dos inquisidores, saindo no auto de fé de 1682, o mesmo em que saiu Penso. Seus filhos legítimos e ilegítimos não foram presos.

Já as duas filhas de Fernão Penso, Mariana de Morales, casada com Pedro Gomes de Olivares, cristão novo, com uma filha Violante e Ana Maria Penso, são referidas pelo pai somente como vítimas da desgraça que se abatera sobre a família tendo sido expulsas da quinta de Palhavã, onde estavam refugiadas.

As acusações de Judaísmo que encontramos no processo de Penso e de outros homens de negócios presos na mesma época são bastante importantes. Na família Mogadouro, a filha Brites da Costa sabia inúmeras orações. O filho Pantaleão dizia-se judeu, deixou de próprio punho confissão em que dizia que a

> Lei que Deus deu a Moises nas tabuas, e que esta era a verdadeira em que queria morrer e não na de Cristo. Que não queria reverenciar a Lei de Cristo, em que não crê nem nunca creu porque é falsa e idolatras os que crêem nela e adoram sua Divina Imagem, a qual ele confitente não quer reverenciar nem ainda olhar para ela por temer que Deus o castigue e que esta Lei lhe não ensinou pessoa alguma, e ele confitente a alcançou pelas profecias que nesta matéria falam claramente, e que sempre fez as cerimônias da dita lei.[32]

João da Costa Cáceres,[33] junto com amigos começara a ler um livro intitulado *Instituição do Divino Sacramento*; ficaram curiosos e começara a estudar a Bíblia. Ainda uma vez João lhe dissera que seu pai Gaspar, contara que era judeu, ao que Penso respondera que era mesmo, e que estivera preso na India, e a *opinião geral era que lá fizera grande estrago*.[34] E os exemplos se multiplicam entre os homens de negócio lisboetas, todos com família e negócios em várias partes do globo.

Fernão Rodrigues Penso por anos negara o Judaísmo. Em 1682 inicia mais uma confissão em que conta como foi iniciado na religião velha. Pelas suas contas, (estava com 70 anos de idade) vivera os 26 primeiros na Lei de Cristo Senhor Nosso, os 19 seguintes na Lei de Moises e os 24 últimos na Lei de Cristo.

Dois clérigos o haviam persuadido a mudar de Lei em Santarém. Um dos padres, Francisco da Costa, foi preso em 1639 pelo Santo Ofício, e o outro Francisco,

---

32 IAN/TT/IL, Processo de Pantaleão Rodrigues Mogadouro, n. 7100, confissão de 20 de julho de 1675.
33 IAN/TT/IL, Processo de João da Costa Caceres, n. 2591, 19 de maio de 1672.
34 Processo de Fernão Rodrigues Penso, cit, ratificação de toda a confissão, próprio punho, 16 de março de 1682, p. 221.

fugiu para a corte de Madri. Depois de libertado, Domingos disse que *queria ir viver em terra em que não tivesse outra prisão semelhante, e pudesse circuncidar-se que era o requisito mais principal da Lei de Moises, e que se ia a Italia, porque sabia bem a lingua italiana e era bom latino e grade escrivão*.[35] Após cinco anos, reconheceu o erro em que tinha vivido e escreveu a Penso.

> Contou-me ele, que estando em Veneza, chegou ali um judeu de Jerusalém com cartas para as sinagogas da Italia de dois rabinos dos principais que lá assistiam em que lhes amostravam que não reprovassem a Lei de Cristo porque também nela se podia salvar com alguns preceitos que apontaram, sendo a principal razão que o mesmo Jesus Cristo não viera ao mundo a destruir a Lei de Moises, senão a enche-la.[36]

Penso relata discussões sobre a influência de Bocarro e do sebastianismo, sobre a data de celebrações, sobre o livre arbítrio. Enfim, seu conhecimento sobre o Judaísmo ia além daquele confessado ao Tribunal.

Denunciado por muitos, seguiu a prática inquisitorial e denunciou muitos. Os motivos para suas contraditas eram os mesmos: as mulheres e as finanças. Um dos nomes de destaque que denunciou foi Duarte da Silva *o maior amigo que tive*,[37] mas aqui também se faz necessário um parênteses - é outro estudo, para uma outra vez.

Saiu em auto de fé em 14 de abril de 1682, onde ouviu sua sentença, tendo sido condenado por Judaísmo, não crendo em Cristo Senhor Nosso não o tendo por Deus verdadeiro nem messias prometido na lei, antes esperava ainda por ele com os judeus esperam, e a ele se encomendava com os salmos de David sem gloria patri no fim e por sua observância guardava os sábados como se fossem dias santos, vestindo neles camisa lavada, sesta feira dava torcidas novas nos candeeiros, fazia os jejuns do dia grande Esther, Primogênitos, não comia carne de porco, e teve todos seus bens confiscados.

Podia-se esperar que o pior havia passado. Mas não.

Enquanto os pais, Fernão e Ana, saiam em auto de fé, a Inquisição prendia o filho mais velho, Fernando Morales Penso.[38] Denunciado por somente duas testemunhas, que já haviam denunciado os pais anos antes, a acusação foi agravada pela vigia dos cárceres, que declarou ter o preso feito jejum durante o tempo da vigia, e

---

35 *Idem*, confissão de próprio punho, 10 de maio de 1682, p. 209.
36 *Ibidem*.
37 *Ibidem*.
38 IAN/TT/IL, Processo de Fernando Morales Penso, n. 6307, denunciação do alcaide, 16 de junho de 1682.

ainda muitas *orações e viagens com a cabeça coberta, na mesma forma que os judeus costumam fazer os jejuns judaicos.*

Pressionado, denunciou os pais, que foram novamente presos.

Rodrigues Penso em 4 de junho de 1682 já está novamente nos cárceres. Sabe bem que foi o filho que o denunciou. Escrevendo novamente de próprio punho,[39] diz que na noite em que saiu no auto soube que 15 dias antes haviam preso a Fernando, que embora fosse ilegítimo, sempre tratara com o mesmo amor, procurando toda a boa educação, mas recusa-se a admitir ter judaizado com o filho.

Pediu misericordia, por estar velho e chacado, com 72 anos de idade, com sete filhas, três netas e quatro filhos, e sem aparo por ter morrido o genro. Escreve do cárcere em 11 de maio de 1683.

Apesar de doente, sofrendo de gota, foi condenado ao tormento, onde foi deitado no potro para sofrer um trato experto e outro corrido. Chamou por Jesus, mas não confessou. Muito maltratado, não conseguiu assinar. Foi condenado a cárcere e hábito penitencial perpétuo.

Ana da Costa foi presa a segunda vez em agosto de 1683. Nada disse do filho. Acusada de fazer o jejum do dia grande, o da rainha Esther e o dos primogênitos, nada confessou e nas primeiras vistas foi relaxada a justiça secular. Foi condenada ao tormento, onde lhe foi dada uma volta inteira e virada que corresponde a um trato experto. Acabou sendo condenada a cárcere e hábito a arbítrio dos Inquisidores.

O filho, Fernando, denunciou os pais e mais algumas testemunhas que haviam denunciado a família. Foi condenado a cárcere e hábito penitencial perpétuo sem remissão e degredo de 5 anos para o Brasil. Saiu em auto público de fé no Terreiro do Paço em 8 de agosto de 1683. Já embarcado para cumprir o degredo no Brasil, entregou uma carta de próprio punho a ser entregue aos inquisidores, escrita em 6 de janeiro de 1684.

> *Pelo muito que com bem grande dor do meu coração sinto gravada a minha alma, como quem ve entregue a vida às ondas, com tantos riscos da sua vida me é precisamente necessário para descargo de minha consciência dizer a V.P. que desde a hora em que recebi o Batismo até o presente tempo jamais deixei de ser verdadeiro Católico, nem que pela imaginação me passou nunca deixar a Lei de Nosso Senhor Jesus Cristo em que fui muito bem educado; e assim declaro a V.P. que tudo que no Santo Oficio depus nas minhas confissões, de*

---

[39] IAN/TT/IL, 2º Processo de Fernão Rodrigues Penso, n. 2332-1, confissão de próprio punho, p. 33.

mim e contra meus próximos foi falso; e confessei o que não havia feito com o temor da morte, e desejo de salvar a vida, e assim rogo a V.P. o faça presente me meu nome na mesa do Santo Oficio em que não... a Roma, donde prostrado aos pés do Sumo Pontífice lho não digo vocalmente Deus de a V.P. muitos anos. Da Nau Diligente em 29 de outubro de 1683
Afetuosissimo ...
Fernando de Morales Penso[40]

Até o momento, não temos mais notícias da família Penso. Sabemos que as irmãs de Ana da Costa e o filho vieram para o Brasil. Assim como muitas das poderosas redes familiares cristãs-novas do império português do século XVII, os Penso espalharam-se pela colônia e pela Europa. Cumpriram o papel primordial de manter vivos a identidade judaica e o Judaísmo – e a dualidade da condição marrana.

***

Conhecemos Ronaldo (Aurélio e eu) quando ele veio à Universidade de São Paulo fazer seu doutorado sob a orientação de nosso mestre Prof. Eduardo d'Oliveira França. Ao frequentar o curso de nossa mestre, Professora Anita Novinsky, desenvolvemos grande intimidade intelectual o que nos permitiu ricas discussões sobre quase todos os temas. De inquisição a arte popular, de música a artes plásticas, de filosofia a filhos e vida. Este artigo mesmo, escrevi a Ronaldo Vainfas.

---

40 Processo de Fernando Morales Penso. *Op. cit.*, Carta de próprio punho (trecho), p. 168.

Sodomia não é Heresia: Dissidência moral e contra-cultura revolucionária[1]

Luiz Mott

> *A heresia, este amuleto furibundo da sinistra Inquisição, serviu de capa e égide para toda casta de prepotências*
> (J. L. D. Mendonça & A. J. Moreira. *Historia da Inquisição em Portugal, 1842*)

Introdução

DEPOIS DOS CRISTÃOS-NOVOS, os sodomitas representaram o grupo social mais perseguido pela Inquisição Portuguesa. Enquanto a produção intelectual da época (sermões dos autos de fé, tratados de teologia moral e apologética) e mais recentemente, a produção acadêmica consagrada ao judaísmo e marranismo é volumosa e impressionante, e neste último século se universaliza de forma ampla e complexa, os estudos e bibliografia sobre o *abominável pecado de sodomia* perpetuam seu estigma de "pecado nefando", i.e., que não pode ser pronunciado, tão reduzidos foram os

---

[1] MOTT, Luiz. "Sodomia não é heresia: dissidência moral e contracultura". In: VAINFAS, Ronaldo; LAGE, Lana; FEITLER, Bruno (orgs.). *A Inquisição em xeque: temas, controvérsias, estudos de caso*. Rio de Janeiro: Editora da Universidade do Estado do Rio de Janeiro, 2006, p. 253-266.

tratados teológicos antigos e tímidas as pesquisas e obras de síntese contemporâneas sobre o abominável pecado de sodomia. Não há sequer consenso entre os estudiosos sobre qual seria o melhor conceito para definir a sodomia na perspectiva da teologia moral e dos regimentos inquisitoriais. Nosso objetivo nesta comunicação é desconstruir a hipótese de que a sodomia fora incluída no rol dos crimes do conhecimento do Santo Ofício português devido à sua condição de heresia, demonstrando que a perseguição aos sodomitas se deveu fundamentalmente como estratégia para reprimir a ameaça representada pelos "filhos da dissidência" enquanto portadores de uma contra-cultura temida como imoral e revolucionária. Para tanto, início definindo heresia e sodomia e demonstrando a inadequação do conceito de heresia para qualificar o nefando pecado de sodomia; em seguida analiso a opinião dos inquisidores e dos próprios sodomitas desqualificando a sodomia como heresia.

Esse artigo, apresentado originalmente como comunicação em 2003 na XXII Reunião da ANPUH, na Paraíba, mereceu ilustrada resposta de Ronaldo Vainfas, colega e amigo desde que nos conhecemos ainda na antiga Torre do Tombo, no século passado.

Heresia

Heresia, do grego *aíresis,* significa escolha, preferência. Em estilo eclesiástico, entende-se por heresia um erro fundamental em matéria de religião, no qual se persiste com pertinácia. Objetivamente, é uma proposição contra um artigo da fé. Subjetivamente é um erro pertinente de um cristão contra uma verdade da fé divina e católica. O erro se encontra na inteligência e a pertinácia na vontade. Segundo Santo Tomás de Aquino, na *Suma Teológica* (II-II:11:1), heresia é uma espécie de infidelidade no homem que tendo professado a fé de Cristo, corrompe seus dogmas revelados nas escrituras sagradas e conservados oficialmente pela tradição católica.[2] A heresia é dita formal quando o erro é voluntário e pertinaz, considerando-se heresia material quando ignora-se que uma proposição ou prática é contrária à fé. A heresia formal pode ser mental ou externa. Por sua vez, *herege* é aquele que tendo sido batizado, não quer crer todas as verdades que ensina o Magistério da Igreja Católica, sustentando pertinazmente algum erro oposto ao dogma católico. São necessárias três condições para se ser herege: ser batizado como católico; recusar crer na verda-

---

[2] *The Catholic Encyclopedia,* "Heresy", J. Wilhelm, Volume VII. New York: Robert Appleton Company, 1910.

de revelada por Deus à Igreja; ser pertinaz na prática do erro.[3] Eis o que ensinava o dominicano Francisco Larraga, autor de *Promptuário de Theologia Moral*, um dos livros que maior influência teve na formação do clero em Portugal e Brasil durante o período inquisitorial: "Os pecados contra fé são a heresia, a apostasia, a infidelidade e o judaísmo. Heresia *est recessus pertinax hominis baptizati à parte Fidei*. Quer dizer que para um ser herege, se requer que seja batizado e que negue com pertinácia algum Artigo da Fé".[4]

Apostasia, por seu turno, do grego "separação", segundo o Doutor Angélico, é uma sub-espécie de heresia pois implica na defecção total e voluntária de todos os artigos da fé por alguém que antes havia professado o catolicismo. Pode ser pública ou oculta, e o apóstata pode se converter a outra religião ou tornar-se ateu. A apostasia pertence ao pecado de infidelidade, que "nasce da soberba, através da qual o homem deixa de submeter seu entendimento às regras da fé. É o maior dos pecados posto ser o que mais afasta de Deus".[5]

Sodomia

Instalada em Portugal a Inquisição em 1536, foi apenas dezessete anos depois, em 10 de janeiro de 1553 que D. João III concedeu uma Provisão autorizando os Inquisidores a procederem contra o pecado nefando. Provisão que certamente foi solicitada pela cúpula inquisitorial, posto que desde 1547 já encontramos cinco sodomitas presos, processados e alguns degredados para o Brasil - entre eles, um moço-do-rei e um criado do governador.[6] Quer dizer: o "mau pecado" se alastrava pelos palácios, do trono à cozinha.

Em 1555, nova Provisão, assinada esta pelo cardeal D. Henrique, inquisidor geral, confirmando a competência do Santo Ofício em queimar os *fanchonos*. Enquanto na vizinha Espanha desde 1524-1530 Clemente VII autorizara as Inquisições de Aragão, Saragoça, Valência e Barcelona a perseguirem o nefando,[7] é somente em 1562 que Pio

---

3   GUILLOIS, Abade Ambrosio. *Explicação histórica dogmática, moral, litúrgica e canônica do Catecismo*. Porto: Livraria Internacional, 1878, p. 347 e ss.
4   LARRAGA, Francisco. *Promptuário de Theologia Moral (1706)*. Lisboa: Officina de Pedro Ferreyra, 1727, p. 234.
5   Santo Tomás de Aquino, *Suma Teologia*, II-II:ql 0-4.
6   Arquivo Nacional da Torre do Tombo, Inquisição de Lisboa, Processos 4170; 6614; 352; 3112; 4030. *(Doravante abreviaremos o referido Arquivo Nacional da Torre do Tombo com as iniciais "ANTT").*
7   BENNASSAR, Bartolomé. *L' Inquisition espagnole*. Paris, Hachette Marabout, 1979, p. 335.

IV promulga semelhante Breve Apostólico para as inquisições portuguesas, ratificando-o em 1574 Gregório XIII.[8]

Nos dois primeiros Regimentos da Inquisição Portuguesa, de 1552 e 1570, não há referência alguma à sodomia, somente aparecendo tal crime no Regimento de D. Pedro de Castilho (1613), sendo este inquisidor considerado na época, pelos próprios fanchonos, como prelado "que não perdoava aos sodomitas".[9] Diferentemente da Espanha, estipulava-se com clareza que o Santo Ofício tinha alçada apenas contra o pecado de *sodomia perfeita*, isto é, a penetração com ejaculação dentro do vaso traseiro, ficando fora do seu conhecimento os pecados de bestialismo e *molície*, incluindo-se neste termo todos os demais atos de sensualidade não dirigidos à cópula anal: masturbação individual ou a dois, felação, anilíngua etc.[10] No regimento de D. Fernando de Castro (1640), o Papa Paulo V (1605-1621), através de cartas do Cardeal Melino, ratifica o poder das Inquisições Portuguesas de perseguir os sodomitas, condenando à fogueira sobretudo aos mais devassos no crime, os que davam suas casas para cometer este delito ou perseverassem por muitos anos na perdição. O castigo devia ser público e exemplar: Auto de Fé, açoites até o derramamento de sangue, confisco de bens, degredo ou fogueira, dependendo da gravidade e contumácia do fanchono. O lesbianismo, chamado de *sodomia foeminarum*, a partir de 1646 é descriminalizado em Portugal, embora continuem os padres do Santo Ofício a perseguir a *sodomia imperfeita*, i.é., a cópula anal heterossexual.[11] No último Regimento (1774), o Cardeal da Cunha repete *mutatis mutandis* a mesma casuística dos anteriores, transferindo-se, contudo, ao arbítrio do rei decidir ou não pela pena de morte em casos de "razão especial e política", certamente quando o réu de sodomia fosse membro influente das altas esferas do reino.

Heresia e Sodomia

Diversos têm sido os autores, estrangeiros e nacionais, desde a Idade Média até nossos dias, que postulam íntima ligação da sodomia à heresia. Associação que pode ser notada mesmo nas origens do Cristianismo: segundo informa Epifânio de Salamis, (Século IV) a seita dos Levitas era conhecida por condenar as relações sexuais

---

8   ANTT, Index dos Repertórios do Nefando, (143-7-44).
9   ANTT, Inquisição de Lisboa, Proc. 1312.
10 FLANDRIN, Jean-Louis. *Le sexe et L'Occident*. Paris, Seuil, 1981, p. 340.
11 MOTT, Luiz. "*Da fogueira ao fogo do inferno: a descriminalização do lesbianismo em Portugal, 1646.*" Comunicação apresentada na International Conference on Lesbian and Gay history, Universidade de Toronto, Canadá (1985).

com mulheres, permitindo a união dos homens entre si, o mesmo sendo igualmente atribuído aos hereges Maniqueístas. Foi nos inícios do século XI e ao longo do XII que a associação entre heresia e sodomia passou a constituir uma das premissas da teologia medieval, fornecendo argumento para que os legisladores perseguissem os sodomitas como o mesmo rigor como caçavam os hereges. Em 1049, na mesma época em que São Pedro Damiani atacava a sodomia clerical através de seu antológico tratado *Líber Gomorrhianus* (O Livro de Gomorra), um sínodo local excomungava os hereges Galicanos juntamente com sodomitas. Em 1114 era a vez dos hereges Henricianos serem acusados de praticar a sodomia. Nesta mesma época, teólogos ligados a Anselmo de Laon passaram a ligar heresia a sodomia como uma espécie de sacrilégio punível com a morte, identificação confirmada pelo Concílio de Nablus em 1120. São Bernardo de Claraval defendia que ao condenar o casamento, muitas seitas heréticas abriam espaço para diversos pecados contra o 6º Mandamento, inclusive a sodomia. Foram contudo os Cátaros e Albigenses que mais sofreram a infâmia de praticar o abominável pecado de sodomia, passando a partir de então a se identificar na língua francesa os termos *bougre, bougeron* e o arcaico *erite* (herege/albigense) como sinônimos de sodomita e herege.[12] Em Portugal, o étimo *somítigo* apresentava desde o início dos tempos modernos a mesma ambiguidade: identificava tanto o avaro quanto o sodomita.[13]

Como ensina Bullough no clássico *Sexual Variance in Society and History*, durante a idade média, pecados contra natureza incluíam todos atos sexuais que não permitiam a procriação, e seus praticantes eram considerados como servos do demônio, feiticeiros e hereges. Hereges e feiticeiras passaram a ser os bodes expiatórios, acusados de contaminarem a cristandade. Sem dúvida, a associação de desvios sexuais com heresia e feitiçaria eram produto de fértil imaginação. Porque a sexualidade passou a ser associada a desvio religioso é uma difícil questão de responder. Desvios sexuais tornaram-se na Idade Média um meio de negar a validade dos padrões correntes na sociedade. Provavelmente a explicação da associação da sexualidade com

---

12 GOODICH, Goodich. *The Unmentionable Vice: Homosexuality in the Later Medieaval Period*. Santa Barbara: Ross-Erikcson, Publishers, 1979: 7 "Heresy and Homosexuality".
13 MOTT, Luiz. "Pagode Português: a Subcultura Gay em Portugal nos tempos da Inquisição". In: *Ciência e Cultura*, vol. 40, fev./1980, pp. 120-39; "Justitia et Misericordia: a Inquisição Portuguesa e a repressão ao nefando pecado de sodomia". In: NOVINSKY, Anita et al. (eds.), *Inquisição: Ensaios sobre Mentalidade, Heresias e Arte*. São Paulo: Edusp/Expressão e Cultura, 1992, p. 703-38.

heresia é a combinação de duas idéias: que de fato os hereges curtem mais sexo que os ortodoxos e os ortodoxos atribuíam mais perversão aos hereges.[14]

William Monter em seu pioneiro estudo "Sodomy and Heresy in Early Modern Switezerland" (1974), diz que a sodomia foi relacionada em muitos países europeus ao incesto, roubo à mão armada, incêndio criminoso, mas sobretudo à feitiçaria, já que sodomia e feitiçaria foram cronologicamente associadas e julgadas como heresia.[15] Por sua vez, Mark Jordan, em seu antológico *The invention of Sodomy in Christian Theology* comprova com erudita documentação que o conceito de sodomia é um artefato tipicamente medieval, não existindo traço deste termo antes do século XI. Também é invenção medieval enquanto categoria tipológica para unificar e explicar desejos, disposições e atos que até então eram classificados separada e diferentemente. Sodomia é também um julgamento que extrapola a teologia medieval passando a nortear a legislação ocidental, a medicina, as ciências naturais, os costumes.[16]

No pioneiro e abrangente estudo sobre homossexualidade medieval, John Boswell em *Christianity, Social Tolerance and Homosexuality. Gay People in Western Europe from the Begining of the Christianity Era to the Fourtehheth century* postula que

> o povo gay, em manifesta desvantagem, era algumas vezes associado aos hereges, a mais desprezada de todas as minorias na Idade Média. Numerosos hereges dos séculos XII e XIII e alguns movimentos em sua totalidade, como os Albigenses, foram acusados de praticar sodomia, no mais das vezes, no sentido especifico de intercurso homossexual. Nos documentos civis e eclesiásticos a terminologia oficial costuma mencionar seqüencialmente traidores, hereges e sodomitas como se constituíssem uma única categoria. Apesar de quase total falta de evidencia fidedigna de que realmente os hereges praticassem o abominável pecado, são possíveis três explicações para a associação entre homossexualidade e heresia: 1] muitos hereges eram de fato sodomitas; 2] movimentos heréticos foram mais simpáticos à homossexualidade do que o catolicismo ortodoxo; 3] alguns gays devem ter sido apontados como hereges por não renunciarem a suas preferências homoeróticas.[17]

---

14 BULLOUGH, Vern L. *Sexual Variance in Society and History*. Chicago: The University of Chicago Pres, 1976, p. 389 e ss.
15 *Journal of Homosexuality*, vol.6 (122), 1980/81, p. 41-53.
16 JORDAN, Mark D. *The invention of Sodomy in Christian Theology*. Chicago: The University of Chicago Press, 1997.
17 BOSWELL, J. *Christianity, Social Tolerance and Homosexuality. Gay People in Western Europe from the Beginning of the Christianity Era to the Fourteenth century*. Chicago: The University of

Também alguns estudiosos das inquisições Espanhola e Portuguesa chamaram a atenção para associação entre sodomia e heresia na Península Ibérica. Bartolomé Benassar diz que a sodomia tinha como circunstância agravante o fato de ser ao mesmo tempo pecado contra Deus, contra si mesmo e contra o próximo, daí ser (juntamente com o bestialismo) simultaneamente atentado contra a fé e contra a moral. Pecados de sensualidade e de razão, eram pecados de erro, e podiam portanto ser comportamentos heréticos e pecados de luxúria contra a natureza. Apesar de em 1509 um decreto do Conselho Supremo da Inquisição espanhola ordenar aos tribunais do Santo Ofício não mais conhecer casos de sodomia, *salvo se coincidissem com casos de heresia formal*, as Inquisições de Barcelona, Saragoça e Valença receberam breves papais autorizando a perseguição ao nefando, em Aragão sendo a sodomia um crime de foro misto.[18] Mais adiante mostraremos, com documentação inquisitorial, que tal afirmação de Benassar não procede, pois como dizia um advogado do Santo Ofício de Lisboa, "o crime de sodomia, nasce da vontade e se muda de ordinário, enquanto a heresia nasce do entendimento.[19]

Para Francisco Bethencourt, na sua fundamental obra *História das Inquisições*, diz que

> a perseguição das heresias é o traço característico comum a todos os tribunais da inquisição, traço que justifica sua existência. Contudo, a diversidade do campo de delitos coberto é significativa, no tempo e no espaço, o que pressupõe não apenas a adaptação dos tribunais a condições especificas, mas também a capacidade de classificar novos fenômenos de desvio e de encontrar novos domínios de atividades. Concretamente, numa primeira fase, os tribunais concentram-se na perseguição dos delitos de judaísmo e islamismo. A classificação das heresias é um instrumento fundamental de afirmação estatutária das inquisições, que lhes permite exprimir a sua posição central na definição das fronteiras da ortodoxia... A massa do clero foi submetida progressivamente à jurisdição dos tribunais da inquisição, não apenas no que diz respeito aos delitos de heresia, mas também no âmbito de outros crimes normalmente julgados pelos tribunais eclesiásticos, nomeadamente a sodomia (nos reinos de Portugal e Aragão) e a solicitação feita no ato da confissão. Todos esses alargamentos de jurisdição, concretizados ao longo da segunda metade do século XVI representaram um crescimento do prestígio do Santo Ofício no quadro da Igreja: os tribunais controlavam

---

Chicago Press, 1980, p. 284-331.
18 BENASSAR, Bartolomé. *Op.cit.* p. 331.
19 ANTT, IL, Proc. 644.

não apenas as crenças do clero mas também uma boa parte do seu comportamento moral".[20]

Para Bethencourt, portanto, cabia ao conhecimento do Santo Ofício não apenas as heresias, mas também outros crimes, entre eles, a sodomia.

É o historiador espanhol Rafael Carrasco quem mais enfaticamente, embora sem argumentos sólidos, defende a ideia de que sodomia era vista e tratada pela Inquisição como uma forma de heresia. "O delito nefando *contra naturam* se convence com o mesmo tipo de prova que segundo o Direito é bastante para provar o delito de heresia e o crime de lesa majestade, com confisco de seus bens moveis e de raiz. (Lei de 22-8-1497)". Segundo este autor, justificava-se na época a perseguição à sodomia sobretudo por provocar a cólera de Deus – a maior fobia do imaginário coletivo do período barroco, "alucinante e alucinado". Também por violar a lei natural da reprodução da espécie humana, o sodomita violava a ordem divina, levantando a suspeita de que não estaria muito bem com as coisas da fé, "e por um mecanismo de assimilação que se poderia resumir em um jogo de palavras, se passava do equívoco sensual ao erro de juízo, logo ao erro na fé, do erro dos sentidos ao sentido do erro".[21] Honestamente, este jogo de palavras é absolutamente insatisfatório para justificar a homologia da sodomia à heresia. E apesar de assimilação entre estes dois conceitos, o próprio Carrasco descarta sua própria hipótese ao afirmar que

> *nunca se chegou a definir formalmente a sodomia com uma nova heresia* por razões evidentes que não merece a pena expor. Continuou a ser um dos maiores pecados de luxúria mas com algo mais, com uma nova cor. O sodomita ficou na zona das qualidades ambíguas, diretamente perceptíveis porem dificilmente defináveis, cheirava a heresia como outros, porem, mais afortunados, cheiravam a santidade (p. 44.).

Francamente, não há convicção nem lógica nestes argumentos.

É Ronaldo Vainfas, entre nós, quem mais insiste em associar sodomia – e outros crimes sexuais perseguidos pela Inquisição Portuguesa, à condição de heresia. É nítida a influência de Rafael Carrasco na assimilação que nosso autor faz entre sodomia e heresia. Aliás, o Prof. Vainfas demonstra grande fascínio pelas heresias: é

---

20 BETHENCOURT, Francisco. *História das Inquisições. Portugal, Espanha e Itália*. Lisboa: Temas e Debates, 1996, p. 263.
21 CARRASCO, Rafael. *Inquisición y represión sexual en Valencia. Historia de los sodomitas (1565-1785)*. Barcelona: Alertes, 1985, p. 41.

título de um capítulo de sua tese, título do livro sobre a Santidade (embora não discuta se as idolatrias indígenas eram de fato heresia formal), e agora, dá como nome deste simpósio da Anpuh, o provocativo título *Sexualidades heréticas na teia do Santo Ofício*. Se fosse inquisidor, Ronaldo seria da ala radical do Monstro Sagrado, pois vê heresia onde a meu ver os próprios inquisidores se recusavam em identificá-la...

Em sua importante síntese sobre moralidade e sexualidade no Brasil colonial, *Trópicos dos Pecados*, Vainfas ratifica o já assentado a respeito das conexões entre sodomia e heresia na Idade Média, deduzindo que "talvez nessa época se tenha originado a assimilação entre crime de fé e pecado sodomítico, associação frequente em vários códigos modernos, bem como as variadas mesclas estabelecidas no imaginário popular entre desvios nefandos, bruxarias e heresias".[22] No capítulo VIII de sua tese, intitulado "Do pecado à heresia", faz uso das expressões "hereges da moral" ou "hereges morais" para se referir aos sodomitas e outros réus de crimes sexuais, considerando que eram perseguidos por ameaçarem a pureza da fé e a própria igreja, afirmando sem evidencias estatísticas que "os crimes morais eram mais rapidamente julgados que delitos marcadamente religiosos".[23] E continua: "assimilada à heresia por razoes históricas e teológicas, a sodomia possuía, no entanto, um significado fluído na cultura escrita, no saber jurídico e na prática judiciária inquisitorial" (p. 259). Também sem evidências, insiste que nos interrogatórios, "importava definir se o sodomita era um mero pecador ou um grande herege... e se tinha intenção herética" (p. 261). É sobretudo em seu artigo "Sexualidade e Moralidade nos domínios da Inquisição" onde este autor discute mais detidamente este tema, já que propõe como indagação: "como e por que o Santo Ofício da Inquisição passou a perseguir desvios morais e sexualidades ilícitas". Começa por constatar que a partir do século XVI a Inquisição inclui, além das heresias, a perseguição a diversos crimes morais. E pergunta:

> Mas por que a sodomia, e não o adultério, por exemplo, passou à competência da Inquisição, posto que ambos eram atitudes sexuais ofensivas à lei de Deus? Por que a bigamia, e não o concubinato? Por que a defesa verbal da "fornicação simples" e não as próprias relações sexuais entre pessoas solteiras? A resposta algo paradoxal a essas questões reside em que a ingerência

---

22 VAINFAS, Ronaldo. *Trópico dos Pecados. Moral, Sexualidade e Inquisição no Brasil*. Rio de Janeiro: Campus, 1989, p. 151.
23 VAINFAS, Ronaldo. *Op. cit.*, p. 243; MOTT, Luiz. "Justitia et Misericordia: a Inquisição Portuguesa e a repressão ao nefando pecado de sodomia". In: NOVINSKY, Anita et al. (eds.), *Inquisição: Ensaios sobre Mentalidade, Heresias e Arte*. São Paulo: Edusp/Expressão e Cultura, 1992, p. 703-38.

do Santo Ofício no terreno dos desejos e moralidades desviantes jamais se referiu verdadeiramente a pecados carnais, considerados em si mesmos, senão aos que de algum modo fossem assimiláveis a heresias.

Novamente utiliza aqui a ideia da sodomia assimilada à heresia, aliás, conceito proposto por Carrasco, considerado "brilhante" por Vainfas. E conclui: por serem suspeitas de heresia por revelarem intenção livre e deliberada na escolha de supostos modos de viver francamente hostis aos preceitos do catolicismo é que os inquisidores tomaram a seu cargo o julgamento dos bígamos, sodomitas e praticantes da bestialidade, deixando os demais transgressores sexuais nas mãos dos confessores ou dos tribunais diocesanos. Embora "em certos casos, era a Inquisição que transformava atos sexuais ou moralidades cotidianas em matéria heretical, presumindo haver desvio de fé onde só havia desejo amoroso ou valores morais não condizentes com a ética do catolicismo". E mais:

> era sobretudo a presunção de "má doutrina" o que justificava a intromissão do Santo Ofício em matéria de moralidades e sexualidades. A crescente intolerância das agências de poder na Época Moderna só faria aguçar a associação entre sodomia, recusa da fé cristã e perturbação da ordem pública. No mundo católico, diversos pregadores estabeleceram analogias entre sensualidade e "formal heresia", especialmente no caso de relações homoeróticas. O território da Inquisição em matéria de moral e sexualidade foi construído, assim, por meio de amálgamas conceituais, hesitações, classificação de atos e condenação de comportamentos. Os inquisidores agiram, como sempre, com amplo grau de arbitrariedade. Elevaram alguns pecados ao nível de heresias, a exemplo das "defesas da fornicação", e desqualificaram outros tantos, como no caso da *sodomia foeminarum*. Os transgressores seriam, de qualquer modo, equiparados aos hereges, examinados como se suas condutas contivessem doutrinas opostas verdade do catolicismo romano. Foram sempre julgados como se cultivassem doutrinas heterodoxas, o que raramente faziam. Não por acaso seriam quase sempre obrigados, em caso de condenação, a fazerem a célebre "abjuração de leve suspeita na fé".[24]

Minhas pesquisas relativas ao abominável pecado de sodomia, seja com base na documentação inquisitorial, seja na cada vez mais vasta e crítica bibliografia in-

---

24 VAINFAS, Ronaldo. Sexualidade e moralidade nos domínios da Inquisição. In: *Seminário de Tropicologia: globalização e trópico*, 1998, Recife.

ternacional, obrigam-me a discordar das principais idéias acima defendidas por este autor. Concentro-me apenas no crime de sodomia.

1. Não procede que os sodomitas eram quase sempre obrigados a fazerem abjuração de suspeita na fé, sendo sempre julgados como se cultivassem doutrinas heterodoxas: de 450 processos, em 19 os réus são condenados a fazer abjuração de suspeita na fé, (*leve, de forma, na mesa, de veemente*), nenhum por causa da sodomia em si, mas por outros crimes, como solicitação, judaísmo, feitiçaria e proposições heréticas. Nenhum fanchono ou sodomita abjurou simplesmente por praticar o nefando! Dois exemplos: frei Francisco de São João de Deus, agostiniano descalço, 35 anos, morador em Montemor (1744), culpado de diversas praticas homoeróticas com seus penitentes, foi obrigado a fazer abjuração de leve suspeito na fé não enquanto sodomita, mas sim pelo crime de solicitação: "com pouco temor de Deus, pôs na fonte da vida espiritual o veneno da culpa e no sacramento da penitência a ocasião do pecado fazendo-se de pai e médico espiritual, em ministro do demônio"; Francisco de Palácios, 21 anos, negociante de Lisboa, preso em 1630, contra si tinha dois processos: por sodomia e judaísmo. Prevaleceu sua condição de cristão-novo, sendo obrigado a fazer "abjuração de veemente suspeita na fé por ter crença, fazer ritos e cerimônias judaicas" e não por sodomitar.[25]

2. No caso da sodomia, há equivoco defender que "no terreno dos desejos e moralidades desviantes jamais se referiu verdadeiramente a pecados carnais, considerados em si mesmos, senão aos que de algum modo fossem assimiláveis a heresias". A meticulosa – e segundo Foucault, perversa investigação dos inquisidores para determinar se os atos homoeróticos praticados configuravam o crime mortal de *sodomia perfeita* – "derramação de semente dentro do vaso traseiro", ou constituíam simplesmente *pecado de molície* – "*punheta, cocheta, connatus, ósculos e amplexos*" etc, comprova cabalmente que a matéria formal e material do crime era essencialmente constituída por "pecados carnais" e não por imagináveis e inexistentes desvios doutrinários.

3. Não há evidencia bibliográfica de que "no mundo católico, diversos pregadores estabeleceram analogias entre sensualidade e *formal heresia*, especialmente no

---

25 ANTT, Inquisição de Évora, Proc. 5324; Inquisição de Lisboa, Proc. 4481.

caso de relações homoeróticas". Em meticulosa pesquisa nas principais obras consagradas à história da homossexualidade[26] até o presente, foi encontrado um único autor que teria afirmado ser a sodomia uma heresia: Voltaire, no seu *Dictionnaire Philosophique,* no verbete "Inquisition", diz que "Ludovicus de Paramo remarque que les habitants de Sodome furent brûlés comme hérétiques, parce que la sodomie est une *hérésie formelle".* Voltaire referia-se ao livro do inquisidor de Palermo, Ludovicus de Paramo, *De origine et progressv officii Sanctae Inqvisitionis, eiúsque dignitate & vtilitate, de Romani pontificis potestate & delegata Inquisitorum: edicto Fidei, & ordine iudiciario Sancti Officii, quaestiones decem. Libri tres. Autore Ludouico à Paramo Boroxensi, archidiacono & canonico legionensi, regniq Siciliae Inquisitore,* editado em Madrid, na Typographia Regia, em 1598. Não tivemos ainda acesso a este livro para ratificar ou não a afirmação do mestre iluminista. Em todo caso, não há qualquer evidencia histórica ou teológica que confirme a asserção de que a sodomia tenha sido considerada pelo Magistério católico como heresia, tanto que não consta em nenhuma das principais listas de heresias divulgadas por Roma, não foi declarada heresia por nenhum Concílio ou documento papal, não constando como heresia no principal *vademecum* usado pelos próprios dirigentes do Santo Ofício, o *Aphorismi Inquisitorum,* onde no Capítulo IX, "De Sodomitis", num total de 54 apotegmas referentes ao pecado nefando, não há sequer uma indicação associando sodomia a heresia, a não ser indiretamente nos aforismos 10 e 29, onde se diz que por comissão especial do Sumo Pontífice Pio V, que os sodomitas deviam ser denunciados e acusados à Inquisição *"sicut in causas fidei"* (como nas causas da fé), muito embora os aforismos de número 31, 34, 45 e 47 estabeleçam clara distinção na casuística devida à sodomia e heresia, seja extinguindo a culpa dos sodomitas após sua morte, não se lhes aplicando o relaxamento "em efígie" como era praxe para os hereges, seja excluindo a pena ordinária da fogueira aos somítigos que se confessassem no primeiro lapso.[27]

É inegável a milenar "assimilação da sodomia à heresia", seja pelo povo cristão, ao demonizar os hereges, inculpando-os de feitiçaria, desvios sexuais, idolatria e outras condutas condenáveis, seja por parte da hierarquia católica, teólogos e inquisidores, que consideraram sim os sodomitas, e não os demais desviantes sexuais, merecedores de tratamento tão severo quanto ao dado aos hereges – incluindo

---

26 DYNES, Wayne (ed.). *Encyclopedia of Homosexuality.* New York: Garland, 1990; *Homolexis: a Historical and Cultural Lexicon of Homosexuality.* New York: Gai Saber Monograph, 1985.
27 Frei Antonio Sousa. *Aphorismi Inquisitorum.* Lisboa, Officina F. Borde, 1669, p.216.

sequestro dos bens e condenação à pena de morte na fogueira para os casos mais graves. Eis a explicação para tamanha severidade na perseguição dos inculpados no nefando pecado: sobretudo a partir do século XII-XIII, conforme já vimos com Boswell e outros estudiosos, a cristandade desenvolveu verdadeiro e agressivo horror aos sodomitas, assim como aos judeus e outros hereges transformados em bodes expiatórios dos principais males e calamidades que afligiram a Europa neste período. A sodomia, chamada de "mau pecado", passou então a ser considerada o delito que mais horrorizava e escandalizava aos católicos, a tal ponto que sintetizava por antonomásia a própria condição de "pecado". Os sodomitas eram considerados delinquentes gravíssimos não apenas por provocar a ira divina, mas por ameaçarem, por sua androginia, luxúria e imoralidade, a própria estrutura da família, a hegemonia masculina e o casamento cristão.[28] Eis os anátemas de São Pedro Damiani contra o *mau pecado*:

> A sodomia ultrapassa a sordidez de todos os vícios. É a morte dos corpos, a destruição das almas. Este vício polui a carne, extingue a luz da mente. Expulsa o Espírito Santo do templo do coração humano, introduz o Diabo, que incita à luxúria. Induz ao erro, remove completamente a verdade da mente que foi ludibriada, abre o inferno, fecha a porta do paraíso. Este vício tenta derrubar as paredes da casa celestial e trabalha na restauração das muralhas reconstruídas de Sodoma, pois viola a sobriedade, mata a modéstia, sufoca a castidade e extirpa a irreparável virgindade com a adaga do contágio impuro. Conspurca tudo, desonrando tudo com sua nódoa, poluindo tudo. Não permite nada puro, nada limpo, nada além da imundície.[29]

E para arrematar, eis uma pérola da homofobia lusitana proclamada num sermão num auto-de-fé, realizado em Lisboa em 1645, onde foram queimados diversos sodomitas:

> Sodoma quer dizer traição. Gomorra, rebelião. É tão contagiosa e perigosa a peste da sodomia, que haver nela compaixão, é delito. Fogo e todo rigor, sem compaixão nem misericórdia! Tanta força tem o lugar apestado deste vício que para livrar dele até a um inocente, é necessário violência de muitos anjos.[30]

---

28 MOTT, Luiz. "A Revolução Homossexual: o poder de um mito". *Revista da USP*, n.49, março-abril 2001, p. 38-50.
29 São Pedro Damiani. *Book of Gomorrah. A Eleventh-Century Treatise against Clerical Homosexual Practices*. Waterloo: Wilfrid Laurier University Press, 1982, p. 40.
30 Frei Felipe Moreira, Cônego de Santo Agostinho, *Sermão do Auto de Fé*, Lisboa, 25-6-1645,

Opinião dos Sodomitas e Inquisidores

Consultando os processos e sumários das Inquisições de Lisboa, Coimbra e Évora, encontramos algumas referências quer dos Inquisidores, quer dos próprios sodomitas, distinguindo e negando a condição de heresia à sodomia ou avaliando a heresia como delito mais grave que o pecado nefando.

Já em 1553, dizia um Promotor do Santo Ofício de Lisboa que urgia

> castigar e extirpar o abominável pecado nefando desta república, pois sendo o mais torpe delito depois que a heresia, por isto provoca a ira de Deus. Confirma esta opinião a obra *Excelência da Fé* onde se prova por muitas razões que onde houver o pecado de sodomia, surgem muitas heresias e que, portanto, na Espanha há menos heresias porque há menos deste pecado. Donde a razão com que está o Santo Ofício condenando os sodomitas, pois se este pecado entrar em Portugal, terra grande e povoada de gente diversa, se este mal entrar – o que Nosso Senhor não o permita – será mais difícil de apagar e muito mais prejudicial do que em outra parte.[31]

Alguns procedimentos do Santo Ofício ratificam que a sodomia por ser de natureza teológica absolutamente diversa da heresia, merecia tratamento igualmente diverso. Um exemplo: a prisão e execução da pena máxima ao turco Osmão, 55 anos, cativo do marquês de Santa Cruz em Lisboa, (1586) por "cometer o horrendo crime de sodomia com muitos moços cristãos, por muitas vezes, com muito atrevimento", apesar de infiel – portanto não batizado, foi "executado do modo que se faz nos relaxados pelo crime de heresia". Ora: se apenas cristãos batizados podiam ser julgados como hereges, fica evidente que para o Santo Oficio, sodomia e heresia são delitos diversos, embora ambas sejam castigadas com a mesma severidade.[32]

Diversos documentos produzidos pelo Santo Ofício demarcam claramente a diferença na gravidade e consequentemente, na processualística, no tratamento da sodomia face às heresias. Por exemplo, a Mesa Inquisitorial, em 1611, ao discutir o castigo merecido pelo meio cristão-novo Luis Simões, estudante de 25 anos, assim se expressou:

> de acordo com os Regimentos, em que reza se perdoe o sodomita no primeiro lapso, como no crime de heresia, que neste caso se procede desta forma.

Biblioteca Nacional de Lisboa, Reservado 3243.
31   ANTT, IL, Proc. 15103.
32   ANTT, IL. Proc. 5296.

> Os culpados no crime de sodomia são mais castigados que os hereges, porque estes (os hereges) têm penitência de cárcere, hábito de 4 ou 5 anos e os do crime de sodomia, muitos anos de galés.[33]

De fato, demonstrei alhures que em termos de tortura, os inculpados no abominável pecado nefando sofreram mais tormentos do que os próprios cristãos-novos.[34]

Em 1644, o Cônego Vicente Nogueira, 44 anos, cônego na Sé de Lisboa, detentor de um exuberante *curriculum* de relações homoeróticas, no cárcere escreveu longa defesa de 55 folhas, sendo o sodomita que de forma mais explícita demonstrou a diferença do pecado nefando em relação aos crimes hereticais. Diz que "em comparação do seu crime com o de heresia, o de sodomia é muito menos grave, pois é contra o 6º Mandamento e o de heresia, contra o 1º Mandamento, tanto que nas vinte inquisições de Castela não consta o pecado nefando, somente nas três de Aragão". E acrescenta:

> o juízo do Santo Ofício é de tal maneira limitado ao o crime por completo da sodomia, que não pode conhecer mais do que ele, sem ter jurisdição para os crimes que com ele têm semelhança ou conexão, ou sejam mais leves, quais são solicitar para ele, ósculos, tatos, molícies, poluções com pessoas do mesmo sexo, ou sejam crimes mais graves qual é o da bestialidade, que é o mais péssimo de todos os *contra natura*, só sendo possível conhecer o crime completo *efusio intra vas posterioris* e que a sodomia, por ser ato tão cego e que sempre se comete com gravíssimo medo, é péssimo vício, que antes metesse os pés no fogo que consentir em um leve pensamento dele.[35]

Obviamente que o ilustre cônego lisboeta exagerava em distinguir o que na prática homoerótica, ao menos contemporânea, é absolutamente irrelevante, a saber, a distinção entre cópula anal e demais atos homosensuais.

Mais de uma vez, os inquisidores insistiam na diferença formal entre heresia de um lado, e sodomia do outro, ratificando a maior gravidade da primeira. Num processo de 1630, contra Miguel de Abreu, 26 anos, Secretário da Bula da Cruzada de Lisboa, argumentava um dos deputados da Casa Negra do Rocio que

> sendo o réu mancebo, se pode provavelmente esperar que ao diante se emende, e sendo casado e tendo filhos, são razoes que podem mover ao

---

33 ANTT, IL, Proc. 312.
34 MOTT, Luiz. *Justitia et Misericórdia. Op. cit.*, p. 710.
35 ANTT, IL, Proc. 4241.

> juiz a não dar a pena capital, pois se o Santo Ofício é misericordioso com os hereges, que cometem crimes mais atrozes, deveria sê-lo neste crime de sodomia, que nasce da vontade e que se muda de ordinário, enquanto a heresia nasce do entendimento.

Não obstante tal avaliação tão indulgente, dada a devassidão deste lisboeta, que contava com mais de vinte cúmplices no *mau pecado*, o infeliz mancebo foi relaxado à justiça secular.[36]

Argumento bastante semelhante é usado em 1644 pelo advogado de um tecelão lisboeta de 60 anos, João Garcia, ao dizer que

> os crimes (de sodomia) passados há 20 anos ficam prescritos, não se podendo tomar conhecimento destes delitos e diferentemente da heresia, que se baseia em erro de entendimento sem prescrição, não houve o mesmo com o crime de sodomia, que tem seu princípio no impulso e apetite carnal, e se há sempre de fazer consideração aos aspectos em que se cometeu, os quais são distintos e separáveis...

Também neste caso, os Inquisidores nortearam-se mais pela justiça do que pela misericórdia, considerando o réu "convicto e confesso, exercente, muito devasso, reincidente e incorrigível, agente e paciente, entregando-o à justiça secular para ser relaxado.[37] Nada a ver com heresia.

Não eram apenas os sodomitas eclesiásticos que distinguiam, de um lado a heresia, do outro, a sodomia. O próprio povo percebia tal diferença, como se conclui do processo de Manuel de Figueiredo, (1618) moço da câmara de Sua Majestade, "que era tido por sodomita e herege"[38] Luis Gomes Godinho, 32 anos, soldado morador na capitania de São Paulo, preso em 1646, réu de uma dezena de atos homoeróticos, ao ser indagado na mesa inquisitorial sobre a consciência de seu pecado, "disse que sabia quais os pecados da alçada do Santo Ofício: heresia, judaísmo, bigamia, sodomia, feitiçaria, blasfêmia".[39] Conhecimento utilizado também por Pedro Furtado, padre do hábito de São Pedro, 46 anos, preso em 1689 pela Inquisição de Coimbra, acusado de fingir-se de mulher intitulando-se *Paula de Lisboa*, o qual ao ser inquirido de seus delitos, declarou que "não tinha culpas a confessar porquanto

---

36 ANTT, IL, Proc. 644.
37 ANTT, IL, Proc. 8837.
38 ANTT, IL, Proc. 10093.
39 ANTT, IL, Proc. 4565.

nunca fora herege, nem blasfemo, feiticeiro ou sodomita".[40] Herege mais uma vez claramente diferenciado de sodomita.

Também no processo de um pseudo-hermafrodita de Avis, afeito à Inquisição de Évora, Jose Martins, pastor de 30 anos, preso em 1725, a Mesa Inquisitorial pondera que ao declararem seus cúmplices terem ejaculado

> entre as pernas do réu, os ditos juraram falsamente, pois não podiam deixar de conhecer que era homem, queriam assim desculpar e encobrir as suas torpezas, ou desculpar ao réu como este declarou e não prova que cometia as faltas contra a Igreja voluntariamente mas por alguma causa de impedimento, não por serem heresia. Portanto fosse solto e posto em liberdade, advertindo para que não torne a cometer as faltas contra os preceitos da Igreja e pague as custas. Não resultaram provas contra as testemunhas que possam pertencer ao Santo Ofício.[41]

Se nos tempos inquisitoriais nem a teologia moral e apologética, nem os regimentos e a processualística do Santo Ofício qualificaram a sodomia como heresia formal, o mesmo entendendo e afirmando os próprios sodomitas e as testemunhas em geral, hoje, graças à descriminalização e despatologização da homossexualidade e da afirmação política do movimento gay e reconhecimento dos direitos humanos e de cidadania dos gays e lésbicas, na contramão da história, o atual Sumo Pontífice tem-se esmerado em demonizar os homossexuais, primeiro rotulando o homossexualismo de "intrinsecamente mau", e mais recentemente, qualificando os homossexuais de "anormais" e estimulando os parlamentares de todo o orbe cristão que não aprovem leis reconhecendo a união estável entre pessoas do mesmo sexo. Neste contexto de tamanha adversidade, torna-se ainda mais crucial desconstruir o equívoco interpretativo em associar sodomia à heresia, pois além de ser uma abusão teológica e histórica, é politicamente incorreto, por fornecer argumentos silogísticos a esta nova cruzada anti-homossexual. Homofobia sim, que é heresia – uma escolha e preferência pertinaz por um erro fundamental em matéria de direitos humanos e ciência.

---

40 ANTT, IC, Proc. 7622.
41 ANTT, IL, Proc. 5923.

Os manuais de confissão como discurso: "a volúpia da classificação"

Lana Lage da Gama Lima

CORRIA O ANO DE 1986, eu e Ronaldo Vainfas éramos colegas como professores da Universidade Federal Fluminense – UFF e também como doutorandos do Programa de Pós-graduação em História Social da Universidade de São Paulo – USP, no qual conseguimos ingressar após uma árdua luta junto às instâncias administrativas do Departamento de História da UFF para obter a licença vinculada ao programa de aperfeiçoamento docente da CAPES. Decidimos, então, publicar os trabalhos apresentados às professoras Anita Novinsky e Eni de Mesquista Samara, cujas disciplinas havíamos cursado, em duas coletâneas que reunissem também textos de outros colegas.[1] Para o livro organizado por Ronaldo Vainfas escolhi o artigo que havia escrito sobre os Manuais de Confissão,[2] com os quais vinha trabalhando para a tese, que focava a perseguição inquisitorial aos sacerdotes solicitantes no Brasil Colonial,[3]

---

1 VAINFAS, Ronaldo (org.). *História e sexualidade no Ocidente*. Rio de Janeiro: Graal, 1986. LIMA, Lana Lage da Gama (org.). *Mulheres, adúlteros e padres*: história e moral no Brasil Colonial. Rio de Janeiro: Dois Pontos, 1986.
2 LIMA, Lana Lage da Gama. "Aprisionando o desejo: confissão e sexualidade". In: VAINFAS, Ronaldo. *Op.cit.*, p. 67-88.
3 LIMA, Lana Lage da Gama. *A confissão pelo avesso: o crime de solicitação no Brasil Colonial*. Tese de doutorado. São Paulo: USP, 1990. A *solicitatio ad turpia* ou solicitação era delito de foro inquisitorial desde 1599, caracterizando-se pelo fato de o confessor fazer propostas amorosas ou sexuais à ou ao penitente durante o sacramento, antes ou depois dele, no lugar que lhe era

entendendo-a como um dos frutos de um movimento do episcopado brasileiro para implantar no Brasil setecentista a reforma do clero nos moldes determinados pelo Concílio de Trento.[4]

No artigo, eu sugeria que o discurso engendrado durante a confissão dos pecados de natureza sexual abria espaço para a solicitação, na medida em que tratava de intimidades que nunca seriam matéria de conversa fora do confessionário. Na ocasião, ainda não tinha tido contato com a vasta documentação inquisitorial sobre o delito, localizada no Arquivo da Torre do Tombo, em Lisboa, na qual consegui identificar o nome de 425 solicitantes com denúncias oriundas do Brasil, praticamente todos por solicitar mulheres. Mais tarde, analisando a minuciosa descrição dos atos tipificados como solicitação, foi possível confirmar que, de fato, aquele era o momento mais propício à sua ocorrência, o que remetia diretamente às observações de Michel Foucault sobre a importância da confissão como um ritual de discurso fundamental para a construção de um saber sobre o sexo no Ocidente.[5]

Outro aspecto, também destacado por Foucault, me havia chamado a atenção durante a leitura dos Manuais de Confissão. O afã em classificar tudo aquilo que se referia à sexualidade, a partir da combinação de atos, intenções e circunstâncias, à procura do que chamei "aprisionar o desejo"; vindo daí o título do artigo publicado naquela ocasião. A obsessão classificatória, encontrada naquelas obras, me fizera lembrar um autor maldito que, em princípio, nada tinha a ver com aqueles textos religiosos, Sade. Essa inquietante percepção sobre a semelhança entre os dois discursos sobre o sexo foi tema de longas conversas com Ronaldo Vainfas, também leitor atento da obra do marquês. Em um instigante livro, que então eu ainda não conhecia, publicado poucos anos antes do primeiro volume da História da Sexualidade, em que Foucault aponta essa semelhança, Roland Barthes já havia comparado Sade, Fourier e Loyola, como classificadores e fundadores de linguagem, tratando suas obras como fatos discursivos da mesma espécie.[6]

---

destinado ou ainda fingindo confessar-se, conforme definiria, mais tarde, o breve de Gregório XV, datado de 1622, com o objetivo de dirimir as dúvidas sobre sua tipificação.

4 Sobre o tema, ver também: LIMA, Lana Lage da Gama. "As Constituições da Bahia e a reforma tridentina do clero no Brasil colonial". In: FEITLER, Bruno e SOUZA, Evergton Salles (orgs). *A Igreja no Brasil*. Normas e práticas durante a vigência das Constituições Primeiras do Arcebispado da Bahia. São Paulo: Editora Unifesp, 2011, p. 147-177.

5 FOUCAULT, Michel. *História da Sexualidade I – A vontade de saber*. Trad. port. 9ª Ed. Rio de Janeiro: Graal, 1988.

6 BARTHES, Roland. *Sade, Fourier, Loyola*. Paris: Éditions du Seuil, 1971.

Pensando em um texto a ser publicado numa coletânea que faz uma justíssima homenagem a Ronaldo Vainfas, decidi, então, abordar os Manuais de Confissão como discurso, retomando e aprofundando reflexões que tiveram início em um livro pioneiro na historiografia brasileira, organizado por ele há exatamente trinta anos atrás.

Dos Penitenciais aos Manuais de Confissão

Ao longo de sua história, a Igreja Católica conheceu diferentes regimes penitenciais. Como aponta Charles Lea, com a expansão do cristianismo, a simplicidade dos primeiros tempos, tanto nas práticas litúrgicas quanto na própria organização das comunidades, desapareceria, com a criação de regras de admissão e de disciplina, e o controle da Eucaristia tornar-se-ia instrumento de poder nas mãos do clero que se formava. Mas, até o fim do primeiro século não havia fórmulas ou cerimônias para a reconciliação do pecador, bastando o arrependimento para obter diretamente de Deus a absolvição dos pecados. Na falta de uma autoridade central que uniformizasse as práticas, cada igreja local, cada província ou diocese iria estabelecer sua própria lei em matéria de disciplina. Mas, examinando os costumes locais e as posições manifestadas por seus líderes, é possível delinear a gradual evolução e a cristalização das ideias acerca do pecado e sua remissão na cristandade latina.[7]

Com o tempo, ao lado das cortes criminais seculares, cada bispado estabeleceria outra, com a função de determinar as relações entre os pecadores e suas congregações. Mas, nos três primeiros séculos, sua jurisdição dizia respeito exclusivamente ao foro externo. A Igreja podia afastar ou reconciliar seus fiéis, mas não tinha o poder de salvá-los, por meio da absolvição de seus pecados. A reconciliação era ministrada em sessões públicas, ouviam-se as acusações, examinava-se o caso e estabelecia-se a punição que devia ser aplicada para que o pecador fosse reconciliado. Se o acusado confessasse diante da comunidade, essa atitude de arrependimento mitigava a pena. A Igreja estava restrita à imposição de penas espirituais. Os bispos não tinham prisões, nem podiam dar sentenças de mutilação ou morte, como seus colegas da Idade Média, mas podiam, no entanto, destruir uma vida através da ignomínia, pobreza e isolamento, provocados pela excomunhão. O uso abundante de penas rigorosas e

---

7   LEA, Henry Charles. *A History of Auricular Confession and Indulgences in the Latin Church* (1896). Nova York: Geennwood Press Publishers, 1968, vol. 1, p. 4-7.

humilhantes por parte dos bispos tornava a confissão e o cumprimento das penitências relativamente raros.[8]

Para Lea, a Igreja estava engajada na estruturação de um sistema de jurisprudência criminal suplementar à jurisdição civil.[9] Gradualmente, uma espécie de código se estabeleceria em cada região, indicando penitências proporcionais aos pecados e as etapas da reconciliação, que lembravam as exigidas para o batismo após a conversão: *fletus* – em que o excomungado permanecia fora da igreja, lamentando seus pecados e pedindo preces em seu favor; *auditio* – em que era admitido no portal, entre os catecúmenos, para ouvir o sermão, mas saía antes das preces; *substratio* – em que ficava deitado ou ajoelhado durante as preces proferidas em seu benefício; *consistentia* ou *congregatio* – quando podia se juntar aos fiéis durante os mistérios, mas sem permissão para tomar parte deles. Só depois de passar por esses estágios o pecador era finalmente admitido na Eucaristia, após a cerimônia de reconciliação, realizada através da imposição episcopal das mãos.[10] Durante o período de penitência os homens deviam manter a cabeça raspada e as mulheres usar véu, deviam usar trajes penitenciais cobertos com cinzas e abster-se de tomar banhos, de comer carne e de beber vinho, dedicando-se a mortificações, jejuns, vigílias, preces e lamentações.[11] Mesmo depois de reconciliados, deviam observar vários interditos, como casar-se, ocupar cargos públicos, tornar-se diácono, presbítero ou bispo. Os clérigos não podiam se beneficiar da reconciliação e os leigos só poderiam obtê-la uma vez na vida.

Esse sistema de penitências públicas será utilizado na Igreja nos quatro primeiros séculos. Mas, como aponta Jean Delumeau, nos séculos IV e V, foi se delineando, no meio monacal, um novo sistema penitencial, com o surgimento da figura do diretor espiritual, aos quais os monges confiavam os seus pecados. Esse sistema se desenvolveria, sobretudo, nos monastérios celtas e anglo-saxões, sendo progressivamente expandido entre a população cristã da Europa a partir do século VII, como um dos meios de se conseguir a absolvição dos pecados, ao lado de outros como a prece, a esmola, os jejuns. No novo regime, os pecados eram confessados em particular a um clérigo, que devia determinar as penitências correspondentes aos atos cometidos. Todos, clérigos ou leigos, podiam se reconciliar várias vezes, desde que

---

8 *Id.ibid.*, p. 20.
9 *Id.ibid.*, p. 13.
10 *Id.ibid.*, p. 24-25.
11 *Id.ibid.*, p. 28.

cumprissem as sanções impostas, que passaram a ser privadas, a não ser nos casos de homicídio, fornicação e idolatria, que continuavam a exigir penitências públicas. Desapareceram também os interditos que acompanhavam os penitenciados ao longo de suas vidas.[12]

Ao expandir-se pela cristandade, o novo sistema, denominado "penitência tarifada", colocou em evidência a figura do confessor, que devia interrogar o penitente, julgar seus pecados e impor-lhe as penalidades adequadas. Para orientar esse trabalho seriam elaborados os Penitenciais, compostos por listas, em que os pecados eram acompanhados das sanções que deviam corresponder-lhes, a partir do princípio *contraria contrariis*, que impunha o jejum à gula, o trabalho à preguiça e assim por diante. Aos poucos seriam criados sistemas de equivalência, comutando penas em orações, missas ou multas. Surgidas no século VI, essas obras permaneceriam em vigor até os séculos XI-XII. Para estabelecer as sanções, os Penitenciais consideravam, sobretudo, os atos cometidos, sem preocupação com as intenções ou o arrependimento do pecador. E a penitência, mesmo privada, conservava o antigo caráter de punição social, constituindo o cerne do ritual de reconciliação. O fundamental era que o pecador pagasse por seus pecados, pois o cumprimento das penitências impostas pelo confessor abria-lhe o caminho da salvação, ao mesmo tempo em que o reintegrava à comunidade que havia ofendido com suas faltas.[13]

O poder das chaves, ou poder de absolver os pecados, salvando assim a alma do pecador, despertaria, ao longo dos séculos, inflamados debates. A primeira referência a essa questão data do século III, mas, apesar dos clamores de alguns bispos que pretendiam obtê-lo para si, a absolvição continuaria, por muito tempo, a ser considerada matéria exclusivamente divina.[14] No entanto, a difusão da confissão auricular e da penitência tarifada mudaria essa teoria. Foram os bispos os primeiros a terem esse poder reconhecido, passando-se, então, a discutir se ele podia ser estendido aos padres. Aos poucos, a reconciliação pública, ainda a cargo dos bispos, tornar-se-ia obsoleta e seu lugar seria ocupado pela relação direta entre penitentes e confessores que, orientados pelos Penitenciais, passariam a conceder uma espécie de absolvição, mas sempre como delegação dos bispos, e não em decorrência automática do sacerdócio.[15]

---

12 DELUMEAU, Jean. *Le Peché et la Peur*. Paris: Fayard, 1983, p. 218-219.
13 Id. Ibid., p. 219 – 220.
14 LEA, Henry Charles. *Op.cit.*, p. 110-113.
15 Id. Ibid., p. 122-124.

No século XII, teólogos como Abelardo, Santo Anselmo e Hugo de São Victor, chamariam a atenção para os aspectos subjetivos da penitência, ressaltando a importância da confissão e levantando a questão das intenções e do arrependimento.[16] Essa atitude refletia a profunda mudança ocorrida na vida religiosa do Ocidente europeu nessa época. Ao invés do fim do mundo,[17] a virada do milênio trouxera para a Europa uma época de crescimento econômico e demográfico, possibilitados pelo cessar das invasões que marcaram os séculos IX e X. O aumento da produção agrícola, devido à ampliação das áreas de cultivo e à melhoria e difusão das técnicas, abriu espaço para o comércio. As feiras multiplicaram-se, a atividade manufatureira foi estimulada, a vida urbana ressurgiu. A complexidade crescente da sociedade situava os homens em grupos cada vez mais amplos, abrindo caminho para a valorização do indivíduo. Uma nova forma de devoção inaugurava-se, deslocando a salvação para o plano pessoal, reavivando o estudo dos evangelhos e favorecendo a criação de vários grupos desejosos de viver outra concepção de vida cristã. A renúncia ao mundo secular, característica do isolamento monacal, passava a conviver com a preocupação com a prática evangélica no mundo, traduzida por uma efervescência espiritual que constituiria um desafio para a Igreja Católica.

Os ares de mudança devocional penetraram a Igreja num momento em que ela procurava, enquanto instituição, redefinir seu papel diante do Império. As últimas décadas do século XI haviam sido plenas de medidas destinadas a afirmar os direitos e responsabilidades do papado e do clero. Nesse movimento, depois conhecido como Reforma Gregoriana, teve papel destacado o mosteiro de Cluny.[18] Os estatutos reformadores de Pedro, o Venerável, deixam transparecer as duas tendências do monasticismo do século XII: a simplificação da liturgia e o aprofundamento do seu significado, no sentido de permitir o desenvolvimento da espiritualidade individual. Essa tendência, anunciada nos textos dos teólogos que pregavam a necessidade do exame de consciência e do arrependimento para a obtenção da salvação, consubstanciou-se na progressiva substituição dos antigos Penitenciais pelos Manuais de Confissão e na determinação do IV Concílio de Latrão (1215) da obrigatoriedade

---

16 DELUMEAU, Jean. *Op. cit.*, p. 220.
17 Georges Duby ressalta que a idéia de uma Europa totalmente aterrorizada pela crença na iminência do fim do mundo nas proximidades do ano mil foi forjada, na verdade, em fins do século XV, no contexto do humanismo, passando a representar a antítese da Renascença. Ver *O Ano Mil*. Trad. port. Lisboa: Edições 70, 1980, p. 40.
18 BOLTON, Brenda. *A Reforma na Idade Média*. Trad. port. Lisboa: Edições 70, 1986, p. 20-22.

anual da confissão para todos os fiéis.[19] Paralelamente, crescia o poder dos clérigos nas comunidades de fiéis, na medida em que passavam a monopolizar a absolvição, bem simbólico cada vez mais valorizado pela imposição da confissão anual na ocasião da quaresma. O clero do século XIII tinha consciência de que a confissão obrigatória constituía um excelente instrumento pastoral, que permitia aos confessores controlar a vida dos fiéis e catequizá-los, configurando o que Delumeau denominou um método singularmente eficaz de aculturação religiosa.[20]

No século XVI, o Concílio de Trento confirmaria a doutrina enunciada no século XIII por Tomás de Aquino sobre a origem divina da obrigatoriedade da confissão anual, e faria do sacramento da penitência um dos instrumentos mais valorizados para a realização da Reforma Católica na Europa moderna. A ratificação de sua importância, contestada pelo luteranismo, se apresentava essencial para fazer frente à doutrina da justificação, e apontar o caminho católico para a salvação. No contexto da valorização dos sacramentos como canais essenciais de transmissão da graça divina, a penitência assumiria um papel destacado, constituindo, depois do batismo, a segunda tábua de salvação oferecida ao homem. O Concílio de Trento definiria três partes no sacramento: a contrição, a confissão e a satisfação, enfatizando a primeira, ou arrependimento por amor a Deus, como condição para a segunda. Mas também reconheceria a atrição, ou arrependimento provocado pelo medo do inferno, como uma forma de contrição imperfeita que, junto com a penitência, poderia ser válida para a salvação.[21] A questão da absolvição daria margem a diversas controvérsias, sobretudo com os jesuítas, cujos casuístas seriam acusados de praticar uma moral relaxada, justificando casos condenáveis, através do probabilismo.[22] O casuísmo jesuítico seria condenado pela Universidade de Paris e pelo Papa Inocêncio XI em fins do século XVII.

Os Manuais de Confissão de inspiração tridentina seriam difundidos na Europa e nas suas colônias, a partir do século XVI, substituindo os antigos Penitenciais medievais na orientação dos sacerdotes autorizados a ministrar o sacramento. A

---

19   LE GOFF, Jacques. "Pecado". In: *Enciclopédia Einaudi*, Edição port., v. 12 – *Mythos/Logos, Sagrado/Profano*. Lisboa: Imprensa Nacional Casa da Moeda, p. 279.
20   DELUMEAU, Jean. *Op. cit.*, p. 221.
21   *Constituições Primeiras do Arcebispado da Bahia* (1707). Coimbra: 1720. Livro I, Título XXIV, Const. 130-132). Sobre o extenso debate teológico acerca do valor da atrição e da contrição, ver DELUMEAU, Jean. *L 'Aveu et Le pardon*. Paris: Fayard, 1990, p. 51-78.
22   Sobre a relação estabelecida entre probabilismo e laxismo, ver DELUMEAU, Jean. *L 'Aveu...*, p.123-149.

subjetivação da religiosidade deslocaria a jurisdição dos confessores para o foro interno e lhes concederia a faculdade de absolver os pecados e não apenas de reconciliar os pecadores com a comunidade, como ocorria anteriormente. Surgiria, então, a necessidade de perscrutar os aspectos mais íntimos do pecado, sobretudo as intenções e o arrependimento. De simples listas de faltas com suas respectivas sanções, como eram os Penitenciais, os Manuais de Confissão passariam a apresentar um copioso interrogatório que deveria ser dirigido ao penitente na procura de vasculhar seus pensamentos e sentimentos mais íntimos. Como guias voltados para a prática no confessionário, estabeleceriam, através da casuística, a ponte entre a regra consolidada na Teologia Moral e a realidade multifacetada dos pecadores, procurando abarcar, ordenar e hierarquizar todas as situações vividas. Por isso eu os chamei, no referido texto publicado em 1986, de "roteiros da alma".

"Luxúria é vício da alma"

A Teologia Moral elaborada pela Patrística forjou-se a partir do reaproveitamento e reinterpretação de modelos construídos na Antiguidade Clássica, sobretudo pelos estoicos. Amenizando o rigoroso ascetismo das seitas gnósticas, que pregavam a continência absoluta,[23] a Igreja buscou na concepção estoica do casamento um parâmetro para o aprisionamento das práticas sexuais dentro dos limites estreitos dos interesses procriadores.[24] Afinal, Paulo havia aberto o caminho nessa direção, afirmando que era "melhor casar-se do que ficar abrasado" (1. Coríntios. 7). Entre inúmeras controvérsias e ambiguidades, construiu-se uma moralidade em permanente conflito entre a recusa ao prazer sexual e a permissão da cópula matrimonial. Castidade ou casamento fixaram-se como as únicas opções adequadas a uma vida cristã. Opções que se mantiveram hierarquizadas, pois ainda que forçada a reconhecer a legitimidade da cópula conjugal, a Igreja manteve a castidade como o melhor caminho para se aproximar de Deus. Entre os séculos IV e VI difundiu-se no Ocidente uma literatura endereçada ao sexo masculino, inspirada nas práticas da vida solitária levada por cristãos do Oriente desde o século III. São relatos da vida monástica que exortam a castidade descrevendo os tormentos do desejo e estabelecendo regras para combatê-lo. Paládio, João Cassiano, Atanásio, Basílio Magno e João Crisóstomo descrevem os árduos

---

23 FLANDRIN, Jean-Louis. *Le Sexe et l'Occident*. Paris: Éditions du Seuil, 1981, p. 103.
24 FOUCAULT, Michel. *História da Sexualidade III – O Uso de Si*. Trad. port. Rio de Janeiro: Graal, 1985, p. 178-179.

caminhos da libertação do desejo – ou castração – acentuando a bem-aventurança encontrada pelos que conseguem trilhá-los até o fim.[25]

Entre os séculos XI e XIII, os vícios da carne seriam minuciosamente classificados e paulatinamente agrupados sob o nome genérico de luxúria, conceito que acentuava cada vez mais o comprometimento da alma como inerente aos desregramentos do corpo. Em 1215, o IV Concílio de Latrão, ao mesmo tempo em que tornava o casamento monogâmico e indissolúvel um sacramento, confirmava de modo inequívoco a continência como atributo fundamental do clero. No século XVI, diante da condenação luterana do celibato clerical, o Concílio de Trento responderia com a reafirmação do valor supremo da castidade.

Os Manuais de Confissão dariam grande atenção aos pecados de natureza sexual, inscrevendo-os nas considerações sobre o pecado da luxúria e o sexto e nono mandamentos da lei de Deus, respectivamente, "não fornicarás" e "não cobiçarás a mulher do próximo". Essa classificação corresponde às noções que Jacques Le Goff destaca como básicas para a construção de uma concepção unificada dos pecados da carne. A primeira delas é a de fornicação, que aparece no Novo Testamento e se consagra no século XIII através do sexto mandamento, designando qualquer ato sexual considerado ilegítimo, por realizar-se fora do casamento ou por consistir em prática condenada, mesmo entre casados. As outras são as noções de concupiscência, bastante utilizada nos textos patrísticos, referindo-se ao desejo sexual resultante da rebelião da carne contra o espírito, e de luxúria, termo que conjuga todos os pecados da carne num só conceito e constitui um dos sete pecados capitais, fixados no século XII após um longo processo de construção doutrinária iniciado no século V.[26] Com efeito, para Agostinho de Hipona, o pecado original nascera da soberba – ou amor do homem por si mesmo – que fez com que desobedecesse a Deus. E, por rebelar-se contra espírito supremo, o homem seria condenado à rebelião da sua própria carne contra o seu espírito, isto é, à *libido*. Enquanto o termo *libidem* denominava os apetites em geral, *libido*, sem referência a nenhuma paixão em particular, designava o apetite carnal. Apetite que, segundo Agostinho, apoderava-se do corpo no exterior e no interior, misturando o desejo da carne com o afeto do ânimo e provocando o maior dos deleites físicos que o homem podia experimentar.[27] No entanto, como

---

25 Ver VAINFAS, Ronaldo. *Casamento, amor e desejo no Ocidente Cristão*. São Paulo: Ática, 1986, p. 7-20.
26 LE GOFF, Jacques. "Le refus du plaisir". In: *L'Histoire*, n° 63, p. 53.
27 Santo Agostinho. *La Ciudad de Dios* (413-427). Tomo I. Trad. espanhola. 3ª ed., Buenos Aires:

observa John Bossy, no século XIII, a luxúria figurava na última posição na lista dos pecados mortais, encabeçada pela soberba.[28] Delumeau destaca que, no entanto, para muitos confessores do início dos Tempos Modernos, a gravidade da luxúria contradizia esse lugar.[29]

Uma das definições mais completas de luxúria é dada pelo célebre canonista Martim de Azpilcueta Navarro, em meados do século XVI:

> Luxúria é vício da alma que a inclina a querer deleite desordenado da cópula carnal ou dos preparatórios dela e sua obra e ato é querer o desejo ou gozo do tal deleite. E como todo deleite que nasce da cópula carnal ou de seus aparelhos é desordenado (exceto o da cópula matrimonial) por tanto todo o querer, desejo ou gozo do deleite de cópula (exceto o da cópula matrimonial) é pecado a que o vício da luxúria inclina.[30]

O conceito de luxúria difundido nos Manuais de Confissão na época do Concílio tridentino continuaria muito próximo às antigas definições patrísticas da concupiscência, constituindo referência fundamental para a condenação do sexo, permitido somente dentro do matrimônio. Mas, como aponta Le Goff, justamente o casamento será a maior vítima dessa ética sexual, pois a cópula conjugal permanecia conspurcada pela concupiscência inerente a qualquer ato sexual,[31] constituindo sempre um pecado venial, como aponta John Bossy.[32] Delumeau também chama a atenção para o fato de que a Igreja sempre julgou com rigor as faltas sexuais fora do casamento, mas foi a difusão da prática da confissão que fez com que ela se debruçasse sobre as condutas pecaminosas dentro dele.[33]

Duas condições justificam a cópula conjugal: a intenção de procriar e o pagamento do débito. Fazendo do casamento remédio para a concupiscência, São Paulo tornou o ato sexual uma obrigação recíproca entre os cônjuges, que podem abster-se de exigi-lo, mas não podem negar-se quando requisitados pelo outro. Além disso, as práticas sexuais dos casados deviam restringir-se aos atos considerados lícitos e que,

---

Editorial Poblet, 1945. Livro XIV, caps, XV, XVI, XVII.
28 BOSSY, John. *A Cristandade no Ocidente.* 1400-1700. Trad. Port. Lisboa: Edições 70, 1990, p. 51.
29 DELUMEAU, Jean. *Le Péché...*, p. 238.
30 Martim de Azpilcueta Navarro. *Manual de confessores e penitentes.* Coimbra: João da Barreira e João Álvares, 1552, vol.II, p. 75.
31 LE GOFF, Jacques. *Op. cit.*, p. 56.
32 BOSSY, John. *Op. cit.*, p. 53.
33 DELUMEAU, Jean. *Le Péché...*, p. 238-239.

obviamente, não impedissem a procriação. Fora desses limites, mesmo no matrimônio, o sexo inscrevia-se no pecado da luxúria, classificando-se como fornicação. Por isso, o manual de Martim de Azpilcueta Navarro (1552) insere no item dedicado ao sexto mandamento as perguntas pertinentes ao pecado da luxúria. É comum que, em vez de discorrer sobre a luxúria, os autores dos Manuais de Confissão simplesmente remetam o leitor ao sexto mandamento, como faz também Garcia de Resende (1521).[34] Cristóbal de Vega (1683) reúne num só capítulo a luxúria e o sexto e nono mandamentos.[35] A luxúria também é designada como pecado da sensualidade, e assim aparece no *Catecismo* de Bartolomeu dos Mártires (1564),[36] e na *Conspiração Universal*, sermonário do franciscano Pedro Correia (1615).[37] O termo sensualidade é bastante interessante, pois sendo de uso corrente ainda hoje, nos permite compreender melhor o universo abarcado por esse pecado.[38]

Além de procurar definir a luxúria, os Manuais de Confissão estão empenhados em descrever e classificar minuciosamente todos os atos que a envolvam, conjugando-os com as intenções do pecador e as circunstâncias em que tenham ocorrido, para então estabelecer as penitências adequadas. Produzem, assim, uma casuística pormenorizada e obsessiva, que pretende abranger todas as situações possíveis, constituindo uma fonte riquíssima para o estudo da sexualidade vivida, que a Igreja se esforçava em controlar. Embora reconheça a importância do discurso da Igreja sobre o sexo na construção de um sentimento de culpa no Ocidente entre os séculos XIII e XVI, Delumeau destaca as recomendações de prudência e discrição na formulação das perguntas dirigidas aos penitentes, encontradas nos Manuais de Confissão, para concluir que não se deve imaginar que o questionário a que eram submetidos eram demasiadamente realista e indiscreto. Assim também, adverte que não se deve exagerar o interesse desses textos pela sexualidade, esquecendo os ou-

---

34 Garcia de Resende. *Breve memorial de pecados e cousas que pertencem a confissam* (1521). Reimpresso e anotado por Jacinto da Costa Pinheiro. Lisboa: Tipografia de Simão Thaddeo Ferreira, 1827, p. 13.
35 Cristóbal de Vega. *Casos Raros de Confissão*. Coimbra: Oficina de Joseph Ferreira, 1683, p. 373.
36 Bartolomeu dos Mártires. *Cathecismo ou doutrina cristã e práticas espirituais*. Braga: Antonio de Maris, 1564, p. 99.
37 Pedro Correia. *Conspiração universa. Combatem os sete vícios matadores com as sete virtudes contrárias sobre a posse da alma*, Lisboa: Oficina de Pedro Crasbeeck, 1615, p. 304-336.
38 O *Vocabulaire Technique et Critique de la Philosophie*, de André Lalande, define sensualidade como a disposição que concerne aos prazeres ou desejos dos sentidos. 4ª ed. Paris: Félix Alceu, 1938. E, de fato, os manuais condenam, além do ato sexual, outras formas de obter prazer sensual, como certas comidas e bebidas, cantigas, imagens, galanteios, versos, cartas amatórias, bailes. Ver: Lana Lage da Gama Lima. "Aprisionando...", p. 80.

tros temas tratados.³⁹ No entanto, as obras que examinei indicaram que, apesar de existirem as recomendações de prudência, os Manuais de Confissão eram bastante indiscretos ao vasculhar a vida sexual dos penitentes. Também avaliei o espaço consagrado à sexualidade proporcionalmente muito extenso, sobretudo pelo fato do sexo estar inscrito em apenas um dos sete pecados capitais e em dois dos dez mandamentos.⁴⁰ Por outro lado, a documentação inquisitorial sobre a solicitação reproduz uma série de perguntas extremamente íntimas e pormenorizadas feitas às penitentes pelos confessores, muitas vezes de forma maliciosa. Também não encontrei, apesar de compulsar textos escritos no período de três séculos (XVI-XVIII) elementos que indicassem tendências ou rupturas significativas no que diz respeito às questões atinentes ao sexo. Obviamente, cristianismo nunca constituiu um fenômeno linear, as constantes controvérsias doutrinárias mostram que posições divergentes coexistiram ao longo do tempo. Assim, certas variações se devem à maior afinidade do autor com uma ou outra corrente cristã de pensamento; outras, aos objetivos mais imediatos do manual em questão. Algumas se devem, ainda, ao diferente grau de erudição canônica de seus autores. Além disso, é preciso lembrar que muitos desses textos continuavam sendo utilizados por mais de um século. Exemplo formidável de persistente atualidade é o livro de Cristóbal de Vega, *Casos Raros de Confissão*, que teve pelo menos setenta edições, em nove idiomas diferentes, entre 1653 e 1884.

Sexologia canônica e psicanálise

Ao analisar a sexologia construída pelo discurso canônico a partir da psicanálise de Lacan, Pierre Legendre observa que a Igreja formula uma regra, ou Lei no sentido lacaniano, que, fundamentada nas Escrituras, se impõe através de um vasto dispositivo institucional, cujo objetivo é a absorção do desejo do outro pela nomeação do seu objeto de amor. O texto canônico constrói, assim, uma dialética da infelicidade e do gozo, propondo sempre algo mais sublime, no lugar do desejo. E, para instituir a regra como benefício, transforma a pulsão sexual em pecado, com base na doutrina do pecado original. Capturando o desejo e desviando para si própria toda sua energia, a Igreja impõe a si mesma como objeto de amor.⁴¹ Esse jogo se asseme-

---

39 DELUMEAU, Jean. *Le Péché...*, p.244-245.
40 Na apresentação do *Tratado de Confisson*, de autor desconhecido, editado em Chaves em 1489, José Vitorino de Pina Martins considera o capítulo sobre a luxúria como um dos "mais ricos de pormenorização realística de todo o manual", observando que "mereceu ao autor um atenção mais extensa e profunda do que todos os outros pecados".
41 LEGENDRE, Pierre. *O amor do censor*. Rio de Janeiro: Forense Universitária/Colégio Freudia-

lha ao do discurso amoroso enunciado por Roland Barthes: o objeto da captura torna-se o sujeito do amor, e o sujeito da conquista passa à categoria de objeto amado.[42] Ao instituir a si próprio como objeto do desejo do outro, o texto canônico realiza a operação fundamental de qualquer relação de poder. "Todo poderoso, o poder faz apelo à demanda e reforça a crença no engano que a sustenta, o da sua satisfação possível", aponta Betty Milan. "Assim, se aprisiona e se aliena o sujeito numa relação de completude imaginária e, conseqüentemente, numa luta de prestígio. Luta que o poder ganhará pela força ou à força da sugestão".[43] Por uma prestidigitação, a regra canônica se elege como objeto perfeito do desejo, que permite o verdadeiro gozo, preenche a falta e instaura a ordem tranquilizadora, isto é, a ordem da castração.

Com efeito, a castração voluntária aparece nos relatos da vida monástica, que exortam a castidade, descrevem os tormentos do desejo e apontam os caminhos para libertar-se dele, como relata Ronaldo Vainfas. Na História Lausíaca, Paládio conta que o Profeta Elias sonhara extasiado que três anjos o castravam com uma navalha. Cassiano, nas Conferências, refere-se ao sonho de Sereno, que rogando a Deus que o fizesse eunuco, viu um anjo abrir-lhe o corpo para extirpar o tumor do desejo. As mortificações do corpo com flagelos e cilícios, traduzem essa vontade de castração. Orígenes, o maior filósofo de Alexandria, teria interpretado ao pé da letra as palavras de Mateus (19:12) referentes aos homens que se tornaram eunucos voluntários para ganhar o reino dos Céus e se castrado efetivamente.[44]

No século XIII, o IV Concílio de Latrão consolidaria definitivamente a prática ou não do sexo como divisor de águas entre clérigos e leigos. "A regra da continência estipula na Igreja do Ocidente o interdito maior, tratado de modo bem completo pelos canonistas, a fim de justificar e construir a trincheira da ordem sacerdotal sob seu estatuto particular". Colocado no ápice dessa ordem, o Papa representa simultaneamente a onipotência – ele é o avalista fundamental da própria regra – e a radical privação sexual. "Ele é o pai, mas castrado". Longe de se apresentar como tirano, o papa apresenta-se como Vigário de Cristo, servo de um sacerdócio supremo, desprovido de seus desejos em função de sua missão de pastor.[45]

---

no, 1983, p. 113-127.
42 BARTHES, Roland. *Fragments d'un Discours Amoureux*. Paris: Éditions Du Seuil, 1977, p. 233.
43 MILAN, Betty. *Manhas do Poder (umbanda, asilo, iniciação)*. São Paulo: Ática, 1979, p. 85.
44 VAINFAS; Ronaldo. *Casamento...*, p. 17.
45 LEGENDRE, Pierre. *Op. cit.*, p. 63.

A análise psicanalítica mostra como a sexologia canônica transforma a pulsão sexual em pecado, instaura a culpa, apresenta ao sujeito do desejo uma versão estereotipada de seu conflito pessoal e oferece a censura como punição regeneradora. "O pecador que sofre de seu desejo é assim convidado a procurar substitutos; o objeto de substituição por excelência, ideal e sublime, é a própria Lei – representada pela Igreja –, transformada em objeto de amor".[46] O sacramento da penitência apresenta-se como *locus* fundamental desse processo.

Ao analisar a casuística dos confessores, a partir dessa perspectiva, Legendre afirma que se trata de um processo simbólico em que a falta essencial, que fundamenta a crença no poder, se coloca em um discurso pré-fabricado, que é o da escolástica. Esse discurso enuncia os interditos e, através deles, a regra. Legendre chama atenção para a riqueza extrema da doutrina, que permite um tipo de adestramento dos mais precisos. Segundo ele, o discurso mantido nesse tribunal de foro íntimo, não tem como finalidade elucidar o verdadeiro conflito do sujeito. O modo operatório da escolástica consiste em captar seu conflito, negar a singularidade do caso, e maquiar o desejo, travestido por essa língua sagrada, cujas palavras são de ponta a ponta, nem mais nem menos, extraídas da Escolástica e não podem, por conseguinte, expressar a verdade do sujeito, que se torna presa da lógica ritualizada da confissão.[47]

Essa maneira legalista de falar, formalizada nos menores detalhes, indicaria ao penitente que nada devia ser acrescentado ao texto. Essa fala teria como regra essencial de suas enunciações não explicitar demais as coisas, regra ensinada aos confessores nos conselhos sobre o modo de bem conduzir os interrogatórios. Por isso, diz Legendre, os casuístas modernos distinguiram o ritual da confissão das sessões de direção de consciência, em que o penitente podia falar fora do discurso escolástico.[48]

A interpretação de Legendre, a meu ver, apresenta um problema. Pode ser correta, quando se trata dos tratados canônicos que analisou, mas torna-se progressivamente equivocada se a transplantarmos para os Manuais de Confissão e daí para a prática efetiva do sacramento. Identifico na casuística desses textos não apenas um movimento de cima para baixo, isto é, a aplicação da regra aos conflitos pessoais, de modo a enquadrá-los numa linguagem fechada que nega a singularidade de cada caso; mas também um movimento de baixo para cima, em que essa linguagem se

---

46 Id. Ibid., p. 127.
47 Id. Ibid., p. 131-132.
48 Id. Ibid., p. 141-143.

multiplica através de novas regras, que respondem a questões originais colocadas pelos penitentes. Ao contrário dos tratados dogmáticos, os Manuais de Confissão são frutos da experiência pessoal de confessores no contato direto com o relato de situações reais vividas pelos penitentes. Portanto, apesar de continuarem inscritos na linguagem formalista, que traduz e ensina a regra, acabam abrindo brechas para a enunciação de conflitos particulares, que se transformarão em novas regras. Os penitentes não são simples presas passivas de uma linguagem de submissão, mas apresentam novas questões, provocando a multiplicação dessa linguagem em direção ao infinito. Anotações dos próprios autores indicam como sua experiência como confessores influiu na elaboração dos compêndios, que procuram fazer a ponte entre os conflitos vividos pelos penitentes e os conflitos normalizados pelos canonistas.

O *Catecismo* escrito por Bartolomeu dos Mártires, representante da Igreja portuguesa no Concílio de Trento, observa que, se o penitente não trouxesse os pecados na memória e parecesse necessário ao confessor submetê-lo a um questionário para ajudá-lo a lembrar-se de suas faltas, poderia fazê-lo. Mas, recomenda que essa prática seja uma exceção, usada o menos possível.[49] Essa recomendação aparece em outros textos, como o *Tratado de Confisson*, de 1489, o mais antigo incunábulo publicado em português de que se tem notícia, que também insiste para que o confessor deixe o penitente dizer seus pecados sem interrompê-lo, até que se cale e só então comece o interrogatório.[50] Portanto, somente depois que o penitente expusesse seus pecados, é que o confessor devia intervir, fazendo-lhe as perguntas que julgasse necessárias. Enfim, longe de ser apenas a repetição de um discurso estereotipado, a prática confessional abre uma brecha para a apresentação de conflitos particulares. Conflitos certamente provocados pelos interditos da Igreja, mas vividos de forma pessoal a partir, inclusive, de inscrições em universos culturais diferentes, em que as regras eram reinterpretadas e ganhavam dimensões simbólicas diversas daquelas originais do discurso canônico. Nesse sentido, provocam a multiplicação infinita da regra, que se desdobra para capturá-los através da linguagem formalista que engendra.

Ao defender sua perspectiva de análise, Legendre insiste na importância das palavras de contrição, ditas como prelúdio à confissão. Na contrição estaria, para ele, a operação penitencial de identificação ao Pai. Sem dúvida, o sentimento que se procura despertar é o "amor pelo censor" e é através do ato de contrição que o peni-

---

49 Bartolomeu dos Mártires. *Op. cit.*, p. 238-240.
50 *Tratado de Confisson* (1489). Lisboa: Imprensa Nacional/Casa da Moeda, 1973, cap. 1.

tente se submete à Igreja.⁵¹ E, com efeito, as *Constituições Primeiras do Arcebispado da Bahia*, de 1707, definem a contrição perfeita como "uma dor, e aborrecimento dos pecados, por serem ofensa de Deus, e por ser Deus quem é, digno de ser amado sobre todas as coisas, por sua infinita bondade, com um propósito firme de nunca mais o ofendermos".⁵² Mas reconhecem também a eficácia de outro sentimento para provocar o arrependimento e a sujeição à igreja e à sua regra: a atrição ou contrição imperfeita, fruto do medo do inferno. Alexandre Perier, cujo Manual de Confissão reproduz gravuras terríveis, representando os padecimentos dos pecadores, considera o "tormento do fogo eterno" como o mais eficaz remédio para reduzi-los à penitência.⁵³

Penso que Legendre apostou demais na passividade do penitente, vítima das armadilhas do texto canônico, concebendo a prática da confissão como um ritual de discurso fechado, sem considerar a casuística como produto de dois movimentos, de cima para baixo, obviamente, mas também de baixo para cima. Martim de Azpilcueta Navarro, ao publicar o Capítulo 28 de seu manual, em forma de Adições aos 27 capítulos originais, explica que o fez para responder às inúmeras perguntas que, de várias partes, se fizeram sobre as matérias expostas. As adições respondem a uma profusão de questiúnculas de ordem prática sobre a aplicação do texto original a casos particulares.⁵⁴ A casuística não constitui somente um desdobramento do próprio texto canônico. É também a resposta dos canonistas à fala dos penitentes e por isso espelha também seus conflitos particulares. É, certamente, megalomaníaca, ao querer dar conta de tudo e de todos, mas não fala somente, escuta também.

Considero, portanto, os Manuais de Confissão como textos intermediários entre a doutrina e a própria matéria confessional, através dos quais se pode perceber a prática de uma sexualidade condenada e as angústias e culpas nascidas das interdições. Levadas aos confessores, as questões suscitadas pelas vivências pessoais de cada fiel são incorporadas à casuística, tornando-se modelo de interpretação de outros conflitos e contribuindo para a construção da sexologia canônica. A glosa, portanto, não se esgota nos limites do próprio texto, como quer Legendre. Ao examinar o texto canônico como obra acabada, ele esqueceu sua dimensão histórica e o

---

51 LEGENDRE, Pierre. *Op. cit.*, p. 143-144.
52 *Constituições Primeiras do Arcebispado da Bahia* (1707), Livro I, Título XXXIV, Const.131-132.
53 Alexandre Perier. *Desengano dos pecadores necessário a todo gênero de pessoas.* 5ª Ed. Lisboa: Of. De Miguel Manescal da Costa, 1765. Introdução.
54 Azpilcueta Navarro. *Capítulo Veyente y Ocho de las Addiciones del Manuel de Confessores,* 1570. Prólogo.

processo de sua constituição. O desejo se insurge e provoca o texto canônico, colocando novos problemas que ele, com sua obsessão de onipotência, tenta sempre padronizar e classificar. Constrói-se uma dinâmica de sujeição e resistência, em meio a qual os confessores procuram enquadrar os casos concretos que lhes expõem seus penitentes,[55] casos que, em grande parte, referem-se a pecados de natureza sexual.

A "Volúpia da Classificação"

Ultrapassando as análises que insistiam na constatação de uma progressiva repressão da sexualidade como característica das sociedades cristãs do Ocidente, Foucault levantou a instigante questão da "colocação do sexo em discurso" como uma tradição oriunda da vida ascética e monástica. A Reforma Católica, em seu contexto tridentino, acelerou esse processo, reiterando a importância do sacramento da penitência para a salvação e procurando difundi-lo entre a cristandade. A confissão é vista por Foucault como ritual de discurso fundamental para a construção de um saber sobre o sexo. Sua difusão inauguraria uma prática que seria peculiar ao Ocidente moderno, e que iria além da obrigação anual de confessar as transgressões cometidas contra as normas que regulamentam a vida sexual dos cristãos, para se transformar na "tarefa, quase infinita, de dizer, de se dizer a si mesmo e de dizer a outrem, o mais freqüentemente possível, tudo o que possa se relacionar com o jogo dos prazeres, sensações e pensamentos inumeráveis que, através da alma e do corpo que tenham alguma afinidade com o sexo". Isto é, a tarefa de "procurar fazer do seu desejo, de todo o seu desejo, um discurso".[56] Nessa perspectiva, a decência exigida das palavras que se referem ao sexo, seja ele praticado ou desejado, pode levar a inferir que o objetivo desse discurso seria ocultar e não descobrir a sexualidade, mas, para Foucault, o fato de haver nessa indução à fala uma finalidade repressiva é totalmente secundário. Fundamental é o estabelecimento dessa prática discursiva sobre o sexo, seja com que objetivo for e, nesse sentido, tanto um autor libertino, como o Marquês de Sade, quanto a sexologia canônica, estariam no mesmo plano, enquanto fatos discursivos".[57] E, como argumento de defesa dessa semelhança, destaca as sensações de dor e de prazer provocadas pela luta interna contra a tentação, decorrente dos interditos enunciados pelo discurso cristão sobre o sexo, que não produz, como

---

55 DELUMEAU, Jean. *Le Péché...*, p. 242.
56 FOUCAULT, Michel. *História da Sexualidade I – A vontade de saber*. Trad. port. 9ª Edição. Rio de Janeiro: Graal, 1988, p. 24.
57 *Id. Ibid.*, p. 25.

à primeira vista pode parecer, um sentimento de desinteresse em relação à sexualidade, mas, ao contrário, cria outras esferas de prazer.

É preciso lembrar que, ainda que o objetivo de Sade fosse, como afirma Foucault, "majorar as sensações que experimentava pelo detalhamento do que dizia",[58] seu discurso obsessivo sobre o sexo, longe de ser um discurso apaixonado, é absolutamente racional. O que Sade se empenha em fazer, e que constitui, a meu ver, a sua mais profunda transgressão, é mergulhar racionalmente na paixão, ou, em linguagem canônica, perder-se na carne sem abdicar do espírito.[59] O mais chama a atenção em sua obra é o primado absoluto da razão, traduzido por uma obsessão em classificar, ordenar e hierarquizar o que denomina paixões. Como fatos discursivos, portanto, os textos de Sade e os Manuais de Confissão comungam do afã de dizer o indizível, de fixar o que é pura mobilidade, de preencher o que é apenas falta, enfim de capturar o desejo através da linguagem.

Roland Barthes aponta nas obras de Sade (1740-1814), Charles Fourier (1772-1837) e Ignácio de Loyola (1491-1556), a despeito das diferenças de conteúdo de seus discursos, a existência de uma mesma "volúpia de classificação". Para ele, o que aproxima o escritor maldito, o grande utopista e o santo jesuíta é a condição de fundadores de linguagem. Nos três, a mesma ânsia raivosa de recortar, a mesma obsessão de enumerar, a mesma prática da imagem. Os três, afirma Barthes, fazem depender respectivamente, o prazer, a felicidade e a interlocução divina, de uma ordem inflexível, ou melhor, de uma combinatória. Por isso, considera suas obras, aparentemente tão diferentes, como fatos discursivos da mesma espécie, e seus autores como criadores de uma língua nova, que não é a da linguística, e sim uma língua artificial que, no entanto, segue em parte as vias de constituição da língua natural. Barthes destaca que os três recorrem às mesmas operações para construí-la: a primeira é isolar, a segunda é articular, a terceira, ordenar e a quarta, teatralizar, de modo a "ilimitar" a linguagem através de jogos combinatórios.[60]

"Volúpia da classificação", segundo Barthes, ou "paixão pelos sistemas", como aponta Maurice Blanchot, observando que Sade retorna cem vezes ou mais ao mesmo problema, focalizando todas as suas faces, examinando todas as possíveis objeções a ele e, quando as responde, levanta outras que, por sua vez, também serão

---

58 Id. Ibid., p. 25.
59 Sobre esse aspecto da obra de Sade, ver BATAILLE. "O homem soberano de Sade". In: O Erotismo, o Proibido e a Transgressão. Trad. port. Lisboa: Moraes, s/d, p. 147-158.
60 BARTHES, Rolad. Sade, Fourier e Loyola. Paris, Editions Du Seuil, 1971, p. 7-16.

respondidas, numa linguagem abundante, mas precisa, firme, sistemática. No entanto, Blanchot observa que esse pensamento obcecado pela razão, assentado em princípios tão bem coordenados, não forma um conjunto perfeitamente sólido, como deveria constituir e, mesmo, como aparenta ser. Isso se dá porque o pensamento teórico de Sade libera, a todo instante, pulsões irracionais às quais está ligado, fazendo com que o que ele diz seja claro, mas pareça estar sempre à mercê de alguma coisa que não é dita e que, uma vez dita, será retomada pela razão e pela lógica, mas novamente obedecerá ao movimento de uma força ainda oculta. Enfim, tudo é capturado e ordenado pela linguagem, mas tudo é novamente mergulhado na obscuridade dos pensamentos irrefletidos e dos momentos não formuláveis.[61] Esse movimento, captado com perspicácia por Blanchot na obra de Sade, encontra-se também, a meu ver, no discurso dos Manuais de Confissão. Aprisionado pela linguagem, o desejo sempre escapa e apresenta novas e obscuras facetas, que a razão e a linguagem procuram novamente classificar. Assim, como o pensamento de Sade, o discurso dos manuais de confissão é sempre afrontado pela realidade da luxúria e suas infinitas possibilidades.

O melhor exemplo dessa linguagem sistematizadora na obra de Sade está em *Os 120 Dias de Sodoma*, escrito na Bastilha, em 1785, formando um rolo de papel de cerca de 10 metros de comprimento e publicado pela primeira vez somente em 1904. No castelo de Selling, isolado no meio da Floresta Negra, se reúnem quatro nobres, quatro narradoras, oito meninas, oito meninos, oito homens e oito mulheres. Cada uma das narradoras deve narrar 150 paixões, num total de 600, classificadas em quatro classes, que vão crescendo de gravidade, desde desregramentos sexuais simples até a tortura e o assassinato. Essas narrativas inspiram ações correspondentes nos quatro libertinos, que submetem os outros a seus desejos realizados de forma absolutamente sistemática.[62] O erotismo em Sade, afirma Barthes, é a racionalização do crime – termo genérico para todas as paixões – através de sua submissão a um sistema de linguagem articulada, combinando as ações específicas da luxúria segundo regras precisas, de modo a fazer dessas sequências e grupos de ações uma nova língua, não mais falada, mas vivida. A prática das paixões é dominada por uma ideia de ordem, em que os "desregramentos" são energicamente regrados, como mostra sobejamente o livro citado. A luxúria não tem freio, destaca Barthes, mas tem or-

---

61 BLANCHOT, Maurice. *Op. cit.*, p. 12-13.
62 SADE. *Os 120 dias de Sodoma*. Trad. Port. 2ª Ed. São Paulo: HEMUS, 1969.

dem.[63] Nos Manuais de Confissão a luxúria é também submetida a uma linguagem ordenadora, por maio de um discurso que procura capturar todas as situações vividas pelos penitentes. No entanto, a sexualidade experimentada na prática encontra, no ritual da confissão, brechas por onde irrompe, apresentando à regra canônica novas figuras, que devem ser classificadas, ordenadas e hierarquizadas, num jogo ininterrupto, como o identificado por Blanchot na obra de Sade.

A sexologia canônica se constituiu, assim, através de uma técnica de produção de discurso, que se multiplicou, produzindo uma "explosão de discursividades distintas que tomaram forma na psiquiatria, na psicologia, na moral, na crítica política", como afirma Foucault, reconhecendo na confissão a "matriz geral que rege a produção de um discurso sobre o sexo". Aos poucos, essa prática saiu dos confessionários para se estender por outros espaços, incluindo outros personagens, além dos confessores e penitentes, como "crianças e pais, alunos e pedagogos, doentes e psiquiatras, delinqüentes e peritos", e outras formas, como "interrogatórios, consultas, narrativas autobiográficas ou cartas". A disseminação desses procedimentos constituiu um "grande arquivo dos prazeres do sexo", consolidado através de inúmeros tratados de sexologia que inscreveram o discurso sobre o sexo no campo da ciência. A *sicentia sexualis*, desenvolvida a partir do século XIX, instaurou um complexo dispositivo, que vincula velhas práticas confessionais à escuta clínica, para produzir o que conhecemos hoje como "sexualidade". Por isso, Foucault insiste em que a história da sexualidade "deve ser feita, antes de mais nada, do ponto de vista de uma história dos discursos".[64] E os Manuais de Confissão, ao lado da documentação inquisitorial sobre a solicitação, constituem, sem dúvida, fontes privilegiadas não somente para o estudo das práticas sexuais como também para a construção de um saber sobre o sexo nas sociedades ocidentais.

---

63 BARTHES, Roland. *Op.cit.*, p. 32.
64 FOUCAULT, Michel. *História da Sexualidade 1. A vontade de saber*. Trad. Port. 9ª edição. Rio de Janeiro: Graal, 1998, p. 62-67.

Parte II
Relações internacionais e Diplomacia

Observadores diplomáticos: os antecedentes da fuga da corte portuguesa vistos a partir da Itália (1794-1806)[1]

Laura de Mello e Souza

...entre as coisas deste mundo as mais incertas que eu conheço são as da Itália.
Dom Domingos Antonio de Sousa Coutinho, Roma, 15/11/1800.

AS GUERRAS DA REVOLUÇÃO FRANCESA e do período napoleônico (1792-1815) convulsionaram a Europa numa escala talvez até então desconhecida. Do ponto de

---

1   Este texto é parte da pesquisa que realizo desde 2003, denominada "Fuga de reis: Sabóias, Bourbons e Braganças no contexto das invasões napoleônicas", e que se encontra em fase de redação. Sendo muito extensa a bibliografia sobre o assunto, procurei citar o menor número possível de obras, apenas como indicação de leitura. Agradeço à FAPESP e ao CNPq, do qual fui bolsista de Produtividade até 2014, pelo inestimável auxílio recebido ao longo de todos esses anos. Por outro lado, sua publicação, em justa homenagem a Ronaldo Vainfas, atesta uma colaboração e uma camaradagem de mais de 30 anos. Havendo escrito sobre a sociedade colonial, cultura e religiosidade populares, trabalhado em arquivos eclesiásticos e inquisitoriais, voltamo-nos, a certa altura da vida, para questões diplomáticas, como evidenciado em passagens de seu magnífico estudo sobre *Jerusalém Colonial*, bem como em passagens de meu *O Sol e a Sombra*. Em 2012, organizei mesa no IV Encontro Internacional de História Colonial, em Belém, acerca das Relações diplomáticas no mundo português. Os participantes foram Jacqueline Hermann, Luciano Raposo de Almeida Figueiredo, Ronaldo Vainfas e eu mesma, então apresentando o texto que, reescrito e aumentado, ofereço agora a este que, como poucos, tem-me acompanhado ao longo da vida com sua amizade, sua inteligência inspiradora e sua crítica mais que aguda.

vista geográfico e político, países e governos desapareceram – como a república milenar de Veneza – e foram reinventados – como o reino da Lombardia. A Itália foi o primeiro cenário das vitórias espetaculares dos generais franceses, e onde um deles, Napoleão Bonaparte, ganhou notoriedade especial. O que acontecia na Itália desde 1796 era acompanhado com interesse e apreensão pelas monarquias europeias, apreensão tanto maior quando o peso político dos estados era menor. O reino da Sardenha e o reino de Nápoles desmoronaram ante o impacto dos exércitos franceses no final de 1798. Portugal, temeroso havia alguns anos quanto ao próprio destino, cravou os olhos no que ia pela Itália a fim de re-equacionar sua política externa. Os despachos diplomáticos dos embaixadores portugueses junto à corte sarda, Dom Domingos Antonio de Sousa Coutinho e Rafael da Cruz Guerreiro, fornecem um ótimo ângulo de observação sobre a conjuntura europeia, movediça ao extremo; formulam, ao mesmo tempo, alternativas e conselhos para as diretrizes políticas e diplomáticas de Portugal.[2]

Domingos Antonio de Souza Coutinho

Em 25 de novembro de 1798, o ministro Luís Pinto de Sousa Coutinho, secretário de estado da rainha Dona Maria I e futuro Visconde de Balsemão, escrevia a Dom Domingos Antonio de Sousa Coutinho, futuro Conde e Marquês do Funchal, louvando a qualidade dos ofícios que este enviava de Turim, corte onde se encontrava como representante de Portugal. A situação europeia era, então, instabilíssima, lembrando o célebre parágrafo com que Charles Dickens abre *A Tale of Two Cities*: época a um só tempo boa e péssima, sábia e louca, marcada por crenças e incredulidades, Luzes e Trevas, "primavera da esperança e inverno do desespero". E Luís Pinto terminava o despacho pedindo que Dom Domingos Antonio continuasse a enviar do norte da Itália suas informações preciosas para o Príncipe Regente Dom João, num contexto, como frisaram vários estudiosos, no qual a política de neutralidade emparedava os Braganças, acossados entre a pressão dos ingleses, velhos aliados, e o

---

[2] Uso a palavra "embaixador" com muita imprecisão, e para facilitar a leitura. A nomenclatura e os cargos diplomáticos variavam bastante na época. Ver SAMPAYO, Luiz Teixeira de. "O Arquivo Histórico do Ministério dos Negócios Estrangeiros" (1925), *Estudos Históricos*, Lisboa, Ministério dos Negócios Estrangeiros, [1984], pp.163-256. Conforme a listagem desse autor ao final do artigo, Dom Rodrigo de Sousa Coutinho foi Ministro Plenipotenciário do Reino da Sardenha (1778-1791), Dom Domingos Antonio de Sousa Coutinho foi Enviado Extraordinário e Ministro Plenipotenciário no mesmo reino (1796-1803) e, sempre junto ao reino sardo, então no exílio, Rafael da Cruz Guerreiro foi Encarregado de Negócios (1803-1807). Cf. p. 231.

rolo compressor dos exércitos da França revolucionária, que, batalha após batalha, vitória após vitória, derrubavam e anexavam estados independentes havia séculos.³

Ao longo do mês de dezembro de 1798, a situação dos dois únicos reinos da península italiana degringolou em tragédia. O da Sardenha, no qual reinava a dinastia de Sabóia – casa soberana de condes medievais e de duques do Piemonte que, após os tratados de Utrecht e Rastadt (1713-1715), passara a ostentar o título real, referido à ilha que lhe coube nas negociações – caiu sob total controle francês em início de dezembro, com a abdicação formal do rei, Carlos Manuel IV, que devia um de seus nomes ao fato de descender do Venturoso. O reino de Nápoles, entregue ao ramo espanhol dos Bourbons no início do segundo quartel do século XVIII, viu-se invadido pelas tropas do general Championnet três semanas depois, e dois dias antes do Natal o rei Fernando IV e toda a corte embarcaram em navios ingleses e portugueses para, sob escolta britânica, ganhar Palermo, capital da Sicília, que integrava os territórios do reino.⁴

Em 2 de fevereiro de 1799, Luís Pinto reiterava que, não fossem os ofícios de Dom Domingos Antonio, pouquíssimo se saberia em Portugal acerca da situação na Itália. Pelas gazetas francesas, tendenciosíssimas, pinçavam-se fragmentos do que, no juízo do secretário, constituía a "extraordinária catástrofe do Piemonte", a "infeliz situação de um Príncipe tão virtuoso como El Rei de Sardenha, e bem digno de

---

3   *Instituto Arquivos Nacionais, Torre do Tombo*, Ministério dos Negócios Estrangeiros, Correspondência para as legações portuguesas. Despachos. Livro 109 (antigo 9º), 1798. Para Domingos Antonio de Sousa Coutinho (Turim) – Luís Pinto. Queluz, 25/11/1798. Fls. 122v-123. Sobre a política de neutralidade, entre outros, o capítulo homônimo de Fernando A. Novais no clássico *Portugal e Brasil na crise do Antigo Sistema Colonial – 1777-1808*. São Paulo: Hucitec, 1979. Ver, mais recentemente, SANTOS, Nívea Pombo Cirne dos. *Dom Rodrigo de Sousa Coutinho – Pensamento e ação politico-administrativa no Império Português*. Dissertação de Mestrado. Niterói: UFF, 2002, pp. 47-67. Ver ainda PEDREIRA, Jorge e COSTA, Fernando Dores. *Dom João VI – um príncipe entre dois continentes*. São Paulo: Companhia das Letras, 2008, p. 79-179.

4   Sobre o contexto das duas monarquias, indico as obras que seguem. RICUPERATI, Giuseppe e CARPANO, Dino. *L'Italia nel Settecento – crisi, transformazioni, lumi*. Bari: Laterza, 2008. RICUPERATI, Giuseppe. *Lo stato sabaudo nel Settecento – dal trionfo delle burocrazie alla crisi d'Antico Regime*. Turim: UTET, 2001. BIANCHI, Nicomede, *Storia della Monarchia piemontese dal 1773 sino al 1861*. 2º. Ed., Roma Torino Firenze: Fratelli Bocca, 1880, 4 vols. CARUTTI, Domenico. *Storia della Corte di Savoia durante la Rivoluzione e l'Impero Francese*. Torino / Roma: L. Roux, 1892. CARUTTI, Domenico. *Storia del regno di Carlo Emanuele III*. Volume secondo. Torino 1859. *Diario di Ferdinando IV di Borbone* – a cura di Umberto Caldora (1796-1799). [Napoli], Edizioni Scientifiche Italiane, [1965]. BOTTA, Carlo. *Storia d'Italia dal 1789 al 1814*. Prato, Tipografia FF. Giachetti, 1862. ACTON, Harold. *Les Bourbons de Naples*. [1955]. Tradução francesa. Paris, Perrin, 1986. GALASSO, Giuseppe. *Historia d'Italia – vol. XV, tomo 4 – G. Galasso, Il regno di Napoli – Il Mezzogiorno borbonico e napoleônico – 1734-1815*. Torino, UTET, 2007.

melhor sorte".⁵ Os acontecimentos de Nápoles permaneciam "envolvidos até hoje em uma grande escuridade, porque aqui faltam absolutamente todas as notícias diretas de Itália". Daí, continuava Luís Pinto, a importância de o enviado junto à corte de Turim continuar informando "com a sua costumada exação" sobre tudo quanto se passava na península, pois se achava no centro dela. Que acalmasse, se possível, a Corte de Lisboa, ansiosa em saber, dentre tantos insucessos, "se acaso pode haver alguma probabilidade de que os negócios de Nápoles se possam ainda acomodar por via de negociação".⁶

Dom Domingos Antonio de Sousa Coutinho era irmão de Dom Rodrigo de Sousa Coutinho, futuro conde de Linhares e expoente da política joanina nos anos imediatamente anteriores à mudança da corte de Lisboa para o Rio de Janeiro, onde, ministro, viria a falecer em 1812, no auge do prestígio e do protagonismo político. Ambos serviram como diplomatas na Corte da Sardenha, que tinha sua capital em Turim, no ducado do Piemonte. Dali, ambos aprenderam a observar a política europeia e a intuir o que poderia acontecer com Portugal, que também possuía uma casa reinante antiga e prestigiosa, dimensões reduzidas no Velho Mundo e territórios descontínuos, estes sendo incomparavelmente mais extensos que os da Sardenha. Contudo, apesar de possuir um império, onde, no Atlântico Sul, destacava-se o Brasil, Portugal era, como a Sardenha, monarquia periférica no concerto das nações europeias.

Dom Rodrigo vivera em Turim por quase duas décadas, entre 1779 e 1796, casando-se numa grande família piemontesa, os San Marzano.⁷ Admirava o reino da Sardenha, sobre o qual escreveu uma Memória, afeiçoara-se à casa reinante mas guardava sérias reservas quanto ao catolicismo estrito que ali se observava. Em 1794,

---

5 *IANTT*, Ministério dos Negócios Estrangeiros, Correspondência para as legações portuguesas. Despachos. Livro 109 (antigo 9º), 1798. Para Domingos de Sousa Coutinho (Turim) – de Luís Pinto. Queluz, 20/02/1799, fls. 203-204. Sobre o momento político mais que conturbado, ver LIMA, Oliveira. *Dom João VI no Brasil*, 4ª. Edição, Rio de Janeiro: Topbooks, 2006, p. 230: "...o provisório podia tornar-se definitivo. Era então o tempo dos grandes planos, das grandes quimeras e das grandes partidas, quando se jogavam coroas, povos e raças sobre o tabuleiro político. Nada parecia impossível, nada improvável, nada difícil. Um tenente corso estava feito imperador da Europa; os seus irmãos, havia poucos anos esfomeados, os seus marechais, havia poucos anos soldados rasos, repimpados em tronos seculares; as nações passavam de mão para mão como notas de banco, criavam-se federações e fragmentavam-se continentes".

6 *Idem, ib.*, fls. 203V.

7 DINIS-SILVA, Andrée Mansuy. *Portrait d'un homme d'état – Dom Rodrigo de Sousa Coutinho, Comte de Linhares – 1755-1812 – vol. I – Les années de formation – 1755-1796*. Paris: Centre Culturel Calouste Gulbenkian, 2002.

alertou o governo de Lisboa sobre o Terror revolucionário, e na falta de cópias de um discurso incendiário de Saint Just, enviou para Portugal uma tradução da obra de Andrew Young sobre a Revolução Francesa, feita pelo "hábil Geômetra o Padre Fontana" a mando do governo milanês. Pediu que a fizessem chegar às mãos do Príncipe Regente, "e desta Tradução verá o mesmo Augusto Sr. como o Governo de Milão segue o verdadeiro sistema de fazer conhecer ao Povo toda a extensão dos Horrores, e Crimes que se cometeu em França, para o fazer melhor apreciar o feliz e ditoso Governo debaixo de que vive, e que segura as suas vidas, e as suas Propriedades, procurando-lhes ao mesmo tempo toda a felicidade que as Luzes, e a Civilização podem granjear a qualquer Estado". Sob o governo ilustrado que tivera início com o Imperador José II, Milão crescera "de uma maneira incrível, e hoje pode-se dizer com toda a verdade, que é o País mais rico, e mais iluminado, e mais próspero de toda a Itália, quando há quarenta anos era o último, seguindo-se-lhe agora em riqueza a Toscana, que ainda se ressente do feliz governo do Imperador Leopoldo".[8]

Ao longo dos anos, a Itália continuou a modelar o pensamento dos diplomatas portugueses que serviam ou haviam servido na península. No início de 1798, quando a situação internacional era péssima e ninguém talvez imaginasse o quanto ainda poderia piorar, Dom Rodrigo, já de volta a Lisboa, escrevera ao Príncipe Dom João contando que as cartas particulares enviadas de Turim por seu irmão, que o sucedera como enviado diplomático naquela corte, relatavam o alarmante movimento das tropas francesas no norte da Itália, onde haviam acumulado vitórias retumbantes e de onde constava que seriam destinadas "contra Portugal, e para revolucionar a Espanha". "Estes movimentos", continuava Dom Rodrigo, "devem merecer muito a sua Real Atenção, e se Vossa Alteza Real os perder de vista, é muito de temer a triste sorte de Veneza", a lendária república agrilhoada pelo Diretório em 1797, após cerca de mil anos de independência. Para evitar tal sina, Dom Rodrigo não via outra saída senão reunir o povo em torno do Trono, conter o jacobinismo e cuidar da organização do exército, que ia de mal a pior sob o comando do Duque de Lafões.[9]

Desde 1798 Dom Domingos Antonio, irmão de Dom Rodrigo, relatara com argúcia e amargura o esboroamento da Itália sob o impacto da política das potências

---

8 *Arquivo Nacional do Rio de Janeiro*, Fundo Negócios de Portugal – Caixa 720, pct. 03, doc. 3. (Correspondência Política – Sardenha) Turim, 5/07/1794. Para um estudo sobre parte da correspondência diplomática de Sousa Coutinho quando de sua estada em Turim, ver DINIS-SILVA, Andrée Mansuy. "L'année 1789. Vue de Turin par um diplomate portugais". *Dix-huitième Siècle*. Paris, 20: 289-313.

9 ANRJ, Fundo Negócios de Portugal – Caixa 716, pct. 02, doc. 6. Lisboa, 5 de janeiro de 1798.

de primeira grandeza. Em Turim, presenciou a deposição do rei Carlos Manuel IV, que deixou o Piemonte com toda a família real e passou a vagar meio sem rumo até conseguir embarcar para Cagliari, capital da Sardenha, o que só ocorreria em fins de fevereiro de 1799. Reis em fuga obrigavam a dispersão dos representantes diplomáticos, que ou os acompanhavam, ou retornavam às cortes de origem, a esperar ordens sobre qual rumo tomar. Munido de ofício e passaporte franceses que o autorizavam a viajar, Dom Domingos Antonio conseguiu, após a queda de Carlos Manuel IV, atravessar as sucessivas regiões entre o Piemonte e a Toscana sem maior dificuldade, apesar da lentidão decorrente da falta de cavalos. As notícias que pinçava ao longo do périplo eram alarmantes: o exército do reino de Nápoles sofrera revezes em Roma, e seus monarcas corriam sério risco de ter, eles também, de fugir, o que o diplomata reportava a Lisboa pela via do correio de Gênova, em cifra e de modo alusivo. Diante das *"circunstâncias"*, via-se na contingência de empreender *"nova peregrinação"*, sabe-se lá por onde, e tudo com grande despesa. Tentaria embarcar em *"algum navio da esquadra inglesa ou portuguesa"*, destinado a Lisboa ou a um porto espanhol, mas caso não os houvesse, tentaria, sempre com o passaporte francês em punho, ganhar Veneza ou Viena, terras do imperador, no qual Dom Domingos aliás não confiava nem um pouco. Embaraçado com as despesas, havendo deixado em Turim casa, mobília, criadagem, cavalos, dívidas que atingiam mais de 30 mil libras, não lhe restava senão pedir ajuda de custo ao Príncipe Regente.[10]

Limitado, durante meses, a permanecer entre Florença e Liorne[11] enquanto não se definia o destino do rei sardo, por quem nutria certa admiração e uma boa dose de piedade, Dom Domingos escrevia sempre, expondo a opinião de que Carlos Manuel IV deveria ter resistido com armas em vez de capitular sob a pressão francesa, e invocando o exemplo como digno de reflexão para a monarquia portuguesa.[12] Com a debandada do rei Fernando IV de Bourbon e de sua corte, que na antevéspera do Natal de 1798 (23/12/1798), tinham-se visto obrigados a deixar Nápoles rumo a Palermo, capital da Sicília, Dom Domingos Antonio passou a estender suas vistas

---

10 *IANTT,* Fundo Ministério dos Negócios Estrangeiros, Arquivo de Serviços Centrais (ASC), Correspondência diplomática recebida, Correspondência das legações estrangeiras, Turim, caixa 873. Ofícios números 2 e 3 de Domingos Antonio a Luís Pinto, datados respectivamente de Florença, 26/12 e 28/12 de 1798.
11 Liorne, ou Livorno, era o porto que servia a toda a região da Toscana, e um dos principais da Europa.
12 *IANTT,* MNE, Arquivo de Serviços Centrais (ASC), Correspondência diplomática recebida, Correspondência das legações estrangeiras, Turim, caixa 873. Ofício no. 1 de 26/12/1798.

sobre o sul da Itália, sabedor de que as fugas seguidas eram fenômeno a se examinar em conjunto. Ali, explicava ao ministro Luís Pinto, a conquista do território mostrava-se irresoluta, apesar de os franceses a darem por certa. Os austríacos apoiavam Fernando IV, e, como este, relutavam em considerar o reino perdido após a queda de Nápoles, o que era novidade naquele contexto, dando à guerra, *"um caráter muito diverso do que se presumiu"* e mostrando que o país não se resumia à capital. Se, por um lado, rei e corte tinham deixado os súditos ao desamparo, fugindo e levando consigo grandes somas de dinheiro, tanto privado quanto público – o que incluiu os capitais dos bancos e montes de piedade –, por outro a atitude dificultava a vida das tropas francesas, habituadas, na Itália, a viver da pilhagem. Fugas tinham de ter plano, ponderava Dom Domingos Antonio:

> Verdade é que esta resolução tomada e executada com precipitação e medo difere muito do plano feito a tempo, e com ordem, e segurança para os proprietários, de recolher para o interior tudo o que pode satisfazer a cobiça ou as urgentes precisões do inimigo, e possibilita-lo assim de ir avante.[13]

No meado de abril de 1799, a Toscana caiu sob controle francês e Dom Domingos conseguiu deixar Liorne rumo a Palermo, de onde deveria aguardar os acontecimentos, já que o destino do reino da Sardenha continuava incertíssimo e não compensava o investimento de se deslocar até uma capital evidentemente provisória como o era Cagliari. A situação conturbada só permitia que seus ofícios atingissem Lisboa por meio das fragatas ora dinamarquesas, ora inglesas que fundeavam em Palermo. A frota de Portugal encontrava-se na Sicília mas tinha atribuições militares e nos meses seguintes, sob as ordens de Nelson, então o mais destacado oficial da marinha britânica no Mediterrâneo, ganhou importância mas perdeu autonomia, Dom Domingos reclamando nos ofícios contra a sujeição imposta pelo herói de Abukir ao comandante lusitano, o marquês de Niza.[14] Três embarcações portuguesas acabaram por integrar a

---

13 Idem, ib., Ofício no. 6 de D. Domingos a Luis Pinto, Florença, 18/01/1799.
14 Id, ib., Ofício no. 1, 1/05/1799; Id, ib., Ofício no. 3, 2/06/1799. Em maio de 1798, o contra-almirante Marquês de Nisa recebera ordens para assumir o comando de uma esquadra destinada a cooperar com os ingleses no Mediterrâneo, e no dia 5 deixou Lisboa com as naus "Príncipe Real" e "Rainha de Portugal". Seu protagonismo na fuga do rei Fernando IV e sua corte foi essencial e controverso. Ver a respeito ESPARTEIRO, António Marques. *O Almirante Marquês de Nisa*. Lisboa, Parceria Antonio Maria Pereira, 1944, pp. 77 e seguintes. Para o início da ação portuguesa como apoio à frota britânica no Mediterrâneo, ver p. 43. Para o protagonismo inglês no Mediterrâneo e junto às monarquias depostas, ver DAVIS, J. A. "England, the Mediterranean and the Italian States". In: *Italia alla vigilia della Rivoluzione francese. Atti del LIV*

esquadra que, sob comando de Nelson, reconduziu a 13 de junho o herdeiro do trono a Nápoles, juntamente com o ministro Acton, o embaixador britânico no Reino, sir William Hamilton e sua mulher, Lady Hamilton. Na esquadra seguiu ainda "alguma tropa siciliana de desembarque, repartida pelas naus". Dom Domingos ficou na torcida pelo bom sucesso da reação, "esperando com ânsia pelo êxito desta empresa, a qual parece que não pode falhar, se a partida del rei é tão grande como se diz, e que já em uma das Portas da cidade se vê tremular a bandeira real".[15]

Entretanto, as pilhagens realizadas pelos soldados franceses na Toscana ganhavam também a Lombardia, e Dom Domingos considerava que dariam cabo de tudo quanto encontrassem de precioso se os ingleses não bloqueassem Liorne. Por isso, Portugal devia considerar atentamente o que ia pela Itália, pois, caso o governo do Diretório sentisse que seu poder na Península periclitava, não hesitaria em "se lançar sobre a Espanha e sobre Portugal". Todas as prudências aconselhavam assim a que Luís Pinto "e os mais ministros de Sua Majestade" se empenhassem em providências militares, principalmente na escolha de um bom general.[16] Porque, segundo seu juízo, a inação militar ia arrastando mais e mais o rei da Sardenha para um beco sem saída, e as coisas poderiam se passar de modo diferente caso o monarca deposto se mirasse nos exemplos de um passado glorioso, no qual sobressaía a figura lendária do duque Vitório Amadeu II, um dos maiores generais da Guerra de Sucessão Espanhola (1701-1713) e, após o tratado de Utrecht, agraciado por seus feitos com o título real.[17] Que se enviasse um dos príncipes de sangue para a frente de batalha, a fim de combater junto com os austro-russos, em vez de se pular de cidade a cidade, fugindo das sucessivas ocupações francesas:

> Assim é, exmo Sr. que por falta de energia se perdeu, e temo que se arrisque outra vez um trono. Está mais que demonstrado agora, exmo Sr, que não era a invencibilidade dos franceses, mas a incapacidade dos ministros de Estado que lhes entregou os reinos que se perderam.[18]

Congresso di Storia del Risorgimento italiano. Roma: Instituto per la Storia del Risorgimento italiano, 1990, pp. 91-114.
15 *Id, ib.*, Ofício no, 5,13/06/1799.
16 *Id, ib.*, Ofício no. 4, 9/06/1799.
17 Cf. SYMCOX, Geoffrey. *Victor Amadeus II: Absolutism in the Savoyard State, 1675-1730*. Londres: Thames & Hudson, 1983.
18 *Idem, ib.*, Oficio no. 9, 6/8/1799.

Emparedado entre a impossibilidade de algum desfecho para a situação sarda e a indefinição de Lisboa quanto a transferi-lo para outra Corte amiga, Dom Domingos começou a tentar sair de Palermo. Não encontrou embarcação portuguesa disponível, pois as que integravam a esquadra britânica haviam novamente feito vela para Nápoles e apoiariam uma das mais terríveis ações repressivas daqueles tempos, quando Nelson ordenou o bombardeio da cidade e sufocou a revolta dos patriotas liberais com um banho de sangue. Dom Domingos não se conformava que outros ministros conseguissem transporte enquanto ele, filho de um país que apoiava as operações britânicas no Mediterrâneo, permanecesse impossibilitado de partir.[19] Magoado, tributava o desacato à "inexplicável conduta do almirante Nelson a respeito da nossa esquadra", o que manietava o marquês de Niza e acabou por obrigá-lo "a fretar um raguzio inteiro pelo preço de 1000 pesos duros, a não querer ficar aqui sem esperança de poder sair desta ilha se não aproveito este comboio". E terminava o desabafo externando ressentimento ante o papel subalterno que sua corte desempenhava naquele cenário:

> Para que se saiba como os portugueses são tratados por este almirante saiba Vossa Excelência que até o próprio secretário de legação inglesa de Florença vai a bordo de uma fragata, e para o ministro de Sua Majestade *[Dona Maria I]* não tem o almirante português a faculdade de dar-lhe um navio enquanto tem de os ver servir a transportar oficiais alemães e napolitanos.[20]

Por fim, o diplomata português conseguiu deixar Palermo e, num navio de Raguza, ganhar Liorne no final de agosto de 1799. Em meio aos aliados que combatiam os exércitos franceses, cresciam as esperanças, fundadas em vitórias como a de Novi, de retomar o controle sobre as regiões ocupadas, entre elas o Piemonte, o mais importante território da monarquia sarda. Começou, por isso, certa movimentação entre os membros da família real de Sabóia, alguns dos quais acreditavam poder voltar para Turim e se envolver em operações militares ao lado dos austríacos e dos russos. Logo ficaria evidente que a euforia era infundada e a situação continuava frágil, fosse pela crescente hostilidade dos austríacos contra os piemonteses, fosse pela súbita retirada, rumo à Suíça, das tropas russas comandadas por Suvarov.[21]

---

19 Idem, ib., Ofício no. 9, 6/8/1799.
20 Idem, ib., Ofício no. 9, 6/8/1799, *post-scriptum* de 09/08/1799.
21 Idem, ib., Ofício no. 10, Livorno 26/08/1799; Ofício no 11, Veneza, 18 de setembro de 1799. SPINOSA, Antonio. *Napoleone, il flagello d'Italia – le invasioni, i saccheggi, gli inganni*. Milão: Mondadori, 2003.

Reis à deriva deixavam os diplomatas atônitos e desnorteados. De Liorne, Dom Domingos Antonio deu um pulo a Veneza, tentando resolver o complicado problema da mala diplomática, que também tinha de buscar trajetos alternativos em meio ao caos generalizado e ante a inoperância do governo português, que não tomava medida alguma para solucionar a questão dos correios. No dia 22 de setembro estava de volta a Liorne para, afinal, assistir, em meio a "aplauso e júbilo", à chegada dos reis da Sardenha, que, vindos de Cagliari e cogitando seguirem para Turim, estabeleceram-se, mais uma vez, em Florença. Nesta cidade, o embaixador conseguiu audiência com os monarcas, a primeira desde a debandada do Piemonte, quase um ano antes. Vale a pena transcrever o ofício enviado a Lisboa:

> Suas Majestades me receberam com aquela benignidade e favor que lhes é natural, e se a incerteza da via, por que escrevo este ofício, a falta de cifra, e de secretário, que ficou molesto em Florença, me tira o ânimo de escrever algumas particularidades, não posso passar em silêncio a admiração e entusiasmo com que estes soberanos me fizeram o elogio da conduta política de Sua Alteza Real, o Príncipe nosso Senhor, e da fidelidade inalterável dos seus vassalos em meio das calamidades de tantos outros estados, de que muitos foram vitimas, que refletem a maior glória sobre as relevantes virtudes de Sua Alteza Real. Esta afirmação universal que por toda parte se ouve é o prêmio mais doce dos trabalhos que experimenta um grande príncipe, e maior estímulo para aqueles que têm a honra de o servir entre as nações estrangeiras.[22]

No elogio feito pelos monarcas depostos ao Regente de Portugal transparece a admiração ante um reino de menor grandeza, em muitos pontos semelhante ao que eles haviam perdido e ansiavam por recuperar. Mas a sorte dos reis da Sardenha mostrou-se, mais uma vez, desoladora. A vitória de Bonaparte em Marengo, a 14 de junho de 1800 e a decorrente retomada do controle sobre o norte da Itália evidenciou que não seria possível voltar com a Corte a Turim. "O susto de Suas Majestades Sardas é justo e grande; o fato está pronto, porém não está assentado para onde se retirarão, se a Toscana for invadida", reportava Dom Domingos a Lisboa em julho seguinte. Cogitaram arranjar morada para Carlos Manuel IV em Roma ou Nápoles, já que o rei, que era doente dos nervos, se apavorava ante a possibilidade de "passar o mar" mais uma vez e voltar Cagliari. Seus subordinados falavam de estabelecê-lo em Verona, Veneza ou até em Dresden.

---

22 *Idem, ib.*, Ofício no. 12 de 3/10/1799, Liorne.

O que ocorria na Itália ameaçava as demais monarquias secundárias da Europa e fornecia matéria para reflexão sobre os rumos da política portuguesa: "À vista do que," escrevia nosso diplomata, "não se pode duvidar do perigo de Portugal, imediatamente depois da futura trégua com a Áustria". Se instada por Bonaparte, a Espanha por certo concederia passagem aos exércitos franceses, que continuavam fortes, abastecendo-se com os gêneros da Itália e da Suábia. O alvo da política francesa era isolar mais e mais a Inglaterra, aliada tradicional da monarquia portuguesa. Cabia manter Dom João bem informado, sem falsas esperanças: o tempo não era para "contemplações e condescendências", impunha um comando militar competente e tornava cada vez mais urgente a contratação de um general capaz de se impor aos ingleses e russos que acorressem em socorro de Portugal. Sem isso, Dom Domingos Antonio ajuizava que tudo seria "uma confusão outra vez, [...], como em noventa e sete, e Bonaparte que o há de saber, empreende a guerra, e o Reino perde-se". Em vez de tentar comprar alianças e acordos com dinheiro, havia que fortalecer o exército e não esmorecer na atenção: "A revolução francesa bate alternativamente sobre os crédulos e sobre os descuidados".[23] Havia, sobretudo, que não se acovardar ante os franceses e seguir caminho diverso, abandonando a política externa vigente, que ele qualificava de "irresoluta e titubeante", sempre à mercê de disputas internas ao ministério. O comportamento cada vez mais ambíguo dos austríacos no Piemonte fortalecia no diplomata a convicção de que não era possível confiar no imperador, às potências católicas menores não restando, por outro lado, senão confiar no ministério britânico ou no tzar da Rússia.[24]

E a leitura dos ofícios indica justamente que, naquele momento, Dom Domingos Antonio desempenhou papel destacado nas negociações em torno do destino da corte sarda, agindo em concerto com o embaixador russo para reintegrar os Saboias em seus domínios piemonteses, aproximando-se do czar Paulo I e sugerindo que Portugal procurasse obter seu apoio para afrouxar a tradicional dependência com relação à Inglaterra, cujo poderio militar não justificava, a seu ver, o alinhamento português. Mesmo porque, ajuizava, não havia na Europa quem pudesse fazer frente à infantaria russa, a monarquia do czar sendo "a única potência com a qual os franceses não têm vontade de medir as forças por terra" e Paulo I despontando como o

---

23 IANTT, MNE, Arquivo de Serviços Centrais (ASC), Correspondência diplomática recebida, Correspondência das legações estrangeiras, Turim, caixa 874. 1800-18... Ofício no. 28, 3ª via, Florença, 10/06/1800. Ofício no. 38, Liorne, 30/07/1800.
24 *Idem, ib.*, Ofício no. 13 de 20/10/1799, Florença.

campeão das pequenas monarquias acossadas por Bonaparte.[25] Para Dom Domingos, e para muito diplomata de então, a Itália se delineava como laboratório de uma geopolítica distinta, ainda titubeante mas empenhada em buscar novos rumos:

> Apresso-me em dar a V. Exa. estas notícias para com o devido respeito lhe inculcar sempre, e de novo, *a urgentíssima necessidade de sair da rotina antiga de não tomar outros conselhos se não os de Madrid e de Londres, e de alcançar os socorros efetivos da Rússia*, a qual pode mui facilmente desviar a invasão de Portugal, que é o que por ora nos basta para ganhar tempo até a reconciliação de Paulo I com a Inglaterra.[26]

Em março de 1801, ficou claro tanto para Dom Domingos Antônio quanto para os diplomatas piemonteses e napolitanos que os reis da Sardenha e de Nápoles não obteriam nada do que pretendiam e haviam pensado estar garantido. Esperando em vão ser recebido por Bonaparte, então já Primeiro Cônsul, o conde de San Marzano – diplomata piemontês e parente de Dona Gabriela, a mulher de Dom Rodrigo de Sousa Coutinho – acabou sabendo, por interposta pessoa, que os Sabóias não seriam reintegrados no trono da Sardenha, enquanto o chanceler Talleyrand falava grosso com o marquês de Gallo, representante de Fernando IV de Nápoles e asseverava que, caso o rei não cedesse o Abruzzo Ulterior, os distritos da Calábria, de Tarento e mais Brindisi, o general Murat invadiria o reino com 25 mil homens. Ao norte e ao sul, a França fustigava e tolhia a Itália.

Simultaneamente, avolumavam-se no Mediterrâneo oriental forças terrestres e marítimas, inglesas e francesas, agregando ainda turcos, árabes, judeus, gregos, egípcios. Da Índia, Abercrombie acorria com cerca de 10 mil homens. Pairava no ar um cheiro de 1798, ponderava Dom Domingos Antonio numa alusão óbvia à campanha do Egito. E acrescentava:

> e como o meu modo de pensar é bem conhecido de V. Exa, e que vou envelhecendo de modo que não posso aprender língua nova, tomarei a liberdade de observar o que já tantas vezes disse, que é preciso ter ainda mais medo das negociações do que das armas francesas, que, para não se deixar enganar por eles, é preciso recusar toda a convenção preliminar, ou Armistício, e

---

25 *Idem, ib.*, Ofício no. 52, 20/12/1800, Roma.
26 *Idem, ib.*, sucessivos ofícios a partir do de número 49. Para a citação, Ofício no. 58, Roma, 07/02/1801. Ênfase minha.

insistir em saber, de uma vez, todas as condições, e não fazer senão tratado definitivo e bem público, porque artigos secretos e armistícios são fatais.[27]

Nos meses subsequentes, o caldo entornou de vez e os franceses voltaram a controlar a Itália, extorquindo dinheiro do Papa para pouparem Roma, fazendo do Piemonte uma divisão militar francesa, colocando o duque de Parma, genro e sobrinho do rei da Espanha, no trono da Toscana, que até então fora ocupado por Fernando III de Habsburgo, irmão segundo do imperador austríaco. A morte repentina de Paulo I na noite de 22 para 23 de abril, vítima talvez de um ataque de apoplexia, talvez de assassinato, sustou as expectativas nutridas com relação ao papel que a Rússia poderia desempenhar como garante das monarquias de segunda e terceira grandeza.[28] A situação política em Portugal era péssima, com a guerra-relâmpago das Laranjas, à qual as negociações de Badajós (28/05/1801) e o Tratado de Madrid poriam fim, mediante condições más para a corte de Dom João (29/09/1801).

No meado de julho, quando Bonaparte já havia se recusado a assinar o Tratado de Badajós e ainda não se chegara ao acordo de Madrid, Dom Domingos Antonio, observador sempre atilado, desabafava em ofício ao novo Secretário dos Negócios Estrangeiros, Dom João de Almeida de Melo e Castro:

> ...o marquês de San Marzano escreve o que V.S. saberá, porém que é obrigação minha referir: que o Primeiro Consul não está contente da paz que Vossa Excelência assinou em Badajoz, e que quer ao menos uma província de Portugal, já se vê para meter o pé dentro e começar a grande obra da conquista, passo a passo e sem sangue; *eu já não digo nada a este respeito, Senhor, porque vejo que Vossa Excelência não dá crédito às minhas informações, nem atenção às minhas ideias: estimarei muito não ter razão para o futuro, porque para o passado certamente a tenho tido, e estimarei muito enganar-me com Portugal, já que não me enganei com a Itália; mas pelo amor de Deus, se Vossa Excelência paga [sic] antes que os franceses evacuem a Espanha, brevemente tem nova requisição e ameaças; se Vossa Excelência não considera que o Brasil e as conquistas valem mais do que Portugal, que Portugal será sempre restituído se a Europa se salvar e que o Brasil poderá perder-se para sempre, e separar-se por si mesmo, Sua Alteza Real corre risco de perder toda a Monarquia; eu estou bem longe de dar crédito às horrorosas condições de paz, que espalharam os espanhóis, que V.Exa tinha assinado, porém pelo amor de*

---

27 IANTT, MNE, Caixa 874. Legação de Portugal em Turim – 1801, Ofício no. 64, Roma, 21/03/1801.
28 *Idem, ib.*, Ofício no. 66, Roma, 29/03/1801.

Deus lembre-se que é português nas conferências de Badajoz, livre-nos por quem é da fortuna francesa...[29]

O solapamento do Antigo Regime na península itálica levava Dom Domingos Antonio a expressar, em julho de 1801, ideias muito parecidas às do Marquês de Alorna em carta escrita dois meses antes, ou às adotadas pelo irmão Dom Rodrigo dois anos depois.[30] Difícil saber quem influenciara quem, e mais sensato considerar ser toda uma geração, fossem políticos, diplomatas ou servidores do Estado, que aos poucos pensava de modo muito parecido quanto aos impasses que encurralavam a monarquia portuguesa.

Rafael da Cruz Guerreiro

O ano de 1802 começou com a Paz de Amiens e alguma ilusão de serenidade na Europa. Apesar do aparente empenho de Alexandre I, o novo tzar, em resolver a fragílima situação das monarquias de segunda grandeza, e em que pese o retorno dos Bourbons para Nápoles no meado daquele ano, as relações entre Portugal e França azedavam-se mais e mais, e Bonaparte continuava inflexível quanto à não-reintegração do rei da Sardenha nos seus domínios piemonteses. Em junho, Carlos Manuel IV renunciava a um trono quase totalmente virtual em favor do irmão, Vítor Manuel I. Nada mudou quanto à situação de itinerância permanente da Corte sarda, nem quanto aos embaixadores, como os de Portugal, que continuaram pulando de cidade em cidade atrás do rei. Mudaram, aliás, os embaixadores: Dom Domingos Antonio foi nomeado para Londres em 1803 e sucedido por Rafael da Cruz Guerreiro, outro arguto analista político, autor de ofícios e relatos até mais detalhados e saborosos que os de seu antecessor.[31]

---

29 Idem, ib., Ofício no. 78, Nápoles, 17/07/1801. Ênfase minha.
30 Em 30 de maio de 1801, o marquês de Alorna expressara posição muito semelhante, propondo ao Regente ser necessário evitar-se que acontecessem em Portugal desastres análogos aos da Itália. É de 1803 a conhecida Memória de Dom Rodrigo sobre a mudança da sede da monarquia para o Brasil, e sobre não ser Portugal "a melhor, e mais essencial parte da Monarquia", devendo os soberanos irem "criar um poderoso império no Brasil, donde se volte a reconquistar o que se possa ter perdido na Europa". Consultar as considerações atiladas e originais de Oliveira Lima, *Dom João VI no Brasil,...* p. 43-45. Ver ainda LYRA, Maria de Lourdes Viana. *A utopia do poderoso império – Portugal e Brasil: bastidores da Política – 1798-1822*. Rio de Janeiro: Sette Letras, 1994.
31 Anos depois, Chateaubriand referir-se-ia a Dom Domingos Antonio de modo pouco abonador, devendo-se dar um desconto considerável ao preconceito então recorrente entre franceses do norte ante meridionais: "M. de Funchal, ambassadeur demi-avoué du Portugal, est ragotin, agité, grimacier, vert comme un singe du Brésil, et jaune comme une orange de Lisbonne: il

A discussão sobre o destino do rei da Sardenha ocupa boa parte dos ofícios de Cruz Guerreiro dirigidos a Dom João de Almeida Melo e Castro e a Luís Pinto de Sousa Coutinho, que se alternaram como Secretários de Estado dos Negócios Estrangeiros e da Guerra entre os anos de 1801 e 1804. No meio diplomático, a situação de Vítor Manuel I suscitava grande pena. Destituído de rendimentos, pois perdera o Piemonte, a melhor parte de seu reino, restara-lhe "o monte de pedras" constituído, como os Saboias costumavam dizer, pela ilha da Sardenha. Falto de recursos, preso aos valores do Antigo Regime e também por isso crivado de dívidas, tinha de pagar 200 mil libras ao irmão que abdicara mas que, conforme a praxe da época, deveria manter certo decoro e representação; 180 mil a seus tios, os duques de Chablais (100 mil) e Genevois (80 mil), o total dos encargos perfazendo cerca de 800 mil libras do Piemonte. Desde 1798, parte significativa da subsistência desses reis exilados advinha de mesadas fornecidas pelo governo britânico, pelo tzar da Rússia e pela monarquia portuguesa, que em 1803 pagou-lhe 25 mil cruzados.[32] Quando instados a contribuir, como o foram em 1803, o rei da Prússia e o imperador austríaco desconversavam. E havia atraso nos pagamentos, inviabilizando o decoro que cabia a uma corte real.

Seria fastidioso enumerar o leque das possibilidades aventadas ao longo de 1804 e 1805 para resolver o problema do rei da Sardenha. A incerteza crescente, a movimentação generalizada de tropas, a indicação de que as potências se preparavam mais uma vez para a guerra, o Papa aquiescendo em deslocar-se até Milão a fim de coroar Bonaparte como rei da Lombardia ou da Itália: tudo era vago, os boatos se propagavam, a política e a guerra se tecendo no dia a dia, confusa e obscuramente, os contemporâneos não atinando com qualquer fio condutor ou lógica que permitisse a mais remota compreensão do estado das coisas.

Diplomatas das cortes aliadas ora anunciavam que Vítor Manuel I venderia a Sardenha à Inglaterra, ora que receberia a Toscana, ora que aceitava como indenização francesa as Sete Ilhas do mar Jônico.[33] Esta última possibilidade foi discutida em São Petersburgo, onde o representante da Prússia procurou o enviado da Sardenha, o célebre pensador reacionário Joseph de Maistre, a fim de indagar sobre a recepti-

---

chante pourtant sa négresse, ce nouveau Camoëns! Grand amateur de musique, il tient à sa solde une espèce de Paganini, en attendant la restauration de son roi». Chateaubriand, *Mémoires d'outre-tombe* – vol. 2. Paris. Gallimard, 1997, p. 1978.
32 *IANTT*, MNE, caixa 874. Ofício no 20, Guerreiro a Almeida, Roma, 16/03/1803.
33 Corfu, Paxos, Leucada ou Santa Maura, Cefalônia, Ítaca, Zante, Citera.

vidade que tal proposta teria na sua corte. De Maistre a recusou, e Cruz Guerreiro tudo relatou em ofício a Lisboa, ajuizando:

> Esta proposição da parte da França prova a sinceridade com que ela trata e a impossibilidade (a menos que a força a [sic] não faça) para El Rei de Sardenha de alcançar um estabelecimento em Itália; dizem as mesmas notícias que a corte de França mostrara estranhar que a de Rússia se quisesse intrometer nos negócios da Europa, dando a entender ao mesmo tempo que se a Corte de Petersburgo cessasse de o fazer, o governo francês prometia de se não intrometer com os negócios da Pérsia.[34]

Escrevendo de Roma, onde se encontrava boa parte da corte sarda no exílio, e tentando ordenar minimamente o caos, Cruz Guerreiro dava sua versão do que ia pela península:

> A Itália vai mudando todos os dias de face, e caminhando sempre para a sua total submissão a um Império que aspira a ser universal. A República de Gênova foi definitivamente reunida à França. O atual governo de Luca, em consequência da ordem superior que teve, decretou que se pedirá ao Imperador dos Franceses queira dar uma nova constituição ao estado luquês, e um príncipe da sua família para o governar; em Parma foram deitadas abaixo as armas dos Bourbons e dos Franceses, licenciada a guarda do corpo, que ainda existia, e finalmente substituído ao Código Romano o Código Napoleão: supõe-se que estes ducados farão brevemente parte da França. El Rei de Nápoles, segundo todas as aparências, corre risco de perder brevemente o seu reino; tanto ao marquês de Galo como ao príncipe Cardilo, disse o novo rei de Itália [Napoleão] publicamente em Milão que ele conhecia as intenções e sentimentos da Rainha de Nápoles[35] em favor dos seus inimigos,

---

34 *MNE*, caixa 874. Ofício no 71, Guerreiro a Antonio de Araujo e Azevedo, Roma, 31/01/1805. Ver também Ofício no 78, Guerreiro a Antonio de Araujo e Azevedo, Roma, 16/03/1805.

35 Maria Carolina de Habsburgo, filha da Imperatriz Maria Teresa e irmã de Maria Antonieta, rainha da França. Foi uma intrigante inteligente, ativa no governo de Nápoles, defensora do alinhamento deste reino com a Austria e com a Grã-Bretanha. "La reine de Naples toute puissante, est une folle, une mégère qui nous abhorre; le roi est un enfant uniquement occupé de son plaisir". *Ministère des Affaires Etrangères*, Mémoires et Documents, Faits Divers, Naples, 1, "Mémoire" (Cacault, 1792), Fls. 171V. Ver também BROWING, Oscar. "Queen Caroline of Naples" in *The English Historical Review*, vol. 2, no. 7 (Jul., 1887), pp. 482-517. CORTESE, Nino. *Memorie di un generale della repubblica e dell'impero – Francesco Pignatelli Principe di Strongoli*. 2 vols. Bari: Laterza, 1924-27. Acton, *Les Bourbons de Naples*.... Um exemplo dentre o epistolário publicado dessa rainha: *Correspondance inédite de Marie-Caroline reine de Naples et de Sicile avec le Marquis de Gallo. Publiée et annotée par le Commandant M.H. Weil et le Marquis C. di Somma Circello*. Paris: Émile Paul, Éditeur, 1911.

que ele saberia castigá-la, que se ia ocupar disso, e que lhes dissessem que brevemente não lhe ficaria nem sequer um palmo de terra para sua sepultura. [...] Todas as cartas que aqui chegam, de Itália e de França, anunciam a próxima destruição do governo pontifício, e o destino de Roma para capital do império italiano. Enquanto a mim esta será a última mudança em Itália. A Toscana é o único país ao menos em aparência, que parece menos ameaçado.[...] Tal é, Exmo Sr a situação atual da Itália, à vista do que parece que pouca, ou nenhuma esperança deve restar a SM Sarda de obter nela uma indenização.[36]

A vitória francesa de Austerlitz sobre os aliados, em 2 de dezembro de 1805, abriu uma conjuntura nova em toda a Europa, sugerindo, para lembrar William H. Sewell Jr., que certos acontecimentos são o indício de transformações estruturais profundas.[37] Conforme o relato de Cruz Guerreiro ao ministro Antonio de Araujo Azevedo, futuro conde da Barca, a dança das cadeiras recomeçava. A corte de Fernando IV fazia o possível para afastar a borrasca que a ameaçava, alguns acreditando que a França concordaria em reconhecer o reino de Nápoles como domínio do Príncipe Herdeiro, seu filho primogênito, desde que o rei e a rainha Maria Carolina se retirassem uma vez mais para a Sicília; outros julgando que Napoleão – sagrado imperador desde 2 de dezembro de 1804 – aproveitaria para aumentar o reino da Itália com a incorporação da Etrúria e de Nápoles. Esta corte, relatava Guerreiro, "vai tomando todas as medidas para se retirar a Palermo, apesar da resolução que mostram os russos de defender o Reino contra os franceses", tentando uma capitulação mais favorável aos Bourbons. Já a corte de Vítor Manuel I de Sabóia perdia "a esperança de ver mudar a sua infeliz sorte, e de se poder conservar no continente: por tanto está resolvida, no caso de o dever abandonar, de se retirar para a sua ilha de Sardenha, e não para Malta, ou para Corfu, como os ingleses e os russos lhe aconselham".

Com as cortes, migravam de novo os embaixadores. Para a Sardenha seguiria o da Rússia, mas não o da Inglaterra, então doente. Cruz Guerreiro esperava ordens antes de decidir o que fazer, mas acreditava que também partia, "à vista dos constantes sentimentos que SAR o Príncipe Regente N.S. tem sempre professado em favor da infeliz quanto ilustre Casa de Saboia". Portanto, pedia que lhe pagassem o que

---

36 IANTT, MNE, caixa 874. Ofício nº 83, Guerreiro a Antonio de Araujo e Azevedo, Roma, 16/06/1805.
37 "Historical events as transformations of structures: inventing revolution at the Bastille" in *Logics of History – social theory and social transformation*. University of Chicago Press, 2005, pp. 271-318.

vinha gastando com as viagens ininterruptas e isso antes de embarcar, pois, uma vez na Sardenha, "onde não há câmbio com praça alguma", ficava sem condições de ser reembolsado.38 As ordens expedidas de Lisboa que determinavam o regresso imediato de Cruz Guerreiro a Portugal e procuravam assim livrar o governo do Príncipe Regente do embaraço de ter ministro "junto a um soberano, que não querem contemplar como rei" não chegaram a tempo. Ao arrepio da insistente política de neutralidade abraçada pela monarquia portuguesa, o Ministro embarcou para Cagliari.39

A Corte sarda voltava para seu monte de pedras, que lhe parecia algo bem próximo ao fim do mundo. Em meio aos preparativos, Vítor Manuel I não desistia e escrevia ao tzar da Rússia pedindo que, nos tratados em curso com a França, incluísse cláusula que o favorecesse com um território na península. A Cruz Guerreiro o rei deposto asseverava que, *"a rogo do imperador da Rússia"*, o rei de Prússia concordara em interferir junto a Napoleão para que a casa de Saboia obtivesse, para se estabelecer, os estados de Genova, Parma e Placência.[40] Artimanhas e estratagemas vicejavam assim por toda a parte.

Em 25 de fevereiro de 1806, Cruz Guerreiro relatava a Araujo Azevedo a chegada a Cagliari da corte e alguns dos diplomatas, entre os quais ele próprio:

> No dia 11 do corrente, e como tive a honra de prevenir a Vossa Excelência no meu último e precedente ofício, se embarcou e se fez vela do Porto de Nápoles a Real Família de Sardenha, e depois de uma feliz navegação de 6 dias desembarcou neste porto de Cagliari com júbilo e aplauso geral destes habitantes. A saúde de SS MM e AA é perfeita, assim como o é também a dor, que el rei experimenta de ter deixado o continente, e nele quase a esperança de ali voltar tão depressa, e achar-se confinado a uma ilha, cujo só aspecto basta para persuadir, que com razão era destinada pelos romanos a servir de degredo às vítimas do seu governo; achamos a capital quase desprovida e o pouco que nela se acha vende-se a peso de ouro: em uma palavra tudo quanto dela ouvi não equivale ao que nela observo.

---

38 *ANTT,* MNE, caixa 874 Ofício no 96. Guerreiro a Antonio de Araujo e Azevedo, Nápoles, 15/01/1806.

39 *Idem, ib.*, Ofício no 99, Guerreiro a Antonio de Araujo e Azevedo, Nápoles, 30/01/1806.

40 *ANTT,* MNE, caixa 874 Ofício no 98, Guerreiro a Antonio de Araujo e Azevedo, Nápoles, 18/01/1806. Ofício no 99, Guerreiro a Antonio de Araujo e Azevedo, Nápoles, 30/01/1806.

Um exílio triste e desolado, em tudo discrepante da doce vida cortesã que antecedera o terremoto provocado pela revolução francesa. Para culminar, um exílio dispendioso:

> A nau de linha russa que transportou SS MM fez-se ontem à vela para Palermo, depois de terem recebido os dois comandantes dela dois anéis de brilhantes do valor de 500 piastras cada um, e a equipagem 600 piastras em dinheiro.[41]

Conclusão: um modelo e seu reverso

A Corte portuguesa esteve mais do que atenta às movimentações das famílias reais da Sardenha e de Nápoles, depostas pelos exércitos franceses e à busca de nova morada, fosse em suas possessões insulares – a ilha da Sardenha e a da Sicília –, fosse nalguma corte amiga e ainda intocada. Obrigado a abdicar em dezembro de 1798, Carlos Manuel IV acabou abrindo mão de seus direitos ao trono na pessoa do irmão, Vítor Manuel I, e, viúvo, retirou-se a um convento romano, ali morrendo cego em 1819, quando Napoleão já se encontrava prisioneiro em Santa Helena. Só em 1814 o irmão feito novamente rei, Vítor Manuel I, voltaria ao Piemonte, o berço da dinastia, onde se localizava Turim, a capital. Confinado à Sicília, Fernando IV de Bourbon regressou a Nápoles apenas em 1815.

Quando os Braganças e parte da Corte portuguesa deixaram Lisboa, em novembro de 1807, fizeram-no de modo mais concertado que as duas Cortes italianas onde Funchal e Cruz Guerreiro haviam servido, e o fato de terem sido testemunhas daqueles tempos terríveis não foi de pouca importância, como se procurou mostrar por meio dos despachos que então escreveram. Portugal havia de certa forma sido protagonista daqueles episódios: foram os marinheiros portugueses do Marquês de Nisa que, a mando de Nelson, queimaram os navios da armada de Fernando IV fundeados na baía de Nápoles em 1798, gerando muita indignação.[42] Ao chegar a Cagliari em março de 1799, Carlos Manuel IV se apressou em escrever à rainha Dona Maria I agradecendo o apoio que vinha recebendo de Portugal e mostrando esperanças de que continuasse – tanto o apoio político quanto, intui-se, o pecuniário. Meses depois, o irmão do rei, Duque de Chablais, agradecia os bons préstimos

---

41 IANTT, MNE, caixa 874, Ofício no 102, Guerreiro a Antonio de Araujo e Azevedo, Cagliari, 25/02/1806.
42 ESPARDEIRO, Antonio Marques, *op. cit.*, p. 73.

da fragata portuguesa *Andorinha*, que levara notícias de Nelson a Carlos Manuel IV e aceitara transportar Chablais na viagem de volta, entre Cagliari e Liorne.[43] E a dança dos seus diplomatas, as ladainhas de queixas enviadas aos ministros do Reino eram uma outra expressão da itinerância dos reis depostos bem como de suas lamúrias junto às cortes aliadas. Não parece, portanto, exagero afirmar que esses observadores diplomáticos ajudaram a delinear as últimas tentativas da "política de neutralidade" portuguesa e a consolidar a ideia da inevitável transferência da corte portuguesa para o Rio de Janeiro.

Em mais de um escrito, Sérgio Buarque de Holanda sustentou que o modelo inicialmente adotado nas navegações e feitorias portuguesas teria sido o italiano, sobretudo o genovês.[44] A correspondência de Funchal e Cruz Guerreiro sugere que, no conturbado contexto da crise do Antigo Regime, houve *um modelo italiano a ser evitado* pelas monarquias europeias de segunda e terceira grandeza, como o era Portugal. Se este reino não pôde contornar sua própria desgraça, foi também graças a informações como as aqui analisadas que conseguiu enfrenta-la com maior habilidade do que aqueles que, nela, o antecederam.

---

43 *Arquivo Nacional do Rio de Janeiro*, Fundo Negócios de Portugal, Códice 735, fl. 22. Idem, ib., caixa 712, pacote 01, document 50.
44 HOLANDA, Sérgio Buarque de. *A contribuição italiana para a formação do Brasil*. Organização e tradução de Andréia Guerini. Florianópolis: NUT/NEIITA/UFSC, 2002, p. 61 e seguintes. "A mineração: antecedents luso-brasileiros". *História Geral da Civilização Brasileira*, tomo I, *A época colonial*, vol. 2, *Administração, economia, sociedade*. São Paulo, Difel, 1960. A expressão "modelo italiano" é obviamente alusiva ao livro de Fernand Braudel, *O modelo italiano*. Tradução brasileira. São Paulo: Companhia das Letras, 2007.

"Esse tribunal [...] eh praça que nesse Reyno está ainda por conquistar e a mais perigoza que nelle temos": o Santo Ofício e a Restauração (1640-1656)

Yllan de Mattos[1]

> *Dizia el-rei e a rainha que estão no Céu que, depois de recuperado restituído o Reino, só faltava uma fortaleza por conquistar, que era a do Rossio, onde se encastelam tantos traidores como naquele tempo se experimentou [...]*
>
> Padre Antônio Vieira (Roma, 5 de maio de 1674)

Li O TRÓPICO DOS PECADOS EM 2004, ano que fazia a monografia de graduação. Foi assim que conheci o historiador Ronaldo Vainfas. Não tive com ele a primeira aula de História, nem o conheci antes da especialização na Universidade Federal Fluminense, do qual fora coordenador e lecionou algumas disciplinas. Na altura, já havia devorados outros de seus livros – formadores da minha base historiográfica.

Mesmo sem o conhecer, Ronaldo aceitou orientar-me no mestrado, em 2006. É necessário dizer que ele, após uma avaliação cirúrgica do projeto, encontrou ali o foco fundamental da temática, enxergando questões que só pude visualizar tempos mais tarde. Como orientador, Ronaldo é desses. Lê o texto e, generosamente, distri-

---

[1] Uma versão inicial dessa pesquisa foi apresentada no XXVI Simpósio Nacional de História, ocorrido na Universidade de São Paulo, em 2011. Outra versão, mais resumida, está em MATTOS, Yllan de. *A Inquisição contestada: críticos e críticas ao Santo Ofício*. Rio de Janeiro: Mauad-X/FAPERJ, 2014.

bui ideias e sugestões valiosíssimas. Experimentei essa sorte duas vezes, pois o mesmo ocorreu no doutorado. Quando expus que tinha vontade de estudar os críticos da Inquisição – caso existisse algum! –, ele lançou de pronto, me interrompendo no meio da explicação: "eu leria uma tese dessas. Está aí algo interessante. E mais, já tem até título: A Inquisição contestada". A tese já nasceu assim, com título antes de qualquer texto.

Ronaldo foi fundamental para tese, sobretudo, porque acreditou nela. Acho que essa é uma das maiores gratidões que tenho. Ele abraçou meus projetos e me ajudou de forma incondicional a perseguir a documentação onde quer que ela me levasse: Roma, Vaticano, Valladolid, Madrid, Lisboa, etc. Por isso, desde o incentivo à ideia inicial da tese à possibilidade da pesquisa nos arquivos europeus, Ronaldo me creditou a confiança no trabalho, a autonomia e a crítica.

O artigo que escrevo para esta justa homenagem é uma inquietude que compartilho com o professor Ronaldo sobre o partido que tomou a Inquisição, ou o inquisidor-geral, na Restauração portuguesa.

"Os portugueses [...] odeiam os castelhanos mais que ao diabo"

A 1º de dezembro de 1640 era promulgado o novo *Regimento* da Inquisição portuguesa. Dom Francisco de Castro, inquisidor-geral na época, afirmava em seu preâmbulo que com o intento de extirpar as heresias e exaltar a fé católica ele havia visitado as inquisições do reino, percebendo que o regimento ordenado em 1613, "sendo muito acomodado ao que então se convinha", experimentava, doravante, várias instruções devido as novidades e os casos mais recentes. Tais "ordens e leis particulares" resultavam "grandes inconvenientes", pois podiam ser esquecidas ou ignoradas na prática do Tribunal. Por isso, para uma "boa administração da justiça e governo do Santo Ofício e para seus ministros procederem com o acerto que pedem as matérias que nele se tratam, era necessário reduzir tudo a um novo regimento".[2]

---

2 *Regimento do Santo Ofício da Inquisição dos Reinos de Portugal, ordenado por mandato do ilustríssimo e reverendíssimo senhor Bispo dom Francisco de Castro, Inquisidor geral do Conselho de Estado de Sua Majestade – 1640* In: FRANCO, José Eduardo & ASSUNÇÃO, Paulo de. *As metamorfoses de um polvo: religião e política nos regimentos da inquisição portuguesa (séculos XVI-XIX)*. Lisboa: Prefácio, 2004. p. 233. No texto do Regimento de 1640, publicado por Sônia de Siqueira, não consta esse preâmbulo de dom Francisco de Castro (*Regimento do Santo Ofício da Inquisição dos Reinos de Portugal, ordenado por mandato do ilustríssimo e reverendíssimo senhor Bispo dom Francisco de Castro, Inquisidor geral do Conselho de Estado de Sua Majestade – 1640* In: *Revista do Instituto Histórico e Geográfico Brasileiro*. Rio de Janeiro: Imprensa Nacio-

Coincidentemente, a data escolhida para a promulgação desse *Regimento* calhou de ser o mesmo dia em que eclodia uma rebelião em Portugal contra o domínio de Castela, trazendo consigo a ruptura política. Por um lado, estavam aqueles que apoiavam o duque de Bragança – num total de 71 nobres que arquitetaram e executaram o plano de Restauração,[3] além de clérigos e uma parcela da população receosa depois do levante de Évora – e do outro aqueles fiéis a Castela. O inquisidor-geral – como parece provável – nada sabia, mas esteve presente juramento de fidelidade ao novo rei (em 15 de dezembro). Nesse sentido,

> conhecido o fracionamento que 1640 introduziu na sociedade portuguesa e, em particular, na elite aristocrática, em que um pouco menos de metade dos títulos (24) optou por Madrid ou teve posições profundamente ambíguas face à cisão com a Monarquia Hispânica, cabe reconhecer que a este nível a política dos Habsburgos surtiu o efeito de integração que se pretendia.[4]

A Restauração foi, como apontou Mafalda Soares da Cunha e Leonor Freire Costa, um golpe de fidalgos com raízes alentejanas e estatuto mediano, "apoiados por gente de outros estratos sociais cujas motivações para o envolvimento ainda não estão totalmente elucidadas".[5] E, neste ponto, a ausência da grande nobreza, que por ora permanecia em Madri, ajudou bastante no movimento.

Da mesma forma, jesuítas, clérigos – como dom Rodrigo da Cunha, arcebispo de Lisboa, participante do golpe –, alguns comerciantes cristãos-novos e uma grande parcela da população apoiou, embora alguns muito receosos, a independência de Portugal face a Castela. O povo, boquirroto, lançou voz em crítica e orações, fazendo coro com a causa brigantina: foi o caso do mestre escola Antônio Manso, que causou escândalo quando, em princípios do século XVII, se ajoelhou em frente ao altar e pediu: "Senhor, haveis de me salvar e perdoar porque morreste por nós, os portugueses, e não pelos castelhanos, porque somos muito fidalgos". Injuriados, alguns responderam que todos os portugueses eram judeus. Antônio não perdoou, lançou corajosa e malcriada tréplica afirmando que nesse caso eram parentes de

---

nal, 1996. Ano 157, nº 392).

3 Ver: CUNHA, Mafalda Soares da. 'Os insatisfeitos das honras. Os aclamadores de 1640' In: SOUZA, Laura de Mello e; FURTADO, Júnia & BICALHO, Maria Fernanda (orgs.). *O governo dos povos*. São Paulo: Alameda, 2009.
4 *Idem*, p. 486.
5 CUNHA, Mafalda Soares da & COSTA, Leonor Freire. *D. João IV*. Lisboa: Círculo de Leitores, 2006, p. 38.

Nosso Senhor que, quando quis nascer, escolheu mãe judia e não castelhana. Alguns diziam: "os portugueses gostam mais dos ingleses do que de qualquer outro povo, e odeiam os castelhanos mais que ao diabo". Outros cantavam o *villancico*: "Dios de dioses, homen mortal [...] no nasceu para Castela, senão por Portugal".[6]

Muitos emissários partiram de Lisboa espalhando a notícia por todo o reino e agitando a população. Em Miranda do Douro, após a chegada do correio confirmando o novo governo, muitos cavaleiros da Ordem de Cristo abraçaram uma procissão, levantando bandeiras e vivas a Portugal, compassadas pelo dobrar dos sinos. Os populares logo tomaram a marcha e "apoderaram-se do cofre onde era guardado o dinheiro resultante da cobrança do real d'água que pagavam ao rei [espanhol] e, no meio da praça, fizeram-no em pedaços". A Câmara, no dia seguinte, discutiu a questão por duas horas, e pôs-se em igual entusiasmo às vivas ao duque transformado em rei.[7] Outras cidades foram mais contidas, porquanto, no geral, a população saiu a aclamar dom João como novo rei de Portugal.

O dinheiro da cobrança do real d'água vinha mesmo a calhar. A economia de Portugal estava em frangalhos, além de ver ocupado boa parte de seus territórios ultramarinos pelos holandeses – inimigos mortais de Espanha com quem levavam lide desde 1558. Porém, nem a Restauração diminuiu o ímpeto das Companhias de Comércio holandesas, nos anos seguintes, Angola e Maranhão capitularam. Tudo isso fazia com que a euforia dos insurretos ganhasse um balde de água fria e tão logo perceberam que não eram somente as flores que cresciam na primavera portuguesa.

"Como homem particular e não como rei"

Os espinhos não tardaram a aparecer. Diversos setores da sociedade não nutriam muita simpatia ao duque-rei, estimando melhores mercês e contratos comer-

---

[6] AHN-Madri, *Inquisição de Toledo*. Legajo nº 2106, ex. 18. Ver também: Leg 2106, ex. 17. Nestes exemplos, faz-se voz a questão de Mikhail Bakhtin: "o riso degradava o poder", pois "o *sério* é oficial, autoritário, associa-se à violência, às interdições, às restrições. Há sempre nessa seriedade um elemento de medo e de intimidação. Ele dominava claramente na Idade Média. Pelo contrário, o riso supõe que o medo foi dominado. O riso não impõe nenhuma interdição, nenhuma restrição. Jamais o poder, a violência, a autoridade empregam a linguagem do riso". O riso, conclui ele, "permaneceu sempre uma arma de libertação nas mãos do povo". BAKHTIN, Mikhail. *A cultura popular na Idade Média e no Renascimento: o contexto de François Rabelais*. São Paulo/ Brasília: Hucitec/Editora da Universidade de Brasília, 1987. p. 78-81. Stuart Schwartz narra estes mesmos casos e o *villancico* (p. 409) em *Cada um na sua lei: tolerância religiosa e salvação no mundo atlântico ibérico*. São Paulo: Companhia das Letras, 2009. p. 163-164.

[7] AHN-Madri, *Estado*. Legajo nº 6479. *Relación de lo que secedió en la ciudad de Miranda*.

ciais sob o domínio espanhol: alguns fugiram à surdina para Madri; outros ficaram e maquinaram um plano para restabelecer a subordinação a Castela. A conspiração pró-castelhana de 1641 fora arquitetada por três setores da sociedade portuguesa: a alta nobreza, partidária de Castela e insubmissa ao duque de Bragança, como o conde de Caminha e o marquês de Vila Real; alguns membros da alta hierarquia eclesiástica, entre eles o cardeal-primaz, arcebispo de Braga, dom Sebastião de Matos Noronha; a Inquisição – ou, no limite, a facção controlada pelo (ou o próprio) inquisidor-geral dom Francisco de Castro; e uma minoria cristã-nova de contratadores da Coroa madrilena – como Pedro Baeça da Silveira – que perdera muito com a ruptura política.[8] Este contragolpe, convém ressaltar, pouco tinha de fidelidade a Filipe IV. Era, em verdade, um movimento de setores que temiam a perda das posições que alçaram em Portugal sob os Habsburgos e, em alguns casos, descrentes de que a independência de Portugal fosse muito longe.

Se a Restauração fora insólita, inesperada e por pouco não ocorreu, a conjura de 1641 foi tudo isso e nem sequer chegou a acontecer. O propósito dos conspiradores foi desbarato no dia 28 de julho sem que nada saísse do papel. Várias pessoas foram presas após a denúncia do conde de Vimioso e de Manuel da Silva Mascarenhas. O conde havia sido cooptado porque o arcebispo de Braga julgara seu suposto dissabor por não ter sido agraciado com a mercê pretendida. Péssima leitura política. O conde conheceu todo movimento e escreveu ao rei denunciando a intenção dos conjurados,[9] fato que se confirmou após a aplicação do tormento a três subordinados de Baeça. Mais denúncias chegavam dando causa à conspiração e legitimando a prisão de várias pessoas. A notícia parece ter se espalhado rapidamente. À Sé Apostólica, chegaram informações de que fora descoberta uma conjura que levou à prisão de alguns eclesiásticos, como "o arcebispo de Braga, o inquisidor-geral, o bispo de Martíria, o bispo eleito de Málaca e vários outros eclesiásticos". O papel discute a possível jurisdição do rei ou duque de Bragança sobre o castigo às pessoas eclesiásticas.[10] Dom Miguel de Portugal, bispo de Lame-

---

8   BL-Londres, *Additional manuscripts*. Document 20933. ACL-Lisboa, *Série azul*. Manuscrito 416. Para uma lista completa de todos os conjurados, ver: CUNHA, Mafalda Soares da & COSTA, Leonor Freire. *D. João IV. Op. cit*. p. 139-140. Rafael Valladares. *A independência de Portugal. Guerra e Restauração 1640-1680*. Lisboa: A Esfera dos Livros, 2006, p. 57.
9   ACL-Lisboa, *Série azul*. Manuscrito 416. fl. 38-40. *Resumo de um papel que certa pessoa deu a Sua Majestade, o senhor rei dom João IV, escrito de sua letra, jurado e assinado*.
10 ASV-Vaticano, *Archivio della Nunziatura Apostolica in Lisbona*, N° 1, Sezione 7. fl. 86-87. Original em italiano. Tradução nossa.

go e representante de Portugal em Roma, ainda tentou em vão explicar ao papa ou ao cardeal Barberino os motivos que levaram a prisão de clérigos – o crime de lesa-majestade –, mas sequer fora recebido por pressão de Castela.[11] Certamente, a querela era incentivada por Madri, a julgar pelo que se lê na correspondência da Junta de inteligência de Portugal, em 21 de agosto de 1641. Os castelhanos são avisados que "*el tyrano*" (conforme a alcunha dom João em Madri) havia prendido o arcebispo de Braga e o inquisidor-geral, além de "outros bispos e pessoas eclesiásticas", e "sequestrado as rendas de alguns deles (segundo se afirma)". Por isso, seria conveniente "continuar em Roma as diligências com sua santidade e aqui com o núncio", promovendo que os rebeldes praticam "grande escândalo e danos à cristandade".[12] No mínimo, a Junta intentava desgastar a figura dos restauradores em Roma, dificultado qualquer iniciativa de legitimação pela Sé Apostólica, além de tumultuar um pouco a cena política já conturbada pelas guerras que a monarquia de Filipe IV enfrentava em toda Europa.

Em Roma, o bispo de Lamego não era recebido como embaixador, pois os "cardeais julgavam não ser conveniente à Sé Apostólica, quando [já] tinha uma guerra com o duque de Parma, querer outra com el-rei católico".[13] Os embaixadores castelhanos exerceram grande pressão para que sua santidade reprovasse "a rebelião do conde de Bragança". Por isso, a Santa Sé informou ao núncio de Castela que haveria um conluio para "dilatar a heresia, tanto mais que Portugal já se comunica com os holandeses e os heréticos da Alemanha".[14] Provavelmente, tais instruções serviam para aliviar um pouco a pressão constante sobre o papado no momento em que várias guerras tomavam a ordem do dia. No cotidiano do reino, os partidários da independência portuguesa não se importavam muito com o privilégio de foro que gozavam os membros do estado eclesiástico. Em versos, um pasquim recomendava ao rei dom João IV que não se fiasse em dom Sebastião de Matos:

---

11 ASV-Vaticano, *Archivio della Nunziatura Apostolica in Lisbona*, Nº 1, Sezione 7. fl. 92-93v. Original em italiano.
12 AGS-Simancas, *Secretaría de Estado - Negociación de Portugal*. Legajo 7041. Papéis da Junta de Inteligência de Portugal sobre a conjuração de 1641 (21 de agosto de 1641). Original em espanhol. Tradução nossa.
13 *Corpo diplomático português*. Tomo 12. *Carta do bispo de Lamego, dom Miguel de Portugal, ao conde de Vidigueira* (22 de novembro de 1642), p. 330.
14 *Idem. Relação e instrução da Santa Sé ao núncio em Espanha* (sem data, provavelmente escrita em agosto de 1642), p. 300. Original em italiano. Tradução nossa.

Amo-vos tanto, senhor,
que uma cousa vos direi:
que há de ser traidor ao rey
quem foi ao reino traidor.
Não cuideis que é valor
ter paixões dissimuladas,
a traições tão declaradas
haja públicos castigos
que estão perto os inimigos
e em *matos* sempre ha ciladas.

Se queimares estes *matos,*
fique o campo descoberto
e os que andam dos tratos perto,
andem mais perto dos tratos.
Que não tardeis nos recatos,
como bom vassalo rogo,
porque o mal forças não tenha,
já que põe de casa a lenha,
ponde vós de casa o fogo.[15]

Seja como for, em Portugal, dom Sebastião de Matos Noronha, tão logo foi preso em um "aposento no Paço", escreveu duas cartas ao rei sob a pena de dom Rodrigo de Menezes, ambas datando do segundo dia (30 de julho de 1641). A primeira versava que "vossa majestade não pode em nenhum tempo poder dar conta a Deus do risco de sua salvação", sendo ele "importantíssimo prelado e que tem que dar grande conta a Deus da sua vida e procedimento em sua Igreja".[16] Na segunda, escreve solicitando a soltura de "três ou quatro pessoas que não tiveram mais culpa que fazer o que o dito arcebispo lhe ordenou. Poderá ele com a consciência mais segura dá conta a Deus de sua alma".[17] O tom das cartas sugere certa serenidade do arcebispo-primaz, mesmo sabendo que suas culpas são mortais, pede a liberação de

---

15 Os *matos* que aparecem nos versos são uma referência a dom Sebastião *Matos* de Noronha, arcebispo-primaz de Braga. Grifo nosso.
16 ACL-Lisboa, *Série azul*. Manuscrito 416. fl. 47. *Carta 1ª do arcebispo de Braga.*
17 ACL-Lisboa, *Série azul*. Manuscrito 416. fl. 47. *Carta 2ª do mesmo.*

algumas pessoas e que seja servido para dar conta dos seus serviços e obrigações. Difícil dizer se eram sinceras ou se Noronha queria a oportunidade de dar conta a alguém do ocorrido através dos "três ou quatro" libertos. O fato é que, doravante, em seu depoimento, assumiu uma postura bem agressiva, afirmando

> que ele era arcebispo e que não conhecia mais que Deus e ao sumo pontífice. Que sua majestade não podia fazer coisa alguma contra ele, e que fizesse sua majestade o que fosse servido que não queria assinar, nem responder coisa alguma e que tinha dado juramento de fidelidade a el-rei Filipe. *Que se sua majestade, que Deus guarde, o mandar matar, o faria como homem particular, e não como rei*, porque não podia, e que havia Deus a quem devia dar conta. Que [aquela] não era casa [...] para se ter um arcebispo primaz, nem o tratamento que se lhe fazia, concluindo que se matassem, perdoará a sua majestade e a quem matasse. Por não querer assinar nem responder, fiz este termo em que assinou o dito desembargador.
> Sendo, porém, persuadido, passados alguns dias, confessou tudo o que tinha passado na dita conjuração e declarou que Pedro Baeça lhe tinha segurado que eram mais de mil pessoas que entravam na conjuração, nomeando várias. Porém, que ele não sabia mais que do marquês de Vila Real, do duque de Caminha, seu sobrinho, conde de Armamar e Belchior Corrêa e não declarou mais coisa alguma.
> Morreu o arcebispo na prisão com grandes demonstrações de arrependimento, publicando que a causa que o obrigara a conjuração fora o pouco fundamento que via para Portugal se poder defender de Castela.[18]

Este sumário do depoimento do arcebispo faz parte do texto intitulado *Notícia sumária do que sucedeu em Portugal desde o tempo do cardeal dom Henrique até a gloriosa aclamação del-rei dom João IV*. Como podemos observar, trata-se de um relato indireto. Igualmente, nota-se algumas prováveis alterações, como, por exemplo, no uso do tratamento de "vossa majestade" a dom João IV. Essa suspeita é facilmente notada quando se lê a frase destacada acima – validando a desconfiança que esta seja uma alteração de Rodrigo de Menezes.

De todo modo, tomando seu conteúdo como fidedigno, as duas primeiras cartas e os depoimentos que lhes seguem apresentam grandes oscilações de estilo e têmpera. O arcebispo mudou o tom conforme lhe convinha, apostando, provavelmente, no impedimento de um eclesiástico ser julgado na justiça do rei – como re-

---

18 ACL-Lisboa, *Série azul*. Manuscrito 416. fl. 47. *Perguntas feitas ao dito arcebispo em dois de agosto*. Grifo nosso.

clamava o papado. Tanto é que pouco se fez contra os outros eclesiásticos envolvidos na conjura. Como a documentação deixa entrever, o arcebispo era o "cabecilha da organização"[19] e procurou cooptar os outros integrantes, ao lado de Pedro Baeça e Belchior Corrêa Franca. O objetivo imediato da conjura era a "morte de dom João e dos seus" e a recondução da vice-rainha, Margarida de Sabóia, duquesa viúva de Mântua, à frente de Portugal. A estratégia era bem simples: causar-se-ia quatro incêndios sincronizados nos arredores de Lisboa que funcionariam como distração para o cumprimento cabal do objetivo. Destroçado e esmiuçado o movimento, os principais conjurados foram executados em um patíbulo armado no Rossio: nobres degolados e plebeus enforcados e esquartejados.[20]

No caso do arcebispo primaz, a justiça do novo rei não lhe deitou a mão. Nenhum tormento foi aplicado. Mesmo sendo possível ao crime de regicídio ("primeira cabeça"),[21] conforme as *Ordenações Filipinas*,[22] talvez devido a importância do eclesiástico a justiça achou por bem aguardar a morte que chegou alguns meses depois. O inquisidor e o arcebispo ficaram presos nas casas inferiores do forte do Paço, passando de lá para a Torre de Belém e, por fim, para a Torre de São Gião.[23] Coube ao bispo de Lamego levar os papéis ao papa a fim de justificar as sentenças e prisões, sobretudo, contra pessoas eclesiásticas.

Não convém apresentar os pormenores dos outros envolvidos, basta – para o nosso intento – analisar o recrutamento do "inquisidor-mor, do qual duvidando ele [conde de Vimioso], lhe disse o arcebispo: sim, sim também é dos nossos".[24]

"Sim, sim [o inquisidor-geral] também é dos nossos"

Um acontecimento intrigante, inconcluso e enigmático perturbou a noite de dom Francisco de Castro. Lê-se nos autos do processo que "na noite de quinta-feira,

---

19 A expressão encontra-se em CUNHA, Mafalda Soares da & COSTA, Leonor Freire. *D. João IV*. Op. cit., p. 143.
20 CUNHA, Mafalda Soares da. 'Elites e mudança política. O caso da conspiração de 1641' In: PAIVA, Eduardo França (org.). *Brasil-Portugal: sociedades, culturas e formas de governar no mundo português (séculos XVI-XVIII)*. São Paulo: Annablume Editora, 2006. p. 325-343.
21 Dom Luís de Menezes (Conde da Ericeira). *Historia de Portugal restaurado*. 1640-1643. Lisboa: Officina de Domingos Rodrigues dos Anjos, 1751. Tomo 1, p. 315.
22 *Código filipino, ou, Ordenações e leis do reino de Portugal*: recopiladas por mandado d'el rei Filipe I. Ed. Fac-similar da 14ª ed. Por Cândido Mendes de Almeida. Brasília: Senado Federal, 2004. *Filipinas*. Liv. V, Cap. CXXXII, Art. 3.
23 Dom Luís de Menezes. *Op. cit.* Tomo I, p. 320.
24 ACL-Lisboa, *Série azul*. Manuscrito 416. fl. 39. *Resumo de um papel...*

quatorze deste presente mês [de fevereiro], tomando o dito ilustríssimo senhor inquisidor um caldo de galinha que se havia cozido na sua cozinha, lhe sobrevieram de repente tão grandes amargos, vômitos e ânsias que se obrigara a mandar chamar Manuel de Faria, médico de sua casa, o qual lhe aplicara logo alguns vomitórios e medicamentos". Logo depois, fizeram-se vários experimentos a fim de constatar que fora colocado alguma peçonha na panela. Foram recolhidos depoimentos de testemunhas e a culpa parece ter recaído sobre o cozinheiro João Garcia que logo fora chamado à mesa por Pantaleão Rodrigues Pacheco e preso em 1º de março de 1641. Francisco Rodrigues, encarregado da despensa, disse que, no dia anterior, o cozinheiro estava com nove moedas de ouro e que Francisco Afonso, moço da cozinha, portava um saco com 6200 réis. Francisco Afonso também fora processado, mas sobre ele pesaram culpas de feitiçaria.[25] Talvez o mais intrigante seja que o próprio inquisidor-geral, através do notário João Carreira, tenha mandado "soltar e não queria que se continuasse esse seu negócio", dando ao cozinheiro o termo de segredo em 28 de maio do mesmo ano,[26] o mesmo acontecendo ao moço da cozinha. O que explicaria a intervenção de Castro, pondo-os em liberdade e encerrando sumariamente o caso? Em depoimento, Francisco Afonso afirmou que o dinheiro que portava (os 6$200) lhe foi dado por João Gonçalves, homem de confiança do marquês de Vila Real, nobre dos mais implicados na conjura contra o novo rei.[27] Dessa forma, a resolução do processo, com a rápida soltura dos acusados por intervenção do inquisidor-geral, poderia ser um indício não de envenenamento[28] (Castro estava, na altura, doente) mas de cooperação com os conjurados. Fica a dúvida.

De todo modo, logo após ter sido vítima deste envenenamento, o inquisidor-geral esteve implicado pessoalmente nesta conjura contra dom João IV, sendo logo encarcerado junto com marquês de Vila Real e o seu filho, duque de Caminha, na torre de Belém.[29] Porém, em 1643, ao contrário de muitos outros envolvidos,

---

25 DGA/TT-Lisboa, *Inquisição de Lisboa*, processo 11143.
26 DGA/TT-Lisboa, *Inquisição de Lisboa*, processo 3007.
27 *Idem.*
28 Por outro lado, consta nos autos que foi feito uma "experiência com uma colher de prata", metida na panela e logo ficando "negra, assim como também o ficou um prato de prata em que se estava lançada a dita galinha". O cozinheiro suspeita que tenham colocado alguma "peçonha" na panela (ou, mais a frente, de ter caído alguma aranha), mas em quantidade insuficiente para dar cabo da vida do inquisidor-geral. *Idem.*
29 ACL-Lisboa, *Série azul*. Manuscrito 416. fl. 45. *Pessoas que se prenderam por compreendidas na conspiração contra el-rei dom João IV*.

Francisco de Castro fora libertado e restituído de suas dignidades,[30] tudo com grande festa dos inquisidores.[31] O próprio inquisidor-geral escreveu aos tribunais afirmando que "sua majestade, que deus guarde, [me fez] mercê de me mandar tirar da Torre de Belém, [...] demonstração que sempre esperei da sua grandeza".[32] Por que o inquisidor-geral foi solto pelo rei?

Com dois dias de prisão (30 de julho), o inquisidor-geral – já habituado com os estilos do Santo Ofício – escreveu uma carta a dom João IV esclarecendo sua participação. Sustentava Castro:

> no apertado exame que tenho feito em minha memória, não acho ter cometido contra o serviço de vossa majestade uma venial culpa. [...] O que nestas matérias se me representa propor a vossa majestade é que neste tempo que tem passado da feliz aclamação de vossa majestade, não tratei de servir a vossa majestade em cousa alguma, nem de aprovar o governo de Castela: porque só o de vossa majestade, tive, e terei sempre, no meu coração, e espero me há de vossa majestade de achar sempre muito leal ao seu serviço, e se houver quem o contradiga, esteja vossa majestade certo, que é falso.

Ao que parece, Francisco de Castro começou a epístola fazendo um conveniente exame de consciência, ao estilo daquele que praticava seu Tribunal, afirmando sempre sua lealdade, a discrição e segredo ("não passará este papel das reais mãos") e apostando na "experiência que tenho da benignidade de vossa majestade". Castro jogou de uma só vez a trinca de azes que tinha na mão: exame de consciência, segredo e misericórdia. Continuou:

> O que constará a vossa majestade, quando me queira fazer a mercê de o apurar, e entrando eu no grande afeto com que o arcebispo primaz, falava nas cousas de Castela, e ele era a quem elas mais doíam, a última voz foi domingo, 28 do presente, a quem tornei a responder, que não tinha aquelas cousas fundamento. E de tudo isto não fiz caso para o dizer a vossa majestade, por me parecer, serviria só de dar desgosto a vossa majestade, não se

---

30 ACL-Lisboa, *Série azul*. Manuscrito 416. fl. 65. *Sentenças remetidas à Roma*.
31 Frei Fernando Soeiro. *Sermão que o presentado frei Fernando Soeiro pregou na procissão que o Tribunal do Santo Ofício de Évora fez ao convento de São Domingos de graças a deus pela liberdade do senhor bispo inquisidor geral a 9 de Março de 1643*. Lisboa: Oficina de Paulo Craesbeeck, 1643. Obra que celebra "o senhor inquisidor-geral livre e autorizado [além dos] tribunais do Santo Ofício honrados e vitoriosos". Idem. fl. 2.
32 DGA/TT-Lisboa, *Inquisição de Coimbra*, Livro 23. fl. 403. *Correspondência recebida do Conselho Geral* (março de 1643).

conseguindo utilidade alguma do serviço de sua majestade e desta venial culpa, se vossa majestade entende a cometi em não lhe fazer a saber, peço humildemente perdão a vossa majestade.[33]

O inquisidor fazia parte da "rede de recrutamento" do arcebispo e os dois se encontraram algumas vezes. Do que falaram, nada se sabe. O inquisidor era homem acima de qualquer suspeita. Recebia toda semana o correio de Castela que não podia ser aberto ou examinado por ferir *segredo* do Tribunal. Segundo ele mesmo apontou, sua culpa era das menores: não avisara o monarca do movimento. Poderia esta ser uma tentativa de assumir alguma culpa, mas, ao mesmo tempo, de atenuar o seu próprio envolvimento na conjura? Ou, quem sabe, o inquisidor poderia estar dizendo a verdade?

No dia seguinte (31 de julho), Castro escreveu outra epístola reafirmando sua inocência e acusando o arcebispo de Braga. Afirmava:

> [...] em um dia dos que vossa majestade tardou em vir nesta cidade, depois da sua aclamação, se chegou a mim o arcebispo de Braga na casa em que então se fazia o governo em que eu também assistia e me disse *se me queria confessar* e zombando eu do termo, me tornou declarando-se comigo mais, frei Manoel de Macedo é confessor de quem eu podia fiar tudo o mais com título de confessor, e que era pessoa para ir a Madri dar razão a el-rei de Castela da inocência em que estávamos na mudança do reino, ao que logo respondi que não me queria confessar, e muito menos com aquele confessor, e não se dando por satisfeito com a minha resposta, me disse que cuidasse mais e lhe respondesse. Em o dia seguinte em outra casa do Paço, me tornou a perguntar a resposta, então disse que era a mesma que lhe tinha dado, acrescentando que não era aquele tempo em que havia de mandar embaixadas a Castela. E desta mesma resposta resultou virar-me as costas e não me falar muitos dias com bom rosto e passados mais alguns, se tornou a chegar a mim e me disse: ah, como vossa senhoria é prudente, e quão *honrado*[34] caminho eu queria tomar. Domingo 28 do presente, pela manhã me veio o

---

33 BL-Londres, *Additional Manuscripts*, Doc. 20933. fl. 140-140v. *Letters to John IV* (1641). Original em português.

34 Cotejando esta mesma carta, na obra intitulada *Notícia sumária do que sucedeu em Portugal desde o tempo do cardeal dom Henrique até a gloriosa aclamação del-rei dom João IV*, lê-se "errado" ao invés de "honrado". Há pequenas divergências entre um e outro documento. ACL--Lisboa, *Série azul*. Manuscrito 416. fl. 52. Entretanto, a cópia que está sob a guarda da *British Library*, no códice *A collection of papers relating to the history of Portugal*, aparenta ser, por vezes, menos fidedigna. BL-Londres, *Additional Manuscripts*, Doc. 20933. fl. 141. Pelo contexto, optamos pela sentença "honrado".

> arcebispo de Braga e me disse, entre outras práticas, que tudo estava perdido, porque dia de São Tiago [25 de julho], houvera em Olivença uma grande vitória da parte dos castelhanos e respondendo-lhe eu que muito diferentes eram as novas que eu tinha sabido por um capelão meu natural de Olivença.[35] Ele arcebispo acrescentou que era cousa muito fácil aclamar el-rei Filipe por que como o povo não entrara na aclamação de vossa majestade, facilmente se voltaria à primeira voz que se desse por Castela.[36]

O inquisidor seguiu se esquivando do arcebispo, pedindo clemência e reiterando sua vassalagem perante dom João IV. Noronha tentou fazer uso do segredo da confissão para, no íntimo deste sacramento, agregar politicamente Castro para a Conjura. Não existia melhor data que a simbologia do dia 25 de julho para o blefe da ofensiva castelhana. São Tiago ou Santiago, o apóstolo, é o padroeiro dos cavaleiros e da Espanha que teria circulado, conforme o improvável mito, pela Hispânia – na época província romana – disseminando a palavra de Cristo. Mas tudo não passou de um ardil para convencer o inquisidor.

Ao que parece, todas as investidas do arcebispo foram repelidas pelo inquisidor-geral, chegando-se ao ponto de Noronha pedir que Francisco de Castro cooptasse pessoas da sua rede político-familiar para a conspiração. Gonçalo Aires e Lourenço Pires, dois homens próximos do inquisidor, foram interrogados, mas pouco acrescentaram.

No dia 2 de agosto,[37] outra carta fora escrita ao rei, dessa vez centrando fôlego no motivo pelo qual não havia denunciado o movimento. Vamos a ele:

> [...] como tenho dito a vossa majestade, acrescentou que o meu parecer sobre as propostas que vossa majestade nos havia mandado pelo secretário Francisco Lucena, fosse não impedir a vossa majestade passar as fronteiras de Alentejo, onde matariam a vossa majestade mais facilmente, respondi que o meu parecer era o contrário, e nesta determinação estava eu, e *foi o*

---

35 Ao que indica Aires Varela, dom Francisco de Castro estava certo. Aires Varela. *Sucessos que houve nas fronteiras de Elvas, Olivença, Campo Maior e Ouguela, o segundo ano da Recuperação de Portugal, que começou em 1º de Dezembro de 1641 e fez fim em o ultimo de Novembro de 1642*. Elvas: Typografia Progresso de António José Torres de Carvalho, 1906. fls. 95-97. Exemplar disponível na BNP-Lisboa, *Reservados*, Códice 877.
36 BL-Londres, *Additional Manuscripts*, Doc. 20933. fl. 141-142. *Letters to John IV* (1641). Original em português. Grifo nosso.
37 Outra divergência entre as cópias destas cartas: Segundo a *Notícia sumária...* a carta fora escrita no segundo dia de agosto. ACL-Lisboa, *Série azul*. Manuscrito 416. fl. 54. Assinalo a existência de algumas diferenças entre as duas cópias desta carta.

primeiro borrão, e comunicando a Sebastião Cezar [de Menezes] me persuadiu que eu não impugnasse a ida de vossa majestade ao Alentejo, porque convinha ao crédito de vossa majestade ver em nos seus vassalos entra as armas e evitar-se com isso as murmurações que havia. Com o qual parecer, moderei o meu [...].[38]

Ao contrário da carta do arcebispo, Francisco de Castro escreveu ao rei de próprio punho. A *sentença* que mais se repete no seu discurso, sobretudo na primeira epístola, é "vossa majestade", talvez ansioso em afirmar o reconhecimento da autoridade real de dom João ou, quem sabe, dissimular tal adesão. É fato que, no episódio da Restauração, Castro foi no mínimo discreto, para não dizer pusilânime. Porém, nenhum outro implicado na conjura o denunciou.

"Os judeus fugiam de Portugal, onde os castigavam, para Castela que os agasalhava"

Não existe consenso na historiografia sobre a partidarização do inquisidor-geral ou do Santo Ofício no episódio da Restauração. O historiador e rabino alemão, Meyer Kayserling, ainda em 1867, cunhou a hipótese de que "Inquisição e Sinagoga juntaram-se a fim de derrubar dom João IV", pois os "criptojudeus" teriam oferecido ao novo rei "uma avultada quantia em dinheiro para que suspendesse o Tribunal da Inquisição" e ele teria rejeitado. Segundo sua argumentação, o arcebispo de Braga teria, "espontaneamente", prometido "não somente a extinção do Tribunal, como também a construção de uma Sinagoga, caso se colocassem ao lado da Espanha".[39] A ideia parece bastante improvável, mas deixou algum lastro. A historiadora Anita Novinsky defende que o Santo Ofício, "representado pelos dominicanos, apoiou a ocupação espanhola de Portugal e lutou ferozmente contra a restauração portuguesa".[40] Nesse sentido, com a acusação de participação na conjura, a adesão do inquisidor-geral à facção madrilena parecia ficar cada vez mais nítida.

Todavia, ou os castelhanos foram desfavoráveis aos cristãos-novos (o que justificaria uma atitude pró-Castela dos inquisidores) ou foram os restaurados? Ou, quem sabe, o contrário: ambos teriam apoiado incondicionalmente os cristãos-

---

38 BL-Londres, *Additional Manuscripts*, Doc. 20933. fl. 142-142v. Letters to John IV (1641). Original em português.
39 KAYSERLING, Meyer. *História dos judeus em Portugal*. São Paulo: Livraria Pioneira Editora, 1971, p. 262.
40 NOVINSKY, Anita. *Cristãos-novos na Bahia*. São Paulo: Perspectiva, 1972, p. 49.

novos? Os inquisidores prefeririam estar sob a guarda da monarquia hispânica por considerá-la maior defensora da ortodoxia? Vejamos.

O apoio aos cristãos-novos foi motivo de acusações em ambos os reinos. Neste momento, vale salientar, havia cristãos-novos partidários aos dois lados. Não agiram como um grupo coeso. Pedro de Baeça era o imediato de Filipe IV. Mercador com muitos contratos em Castela, tesoureiro e rendeiro da alfândega de Lisboa, encabeçou alguns banqueiros de origem cristã-nova a oferecerem a quantia de um milhão de cruzados à conjura de Madri.[41] Pela causa dos Bragança, estavam os cristãos-novos Manoel Fernandes de Villa Real, embaixador em França, e Duarte da Silva, banqueiro.[42] Nesse sentido, os cristãos-novos (apenas para ficar nos mais proeminentes) foram apoiadores (ou foram cooptados) por ambas as facções políticas, não havendo muito sentido a Inquisição tomar partido por esse motivo.[43]

É fato que os Filipes não fizeram ouvido mouco aos pedidos dos cristãos-novos, tendo, inclusive, concedido perdão-geral em 1605, um édito da graça em 1627 e dificultado a perseguição em outros momentos.[44] Por outro lado, havia vozes em Por-

---

41 BOYAJIAN, James C.. *Portuguese bankers at the court of Spain (1626-1650)*. New Brunswick/New Jersey: Rutgers University Press, 1983.

42 Há de se duvidar do apoio incondicional de dom João IV face os cristãos-novos. Basta lembra que cerca de um ano após a restauração, o monarca decretou a observância das "leis e provisões que proíbem os casamentos das pessoas nobres com as de nação". DGA/TT-Lisboa, *Armário jesuítico*, maço 29, documento 11.

43 Contudo, como afirma João Lúcio de Azevedo, o novo governo recusou alguns recursos financeiros colocados à disposição pelos cristãos-novos. Mais a frente afirmou: o quadro que se instalou após a restauração "revelava a geral hostilidade, e não é de estranhar que se mostrassem os da família dos conversos, por seu turno, descontentes da mudança política, e saudosos do governo castelhano, mais capaz de tolerância, apesar de seus rigores". AZEVEDO, João Lúcio de. *História dos cristãos-novos portugueses*. Lisboa: Clássica, 1989, p.237-240.

44 Com Filipe IV – já no final da dominação dos Áustrias – o Santo Ofício processou inúmeros cristãos-novos. Contudo, mesmo assim, este frenesi persecutório deve ser relativizado. Em fins de 1626, a Coroa castelhana havia acordado empréstimos com banqueiros portugueses para o ano seguinte. Neste mesmo ano, dom Fernão Martins Mascarenhas, na época inquisidor geral, envia uma carta ao rei informando que tem conhecimento que "a gente de nação hebreia deste Reino [de Portugal], por seus procuradores que têm nessa Corte [de Castela], pretendem com zelo paliado, favorecidos de alguns ministros de Vossa Majestade, alcançar algumas cousas que de consegui-las será muito contra o serviço de Deus, de Vossa Majestade e do Santo Ofício e do bem comum destes Reinos, porque todos seus intentos vão encaminhados a conservarem seu judaísmo com mais liberdade" (*Carta do Inquisidor geral ao rei*, de 4 de janeiro de 1626. In: Isaías de Rosa Pereira. *A Inquisição em Portugal. Op. cit.* Documento nº 170.). O monarca, ironicamente, responde: "agradeço muito o zelo e cuidado que mostras em tudo e no negócio de tanta consideração em que estou com o cuidado que é justo de olhar pela autoridade do Santo Ofício e adiante vos avisará do que houveres de haver e no interim convém que suspendas vossa venida porque o negócio está muito em seus princípios" (*Despacho do rei ao inquisidor*

tugal que justificavam a independência de Castela afirmando que a cooptação que Filipe IV fizera da "gente hebreia tinha prejudicado a honra de deus" e "manchado a fé dos cristãos". Esta ideia ganhava pouso e forma nos escritos pró-restauração de Antônio Carvalho Parada. O caso é, no mínimo, interessante e fora estudado por Juan Ignacio Pulido.[45] A tese central versa que "macular a fé por dinheiro deu mui bastante desculpa para se lançar Portugal ao julgo de Castela". Embora a história seja mais providencialista que verdadeira, a intenção do autor era de provar que a rebelião lusitana fora um "castigo justo para o rei de Espanha e seu governo, sendo também um prêmio merecido para Portugal, onde se perseguia com dureza e sem nenhuma concessão a heresia judaica"[46]. Tal como Parada, o frei Francisco de Santo Agostinho de Macedo chegou certa vez a afirmar que "os judeus fugiram de Portugal, onde os castigavam, para Castela que os agasalhava".[47]

Por outro lado, os historiadores João Lúcio de Azevedo e Antônio José Saraiva procuraram perceber a importância dos cristãos-novos e de seu cabedal no contexto do novo governo, limitando-se a descrever os eventos pós-restauração.[48] Teresa Vale segue o mesmo caminho na pequena biografia sobre Castro, afirmando que, "com base na análise dos testemunhos que até nós chegaram acerca da conspiração regicida de 1641, não se pode afirmar claramente se dom Francisco de Castro participou de forma consciente e empenhada na mesma, ou não".[49] Ana Isabel López-Salazar Codes, por sua vez, argumenta que o inquisidor-geral se limitou apenas a dar pros-

---

geral. Idem. Tradução nossa). Logo em seguida, a Inquisição fora forçada a conceder o édito de graça aos cristãos-novos (*Carta Régia de 21 de junho de 1627. Idem.* Documento nº 180.) e, doravante, um conjunto de medidas para reforma dos procedimentos da inquisição portuguesa foi ordenado pelo rei – do qual, como sabemos, não modificou nada.

45 SERRANO, Juan Ignacio Pulido. *Os judeus e a Inquisição no tempo dos Filipes.* Lisboa: Campo da Comunicação, 2007.

46 Na obra, Parada afirma: "este só gênero de crueldade, entre os muitos que se usavam, de querer arriscar e macular a fé por dinheiro dera mui bastante desculpa para se lançar o julgo de Castela (...). Com um terremoto desbaratou Deus em tempo de Juliano a obra começada, com outro terremoto desbaratou o primeiro de dezembro do ano de 1640 (...) livrando deste perigo e da obediência de quem tão pouca estimação fazia dele". Antônio Carvalho de Parada. *Justificação dos portuguezes sobre a ação de libertarem seu reino da obediência de Castela.* Lisboa: Paulo Craesbeeck, 1643, p. 180-184.

47 *Apud.* AZEVEDO, João Lúcio de. *História dos cristãos-novos portugueses. Op. cit.* SARAIVA, Antônio José. *Inquisição e cristãos-novos.* 5ª ed. Lisboa: Editorial Estampa, 1985.

48 *Filippica portuguesa contra la invectiva Castellana (1645),* p. 106. *Apud.* João Lúcio de Azevedo. *História dos cristãos-novos portugueses.* Lisboa: Clássica, 1989, p. 237.

49 VALE, Teresa. "D. Francisco de Castro (1574-1653) Reitor da Universidade de Coimbra, Bispo da Guarda e Inquisidor Geral", *Lusitania Sacra,* 2.ª série, vol. 7, Lisboa, 1995. p. 352.

seguimento ao seu trabalho como se nenhuma alteração estivesse ocorrendo em Portugal, concluindo que o silêncio "podia ser uma arma política para a sobrevivência mais útil no confuso contexto português".[50]

Silêncio, prudência ou oposição, qual seria o posicionamento de Castro frente a estes acontecimentos? Em correspondência ao Tribunal de Coimbra, o inquisidor-geral deu conta que, após o 1º de dezembro, dom João havia sido recebido como rei em Lisboa e, por isso, deveriam todos assim entender "para que se havendo feito o mesmo nessa cidade (como se supõem) se conformem vossas mercês com o que por cá passa e não haja coisa ou ação em contrário".[51] Em março de 1641, escreveu uma carta para o Tribunal de Goa na qual dá conta das mesmas informações: "sábado, primeiro de dezembro passado, foi aclamado nesta cidade por rei deste reino pela nobreza e povo o senhor rei dom João, o 4º, duque de Bragança". Note que a aclamação (conteúdo presente nas duas cartas), no entendimento de Castro, fora realizada apenas pelos estados da nobreza e do povo, ficando o eclesiástico fora desta feita política. Oposição ou apenas silêncio? Embora tenha caráter informativo, esta epístola não demonstra qualquer posicionamento político, terminando com a afirmação de que "essa mesa se conformará com o que neste reino se tem feito, continuando na obediência que se tem dado a sua majestade e dando muitas graças a Deus pela mercê que nos tem feito em nos dar rei natural".[52] Talvez Castro apenas não tivesse o mesmo entusiasmo que dom Rodrigo da Cunha, arcebispo de Lisboa, um dos maiores defensores da Restauração, com quem o inquisidor trocara farpas em outros tempos. Talvez o clima de incerteza e o perigo de uma reviravolta não tenha entusiasmado Castro. Afinal, a crise era uma realidade, a começar pela guerra que sangrava os ínfimos recursos do reino e a desunião de uma parcela da população que considerava a rebelião uma aventura temerária ou mesmo indesejável. Castro, decerto, fora menos

---

50 CODES, Ana Isabel López-Salazar. *Inquisición y política... op. cit.* p. 83. Para perceber o uso político do silêncio, vale servir-se de um escrito de Vieira. Diz ele: "não considere vossa majestade estas razões [sobre o estado deplorável do reino] como nascidas do temor desafeiçoado ou de outro algum efeito menos nobre, e menos português; porque os que amam mais a vossa majestade, os que mais desejam e procuram a conservação desta Coroa, os que não têm dependência nem podem ter esperança em Castela, e os que hão de dar a vida por vossa majestade, são os que isto dizem e o intendem, e só o *calam aqueles a quem emudeceu a neutralidade* e cegou a ambição e a lisonja". Antônio Vieira. 'Proposta feita a El-rei D. João IV em que se lhe representa o miserável estado do reino e a necessidade que tinha de admitir os judeus mercadores que andavam por diversas partes da Europa' In: PÉCORA, Alcir (Org). *Escritos históricos e políticos*. São Paulo: Martins Fontes, 1995.
51 DGA/TT-Lisboa, *Inquisição de Coimbra*, Livro 23. fl. 135. *Correspondência recebida do Conselho Geral* (6 de dezembro de 1640).
52 BNRJ-Rio de Janeiro. *Manuscritos*, 25.1.4. Documento 90. fl. 208v. Ofícios à mesa de Goa (20 de março de 1641).

animado que os próprios inquisidores de Évora que chegaram a organizar um auto da fé para celebrar a vitória das tropas espanholas nestas terras.

A posição de dom Francisco de Castro foi no mínimo ambígua. O inquisidor, embora afirmando o contrário, na prática parece ter contribuído com os desejos de Madri. Além deste, havia outros membros da Inquisição que eram leais a Castela, como frei João de Vasconcelos, nomeado por Olivares para pacificar Évora durante o levante de 1637. Até aí, nenhum problema, afinal o próprio duque de Bragança participou da pacificação dos ânimos eborenses. Vasconcelos foi, inclusive, preso e impedido de praticar seu ofício de predicador real, pois havia proferido um sermão que colocava em xeque a relação do reino com os cristãos-novos.[53] Este fato contribuiu para que sua personagem caísse no gosto de Madri.

Todavia, no limite, é difícil afiançar certa posição institucional do Santo Ofício, sobretudo antes do alvará de que procurou suspender o confisco dos bens, de 1649. Em resumo, a tese da historiadora espanhola aponta que

> também em 1640 [à exemplo de 1580] a Inquisição não reagiu em bloco. Por isso, não faz sentido considerar o Santo Ofício como uma instituição pró-filipina ou pró-bragancista perante a Restauração, como têm feito alguns autores. Impõe-se uma maior precisão, isto é, analisar os vínculos e as decisões políticas de cada um dos seus membros. Deste modo, é possível comprovar que houve ministros do Tribunal que participaram na conspiração de 1640, como os inquisidores de Lisboa Pantaleão Rodrigues Pacheco e Diogo de Sousa, enquanto que outros tiveram de se exilar em Castela, como o inquisidor de Évora António da Silveira ou o de Lisboa D. Álvaro de Ataíde. Também no Conselho Geral existiram diversas opções políticas: Sebastião César de Meneses apoiou desde cedo o regime Bragança, D. Luis de Melo fugiu para Castela e frei João de Vasconcelos manteve uma atitude muito crítica com o novo governo. O próprio inquisidor geral, D. Francisco de Castro, participou na conjuração pró-filipina descoberta a 28 de Julho de 1641.[54]

---

53 Vasconcelos é figura controvertida: foi também desterrado pela vice-rainha dona Margarida de Sabóia por críticas à administração espanhola.
54 CODES, Ana Isabel López-Salazar. 'O Santo Ofício no tempo dos Filipes' In: *Revista de História da Sociedade e da Cultura*, 9, 2009. p. 159. No caso da nomeação de Pantaleão Rodrigues Pacheco para deputado do Conselho Geral, em 28 de janeiro de 1641, é provável que Francisco de Castro fizesse com alguma consciência que fosse afeto do novo rei. Porém, foi o Conselho Geral, certo do perigo que corria Castro, já em 25 de setembro de 1642, que nomeou Diogo de Sousa – partidário do rei – para sua corte (DGA/TT, *Conselho Geral*, Livro 136). Dom João também favoreceu os familiares com a isenção de serviem, em 21 de janeiro de 1641. (BA-Lisboa, 51-IX-6. *Representação de Francisco de Castro a dom João sobre a mercê que Sua Majestade fez ao Santo Ofício por decreto de 21 de janeiro de 1641* [14 de outubro de 1643].

Tal interpretação é seguida por Giuseppe Marcocci e José Pedro Paiva na síntese que fizeram da *História da Inquisição portuguesa*. Os historiadores defendem que "a Inquisição não agiu como bloco coeso, nem foi 'fortaleza de Castela'", além da relação com dom João IV não ter sido "sempre tensa e difícil. Houve quem pendesse para o rei vizinho e quem prontamente seguisse o português".[55] O Santo Ofício foi peça-chave para o domínio filipino: a relação entre a monarquia e o Tribunal foi por demais consolidada e necessária, vide os cargos que ocuparam os inquisidores no governo de Portugal. Contudo, a Inquisição não foi exclusivamente castelhana ou portuguesa, do ponto de vista político, mas jogou com as duas. Explicamo-nos melhor: sob os Áustrias, a Inquisição tomara a causa portuguesa, pois não queria a interferência das instituições castelhanas – a monarquia e o Tribunal espanhol –, reafirmando sua lusitaneidade, através da autonomia e independência, e a pureza da fé contra os cristãos-novos.

Por tudo isso, não é certo que a Inquisição, no momento logo após a Restauração, tenha perseguido com mais força os cristãos-novos. É fato que o Santo Ofício e a Igreja tomaram posições importantes, não obstante ambíguas, ante a rebelião portuguesa. Mas isso nada teve relação com os cristãos-novos – pelo menos até certo momento.

Observemos o gráfico a seguir:

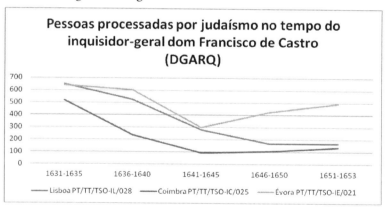

Fonte: http://digitarq.dgarq.gov.pt/

---

fl. 165-166; 169). Essas medidas deixavam dúvidas se foram atos de cooptação ou se foi uma tentativa de dissimular tal cooptação. Essa última hipótese parece clara quanto da nomeação de Diego de Souza pelo Conselho (e não por dom Francisco de Castro que estava preso neste momento) – diferente do que argumentam, neste caso, Giuseppe Marcocci e José Pedro Paiva em sua *História da Inquisição portuguesa (1536-1821)*. Lisboa: Esfera dos Livros, 2013, p. 184).

55 MARCOCCI, Giuseppe e PAIVA, José Pedro. *Op. cit.*, p. 182.

Claro está que este gráfico não representa a quantidade absoluta dos processos entre os anos de 1631 e 1653 (governo de Francisco de Castro), mas uma amostragem bem geral em vista dos problemas de catalogação digital do Arquivo da Torre do Tombo. Arbitramos o ano de 1631, pois não fazia sentido colher os dados de 1630, se Francisco de Castro só tomou posse em maio, iniciando uma rigorosa inspeção em todos os tribunais, que só acabou na segunda metade de 1631.[56] Dito isto, pensemos o gráfico.

Há, como se observa, forte tendência de queda na perseguição aos descendentes dos judeus, em Portugal, durante a maior parte da administração de Francisco de Castro. Tal declínio permanece até o fim dos cinco primeiros anos da Restauração (1646), quando se percebe um revés, paulatinamente crescente, nos últimos anos de sua vida (1651-1653) e da batalha entre Coroa e Inquisição pelo confisco dos bens (1649).

Enlace: contra ninguém, a favor de si

Ronaldo Vainfas, em *Jerusalém colonial*, seguindo a tese de que a Inquisição tomou algum partido, destacou que "além de ter conspirado contra o rei, em 1641, na pessoa de dom Francisco de Castro, o Santo Ofício desafiou a coroa" inúmeras vezes após a Restauração.[57] Não estou certo que Castro tenha participado efetivamente da conspiração contra o novo rei. Porém, é fato que dom Francisco de Castro, depois de liberto, a 5 de março de 1643, usou o Santo Ofício como instrumento político, como já apontava Antônio Baião em 1942.[58] Francisco Bethencourt afirma que para demonstrar sua autoridade, posta em questão pela prisão na conjura, o inquisidor-geral organizou visitas de inspeção em todos os tribunais, reservando a si o exame do tribunal de Lisboa.[59] Porém, este fato – acreditamos – não tem qualquer ligação com sua prisão, mas com o zelo invulgar de sua administração do Santo Ofício. Castro era homem preocupado com a retidão e a ortodoxia do Tribunal.

---

56 Embora tenha sido nomeado inquisidor geral em 1629, Francisco de Castro foi confirmado pelo breve de Urbano VIII, *Cum Officium*, em 19 de Janeiro de 1630. DGA/TT-Lisboa, *conselho Geral*, Livro 136. fl. 133v-135. Agradeço a Ana Isabel López-Salazar Codes pela indicação deste livro que contém os breves, patentes e confirmações dos cargos no Santo Ofício.
57 VAINFAS, Ronaldo. *Jerusalém colonial: judeus portugueses no Brasil holandês*. Rio de Janeiro: Civilização Brasileira, 2010, p. 318.
58 BAIÃO, António. 'El-rei d. João IV e a Inquisição' In: *Anais da academia portuguesa de história*. 1ª série. N° 6. 1942. p. 9-70.
59 BETHENCOURT, Francisco. *Op. cit.*, p. 195.

É, por outro lado, latente que houve certo azedamento nas relações entre o novo governo e a Inquisição. Podemos posicionar esse dissabor entre os anos de 1646 e 1649. Nos primeiros anos da Restauração, as relações foram de certa cordialidade entre ambas instituições e o episódio da Conjura não deixou qualquer sequela política. Prova disso é a nomeação de dois partidários da Restauração ao Conselho Geral. A questão dos jesuítas de Évora contra a Inquisição principiou o problema,[60] mas o rei foi resolutamente a favor dos inquisidores (cabendo, por parte dos jesuítas, o recurso ao papa). Na verdade, a Inquisição de Évora causara certos problemas ao novo regime, mas todos foram contornados.

Foi uma certa política favorável aos cristãos-novos, incentivada por ninguém menos que o padre António Vieira, que começou a entornar o caldo. Claro está que a primeira *Proposta* de Vieira, publicada anonimamente em 1643, não surtiu qualquer efeito. Na *Proposta* de 1646, também "anônima", e no parecer, intitulado *Razões*, ambos de Vieira, os dissabores acentuaram-se. Os escritos promoveram uma rápida resposta da Inquisição e a questão acabou se estendendo por mais alguns anos. A prisão dos homens do forte Maurício e, doravante, de Duarte da Silva e Manuel Fernandes Villa Real, além da condenação deste último[61] e de Isaac de Castro, dificultaram a tentativa de negociação com os cristãos-novos de Holanda. Gaspar Bocarro e Manuel Gomes Chacão foram outros os cristãos-novos perseguidos pela Inquisição portuguesa que aguaram às intenções da Coroa.[62] Tais negociações eram sempre mal vistas pelos inquisidores. Entretanto, fora o alvará de 1649 e a disputa pelo fisco (confisco) dos bens dos hereges que tornou a relação inconciliável.

Nesse sentido, ao menos de 1646 até 1649, ocorria "nos bastidores uma batalha surda" que colocava em xeque o confisco inquisitorial.[63] Neste tempo, como era de se esperar, o Conselho Geral consolidou suas suspeitas às posições dos jesuítas, Vieira à frente. Escreveu para os tribunais em 9 de janeiro de 1649, recomendando "muito

---

60 CORREIA, Pedro Lage Reis. 'O caso do Padre Francisco Pinheiro: estudo de um conflito entre a Inquisição e a Companhia de Jesus no ano de 1643'. In: *Lusitania Sacra*, Tomo XI, 1999. TAVARES; Célia Cristina da Silva e FRANCO, José Eduardo. *Jesuítas e Inquisição: cumplicidades e confrontações*. Rio de Janeiro: Ed. UERJ, 2007. p. 54-55. Yllan de Mattos. *A Inquisição contestada. Op. cit.* p. 81-91.
61 O auto da fé em que saiu Villa Real e Duarte da Silva foi assistido por dom João IV. O rei conseguiu valer de alguma forma sua proteção ao banqueiro, mas nada fez para livrar o primeiro.
62 VAINFAS, Ronaldo. *Jerusalém colonial. Op. cit.*, p. 219-308.
63 COELHO, Antônio Borges. *Inquisição de Évora: dos primórdios a 1668*. vol. 2. Lisboa: Caminho, 1987, p. 54.

aos ministros e oficiais das inquisições o bom procedimento e limpeza de costumes pelos êmulos e desafeiçoados que o Santo Ofício tinha adiante de sua majestade".[64]

Após a morte dos dois protagonistas – Castro em 1653 e dom João três anos depois – e o afastamento de Vieira, os inquisidores se aproveitaram para se agigantar politicamente chegando, inclusive, a espalhar um boato de que teria excomungado o rei *post mortem*. Tudo não passou de pressão para que a regente, com medo, suspendesse o alvará dos confiscos. O Conselho Geral, já sem adversários a altura, se agigantou no cenário político levando a melhor nesta batalha.

* * *

Por fim, assim como ocorrera na época dos Filipes, a Inquisição portuguesa, após a Restauração, jogou com as esferas de subordinação, sem subordinar-se a ninguém; soube estar nos dois lugares e não estar em lugar nenhum. Invocou ora a autoridade papal, eclesiástica, ora a autoridade monárquica, secular; era um Tribunal de foro misto e soube muito bem usar dessa prerrogativa. Ao que parece, a prisão de Castro não resultou em ações imediatas contrárias à Restauração e o Santo Ofício não agiu como bloco até, pelo menos, a publicação da *Proposta* de Vieira (1646) que forçou as partes a tomarem lugar no jogo político. Sem dúvida, tudo se agravou com o alvará de 1649 sobre o confisco de bens. Por isso, a Inquisição não esteve nem do lado de castelhanos nem optou pelo partido luso no episódio de 1640: esteve sempre, coerentemente, de seu próprio.

---

64 DGA/TT-Lisboa, *Conselho Geral*, Livro 241. *Anotações de algumas cousas mais particulares que estão nos cadernos que há das cartas e ordens do Conselho Geral nesta inquisição de Coimbra*. fl. 83. Grifo nosso.

O Padre Antônio Vieira e Ronaldo Vainfas

Thiago Groh

ALGUMAS LEITURAS SÃO FUNDAMENTAIS ao longo da graduação em História. Marc Bloch, Jacques Le Goff, Fernand Braudel, Sergio Buarque de Holanda, Caio Prado Junior, Maria Odila Leite da Silva, Laura de Mello e Souza, são algumas dessas leituras obrigatórias a qualquer historiador ou pretenso estudante dessa disciplina. No panteão dos grandes historiadores, de leitura obrigatória está o professor Ronaldo Vainfas, que tive o privilégio de conhecer e ser aluno no ano de 2009 quando ingressei no mestrado na Universidade Federal Fluminense, contando com sua valiosa orientação.

Como muitos estudantes de história primeiro conheci Ronaldo, o escritor, de textos de teoria da história, história da América e história colonial. Depois encontrei o professor Ronaldo, orientador. Esse último não conheci em sala de aula ou nas estantes da biblioteca ou livraria. Foi no elevador da Universidade Federal Fluminense (UFF), no meu primeiro dia de aula de mestrado. Lá estávamos eu e Érica Lôpo esperando o elevador para descobrirmos onde era a sala que Ronaldo daria suas aulas. Dois calouros, perdidos na UFF, quando chega o professor, caminhando calmamente com sua pasta a tiracolo.

Quando o elevador chegou, entramos os três. Eu e Érica nós olhávamos com cara de assustados, afinal estava ali o homem que aprendemos a admirar pelo seu trabalho escrito. Ronaldo, contudo, logo nos olhou e cumprimentou sorridente. Então perguntamos onde seria a nossa aula, e ele não soube responder a sala exata, fato que levou nós três até a secretaria da pós-graduação para descobrir o lugar. Bem, se minha memória não me enganou tanto acho que foi mais ou menos assim que finalmente conheci Ronaldo Vainfas para além dos seus escritos.

Sobre as aulas, logo após a primeira a sala mudou para uma no prédio da pós-graduação, em uma das salas de defesa, onde sentávamos todos numa grande mesa oval com o ar-condicionado ligado sempre no máximo! Ali passei um semestre todo perdido entre a bela paisagem da janela, de onde se avistava a cidade do Rio de Janeiro e a Baía da Guanabara, e as provocações sempre pontuais de Ronaldo Vainfas sobre os textos que debatíamos. O curso sobre a Restauração Portuguesa seguiu ao longo de todo o semestre com leituras densas, debates sempre produtivos e a formulação de conceitos que por vezes eram nada históricos, mas tinham seu valor!

Normalmente um aluno apresentava o texto da aula, levantando questionamentos e os demais faziam seus apontamentos. Ronaldo observava sempre atento às trocas entre os alunos, até que interrompia para fazer suas pontuações e tirar a todos de suas zonas de conforto. A exceção ocorria nos temas ou questões que empolgavam Vainfas, levando-o a dominar toda aula e compartilhar com generosidade seu saber. Isso ocorreu, sobretudo, no momento em que o Padre jesuíta Antônio Vieira tornou-se tema da aula. Figura ímpar no Império Português no momento da Restauração da monarquia com a aclamação de D. João IV em 1640.

Em 2011 Ronaldo Vainfas brindaria-nos com o lançamento do perfil do Padre Antônio Vieira pela Companhia das Letras na série *perfis brasileiros*, que já havia levado a público outros perfis de ilustres brasileiros escritos por grandes historiadores como Evaldo Cabral de Mello, Boris Fausto e Laura de Mello e Souza. De modo fluido, prendendo o leitor do início ao fim do texto, Vainfas constrói a partir do diálogo com a documentação sobre Vieira e com suas inúmeras biografias o perfil desse homem que praticamente viveu todo o século XVII.[1] Tive o privilégio de conhecer a obra antes de sua publicação, no momento em que escrevia o último capítulo da minha dissertação de mestrado orientada por Ronaldo Vainfas.[2]

---

1   Antônio Vieira, padre da Companhia de Jesus, nasceu em Lisboa no ano de 1608 e faleceu em Salvador, Brasil, no ano de 1697.
2   "A Política externa de D. João IV e o Padre Antonio Vieira: as negociações com os Países Baixos (1641-1648)", defendida em maio de 2011 e publicada com o título *O Embaixador Oculto: O padre Antônio Vieira e as Negociações entre Portugal e a República dos Países Baixos*. Curitiba: Editora Prisma, 2015.

A obra *Antônio Vieira: jesuíta do rei*[3] cumpre importante papel ao torna acessível ao grande público a vida de Vieira dada à maneira como Ronaldo conta os quase um século de vida e polêmicas que o biografado se envolveu. Dividido em vinte quatro capítulos, o livro percorre toda a vida de Vieira, dando conta de abordar todos os aspectos desse homem chamado por Fernando Pessoa de *O Imperador da Língua Portuguesa*. E vem juntar-se às grandes biografias elaboradas sobre o religioso.

A primeira data de 1746, período final do reinado de D. João V, e foi escrita pelo também jesuíta André de Barros, 1675-1754, membro da *Real Academia de História Portuguesa* fundada em 1720 pelo rei D. João V dentro do espírito iluminista com o objetivo de reunir grandes intelectuais protegidos pelo poder régio com o propósito de dedicar-se aos estudos do passado e realizar uma história de Portugal, Eclesiástica, e confeccionar mapas. Intitulada *"Vida do Apostólico Padre Antônio Vieira da Companhia de Jesus"* é uma obra encomiástica, na qual o biografado tem suas qualidades ressaltadas e suas máculas apagas, valorizando seus feitos e ações, Barros destaca a questão do famigerado "estalo" diante da imagem de Nossa Senhora das Maravilhas na Capela do Colégio,[4] que transformou Vieira no mais entusiasmado e destacado do Colégio Jesuíta de Salvador, livrando-o da timidez e ignorância que o revestiam até então. João Francisco Lisboa, 1812-1863, o político, escritor e jornalista do Maranhão, escreveu a segunda bibliografia de relevo sobre Antônio Vieira que foi editada nas *Obras Póstumas* do autor no ano de 1865 sob o título *"Vida do Padre Vieira"*.[5]

A análise de João Francisco se detém no período que o jesuíta passou como missionário no Maranhão entre 1653-1661 percorrendo todo o vasto território do Norte do Brasil, passando por Belém do Pará, Ceará e outras regiões, até ser expulso pelos colonos depois de uma série de desentendimentos, sobretudo relacionados com a escravidão do indígena. Desse período recebeu o nome de *Piaçu*, pai grande, dado pelos indígenas.

João Lúcio de Azevedo, 1855-1933, um autodidata livreiro português que viveu em Belém do Pará no início de sua vida adulta entre 1873-1895, membro da *Academia das Ciências de Lisboa* e sócio do *Instituto Histórico e Geográfico Brasileiro* (IHGB). Influenciado pelo historiador brasileiro Capistrano de Abreu, a quem

---

3   VAINFAS, Ronaldo. *Antonio Vieira*: jesuíta do rei. São Paulo: Companhia das Letras, 2011.
4   A Capela do Colégio é atualmente a Sé de Salvador. A imagem diante da qual ocorreu o primeiro estalo de Vieira está no museu de arte sacra da cidade.
5   VAINFAS, Ronaldo. *Antonio Vieira*. Op.cit., p.17-18

nunca conheceu pessoalmente, mas manteve grande troca de missivas nas quais tratavam das obras em que trabalhavam,[6] escreveu a biografia definitiva do Padre António Vieira. "*História de António Vieira*" publicada em dois volumes abrange toda a vida do jesuíta, separada em capítulos temáticos de acordo com o autor da obra, fato que nos dá a impressão de fragmentar o personagem também, sendo composta de uma vasta pesquisa documental, João Lúcio procura a imparcialidade na obra e dar conta de todas as questões em que se personagem se envolveu, recorrendo também a própria obra do biografado. Um trabalho monumental, com alguns pecados, com dividir o personagem entre várias facetas.

A biografia escrita por Ronaldo Vainfas buscou enfatizar dois aspectos importantes em Vieira, sem, contudo, fragmentar a identidade do jesuíta como outros autores fizeram ao se proporem fazer uma biografia, que são o religioso e o político. Dois aspectos, que segundo o grande biógrafo de António Vieira, João Lúcio de Azevedo, dão norte a vida do jesuíta[7]. Outro aspecto que Ronaldo não deixa passar, tal como Azevedo é a capacidade retórica do personagem, que se vale dela tanto nos momentos em que precisa expor suas ideias junto ao rei como nos sermões que profere nas diversas Igrejas por onde passou no Brasil e na Europa.

O livro se destaca também pelo posicionamento corajoso do autor diante de questões polêmicas, aliás é uma marca no conjunto da obra de Vainfas seja em livros ou artigos jamais se refutou a evitar uma polêmica sem antes se posicionar. Assim, enfrenta com desenvoltura a questão da mulatice de Vieira e de sua descendência judaica, essa última foi usada pelos Inquisidores para tentar condenar o jesuíta caído em desgraça após a morte de D. João IV e a ascensão de D. Pedro II depois do golpe em D. Afonso. Alguns biógrafos de Vieira ignoram ou tratam muito superficialmente sobre as origens do religioso inaciano.

Outra questão pertinente que Ronaldo não teme em tomar partido no livro é sobre o papel de Vieira no governo de D. João IV. Um tema sempre delicado para os biógrafos do padre e a própria historiografia, na medida em que os documentos não são claros e são pouco. Mas, Vainfas, afirma com propriedade que o jesuíta ocupou o papel de eminencia parda de D. João IV, governando Portugal à sombra do rei, comparando-o com o cardeal Richelieu. Sua atuação política na primeira

---

6 GONTIJO, Rebeca. A reta e o circulo: amizade, projeto intelectual e construção identitária, nas cartas de Capistrano de Abreu a João Lúcio de Azevedo (1916-1927). In: Anais da Anpuh-RJ, 2004. http://www.rj.s2.anpuh.org/conteudo/view?ID_CONTEUDO=305 p.2-3.

7 AZEVEDO, João Lúcio de. *História de António Vieira*. Lisboa: Clássica Editora, 1992. V. I. p.74.

década da Restauração de Portugal foi sem dúvida alguma decisiva para o sucesso da empreitada, ainda que a maioria de suas mirabolantes ideias e investidas políticas tenham fracassado.

A posição do papel de Vieira ao lado de D. João é fruto de muitas polêmicas entre seus biógrafos e estudiosos. Em minha dissertação de mestrado optei por não considerar o jesuíta um valido ou eminencia parda, como Ronaldo e Evaldo Cabral de Mello[8] afirmam em seus trabalhos. Naquele momento preferi comparar Antônio Vieira com seus pares reconhecidamente nessas funções. Atualmente, sem dúvida alguma, concordo como Ronaldo que bem afirma ao lado de João Lúcio de Azevedo, que o jesuíta foi eminencia parda na primeira década da Restauração tamanha sua influência junto ao Rei.

Ronaldo também explora o papel diplomático do Padre Antônio Vieira exercido entre França e Holanda durante os anos de 1646-1648, quando atuou como uma espécie de embaixador secreto de D. João IV tomando para si todo o controle sobre as missões diplomáticas do reino naquele momento fazendo o papel de uma espécie de ministro das relações exteriores. Com a missão de obter o reconhecimento da nova Dinastia e a paz com a Holanda, Vieira partiu de Lisboa todo garboso em trajes civis com direito a portar uma pequena espada. João Francisco Lisboa[9] escreve sua biografia sobre o jesuíta, fazendo importantes correções e considerações sobre o jesuíta, sobretudo no tocante ao papel diplomático deste.

O papel de Vieira como diplomata, suas ações ao longo da década de 1640, são o foco desse pequeno texto. Pois é nesse ponto, que meu trabalho se aproxima mais da obra de Ronaldo Vainfas, ao mesmo tempo em que é essa a temática que me levou a ser seu orientando no período que realizei mestrado na UFF.

Antônio Vieira foi um homem dinâmico, que dedicou seus 90 anos de vidas a diferentes empreitadas e polêmicas. O primeiro desafio foi o diplomático, que também foi o mais polêmico de sua vida, rendendo mesmo em vida desentendimentos com seus adversários ou mesmo com aqueles que desejaram contar a história de Portugal como o Conde da Ericeira em Portugal Restaurado.

> Ex.mo Sr.- Como religioso, e também sem este respeito, antes quero padecer com silencia, que defender-me com apologias; contudo, como na carta que

---

8   Cf. MELLO, Evaldo Cabral. *O Negócio do Brasil. Portugal, os Países Baixos e o Nordeste, 1641-1669*. Rio de Janeiro: Topbooks, 1998.
9   LISBOA, João Francisco. *Vida do Padre Antonio Vieira*. Rio de Janeiro, São Paulo e Porto Alegre: W. M. Jackson INC Editores, S/D.

> V. Ex.ª me fez mercê escrever em 3 de abril de 1687, entre as outras excelentes virtudes que nela venero, com aquela que V. Ex.ª diga o de que poderia estar queixoso na *História de Portugal Restaurado*, respondo com a mesma sinceridade, digo que não pude deixar de estranhar na dita *História*, a fl. 633, as palavras seguintes:
>
> E para que os negócios pudessem tomar melhor forma, depois de conferências que houve entre os maiores ministros, mandou S.M. a França o padre Antônio Vieira, da Companhia de Jesus, sujeito em quem concorriam todas as partes necessárias para ser contado pelo maior pregador do seu tempo; porém, como o seu juízo era superior, e não igual, aos negócios, muitas vezes se lhe desvaneceram, por querer trata-los mais sutilmente do que os compreendiam os príncipes e ministros com quem comunicou muitos de grande importância.
>
> Primeiramente admirei nesta sentença não ter matéria alguma sobre que caísse; porque, se preceder a narração de algum negócio proposto por mim, que El-Rei e os seus ministros não percebessem, ou quando menos se tivesse desvanecido (ainda que não bastava ser um para dizer se dizer muitas vezes e para que a proposição fosse universal), deste caso se poderia tomar ocasião para se estender a muitos o que afirma. Mas é certo que V.S.ª nele foi informado por quem não sabia, nem soube, nem podia saber motivo por que El-Rei me mandou naquela ocasião a França, e daí à Holanda.[10]

Essa questão somente foi solucionada por João Francisco Lisboa, que percebeu alguns erros e excessos do Conde da Ericeira em relação a Vieira,[11] mostrando as devidas correções necessárias para a compreensão da ação diplomática do jesuíta. Os primeiros anos da Restauração de Portugal foram cruciais para o destino da nova Dinastia, e Vieira foi peça chave nesse período, sobretudo enquanto diplomata e conselheiro do Rei D. João IV. Nesse aspecto Ronaldo consegue captar muito bem o clima da época e suas imbricações políticas, sem deixar-se perder em questões menores, fato que torna seu trabalho sobre Vieira ainda mais completo, pois os elementos da vida do personagem e do ambiente em que este viveu estão colocados de forma lúcida ao leitor.

Nas missões diplomáticas Vieira usava roupas seculares, abandonava a tonsura, adotava um bigode e usava espada na cinta, eliminando qualquer traço exterior de sua religiosidade católica. Garboso e lisonjeiro gabava-se das propostas de casamen-

---

10 VIEIRA, Antonio. Carta ao Conde da Ericeira, 23 de maio de 1689. *Cartas do Brasil*. Organização João Adolfo Hansen. São Paulo: Hedra, 2003, p.544.
11 LISBOA, João Francisco. *Op. Cit.*, p.84-89.

to que recebera na República dos Países Baixo, que revelavam a eficiência de seu disfarce. Apesar disso manteve sempre seus votos religiosos de castidade e sua fé, mesmo que externamente esses aspectos fossem excluídos.

Astuto e perspicaz Antônio Vieira partiu para o exterior cheio de vigor e disposto a defender a nova dinastia portuguesa, era o jesuíta um Joanista e não Sebastianista, como bem mostra Ronaldo Vainfas no capítulo 19 do perfil que faz de Vieira,[12] onde o político e o profético são colocado e explicados dentro do contexto da época por Vainfas, que coloca a questão da coerência do jesuíta, tal como o entendimento de Tempo que tinha. Nesse aspecto a obra de Ronaldo se diferencia das outras biografias, pois não procura apenas relatar os fatos e acontecimentos de uma vida, mas também traçar um perfil completo do biografado, explorando sua subjetividade e psicológico.

Aqui abro um parêntese para uma pequena história sobre o professor Ronaldo, um fã do Padre Antônio Vieira, do qual sempre fala com muito entusiasmo e propriedade, questão que reflete no seu livro sobre o religioso. Conta as histórias de tal maneira que prende seu interlocutor. As histórias de Vieira ganham outro sabor quando contadas por Ronaldo, tanto na forma escrita, quanto oral. Qualidade rara entre historiadores, e questão sempre cobrada de seus orientandos.

Voltando a Vieira, sua primeira polemica como diplomata foi à tratativa de casamento de D. Teodósio com a Melle de Montpensier, Anne Marie d'Orléans, infanta francesa, numa ousada e mirabolante ideia que passaria Portugal e o Brasil as mãos dos franceses para salvar a nova dinastia portuguesa e garantir um império luso possível. Em 1646 em sua passagem pela França o jesuíta ventilou a ideia junto a Mazarino, primeiro ministro francês, que havia estudado junto dos jesuítas italianos em sua formação.

Sem muito dar importância ao constrangimento da ideia do casamento entre os herdeiros de Portugal e da França, com a soberania da francesa sobre os lusitanos, em troca de uma aliança formal que permitiria o reconhecimento de D. João IV. A proposta resumia-se na ideia de que após o casamento, o rei português abdicaria ao trono, exilando-se na América no Estado do Grão-Pará de onde seria rei e seu filho D. Teodósio ficaria com Portugal e o reino do Brasil, exceto o Nordeste ocupado então pelos holandeses. Com os dois herdeiros ainda muito jovens caberia aos franceses a regência do trono português até a maioridade do príncipe.

---

12 VAINFAS, Ronaldo. *Antonio Vieira. Op.cit.*, p.208-219.

Obviamente a proposta foi rechaçada de imediato pelos franceses, afinal se eles não conseguiam salvar seu próprio reino, como um rei estrangeiro faria isso? Ronaldo trata essa questão na sua obra, assim como fez João Lúcio de Azevedo. Questão delicada e importante, porém carente de documentação, por vezes é ignorada em outros trabalhos biográficos sobre o jesuíta. A Casa de Bragança sempre tão hábil em realizar casamentos capazes de lhe garantir proximidade com diversas Casa nobiliárquicas europeias fracassou nesse caso. D. Teodósio era preterido por parte da nobreza espanhola e portuguesa para um casamento com a infanta Maria Teresa, selando a paz entre os dois reinos e restabelecendo de certo modo a união dos reinos, sem, contudo estarem sob o mesmo rei.[13] Ao fim tornou-se refém da ideia de Antônio Vieira.

Ao longo dos dois anos em que passou como diplomata de D. João IV, o jesuíta se envolveu em muitas outras questões e tomou frente de todo o processo diplomático português, como já colocamos, acumulando amigos e inimigos vorazes. Sua última ação nesse campo foi à elaboração do *"Papel que fez o Padre Antonio Vieira a favor da entrega de Pernambuco aos holandeses"* um parecer ao rei D. João IV com o objetivo de estabelecer finalmente a paz com os holandeses em detrimento a guerra defendida pelos nobres conselheiros que eram chamados de *valentões* pelo jesuíta.

O parecer de Vieira logo recebeu do rei o apelido de *Papel Forte* dada a força dos argumentos, porém, o documento que detalhava todo sistema de defesa do Brasil e do Império, como bem coloco Ronaldo Vainfas[14] mostrava um império enfraquecido suscetível a uma grande derrota militar se atacado. O *Papel Forte* foi fruto da experiência holandesa de Vieira, e do amadurecimento do pensamento.[15] Vainfas no perfil que faz do jesuíta, se permite a uma análise mais crítica do documento, questão que é deixada de lado pelos biógrafos que o antecederam nos estudos sobre Antônio Vieira.

Um texto construído com todo o rigor retórico do jesuíta centrado em quatro tópicos que se desenvolvem em outros subitens dando conta de construir um retrato fiel da situação do império que se via na iminência de uma guerra com os holandeses, a qual poderia levar ao fim do domínio português sobre suas colônias e quem

---

13 Cf. COSTA, Leonor Freire & CUNHA, Mafalda Soares da. *D João IV*. Lisboa: Circulo de Leitores, 2006. Capítulo 1.
14 VAINFAS, Ronaldo. Op.cit. p. 163.
15 Cf. AVELINO, S. J. Vieira: Trilogia literária na luta contra o holandês. In: *Verbum*. Volume 16, 1959.

sabe a perda de autonomia do reino novamente. O problema maior do escrito para além da resistência dos opositores do jesuíta no Conselho de Estado, chamados de *valentões*, era a rebeldia pernambucana que agia com êxito contra os holandeses.

A vitória de Salvador Correia e Sá recuperando Angola para os portugueses colaborou para fortalecer a posição dos *valentões* que desejavam a guerra a qualquer custo. O Padre Antônio Vieira por algum motivo também ignorou a capacidade dos colonos de reação, não acreditando na insurreição pernambucana, justamente ele que vivenciou as tentativas de invasão de Salvador pelos holandeses. Ronaldo notou essas questões no capítulo *Judas do Papel Forte*.

O *Papel Forte* foi o último lance de Vieira na luta contra os holandeses, porém, não foi sua última tentativa de salvar o reino e garantir a fé católica do mesmo. O que nos leva a refletirmos um último e importe ponto da vida do jesuíta na primeira década da Restauração Portuguesa, a relação com os cristãos-novos. Uma relação que Ronaldo não deixa passar em branco e explora ao longo do seu trabalho sobre o religioso.

Vieira conheceu a importância desses homens e de seu papel na economia do império ainda quando morava na Bahia. Onde a comunidade de cristãos-novos gozava de certa liberdade, pois os braços do Santo Ofício não chegavam à colônia do Novo Mundo até então. Anita Novinsky também aborda essa questão nos seus textos, como no clássico *Cristãos-novos na Bahia* ou em escrito mais recente, *Uma luta pioneira pela justiça dos judeus: padre Antônio Vieira*.

Da Bahia para a Europa, o jesuíta levou a amizade de Duarte da Silva, importante mercador no império, que construíra na década de 1630 uma vasta rede comercial que abarcava o comércio, não apenas de açúcar, mas também de pedras preciosas e tecidos. Estendendo-se por diversos lugares na Europa e no reino, Ruão, Antuérpia, Livorno, Roma e Veneza, Brasil e Índia. Um cristão-novo que logo tomou partido ao lado dos restauradores, financiando o rei D. João IV com generosos empréstimos.[16] Ronaldo é atento em sua obra à importância de Duarte da Silva e a relação deste com Vieira. Normalmente deixado de lado pela historiografia ou pouco estudado, Silva é apresentado com maior rigor por Vainfas, que o retira das breves notas para explorar um pouco mais da relação destes dois homens.

---

16 CAROLLO, Denise Helena M. de Barros. "Além do Atlântico e do Mediterrâneo: a atuação de uma rede comercial no século XVII". In: FURTADO, Júnia Ferreira. *Diálogos Oceanicos: Minas Gerais e as novas abordagens para uma história do Império Ultramarino Português*. Belo Horizonte: Editora da UFMG, 2001, p. 127-153.

Ronaldo antes de abordar a fase final de Vieira no Brasil, quando já idoso e cansado das muitas batalhas retorna a Salvador, analisa com precisão dois momentos de relevo da vida do jesuíta, a criação da Companhia de Comércio e sua prisão pelo Tribunal do Santo Oficio. Ciente da importância do capital dos cristãos-novos para o reino e a perenidade da dinastia Brigantina no trono português, Vieira propõe a criação da Companhia de Comércio, uma empresa de capital aberto que contaria com investimentos de cristãos-novos e velhos.

O alvará de fevereiro de 1649 oficializou a união comercial entre os cristãos-novos e o rei, ao mesmo tempo em que limitou o raio de ação da Inquisição,[17] pois protegia o capital investido na companhia do confisco inquisitorial. Criar uma nobreza mercantil, próxima da que existia nos Países Baixos ou como a que havia conhecido na Bahia onde uma forma embrionária de burguesia cristã-nova existia, era a ideia do Padre Antônio Vieira. A Companhia de Comercio do Brasil foi então criada em 10 de março de 1649.[18] O mesmo determinou que qualquer pessoa de todas as classe e nacionalidades poderia investir um capital mínimo de vinte cruzados para se tornar acionista. Na lista dos primeiros acionistas figuraram muitos cristãos-novos, cujo capital foi importante para o desenvolvimento da Companhia.

O comércio entre o reino e a colônia era garantido pelo monopólio que a Companhia detinha de fornecer de vinho, farinha, azeite e bacalhau. Vieira regozijava-se junto com D. João IV, pois, apesar das dificuldades iniciais a Companhia crescia e cumpria seu papel, ao mesmo tempo em que também respondia às investidas holandesas. A Inquisição por sua vez, sentiu-se incomodada e provocada pela dupla D. João IV e Antônio Vieira, novamente, com a proteção concedida pelos alvarás de 1649 que garantiam a proteção do capital dos investidores na empresa, questão que levou o Tribunal português a que recorrer ao papa Inocêncio X na tentativa de reverter à validade do alvará.

A posição da Inquisição e sua consulta ao papa, que ainda não reconhecia a legitimidade de D. João IV, obriga-o a realizar pequenos reparos nos alvarás, permitindo à Inquisição inventariar os bens dos cristãos-novos detidos, porém, mantinha intocável o capital investido na empresa. Ironicamente a Companhia de

---

17 VAINFAS, Ronaldo. *Antônio Vieira*. Op. cit., p.169.
18 SILVA, José J. de Andrade e. *Collecção Choronologica da Legislação Portuguesa*: comentada e anotada por José J, de Andrade e Silva. In: http://www.iuslusitaniae.fcsh.unl.pt/~ius/verlivro.php?id_parte=100&id_obra=63&pagina=100# e http://www.iuslusitaniae.fcsh.unl.pt/~ius/verlivro.php?id_parte=100&id_obra=63&pagina=109

Comercio criada por incentivo de Vieira em 1649 com todo o apoio do rei, acabaria por "traí-lo", quando sua organização não apenas permitiu a mobilização das fazendas dos cristãos-novos, como também foi fundamental para a expulsão dos holandeses do Brasil, fazendo a guerra que ele tanto repudiou no "Papel Forte".[19]

Os anos seguintes não seriam tão auspiciosos para o jesuíta. A guerra com os holandeses finalmente acabaria com a reconquista de Recife em 1654 e a paz selada em 1661. Seria expulso de Roma, sendo obrigado a sair da cidade na calada da noite quando tentava costurar um acordo para que o papa reconhecesse a legitimidade de D. João IV. Acabaria exilado no Maranhão, onde voltava à vida de missionário, para uma nova expulsão em seguida depois de confronto com os colonos sobre a escravização dos indígenas. Voltaria então a Lisboa e cairia nas garras da Inquisição após a morte de D. João e a ascensão de D. Pedro ao trono português depois de dar um golpe em seu irmão D. Afonso.

Ronaldo percebe as pontas soltas e as amarras muito bem ao tratar da passagem de Vieira pelos cárceres do Santo Ofício e depois em seu recolhimento penitencial. Recorre aos textos do religioso e as fontes diversas para elucidar ao seu leitor o momento vivido pelo personagem. O místico, o profético, a leitura do catolicismo feita por Antônio Vieira é analisada com cuidado nessa passagem, e permitem ao leitor perceber as nuances e mudanças do pensamento do biografado. A volta ao Brasil é mostrada não como uma derrota, mas como uma etapa da vida.

Na Bahia, onde viveria sua última década de vida. Sem, contudo, deixar de envolver-se em polêmicas e de escrever. Antônio Vieira foi como uma fênix portuguesa, como bem nota Ronaldo Vainfas. Uma fênix que ressurgia vigoroso e altivo a cada derrota para procurar novos desafios. Morreu lúcido, apesar de cego, com quase 90 anos na Casa do Tanque, para onde os jesuítas idosos eram levados em Salvador e onde hoje funciona o Arquivo Público da Bahia.

Ditava suas cartas e escritos para seu secretário e quando morreu recebeu todas as honras de seus companheiros de batina em Salvador. Suas exéquias foram celebradas na Igreja de São Roque em Lisboa, a pedido do Conde da Ericeira, e nelas suas virtudes foram exaltadas. Vieira lutou ao longo de toda sua vida, se posicionou sempre diante das inúmeras questões que teve de enfrentar. Ronaldo Vainfas do mesmo modo e com a mesma elegância do jesuíta, nunca deixou ou deixa de posicionar-se quando provocado.

---

19 FRANÇA, Eduardo D'Oliveira. *Portugal na época da Restauração*. São Paulo: Hucitec, 1997, p. 400.

A obra de Ronaldo Vainfas, repleta de clássicos, é um legado imensurável para a historiografia brasileira. As críticas que cabem à obra são fundamentais para sua relevância. O professor Vainfas, que sempre acolheu seus orientandos, deixa não só a esses, mas aos que foram seus alunos também, lições para uma vida. A generosidade com que compartilha seu vasto saber, a paciência em ensinar, a precisão com que elabora provocações, a leveza de suas ironias, são marcas que aqueles que o conheceram e tiveram o privilégio de tê-lo como professor carregaram consigo.

Ter encontrado Ronaldo foi, sem dúvida alguma, importante para meu amadurecimento como historiador. Devo-lhe muito! Ao longo dos dois anos de mestrado muito foi o aprendizado. Cada e-mail enviado, com dúvidas, textos ou capítulos, era sempre um momento de tensão. Abrir as respostas exigia preparo psicológico, mas sempre Ronaldo foi muito educado, gentil e paciente com as correções e apontamentos.

Ao se aposentar da Universidade Federal Fluminense, Ronaldo deixa um vazio. Encerra um ciclo e abre caminho para uma nova geração de historiadores. O professor aposentou-se, mas o autor, historiador, jamais saberá o que é isso! Sua obra vive! Assim, sem mais delongas, aproveito para novamente agradecer a Ronaldo por todo aprendizado passado, pela amizade e por sua obra. Muito obrigado!

Origem e estabelecimento da Inquisição de Alexandre Herculano, seu conceito de História e posteriores debates sobre a Inquisição portuguesa

Célia Cristina da Silva Tavares

História, romance histórico e o século XIX

NUMA EDIÇÃO DE BOLSO da *História da Origem e Estabelecimento da Inquisição em Portugal*, de Alexandre Herculano, publicada na década de 1980, lê-se na contracapa os seguintes dizeres: "a última palavra sobre o assunto, ainda hoje; o movimento e a ação que fazem o drama da história; uma obra escrita com paixão, com severidade e com justiça". Para além de recurso de publicidade, este trecho resume, de maneira emblemática, a visão que os portugueses, em geral, têm sobre esta grande figura da História e da historiografia de Portugal: "grandioso"; "referência fundamental"; "equilíbrio de opinião", sempre apaixonadamente expressada. Portanto, é uma tarefa muito difícil analisar um autor e parte de sua obra que significam tanto para um país. Campeão do liberalismo, ícone do pensamento liberal em Portugal, exemplo do anticlericalismo, ainda tão presente entre os portugueses, é sempre difícil explorar as características de um verdadeiro mito e de uma de suas obras mais polêmicas. Só é possível se for lembrado que qualquer pessoa tem a sua grandeza definida pelo seu próprio tempo.

O historiador francês Jacques Le Goff, no primeiro volume da *Enciclopédia Einaudi*, no verbete "História", lembra, logo no início do texto, algo que muitos interessados no tema frequentemente esquecem: que o conceito de historicidade "obriga a inserir a própria história numa perspectiva histórica".[1] Ou seja, um trabalho com objetivo de ser um estudo histórico tem de ser sempre relacionado com o tempo em que ele foi escrito. É necessário procurar entender o momento em que um autor viveu e como engendrou sua obra, para podermos adequá-lo a uma análise crítica, sem cometer a injustiça de esperar ideias e conclusões que não seriam possíveis de serem alcançadas pela ausência de instrumentos para tal realização.

Assim, a História tem sua história. Os gregos, os romanos, os muçulmanos, os chineses, os homens da Idade Média e do Renascimento na Europa, entre tantas outras culturas que poderíamos citar, fizeram e entenderam a História de formas variadas. Por sua vez, elas são diferentes do entendimento atual do que é este ramo do conhecimento.

O século XIX é reconhecido, em geral, como o momento do nascimento da História entendida como ciência, no Ocidente, obedecendo a determinadas regras e normas que até então eram desconsideradas por quem escrevia sobre o passado dos homens e das sociedades. A História como ofício e a figura do historiador passaram a ser importantes para a construção das identidades nacionais que se constituíam no âmbito do Romantismo e das ideias liberais. A erudição – arma já consolidada nos tempos modernos para o desenvolvimento de um conhecimento histórico –, foi ainda mais valorizada, especialmente no exemplo do alemão Leopold von Ranke, que publicou, em 1824, a *História dos povos latinos e teutônicos entre 1494 e 1514*, baseado em largo número de fontes históricas por ele estudadas. Este autor foi o responsável pela fundação de uma concepção do fazer histórico que valorizava o princípio da narrativa do que "realmente" ocorreu no passado, da "verdade" dos fatos. Hoje sabe-se que este objetivo é, no mínimo, discutível; que a verdade é sempre passível de assimilar perspectivas diferenciadas quando nos referimos ao passado, fruto das inúmeras versões consolidadas sobre os eventos que ocorreram (não querendo com isso cair num relativismo exagerado que ultrapasse a possibilidade dos historiadores pensarem os acontecimentos ao longo do tempo). Apesar da defesa que Ranke fez da neutralidade do historiador ao desenvolver a narrativa do passado, curiosamente, muitas vezes a concepção rankeana de história vem associada a um senso comum, nos dias atuais, que insiste em atribuir à História o fórum dos julgamentos dos atos do passado e, muitas vezes, exige dos historiadores que contem a "verdadeira história".

---

1 ROMANO, Ruggiero (dir). *Enciclopédia Einaudi*. Lisboa: Imprensa Nacional/Casa da Moeda, 1984. v. 1. p.159 (Memória-História).

A par do desenvolvimento dos métodos e técnicas na escrita da História e da existência dos historiadores de ofício, deve ser lembrado também o público leitor. O século XIX foi palco de significativo crescimento do número de leitores e um dos muitos elementos que se deve considerar para explicar este fenômeno foi o grande sucesso dos romances históricos que promoveu um "gosto pela história". O modelo originou-se na Inglaterra e o seu maior nome foi, sem dúvida, Walter Scott, ao publicar, em 1814, o livro intitulado *Waverley*, seguido de outros, sendo o de maior sucesso *Ivanhoe* de 1819.[2] Este autor promoveu o entrelaçar de eventos, personagens e ambientes históricos, especialmente os referentes ao período medieval, com uma composição ficcional que se consolidou como uma tendência literária do Romantismo. Não havia a preocupação por parte de Scott com o respeito a fontes históricas, pois o autor considerava que poderia "usufruir do direito de se inspirar nos ilimitados recursos que a História oferece para colorir com a imaginação eventos que, tratados de forma distinta, não captariam a atenção do leitor".[3] Ou seja, há aqui um curioso paradoxo. Se por um lado o romance histórico possibilitava, graças ao seu sucesso, um aumento do gosto do público pela História, por outro, criava um interessante debate sobre a questão da verdade nos textos dos que se preocupavam em ser historiadores.

O que importa dizer é que o gênero popularizou-se e espalhou-se pela Europa. Em França, Victor Hugo e Alexandre Dumas são seus grandes representantes. Em Portugal, o nome de Alexandre Herculano destacou-se na elaboração do Romance Histórico, sendo *Eurico, o presbítero* seu livro de maior sucesso neste estilo.[4]

A vida de Herculano em breves linhas

A trajetória de vida de Herculano pode explicar porque ele se encontrava, em meados do século XIX, vinculado à mais contemporânea e bem-sucedida tendência literária da época, por um lado, e à produção de textos históricos comprometidos com a pesquisa documental, por outro.[5]

---

2   LEFEBVRE, Georges. *O nascimento da moderna historiografia*. Lisboa: Sá da Costa, 1981. p. 174.
3   MELÃO, Dulce. "Formas de (Re)Ver o Passado: Scott nas Páginas de Herculano e Ruskin". In: *Actas do I Congresso Internacional de Estudos Anglo-Portugueses*. Lisboa, 2001.
4   SOBREIRA, Luís. "Uma imagem do campo literário português no período romântico através dos *best-sellers* produzidos entre 1840 e 1860". In: *IV Congresso Internacional da Associação portuguesa de literatura comparada*. Universidade de Évora, 2001.
5   RODRIGUEZ, Ricardo Vélez. "Alexandre Herculano: o homem e sua obra (1810-1877)". In: *Revista Brasileira de Filosofia*, São Paulo, Volumen 38, no. 136 (1984): p. 341-374.

Nascido em Lisboa em 28 de março de 1810, filho de Teodoro Cândido de Araújo, recebedor da Junta dos Juros, e de Maria do Carmo de São Boaventura, Herculano estudou junto aos oratorianos, entre 1820 e 1825, onde aprendeu latim e latinidade, além de ter recebido a influência dos princípios neoplatônicos caros a esses religiosos.

Diante de revezes econômicos pelos quais sua família passou, não pôde estudar em Coimbra, como pretendia, mas, ainda assim, aprendeu as línguas alemã, francesa e inglesa. Conseguiu matricular-se na Aula de Comércio em 1830 e fez o curso de Diplomática (associada à Paleografia) na Torre do Tombo, de 1830 a 1831. Assim, ainda muito jovem, suas habilidades básicas para absorver as ideias e preocupações do seu tempo estavam bem plantadas.

E o seu tempo era agitado. Portugal estava inserido no contexto das grandes transformações que o período napoleônico e as lutas liberais proporcionaram, na primeira metade do século XIX. Foram anos atribulados, desde a transferência da Corte para o Rio de Janeiro, em 1807; a Revolução Constitucionalista de 1820; a Independência do Brasil, em 1822 e as disputas sucessórias após a morte de D. João VI, em 1826. Esse pequeno resumo de eventos indica bem o andamento das tensões no país.

Herculano estava ativamente envolvido nos confrontos de época. Em Agosto de 1831, o jovem Alexandre participou do levante do Quarto Batalhão de Infantaria, que sofreu violenta repressão por parte do governo miguelista. Ele conseguiu escapar numa fragata francesa e foi para a Inglaterra, onde passou algumas semanas, para depois exilar-se por cerca de seis meses em França, voltando para Portugal em finais de Fevereiro de 1832. Apesar de ser, em certa medida, pouco tempo, seus biógrafos estão de acordo que esta experiência foi muito importante para a formação de Herculano, uma vez que ele, nesse período, teria frequentado a Biblioteca Pública de Rennes e a Biblioteca Nacional de Paris, onde teria lido Thierry e Guizot, importantes referências como historiadores franceses que eram, entre outros autores que o teriam influenciado.

O retorno a Portugal não foi uma viagem tranquila. Juntou-se, nos Açores, na Ilha Terceira, ao corpo expedicionário de sete mil e quinhentos homens que partiu para Pampelido, perto de Mindelo, em Julho, para tomar o Porto, liderados por D. Pedro IV, que a essa altura já havia abdicado do trono brasileiro e voltara toda sua atenção a Portugal. Herculano envolveu-se na guerra civil que engolfou o país. Mas antes do conflito terminar, deu baixa do serviço militar e foi designado para o cargo de segundo bibliotecário da Biblioteca Pública do Porto, onde pode dedicar-se a um levantamento de documentos em bibliotecas monásticas do norte de Portugal, sob clara inspiração das recomendações de Guizot, por um lado, e nos moldes dos trabalhos de Ranke, mesmo que não se tenha certeza que, nessa altura, Herculano já conhecesse o historiador alemão. Também dedicou-se a uma ativa produção jornalística, onde expressava suas contundentes posições políticas e definiu a ideia de que era necessário dar "uma finalidade cultural ao movimento liberal que tinha sido vitorioso", segundo Borges de Macedo.[6]

Opositor da Revolução de Setembro de 1836, demitiu-se do cargo de bibliotecário no Porto e transferiu-se para Lisboa, assumindo a redação do semanário *O Panorama*, onde publicou vários textos, desencadeando inúmeras polêmicas de caráter político. Em 1838, apoiou a nova constituição e, no ano seguinte, foi nomeado para o cargo de Diretor das Bibliotecas Reais da Ajuda e das Necessidades.

Nos anos 40 do século XIX teve uma breve experiência como parlamentar, mas o que o distinguiu nesse período foi a fecunda produção de textos, fossem romances, histórias e polêmicas que se estenderam à década seguinte. São desse período as seguintes obras, entre outras: *Eurico, o presbítero* (1844), primeiro volume da *História de Portugal* (1846) e o *Monge de Cister* (1848). Na década de 50, quando novamente esteve envolvido com a política – foi Presidente de Câmara de Belém, em 1852 e participou da fundação e da direção do Partido Progressista Histórico, em 1856 – publicou o quarto e último volume da *História de Portugal* e em 1854, o primeiro volume do importante livro *Da Origem e Estabelecimento da Inquisição em Portugal*, seguido pela publicação do segundo volume, no ano seguinte e do terceiro e último, em 1859. Com certeza são os anos mais férteis de Herculano, em termos de produção bibliográfica e de enfrentamento de polêmicas.

Seria possível continuar a apresentar os intrigantes aspectos da vida de Herculano que se seguiram a esses anos: os debates sobre o casamento civil; seu casamento em 1867; seu recolhimento à Quinta de Vale dos Lobos, que lhe valeu dura crítica, com tom de ressentimentos e saudades, registrada no texto que noticiou a sua morte no periódico *As farpas*, de Ramalho Ortigão e Eça de Queirós, onde se pode ler: "o dia do nosso grande luto nacional não é aquele em que expirou o solitário ilustre, mas sim aquele em que deixou de existir para o vertiginoso bulício da vida públi-

---

6 MACEDO, Jorge Borges de. Introdução. In: Alexandre Herculano. *História da Origem e Estabelecimento da Inquisição em Portugal*. Lisboa: Livraria Bertrand, 1975. t.1 p. XIII.

ca o ardente escritor";[7] o reconhecimento de sua produção intelectual na filiação a grande número de instituições – além da Academia Real das Ciências de Lisboa, era também membro da Academia Real das Ciências de Turim, da Real Academia de História de Madrid, da Real Academia de Ciências da Baviera, e ainda membro do Instituto Histórico de França e do Instituto Histórico e Geográfico do Rio de Janeiro; a sua coerência ao não aceitar inúmeras honrarias que lhe foram oferecidas; ou seja, muito mais se poderia falar. No entanto, para o objetivo proposto neste artigo, seria fugir do foco. A discussão que importa aqui está centrada na concepção de História e de romance histórico que tinha Herculano, para compreendermos os propósitos dele ao escrever a *História da Origem e Estabelecimento da Inquisição em Portugal*, para assim refletir linhagens de historiadores que se debruçaram sobre o tema inquisitorial em Portugal e no Brasil, nos séculos seguintes.

Herculano e História no *Monge de Cister*

Importa iniciar pelo romance histórico essa prospecção, pois, desse modo, é possível estabelecer a visão geral do autor. Ao final do *Monge de Cister* existe uma nota que dá uma significativa pista da concepção de Herculano sobre o seu papel de intelectual. Num tom mordaz, ele começa contando que, no início dos anos 1840, viu-se obrigado a envolver-se com a vida pública, que ironicamente chama de charco, e, por isso, foi condenado pela "divina justiça" a carregar uma cruz: "a monomania de escrever a história desta terra com lealdade e consciência".[8] Afirma que se dedicou a isso estudando por muitos anos e quando apresentou o resultado, colheu muita incompreensão. Claramente estava a narrar o episódio da reação à sua *História de Portugal* e à interpretação da Batalha de Ourique, ao negar a aparição de Cristo a D. Afonso Henriques, episódio, até então, considerado fundador do reino de Portugal. Para Borges de Macedo, apesar da maior contribuição de Herculano nesta obra ser a afirmação da origem da nacionalidade portuguesa encontrar-se nos séculos XII e XIII, foi o debate sobre a intervenção do sobrenatural na história de Portugal que prevaleceu.[9]

---

7 Ramalho Ortigão e Eça de Queirós. *As Farpas: Chronica Mensal da Política, das Letras e dos Costumes*. Nova Série Tomo X. Agosto a Setembro, 1877.
8 HERCULANO, Alexandre. *O monge de Cister*. Lisboa: Imprensa Nacional, 1859. t. II p. 354.
9 MACEDO, Jorge Borges de. Introdução. In: Alexandre Herculano. *História da Origem e Estabelecimento da Inquisição em Portugal*. Tomo 1, Lisboa: Livraria Bertrand, 1975. t. 1 p. XXI.

Segundo Herculano, por essa história que deu ao país, ele foi caluniado, acusado de blasfemo, de luterano e de traidor da pátria. Os críticos mais honestos, segundo sua própria classificação, ensinaram-lhe como se deveria fazer história: "consistia em cerzir algumas lendas de velhas com as narrativas sem saborosas de meia dúzia de *in folios*, rabiscados por quatro frades milagreiros, tolos ou velhacos".[10]

Com um texto extremamente bem-humorado, irônico e, até certo ponto, irreverente, o autor passa a explicar como e por que resolveu escrever *O Monge de Cister*. Disse que se tratava de um manuscrito que só ele vira, em um mosteiro que só ele sabia qual era, em local só conhecido por ele e que resolvera aplainá-lo, debastá-lo, lixá-lo, por fim transformando-o em uma novela que prescindiria de erudição, "moléstia incurável e atrocíssima", de acordo com os seus críticos. O fato de ter visto o documento e de ser ele uma testemunha histórica isenta de suspeição, porque quatrocentos anos de distância, "bem medidos", separavam-no da época de D. João I, davam, incontestavelmente, autoridade e autenticidade ao manuscrito em que se baseava a novela.[11]

Espetou ardilosamente aqueles que o criticavam e que não se apoiavam em um método histórico, já reconhecido em meados do século XIX como imprescindível para desenvolver a narrativa das trajetórias dos homens ao longo do tempo:

> ah, que se acaso suas reverências suspeitassem, ao menos, que bichos roedores da existência são um volume d'inquirições, um foral, uns costumes, uma postura, uma pancarta, uma bula, um cartulário, haviam de ter dó da lazeira física e espiritual a que tem chegado o autor.[12]

E, continua, apresentando a larga experiência de quem convivia com muitos documentos há algum tempo, fruto das suas atividades em arquivos e bibliotecas:

> perder a paciência e a vista sobre os gastos e difíceis caracteres dos documentos; devorar páginas insulsas, e não raro inúteis, de bacarmatões pesados; aforar crônicas; ter de apurar muitas vezes de centenares de sucessos contraditórios, e na aparência indiferentes, os sucessos capitais da história (da história ímpia, luterana, antipatriótica) e a índole nascente;

---

10 HERCULANO, Alexandre. *O monge de Cister*. Lisboa: Imprensa Nacional, 1859. t. II p. 354. t. II p. 354.
11 *Idem*. p. 360.
12 *Idem*. p. 376.

envelhecer antes do tempo pela contenção do espírito em comparar, conjecturar, deduzir.[13]

Note-se que se trata de um texto onde ficam evidentes os caminhos utilizados por Herculano para escrever História, quase um manifesto de seus métodos, expostos em contraposição aos de se escrever um romance. A impressão deixada por Herculano é que está a defender o romance histórico como o veículo por excelência para o leitor encontrar o entretenimento em sua vida, associado, é claro, ao aprendizado necessário que essa experiência traz. Espaço mais elástico do que um texto de História, portanto, passível de ficar distante das polêmicas que costumam estar associadas ao último, sem, contudo, deixar de ser um caminho para a educação das consciências, ação fundamental na construção do liberalismo, para o autor.

Herculano e a História da origem e estabelecimento da Inquisição portuguesa

Se na nota final de *O Monge de Cister* encontramos estas reflexões sobre método, é no prólogo da *História da Origem e Estabelecimento da Inquisição em Portugal* que podemos ver claramente a proposição dos objetivos pretendidos por Herculano ao escrever História e, especificamente, fazer um livro sobre o Santo Ofício.

Afirma o autor num tom mais austero do que o fizera na nota mencionada anteriormente que fechava o romance histórico, sem deixar de ser, igualmente, contundente:

> levados pelas nossas propensões literárias para os estudos históricos, era, sobretudo, por esse lado que podíamos ser úteis a uma causa a que estamos ligados, rememorando um dos fatos e uma das épocas mais célebres da história pátria; fato e época em que a tirania, o fanatismo, a hipocrisia e a corrupção nos aparecem na sua natural hediondez.[14]

É perceptível que para Herculano, parecia claro que existia uma missão na elaboração dessa história: a luta pela causa liberal. Portanto, a obra era uma arma poderosa nesse embate de ideias, a lança que o "paladino liberal" – o que Herculano provavelmente se entendia ser – arremessava contra seus detratores.

---

13 Idem. p. 376-77.
14 HERCULANO, Alexandre. *História da Origem e Estabelecimento da Inquisição em Portugal*. Lisboa: Imprensa Nacional, 1859. t. I, p. 10.

Um historiador por seus pares
trajetórias de *Ronaldo Vainfas*

193

Para Borges de Macedo a *História da Origem e Estabelecimento da Inquisição em Portugal* é uma obra onde o presentismo, os juízos de valor e as ênfases mal constituídas estão associadas aos objetivos que Herculano pretendia alcançar, que eram criticar a centralização, ou o centralismo absolutista, e denunciar a sua associação com a Igreja de concepção papal. Dessa forma, seria possível alertar para acontecimentos que se desenvolviam em Portugal, no século XIX, ou seja, o temor de Herculano seria que o centralismo parlamentarista de seus dias se unisse à Igreja papal e ameaçasse as liberdades fundamentais, o liberalismo. Para Borges de Macedo, este é o objetivo principal da obra: denunciar essa possível aliança, demonstrando como funcionou a aproximação das forças centralizadoras no século XVI, com o intuito de formar a opinião de seus contemporâneos sobre essa questão oitocentista.[15] Ou, nas palavras do próprio Herculano:

> eis o problema: se no princípio do século XVI, quando ainda, segundo geralmente se crê, as opiniões religiosas eram sinceras e ferventes, e o absolutismo estava, na aparência, em todo o seu vigor de mocidade, acharmos por documentos irrefragáveis que os indivíduos colocados na eminência da hierarquia eclesiástica não eram, em grande parte, senão hipócritas, que faziam da religião instrumento para satisfazer paixões ignóbeis; que o fanatismo era mais raro do que se cuida; que debaixo da monarquia pura a sociedade, moral e economicamente gangrenada, caminhava para a dissolução, e que nos atos do poder faltavam a cada passo a lealdade, o são juízo, a justiça e a probidade, deveremos, acaso, acreditar na sinceridade da reação teocrática e ultra monárquica que surgem de repente em nossa época, depois de cento e cinquenta anos de discussão religiosa e política, em que as antigas doutrinas foram vitoriosamente combatidas, os princípios refutados ou postos em dúvida e, até, mais de uma verdade ofuscada por sofismas subtis?"[16]

Portanto, a motivação para Herculano escrever a *História da Origem e do Estabelecimento da Inquisição em Portugal* era a defesa do liberalismo e para realizá-la, ele olhava o Santo Ofício com os olhos de sua própria época, e, mais que isso, o que realmente queria discutir eram os acontecimentos dos seus próprios dias. E para tal missão somou toda a sua habilidade em trabalhar documentos, levantá-los, torná-los públicos, como testemunhos que acreditava que fossem esses registros históri-

---

15 MACEDO, Jorge Borges de. Introdução. In: Alexandre Herculano. *História da Origem e Estabelecimento da Inquisição em Portugal*. Lisboa: Livraria Bertrand, 1975. t.1. p. XXXV-XXXVI.
16 HERCULANO, Alexandre. *História da Origem e Estabelecimento da Inquisição em Portugal*. Lisboa: Imprensa Nacional, 1859. t. I, p. 12.

cos. Utilizou todo o seu pendor literário e narrativo para fazer um livro que denunciasse de forma poderosa as alianças de instituições centralistas que ameaçavam o que ele considerava conquistas da evolução da humanidade.

Ora, diante do que foi afirmado até aqui, alguns poderiam chegar à conclusão de que o livro de Herculano seria ultrapassado, que, portanto, não mereceria a atenção de estudiosos atuais. Isto seria um grande engano. Primeiro porque o valor desta obra está no seu papel fundador do estudo de uma instituição fundamental na história de Portugal: a Inquisição. Pela primeira vez, esta instituição foi analisada de forma sistemática e metódica, ainda que tenha selado uma série de juízos negativos sobre ela. No entanto, é verdade que, em termos de imagens depreciativas relacionadas ao Santo Ofício, muito antes desta publicação, já eram veiculados textos e descrições muito duras deste tribunal. As famosas condenações de Charles Dellon no seu *Inquisição de Goa* (século XVII) e de Voltaire no seu *Cândido* (século XVIII) são bons exemplos disso.

Segundo porque, se nada mais pudesse acrescentar ao debate dos estudos inquisitoriais, ainda assim, a obra de Herculano serviria para indicar como se escrevia História no século XIX, quanto de valor metodológico, de utilização e discussão de fontes e de estilo narrativo o trabalho tem e, com isso, o quanto contribui para o entendimento da historicidade da história, da história da historiografia, como diz Borges Macedo.[17]

Outra perspectiva também pode assegurar a importância deste livro, não tanto pelo seu objeto em si, o estudo da Inquisição, mas como fonte para o estudo do pensamento liberal em Portugal, no século XIX, já que a obra é uma espécie de síntese das preocupações de Herculano, nomeadamente de seu anticlericalismo, traço que marcou muito a sociedade portuguesa. Deve-se ainda levar em conta que a apresentação dos fatos que envolvem a fundação da Inquisição ganha, no estilo literário de Herculano, um vivo quadro, que necessariamente merece ser revisitado com frequência, pela qualidade da narrativa que o autor proporciona à apreciação do leitor.

---

17 MACEDO, Jorge Borges de. Introdução. In: Alexandre Herculano. *História da Origem e Estabelecimento da Inquisição em Portugal*. Lisboa: Livraria Bertrand, 1975. t.1, p. LXVII.

Os estudos sobre a Inquisição portuguesa a partir de Herculano

Claro está que a Inquisição não é uma instituição exclusivamente portuguesa, apesar de ter deixado uma marca indelével na história de Portugal. A origem da Inquisição remonta à Idade Média, quando foi criada para reprimir as heresias que se espalharam a partir dos séculos XII e XIII, principalmente na França. Nesse momento, era uma instituição "idealizada e dominada pelo papa",[18] com o objetivo de combater as contestações aos dogmas que se disseminavam por algumas regiões europeias. As formas de inquisições variavam desde nomeações de bispos *ad hoc* feitas no século XII para averiguar as paróquias sob suspeita de heresia, até a constituição de um tribunal religioso, a exemplo do organizado por Domingos de Gusmão a pedido do Papa Gregório IX, no século XIII.

Apesar das raízes medievais da Inquisição, no período moderno os tribunais inquisitoriais organizaram-se em moldes diferentes, adequados ao contexto da formação dos Estados Modernos, principalmente no que se refere às monarquias ibéricas.[19] Bennassar destaca que a Inquisição é um elemento essencial do aparato do Estado nesse momento, uma vez que sua excepcional eficácia, tornava-a importante aliada tanto do catolicismo romano quanto "o melhor auxiliar de Leviatan".[20]

Assim, no contexto especificamente hispânico de perseguição aos conversos de origem judaica e para salvaguardar a fé cristã como bandeira da unidade nacional, foi instalada em 1478, a Inquisição na Espanha. Fora solicitada pelos reis católicos Fernando de Aragão e Isabel de Castela ao papa Sisto IV, que a erigiu através da bula *Exigit Sincerae Devotionis Affectus*. A diferença fundamental entre o tribunal espanhol e aqueles existentes no período medieval consistia no fato de que a indicação dos inquisidores era feita pelo rei, e só mais tarde confirmada pelo papa. Outra característica da Inquisição Espanhola que deve ser destacada é a perseguição aos convertidos de origem moura ou judaica, especialmente os suspeitos de judaizar.

Em Portugal, a Inquisição foi instaurada pela bula de 23 de maio de 1536, concedida pelo papa Paulo III. Esta é considerada a data do estabelecimento do tribunal do Santo Ofício português, mas é importante lembrar que ela foi apenas uma etapa

---

18 NOVINSKY, Anita. *A inquisição*. São Paulo: Brasiliense, 1996, p. 16.
19 BETHENCOURT, Francisco. *História das Inquisições: Portugal, Espanha e Itália – séculos XV–XIX*. São Paulo: Companhia das Letras, 2000.
20 BENNASSAR, Bartolomé (org). *Inquisición española: poder político y control social*. Barcelona: Editorial Crítica, 1981, p. 68.

decisiva em meio às tensas negociações entre o papado e o rei D. João III, que se arrastavam desde 1531 e prolongar-se-iam até 1547. Essa tardança decorreu das grandes pressões exercidas por parte dos procuradores dos cristãos-novos em Roma, que utilizaram toda sorte de expedientes para impedir a fundação do tribunal, inclusive corrompendo, até onde foi possível, membros da cúria.

O centro da disputa entre a cúria romana e a Coroa portuguesa repousava na questão da autoridade real sobre a Inquisição. A bula de 1536 não satisfazia plenamente ao rei de Portugal, uma vez que por ela estava definido que o papa nomearia três inquisidores e autorizaria o Rei a nomear um outro. Determinava ainda que durante três anos os nomes das testemunhas de acusação não fossem secretos, e que por dez anos os bens dos condenados não fossem confiscados. Além disso, os bispos teriam os mesmos poderes que os inquisidores no conhecimento das heresias e, por intermédio do seu núncio em Lisboa, o papa reservava-se o direito de fiscalizar o cumprimento da bula, de conhecer os processos quando bem entendesse e de decidir em última instância.

Somente depois de muitas negociações, e até mesmo após a ameaça de rompimento com a Santa Sé, finalmente D. João III conseguiu consolidar a Inquisição portuguesa nos moldes da espanhola, concedida através da bula de 16 de Julho de 1547, que lhe deu a forma de tribunal religioso submetido à autoridade do rei, o que, aliás, se tornaria marca peculiar da Inquisição na Península Ibérica, assim como o seu caráter de perseguição aos cristãos-novos.

É nessa longa e complexa negociação entre o rei de Portugal e o papa em Roma que se concentra a análise de Herculano. É uma escolha racional, descrita pelo autor desta forma:

> podíamos escrever a história da Inquisição, desse drama de flagícios que se protrai por mais de dois séculos. Perto de quarenta mil processos restam ainda para darem testemunho de cenas medonhas, de atrocidades sem exemplo, de longas agonias. Não quisemos. Era mais monótono e menos instrutivo. Os vinte anos de luta entre D. João III e os seus súbditos de raça hebreia, ele para estabelecer definitivamente a Inquisição, eles para lhe obstarem, oferecem matéria mais ampla a graves cogitações.[21]

---

21 HERCULANO, Alexandre. *História da Origem e Estabelecimento da Inquisição em Portugal.* Lisboa: Imprensa Nacional, 1859. t. I. p. 11.

No entanto, ao racionalismo da escolha, contrapõe-se uma reflexão providencialista, curiosamente estranha a quem se empenhou contra a referência ao Milagre de Ourique, quando Herculano explica a função que os documentos tiveram na sua escrita: "a Providência salvou-os para vingadores de muitos crimes, e porventura, nós, pensando que praticamos um ato espontâneo, não somos senão um instrumento da justiça divina".[22] Claro que pode ser apenas uma fina ironia, mas de qualquer forma, é registro digno de nota. Ao fim do *Prólogo* proclamava aos leitores que decidissem entre a "reação e a liberdade", depois de pensarem sobre o que lessem em seu livro.

Hoje há uma consciência de que estudar a Inquisição não se trata de elaborar um libelo contra as suas decisões violentas e intimidatórias. Mas para Herculano, a motivação crucial para escrever sobre o Santo Ofício era denunciar uma instituição que ameaçara a liberdade e os direitos individuais. Mesmo que se discorde das motivações, guardando-se as ressalvas em relação ao aspecto propagandístico da obra, ainda assim, é perceptível a importância do texto de Alexandre Herculano e a visão que ele construiu sobre a Inquisição portuguesa como interpretação primeira que sempre deve ser revisitada por todos novos pesquisadores.

Outro importante elemento deve ser acrescentado às reflexões aqui apresentadas. Na edição da *História da Origem e Estabelecimento da Inquisição em Portugal* de 1975, há uma erudita *Introdução* do professor Jorge Borges de Macedo – já por muitas vezes referenciada ao longo deste texto –, que desenvolveu um balanço sobre os debates promovidos por inspiração desta obra de Herculano e que se fez ecoar no país ao longo dos anos. Segundo este autor, no momento do lançamento deste livro, no século XIX:

> os debates à volta da Origem e Estabelecimento da Inquisição desenvolveram-se da pior maneira possível. Isto é, ou a discutiu como a posição inamovível de um investigador faccioso, ou a tomou como a expressão máxima de imparcialidade, quando o próprio autor a tinha por sujeita às pressões do político.[23]

Para este historiador, outro efeito desta publicação foi um frenesi em busca de documentos produzidos pela Inquisição, protagonizado, especialmente, por António Joaquim Moreira, ainda no século XIX.

---

22 *Idem*, p.11.
23 MACEDO, Jorge Borges de. Introdução. In: Alexandre Herculano. *História da Origem e Estabelecimento da Inquisição em Portugal*. Lisboa: Livraria Bertrand, 1975. t.1. p. LXXII.

Borges de Macedo ressalta ainda que Oliveira Martins teria sido o único a perceber uma discussão plausível a partir do livro de Herculano: a questão chave de sua crítica era de que Herculano ao culpabilizar e diminuir a grandeza de D. João III, na verdade, condenava toda a nação portuguesa. Ou seja, Oliveira Martins, ao destacar esse aspecto da obra de Herculano, posicionava-se contra o conceito de "história-tribunal". No entanto, ninguém a seguir teria enfrentado essa proposta de debate no rastro que propusera Oliveira Martins, ou seja, uma discussão que privilegiasse uma abordagem de análise histórica preocupada com a formação das instituições e sua contribuição para a consolidação das principais características da sociedade portuguesa, sem a preocupação nem de fazer um julgamento sobre o passado, nem fugindo ao debate, exagerando a importância dos documentos em grandes compilações.

Posteriormente, a historiografia do início do século XX teria começado a construir uma visão sobre a Inquisição portuguesa que tentava fugir às polêmicas. Borges de Macedo cita os nomes de António Baião; João Lúcio de Azevedo; F. A. de Sousa Viterbo; Anselmo Braamcamp Freire; Fortunato de Almeida, entre outros que teriam feito uma série de trabalhos comprometidos em compreender a Inquisição e, especialmente, a questão dos cristãos-novos, mas que não enfrentavam uma discussão no sentido proposto por Herculano, ou mesmo por Oliveira Martins.[24]

Depois disso, afirma Borges de Macedo, a historiografia portuguesa faria silêncio sobre o tema, só retornando com António José Saraiva e J. S. da Silva Dias, já na segunda metade do século XX. O autor adiciona o nome da historiadora brasileira Anita Novinsky, que naquela época já despontava como autoridade sobre o tema dos cristãos-novos e a Inquisição em Portugal. Feito o balanço, reveladas as ressalvas, Borges de Macedo reclamou taxativamente que não havia produção, naquele momento, meados da década de 1970, sobre o Santo Ofício português, ou seja, detectou que a historiografia portuguesa carecia de maiores estudos, na altura em que ele escrevia.

Desde então, há cerca de quarenta anos que a queixa foi feita, é possível dizer, sem medo de errar, que o quadro está completamente mudado atualmente. A historiografia portuguesa respondeu galhardamente ao desafio do professor Borges de Macedo e tem feito uma série de trabalhos extremamente interessantes sobre a Inquisição, desde então, investigando as características da instituição e seus reflexos

---

24 *Idem*, p. CXVII-CXXIV.

na emaranhada sociedade do período moderno em Portugal. Maria José Pimenta Ferro Tavares, António Borges Coelho, Elvira Mea, Fernanda Espinosa, Francisco Bethencourt, José Pedro Paiva – que muito recentemente fez um livro em colaboração com o italiano Giuseppe Marcocci – são apenas alguns nomes que tomamos como exemplo para indicar o crescimento da produção historiográfica portuguesa, sem, contudo, esquecer de afirmar que muitos outros pesquisadores que não foram citados mereceriam constar desta lista.

Deve ser mencionado também que os estudos inquisitoriais cresceram muito na historiografia brasileira, produzidos por historiadores como Luiz Mott; Lana Lage; Geraldo Pieroni, Daniela Calainho; Bruno Feitler; Aldair Carlos Rodrigues; Marco Antônio Nunes da Silva; Suzana Severs; Grayce Souza, entre outros novos nomes, que com seus importantes trabalhos, juntaram-se aos já renomados pioneiros e reconhecidos estudiosos da Inquisição, tais como José Roberto do Amaral Lapa; Sonia A. Siqueira e Anita Novinsky. Há com certeza uma produção explorando variadas abordagens, sejam estudos de caráter institucional, sejam trabalhos que procuram investigar a sociedade portuguesa e de além-mar, através dos instigantes textos produzidos pela máquina inquisitorial, muitos inspirados pelos trabalhos do italiano Carlo Ginzburg, num viés quase antropológico no tratamento das fontes do Santo Ofício, uma vez que procuram decodificar os discursos entrecruzados de inquisidores e dos réus, perseguindo as características dos hábitos e costumes da peculiar sociedade que se formou na colônia, por exemplo.

Um nome merece destaque na produção de estudos inquisitoriais a partir da década de 1980, no Brasil: Ronaldo Vainfas. Seus estudos são referência e inspiração para muitos estudiosos do tema e ele ainda é responsável pela formação de uma série de pesquisadores que tem ampliado algumas de suas proposições de pesquisa, chegando mesmo a alcançar análises de vários dos tribunais portugueses, inclusive o de Goa, capital do Estado da Índia: Célia Tavares; Angelo Assis; Yllan de Mattos; Pollyanna Mendonça (os três últimos editores da presente obra), entre outros que se formaram em nível de mestrado e doutorado e que seria difícil listar todos.

O retrato da Inquisição que surge destas novas pesquisas desenvolvidas pela historiografia portuguesa, ao lado da brasileira, é de uma instituição que alimentava o medo, elemento essencial na consolidação do poder no período moderno, associado, portanto, a outros elementos característicos da monarquia lusitana. Um esforço de compreensão da máquina inquisitorial tem sido feito, com especial atenção aos recortes dos quatro tribunais da Inquisição portuguesa: Lisboa, Coimbra, Évora e

Goa, este último, o único que funcionou fora dos limites do reino de Portugal. Outro elemento recorrente nas recentes interpretações desta instituição é a ênfase no estudo sobre os cristãos-novos, alvo privilegiado das perseguições inquisitoriais na Península Ibérica, mas há também a preocupação com outros crimes da alçada inquisitorial, especialmente os referentes à conduta moral.

Ainda existe, aqui e ali, especialmente no senso comum, uma preocupação em censurar a ação inquisitorial, condenar a prática das perseguições e violências perpetradas pelo Santo Ofício, mas num sentido humanista, não necessariamente numa atitude de "história-tribunal", indicada pela obra de Alexandre Herculano. Trata-se de um ponto extremamente difícil de ser enfrentado, pois a Inquisição de fato é uma instituição polêmica e que possui uma série de mitos e juízos consolidados em relação a ela. Por vezes, é possível ouvir críticas a alguns trabalhos que tentam adequar os índices de perseguições, o rol de condenados da Inquisição, os limites nas práticas de tortura e outras características da máquina inquisitorial; são acusados de defender o Santo Ofício, de justificá-lo, quando apenas se preocupam em ajustar o foco do olhar sempre difícil em direção ao passado, seja nos tempos de Herculano, seja no ainda novo século XXI.

Clérigos e leigos no Tribunal Episcopal: disciplinamento social no bispado do Maranhão colonial*

Pollyanna Gouveia Mendonça Muniz

HOMENAGEAR RONALDO VAINFAS é uma grande satisfação. Quando o conheci, nos idos de 2004, estava ingressando no Mestrado na UFF. Logo tive a certeza de que seria um grande aprendizado. Eu tinha ido para Niterói por causa dele. *Trópico dos pecados* tinha marcado minha trajetória acadêmica de tal maneira que seria um privilégio ser aluna do autor. Consegui mais. Durante a seleção do Mestrado, Ronaldo era o presidente da banca examinadora e de pronto se interessou pelo projeto "da menina do Maranhão que estudava padres". Era eu! Começava ali um percurso de seis anos de orientação acadêmica e também de amizade.

Ronaldo Vainfas não é apenas um historiador talentosíssimo e um pesquisador brilhante. Quem tem o prazer de conviver com ele pode conhecer o profissional dedicado, o orientador maravilhoso e a pessoa generosa. Em fase de conclusão do Mestrado foi ele a me convencer a prestar seleção para o Doutorado. Seus conselhos me davam segurança e coragem. Eram tempos difíceis longe do Maranhão. Cada palavra de incentivo, cada e-mail trocado que apresentava novos direcionamentos e oportunidades, motivavam minha permanência no Rio de Janeiro. Devo muito ao Ronaldo. Não bastasse a leitura cirúrgica dos meus textos e os norteamentos bibliográficos e de pesquisa, tinha nele (e ainda tenho) um grande incentivador.

A generosidade com os orientandos é uma marca. Em 2008 viajei com ele para Lisboa para pesquisar na Torre do Tombo. Essa era uma etapa fundamental para a tese que se desenrolava. Foi com a verba de seus projetos, "a bolsa Vainfas", como carinhosamente chamávamos, que pela primeira vez cruzei o Atlântico. Nunca esquecerei das palavras dele antes de descer do avião: "Espera, Pollyanna. Vá com o pé direito. Essa é a primeira de muitas viagens para cá. Estou feliz por você". Ronaldo é um entusiasta das pesquisas de seus alunos. A cada descoberta, a cada trabalho e texto apresentado a ele, vibrava com os achados nos arquivos.

A tese que tinha a pretensão de tratar da vida cotidiana e dos crimes dos padres no Maranhão colonial ganhou proporções bem maiores que eu podia antever. Ronaldo vislumbrava melhor do que eu a potencialidade das fontes que eu dispunha. Tinha mais perspicácia e enorme capacidade de antecipar questões fundamentais que eu só conheceria muito mais tarde. Apoiou e incentivou enormemente o contato com o professor José Pedro Paiva, que se tornou co-orientador da tese.

Ronaldo Vainfas e seus livros marcaram e continuarão marcando gerações de historiadores. Como bibliografia fundamental nos cursos de História Colonial, seus escritos continuarão encantando e seduzindo novos historiadores. Continuarão despertando interesse para vários temas de pesquisa e servirão de alicerce para estudos como outrora aconteceu comigo. Saí do Maranhão à procura do historiador que escrevia sobre os *pecados e heresias* que eu também queria estudar. Encontrei o orientador competente, mas acima de tudo o amigo leal, o apoiador e muitas vezes, meu defensor em situações delicadas. Esta homenagem é mais do que justa. É fundamental. A "menina do Maranhão", hoje sua amiga e comadre não poderia deixar de lhe saudar. Jamais serei capaz de agradecer o suficiente. A minha trajetória mudou desde que nos encontramos. Muito obrigada por tudo, Ronaldo Vainfas!

Clérigos e leigos no Tribunal Episcopal: disciplinamento social no bispado do Maranhão colonial*

Em todos os bispados deveriam funcionar os tribunais episcopais. A ampla aceitação do Concílio de Trento (1545-1563) nas terras portuguesas (e nas suas colônias) contribuiu para a busca de alargamento do poder dos prelados. Os bispos eram competentes em dois fundamentos: *Ratione personae* (em razão da pessoa) e *Ratione materiae* (em razão da matéria). Pela primeira, ficavam sujeitos ao julgamento em foro privilegiado as pessoas eclesiásticas. Pelo segundo, a matéria, os bispos podiam processar e punir comportamentos ilícitos que, independentemente da pessoa que os praticava, mas antes pela natureza do delito, ficavam sob alçada do bispo. Assim, os leigos, assim como os eclesiásticos, poderiam ser punidos pela jurisdição episcopal.[1]

A vida cotidiana da diocese preocupava os bispos a ponto dos códigos normativos, as constituições diocesanas, se ocuparem com detalhes do modo de vida dos homens e mulheres. Os sacramentos, o ensino da doutrina, o funcionamento das instituições eclesiais; a valorização da Igreja e da fé como meios de salvação da alma – intensificando o controle sobre o comportamento de leigos e eclesiásticos através de uma rigorosa política de visitas pastorais, por exemplo; o funcionamento da máquina burocrática das dioceses bem como de seu aparato judicial, dentre outras, tudo era objeto de preocupação dos bispos e seus tribunais.[2]

A administração episcopal era exercida à cabeça pelo bispo, provisor e vigário-geral, amparados por um conjunto de outros agentes judiciais. Tal administração estruturava-se em torno de dois aparelhos, a Câmara Eclesiástica, ou Mesa Episcopal, por um lado e o Auditório Eclesiástico, por outro. Ambos atuavam de forma complementar e coordenada. As estruturas diocesanas de governo eram eficientes e das que melhor estavam articuladas, mesmo se comparadas com os grandes poderes institucionais do tempo, como os órgãos do Estado e a própria Inquisição.[3]

Para analisar a documentação produzida por esses tribunais episcopais e sua potencialidade temática foi preciso entender como funcionava o aparato jurídico-burocrático do Juízo Eclesiástico, a penetrabilidade de seu poder pelo território do bispado do Maranhão e conhecer como se processava a tentativa de controle do comportamento moral da população através das denúncias.[4] Inicialmente, as inves-

---

1 * Este estudo é parte de duas pesquisas ainda em andamento intituladas: "Os leigos e a jurisdição episcopal: catolicismo e reforma de costumes no Maranhão colonial" que é financiada pelo Conselho Nacional de Desenvolvimento Científico e Tecnológico – CNPq (Universal MCTI/CNPq, 2014/2017) e "Desvios contra o sagrado matrimônio no século XVIII: catolicismo e reforma de costumes no Maranhão e Piauí" que é financiada pela Fundação de Amparo à Pesquisa e Desenvolvimento Científico do Maranhão – FAPEMA (Universal nº40/2014-2017)
 Sob competência do bispo estavam ainda a *Iurisdictio essentiallis* (jurisdição essencial) que se preocupava com causas de matéria espiritual e relativas à disciplina interna da Igreja, da Fé, à apostasia, feitiçaria e as causas relativas ao matrimônio; e a *Iurisdictio adventicia* (jurisdição adventícia), que recaía sobre causas relativas a coisas sagradas e a bens eclesiásticos, tais como o sistema fiscal da Igreja, pensões, foros. HESPANHA, Antônio Manuel. "A Igreja". In: MATTOSO, José (Org.). *História de Portugal*. Lisboa: Estampa, vol. IV, 1993, 287-288).
2 PAIVA, José Pedro. "Constituições Diocesanas". In AZEVEDO, Carlos Moreira de (dir.). *Dicionário de História Religiosa de Portugal*. Vol.C-I. Lisboa: Círculo de Leitores, 2000, p.9-15.
3 PAIVA, José Pedro, "Dioceses e organização eclesiástica". In: AZEVEDO, Carlos Moreira (dir.) – História Religiosa de Portugal, Lisboa: Círculo de Leitores, vol.II (2000), p. 195).
4 MENDONÇA, Pollyanna Gouveia. "O tribunal episcopal do bispado do Maranhão: dinâmica

tigações se centraram apenas no clero secular e suas transgressões que foram alvo de denúncias e processos na Justiça Eclesiástica.[5] Abriu-se uma enorme variedade temática de investigações que contempla desde questões de natureza religiosa, social e moral até questões econômicas e políticas.[6]

Este texto pretende ser uma síntese desses últimos anos de pesquisa. Muito do que será apresentado contou com a análise criteriosa do meu então orientador, Ronaldo Vainfas. A parte da pesquisa que ora desenvolvo é resultado do já individual, mas não solitário, caminhar acadêmico.

***

São Luís tornou-se a sede do então nascente bispado do Maranhão em 1677. Em 30 de agosto daquele ano o papa Inocêncio XI, pela bula *Super Universas Orbis Ecclesias*, confirmou a criação canônica daquele novo bispado. Sua efetivação, entretanto, só se daria dois anos depois, em 1679. As dimensões desse novo bispado no norte da colônia eram bastante amplas, o que não era peculiaridade alguma naqueles tempos.

Embora efetivamente criado e em funcionamento, o bispado do Maranhão parece não ter atraído bispos. Durante todo o século XVIII, a diocese só contou com presença episcopal residindo em São Luís durante parcos 37 anos. Nos demais 63 anos de sé vacante, o governo da diocese coube aos membros do Cabido[7] da Sé de São Luís ou aos vigários-gerais. Embora quase não houvesse bispo, isso não impediu que se instalasse e, principalmente, funcionasse um tribunal episcopal[8] naquelas terras. Todo um aparato institucional, administrativo e burocrático, foi montado aos moldes que era previsto pelos regimentos que direcionavam a atuação desses audi-

---

processual e jurisdição eclesiástica no século XVIII". In: FEITLER, Bruno; SOUZA, Evergton Salles de. *A Igreja no Brasil. Normas e práticas durante a vigência das Constituições primeiras do Arcebispado da Bahia*. São Paulo: UNIFESP, 2011, 481-506.

5   MENDONÇA, Pollyanna Gouveia. *Parochos imperfeitos: Justiça Eclesiástica e desvios do clero no Maranhão colonial*. Niterói: dissertação de doutoramento apresentada à Universidade Federal Fluminense, 2011 (versão policopiada).

6   MUNIZ, Pollyanna Gouveia Mendonça. "Os processos da Igreja: documentos do Tribunal Episcopal enquanto fonte histórica". *Revista de Fontes* – UNIFESP, v. 1, p. 15-27, 2014.

7   Era o colégio de clérigos, dignidades e cônegos, que auxiliavam o bispo no governo da diocese, suprindo-a em caso de vacância. Só foi possível localizar os estatutos do bispado de Mariana que, segundo seu texto, foi inspirado no do Maranhão. Consta no livro que "as Cathedraes se não podem governar sem haver Cabido, aonde se fação eleiçoens, e rezolvão os negócios". Arquivo Nacional da Torre do Tombo, Manuscritos emitidos pelo Ministério da Instrução Pública, relação 2, número 50.

8   Tribunal episcopal também chamado de Auditório Eclesiástico e Tribunal Eclesiástico.

tórios episcopais e muito homens e mulheres tiveram suas vidas investigadas e seus desvios punidos no Maranhão colonial.

As denúncias chegavam ao tribunal episcopal de variadas formas. A própria justiça eclesiástica poderia ser a autora dos processos nas pessoas de seu promotor[9] ou meirinho.[10] Nesses casos o juízo recebia uma denúncia, ou nominal, ou anônima e os agentes do tribunal procediam à elaboração dos libelos. Algumas cartas de paroquianos endereçadas ao tribunal episcopal, em São Luís, davam conta da irregularidade de clérigos que viviam em freguesias distantes. Em carta remetida para a sede do bispado em 1779, por exemplo, os fregueses do padre João José Siqueira Tavira d'Eça escreveram longa missiva descrevendo o mau comportamento do clérigo de Balsas.[11] Somou-se nada menos que 119 descontentes assinando o documento.

Além dos processos em que a justiça aparece como a autora, constam no acervo várias denúncias nominais, ou seja, querelas.[12] Nelas, um autor apresentava-se em juízo com uma petição relatando o caso, narrava o dia, mês e ano do ocorrido, fazia juramento e pedia a condenação do acusado. As devassas e as visitas pastorais também eram um meio privilegiado para se conhecer crimes especialmente fora da sede do bispado. Muitas devassas foram encaminhadas a São Luís depois de ouvidos os depoimentos.

---

9 O promotor do bispado, por sua vez, tinha a função de defender as causas eclesiásticas, acusar e denunciar "peccados públicos, crimes e vícios dos súbditos e a execução dos testamentos"*Regimento do Auditório Ecclesiástico do Arcebispado da Bahia, Metropoli do Brasil*. São Paulo: Typographia 2 de Dezembro, 1834, Tit XI, n° 403, fl. 114.

10 A quem competia prender os culpados, agindo sempre com diligência e segredo, e ainda podiam dar libelos crime em seu nome. *Idem*, n° 604, fl. 159.

11 Arquivo Público do Estado do Maranhão, Autuamentos de Petições e Requerimentos, doc. 06.

12 Em estudo sobre o Auditório Eclesiástico de Coimbra, Jaime Gouveia afirma que "formalizada a denúncia, o denunciante era submetido a um interrogatório relativamente intenso". GOUVEIA, Jaime Ricardo. "Quod non est in actis, non est in mundo: mecanismos de disciplina interna e externa no Auditório Eclesiástico de Coimbra". *Revista de História da Sociedade e da Cultura*, 9 (2009), p. 189. Isso não foi possível observar nos processos do Auditório maranhense. As denúncias eram anexadas aos processos sob forma de petições que na maioria das vezes eram sumárias. Nome, lugar, data e crime daquele que era denunciado eram descritos nos autos sempre finalizando com o pedido de que aquela denúncia fosse recebida. A partir daí falava o promotor apresentando os detalhes do crime. O denunciante, quando depunha, também dava mais detalhes do caso, mas isso não acontecia antes de uma segunda audiência. Para saber mais sobre as querelas é importante consultar: *Codigo Philippino ou Ordenaçoens e Leis do Reino de Portugal recopiladas por mandado d'El-Rey D. Philippe I*. 14ª ed. Rio de Janeiro. Tipografia do Instituto Filomático, 1870, liv 5, tit CXVII, p. 1272.

Figura fundamental para o funcionamento do tribunal episcopal era vigário-geral. Ele podia proceder em causas cíveis[13] e crimes.[14] Cabia a ele "toda a administração da Justiça", "o conhecimento de todas as causas crimes, e cíveis de foro contencioso" e perante ele se deviam "dar as denunciaçoens, e querelas", e devia "inquirir dos delitos, e pronunciar os culpados, e proceder contra elles a prizão, quando o caso o merecer".[15] A este juiz, cabia "mandar fazer os actos necessarios para boa ordem do Juizo, como libello ou petição por escripto, ou palavra, contestação, juramento de calumnia, contrariedades, e mais artigos".[16] O processo se iniciava com uma citação que, segundo o mesmo manual, era "uma vocação e chamamento das partes em Juízo".[17] Quando o acusado estava ausente ou quando as grandes distâncias entre as freguesias dos bispados impedissem a citação na sua própria pessoa, ele poderia ser citado na pessoa do seu procurador.[18]

Eclesiásticos e leigos no Tribunal Episcopal

Dar o exemplo aos fiéis. Eis uma das mais árduas tarefas conferidas aos clérigos seculares como ministros de Deus. Antonio Moreira Camelo, autor da obra *Parocho perfeito deduzido do texto sancto e sagrados doutores para a pratica de reger e curar almas*, de 1675,[19] a esse respeito, diz que se os curas "por ignorantes forem cegos, desatinados, & sem juízo, & se em fim não sabem, não podem, ou não querem guiar os caminhantes... Aonde irão dar os guias, & caminhantes?" Mais adiante é enfático ao afirmar "nem basta ensinar vocalmente o caminho, porque he necessário mostrallo, & ainda andallo, & discorrelo com a vida, como exemplo".[20] Os padres, entretanto, viviam muito mais afinados à vida dos leigos do que desejava a Igreja pós-tridentina. Assim, o bispo e seu tribunal passaram a exercer papel importante na tentativa de descobrir e tentar emendar esses pastores desviantes. Antes de salvar

---

13 *Regimento do Auditório Ecclesiástico do Arcebispado da Bahia, Metropoli do Brasil*. São Paulo: Typographia 2 de Dezembro, 1834, tit II, § 5, p. 28.
14 *Idem*, § 22, p. 59.
15 *Regimento do Auditório Ecclesiástico do Arcebispado da Bahia, Metropoli do Brasil*. São Paulo: Typographia 2 de Dezembro, 1834, Tit II, § I, fl. 16; n 62, fl. 19 e n 63, fl. 19, respectivamente.
16 *Idem.*, § 5, n. 126, fl. 28.
17 *Idem* § 3, n. 108, fl. 22.
18 *Idem*, n. 109, fl 23.
19 A edição que consultei foi a de 1765. CAMELO, Antonio Moreira. *Parocho perfeito Deduzido do Texto Sancto, e Sagrados Doutores para a pratica de reger e curar almas*. Lisboa: João da Costa, 1765.
20 *Idem*, TRATADO PRIMEIRO, CAPÍTULO II, § III.

o rebanho, a ideia era moralizar o clero para lhe servir de exemplo. Muitos desses padres, entretanto, eram contumazes transgressores e os processos movidos contra eles são exemplo disso.

No bispado do Maranhão, por exemplo, foram movidos 74 processos cíveis contra padres, mormente por terem contraído dívidas. Nesses casos, o réu era citado em juízo para responder pelo débito[21] e o processo corria sob forma de sumário.[22] As dívidas contraídas por padres iam desde empréstimos até compras não pagas e negociações feitas com leigos. O padre Domingos Lourenço Ramos da Rocha, por exemplo, pediu seiscentos mil réis de empréstimo a juros ao alferes Francisco Xavier Correa, em 1784 na vila de Alcântara. A dívida foi contraída em março do ano anterior e o objetivo do reverendo era empregar a soma na sua lavoura e roça.[23] Negociações de grande monta envolveram especialmente a compra de terras. O padre Maurício José Berredo de Lacerda, por sua vez, devia ao tenente Jozé Pedro Rodrigues Palavra, em 1799, nada menos que um conto e cem mil réis pela compra de um dote de terras em 1797.[24] Depois de condenado a pagar a dívida, o padre foi citado duas vezes e não apareceu em Juízo, mas entrou com embargos da sentença.

Outros padres pagaram suas dívidas com gêneros. Isso é testemunho, inclusive, de como as transações comerciais podiam ocorrer em momentos diferentes da história econômica do Maranhão colonial. Os produtos valiam tal ou mais que o próprio dinheiro. A farinha, por exemplo, base da alimentação da população foi moeda no pagamento da dívida do padre Thomás Mousinho Campelo no ano de 1742. Ele devia a Izabel Gomes da Silva a quantia de 12.000 réis pela compra de tecidos, arma de fogo e fazendas secas e molhadas no ano de 1738. Nos autos consta que parte do pagamento foi feito em alqueires de farinha.[25]

---

21   A esse respeito consultar CABRAL, Antonio Vanguerve. *Pratica judicial muyto util e necessaria para os que principiam os officios de julgar, e advogar, e para todos os que solicitão causas nos auditorios de hum e outro foro tirada de varios autores practicos e dos estylos mais praticados nos auditorios*. Lisboa Ocidental: Officina de Carlos Esteves Mariz, 1740, p. 48.

22   Quanto ao período de dez dias, Alexandre Caetano Gomes esclarece que sendo "a causa summaria, vindo o R. com contestaçam, logo se assignam dez dias de primeira dilaçam" já que nas "causas summarias nam há replica, porque também a contrariedade he contestaçam". GOMES, Alexandre Caetano. *Manual pratico judicial, civil e criminal, em que se descrevem recompiladamente os modos de proceder em hum e outro juizo*. Lisboa: Domingos Gonsalves, 1751. (consultei as edições de 1748 e 1750). p. 31 e 32.

23   Arquivo público do Estado do Maranhão (doravante APEM), Feitos Cíveis de Assinação de Dez Dias, doc. 2593.

24   APEM, Autos Cíveis de Execução, doc. 4865.

25   APEM, Feitos Cíveis de Assinação de Dez Dias, doc. 2564.

Além de processos cíveis, grande foi a quantidade de crimes pelos quais padres seculares foram processados no auditório eclesiástico. Nos 96 processos crime contra esses réus, 53 deles foram motivados por apenas uma denúncia. Nos 43 restantes, duas, três, as vezes quatro denúncias estão entre os itens que compõem a lite de acusação. É importante esclarecer, no entanto, que delito e delação não significam a mesma coisa. Por vezes a comunidade delatava ações que não eram consideradas crimes. Além disso, nem tudo que a Igreja considerava como crime o era socialmente.

Como se tratam de denúncias sobre crimes diferentes seria arbitrário escolher apenas um tipo de acusação para designar a matéria principal do processo. Optei, destarte, por tratar do tema a partir do número de vezes que cada uma dessas acusações apareceu nos diferentes autos. Isso porque mesmo sendo o processo motivado por diferentes matérias, nos conclusos dos autos aparecem sentenças diferentes para cada uma das acusações. O acervo conta, dessa feita, com um total de 148 acusações contra padres seculares em todo o século XVIII. A maior quantidade de denúncias diz respeito aos crimes de concubinato. Vinte e dois padres foram acusados de viver em amancebamento. Desse total, 17 constituem processos em que havia conjugalidade explícita, como analisei em trabalho anterior.[26] Seguindo a quantidade de processos por concubinato, vêm as denúncias por negligência/desobediência às funções sacerdotais. As vinte menções ao absenteísmo dos clérigos diziam respeito ao não cumprimento das desobrigas, do ministério de todos sacramentos, à falta de celebração de missas, dois deles foram acusados de não residir nas paróquias que estavam sob sua jurisdição e por confessar mulheres em casa.

Nove clérigos foram acusados de celebrar ofícios e sacramentos sem ter licença para tal e oito, por desobedecer e desrespeitar seus superiores. Somados os dois itens se pode inferir que o tribunal episcopal estava muito interessado em avaliar os aspectos "profissionais" do clero maranhense, ou seja, se os padres estavam cumprindo a contento as suas obrigações, sejam elas para com os fregueses ou para com seus superiores hierárquicos. Outros dez sacerdotes foram acusados de excessos no exercício do ministério, ou seja, abuso de poder. Os fregueses acusavam os padres de cometerem arbitrariedades e às vezes perseguirem fregueses.

As agressões e brigas, com oito denúncias, figuram como o sexto crime mais cometido pelos vigários do Maranhão. Eles também foram acusados de injuriar seus

---

26 MENDONÇA, Pollyanna Gouveia. *Sacrílegas famílias: conjugalidades clericais no bispado do Maranhão no século XVIII*. Niterói-Rio de Janeiro, 2007. Dissertação (Mestrado em História) - Programa de Pós Graduação em História, Universidade Federal Fluminense.

fregueses e colegas de batina por sete vezes. Além disso, ficou claro nos processos que o uso de armas era também prática frequente naquele bispado. Seis indivíduos foram processados por terem cometido esse crime. Além do uso de armas proibidas, o uso excessivo de bebidas também figurou entre os delitos denunciados às autoridades eclesiásticas. Constam cinco processos que tratam dessa pauta e dois deles contra o mesmo indivíduo, o padre Manoel Duarte da Fonseca da Cruz.

Os crimes que também apresentaram o mesmo número de denúncias foram: assassinatos, incesto, "péssimos procedimentos" e cumplicidade em adultério, com quatro denúncias cada. Fugas, disputa indecorosa por colações e benefícios, participação em festas, sacrilégio, rapto, proteger bandidos e conflitos judiciais pela posse de escravos que correram sob forma de querela apareceram com três acusações cada. Os crimes que apresentaram duas acusações foram: simonia, envolvimento em negócios seculares e envolvimento com jogos e tabulagens.

Algumas denúncias apareceram apenas uma vez, mas merecem destaque pela sua gravidade, foram elas: solicitação *ad turpia*, sigilismo, sodomia, acusação de cristã-novice. Os demais entraram na catalogação sob a denominação de "outros" por serem crimes muito eventualmente praticados como, por exemplo: agravos que correram judicialmente, vender escravo doente, induzir mulher à fuga, cobranças de algumas dívidas que extrapolaram as causas cíveis e um caso de roubo. Estes somam seis processos.

Até o momento, a investigação aponta os crimes de cunho sexual, concubinatos ou amancebamentos, como os mais denunciados ao Tribunal Episcopal do Maranhão. O grande número de denúncias desse tipo poderia induzir a pensar que fosse quase tarefa de santo manter-se casto no Brasil, como outrora deduziram alguns estudiosos baseados no que escreveram cronistas, viajantes e homens da igreja que estavam moldados para ver o pecado em toda parte. Contudo, não se pode deixar contaminar pelos que defenderam a existência de caos moral nos trópicos a ponto de acreditar que os "interesses de procriação abafaram não só os preconceitos morais como os escrúpulos católicos de ortodoxia",[27] como defendeu Gilberto Freyre.

A historiografia progrediu bastante nessas discussões nas últimas décadas. Os textos de Ronaldo Vainfas são testemunho disso e direcionaram novo olhar sobre essas questões. Há que se tomar cuidado com essas generalizações, já que tanto havia clérigos e leigos desregrados aos olhos da Igreja, como havia aqueles que respeita-

---

27 FREYRE, Gilberto. *Casa-Grande e Senzala. Formação da família brasileira sob o regime da economia patriarcal.* 16. ed. Rio de Janeiro: Jose Olympio, 1973, p. 308.

vam os ditames e seguiam fielmente as regras, sendo que uns e outros coexistiam. Ronaldo Vainfas, a esse respeito, afirma que a própria historiografia nacional tendeu a endossar essa imagem de frouxidão moral da Colônia. Para uma nova ótica do assunto, propôs "uma rediscussão da natureza dessas fontes e da própria situação colonial", com o objetivo de nos conduzir a outras proposições "e quem sabe, a desvendar regras onde aparentemente imperava o caos".[28]

É importante apreender os objetivos embutidos nesses discursos de licenciosidade, concupiscência e frouxidão moral, visto que a Igreja passava por um importante período de Reforma, não só objetivando conter o avanço do protestantismo, mas também recuperar as frentes católicas. Expor os problemas de um clero "devasso" e omisso era, ao mesmo tempo, reclamar por reformas que transformassem os sacerdotes em verdadeiros parceiros da Santa Sé em prol do catolicismo. Poder processar e punir leigos era igualmente importante nesse processo de disciplinamento social e moral das comunidades, seja na metrópole ou no ultramar.

O braço repressor do poder eclesiástico maranhense atuou de forma descontínua e oscilante durante toda a centúria, mas consta no acervo 254 processos contra leigos no século XVIII. Foram 126 leigos julgados entre as décadas de 1730-1760, o que representa 49,6% do total do século inteiro. Observando as décadas isoladamente, a de 1760 produziu 67 processos ou 26,3% e a de 1790, 61 sentenciados ou 24% do total. As três primeiras décadas contam com apenas 6 leigos punidos o que pode-se justificar, talvez, por ser este ainda um período de organização dessa instituição repressiva que, assim como ocorreu com os clérigos, também conserva poucos documentos para o período.

Na década de 1770, com 21 processos, observa-se um declínio considerável se comparado com a década anterior, o que pode ser explicado pelos graves conflitos que tiveram lugar a essa época entre o auditório eclesiástico e régio tribunal da Coroa.[29] Esse cenário teria permanecido por toda aquela década e as cartas relatando

---

28 VAINFAS, Ronaldo. *Trópico dos pecados: moral, sexualidade e Inquisição no Brasil*. Rio de Janeiro: Nova Fronteira, 1997, p. 60.
29 O Cabido remeteu carta, em 1771, ao secretário de Estado, Martinho de Melo e Castro, queixando-se exatamente do aumento da interferência secular em matérias que antes cabiam só aos eclesiásticos. Na missiva consta, inclusive, queixas contra o governador que interferia nos casos de concubinato e mandava realizar casamentos, como no caso em que tinha mandado prender Francisco Gomes Lima, para obrigá-lo a casar com uma mulata. Na missiva consta que "similhantes cazos, pertencentes a Jurisdição Ecclesiastica, tem praticado e pratica o dito Governador em tal maneira, que a maior parte das petições, tocantes ao Sacramento do Matrimônio, principalmente de Índios, a elle se fazem, e elle as despacha, como se fosse hu' Juiz de

queixas semelhantes a essa o confirmam. Os números só voltaram a subir paulatinamente a partir da década de 1780, que conta com 44 processos, mais que o dobro da década anterior. É provável que o novo aumento da repressão contra os leigos tivesse relação com presença de bispo residindo na região após longo período de vacância, mas isso não se pode afirmar com segurança dada a carência documental sobre as medidas do prelado quanto à punição contra os leigos.

D. Fr. Antonio de Pádua e Bellas chegou ao Maranhão em 1783 e governou até 1790. Esse prelado tentou implementar árdua reforma do clero. Dessa época destacam-se, sem dúvida, os conflitos com o juízo da Coroa exatamente pelas disputas de jurisdição. A esse respeito, dom Francisco de Paula e Silva comenta que esse prelado defendeu "os direitos sagrados da Egreja contra as invasões hypocritas ou tyrannicas da autoridade secular".[30] Em 1795, foi a vez de dom Joaquim Ferreira de Carvalho, que aqui permaneceu até 1801, mas desse governo "os archivos da Diocese são de uma deficiência desalentadora".[31]

É possível conhecer a matéria de denúncia dos 254 processos cíveis e crimes contra os leigos no Maranhão: são 57 denúncias de concubinatos, 23 de adultérios, 08 de alcouce, 08 de incestos (3 com adultério e 5 com concubinato), 09 de cópulas com promessa de casamento, 5 processos de disputa de terras, 16 denúncias por agressão,[32] 07 denúncias de casamento clandestino, 02 que protelavam para contrair matrimônio, 05 casamentos ilegais, 03 roubos, 06 denunciados por não fazer vida marital com os cônjuges, 54 processados por dívidas,[33] 03 impedimentos,[34] 05 casos de sacrilégio e 22 inseridos sob a denominação de "outros".[35]

Cazamentos, sem que nos digamos nada por evitarmos dicenções com elle, e os escândalos do Povo, q' a estas se haviam de seguir". Arquivo Histórico Ultramarino, Conselho Ultramarino, Capitania do Maranhão, doc. 4511.
30 SILVA, 1922, p. 167.
31 Idem, p. 174.
32 Aqui levei em consideração a troca de agressões em brigas e as sevícias contra as esposas.
33 Esses leigos foram processados por deverem além de dinheiro a outros leigos ou clérigos, missas, sacramentos e esmolas.
34 Processos julgados mesmo no auditório porque envolveram basicamente concubinatos e consangüinidade.
35 Trata-se de casos com pouca expressividade: 1 fuga, 2 leigos que não sustentavam a família, 6 denunciados genericamente por erros, vícios e toda sorte de mau comportamento, 1 processado por não fazer uma igreja como tinha prometido, 1 que tirou o filho da ex-esposa, 1 caso de falsificação, 1 que enterrou pagão em campo santo, 2 que estavam em litígio com irmandade, 1 que proibia a esposa de visitar a família, 1 caso de heresia, 1 caso de bigamia, 2 processos de litígio por liberdade, 1 que descumpriu contrato de casamento, 1 agravo.

Não surpreende, portanto, que a imensa maioria dos casos julgados dissesse respeito a desvios que maculavam o sacramento do matrimônio. 134 processos, ou 52,7% do total dos denunciados estavam desrespeitando de algum modo uma das mais fortes lutas travadas por Trento: a defesa das uniões *in facie ecclesiae*. Ameaças diretas eram o concubinato, o adultério, as relações incestuosas, a relação sexual antes do matrimônio, os que não queriam fazer vida marital com os companheiros, os que casavam sob impedimento, ilegalmente e clandestinamente. Enfim, tudo que pusesse em risco a união legítima. A vigilância nesse sentido foi efetiva.

Dos 54 processados por dívidas, apenas 10 eram dívidas contraídas por negociação comercial ou por empréstimos feitos a outros leigos. As demais eram dívidas em dinheiro por serviços espirituais prestados pelos ministros da Igreja. Missas, dízimo, sepultura, sacramentos, todos aqueles que deviam a membros do clero foram cobrados sob forma de monitórios e de autos cíveis de assinação de dez dias. Apenas 2 casos que seriam de foro inquisitorial apareceram nos processos do auditório maranhense contra os leigos, uma denúncia de bigamia e outra de práticas heréticas.

O bispado do Maranhão era, no século XVIII, um enorme desafio à Igreja. E não era diferente de outras partes da colônia. Território muito extenso ainda por explorar, pouco contingente de clérigos, população sempre crescente. Aquelas eram terras de conquista. Malgrado todas as dificuldades, vimos neste trabalho o grande empenho que a Igreja teve em tentar organizar – mesmo sujeita às vicissitudes diárias, claro – seu aparato burocrático e normativo dos comportamentos. A Igreja encontrou uma forma de se adequar àquela realidade, não há dúvida. É inegável, por outro lado, que as longas vacâncias que marcaram a história episcopal do Maranhão setecentista contribuíam sobremaneira para o aumento das dificuldades não só de melhor organizar a instituição católica local, mas, principalmente, na difícil tarefa de orientar o governo das almas. Quando não havia bispo, os governadores dos bispados e vigários-gerais desdobravam-se no intuito de colocar todo aquele aparato em funcionamento.

Os tribunais eclesiásticos tiveram, pois, grande peso nessa organização da Igreja. E isso certamente foi comum em todos os bispados. Se não há estudos mais aprofundados sobre esses tribunais que o permita comprovar, o caso do bispado do Maranhão aponta caminhos nesse sentido. Organizar uma máquina burocrática como essa era uma tarefa complexa. Ainda assim, a potencialidade das fontes produzidas pelo braço repressor do juízo episcopal é realmente notável para se avaliar a vida cotidiana daquela comunidade. Para isso muito contribuía o alargamento do poder dos prelados que podiam julgar não apenas clérigos, mas, dependendo da matéria dos delitos, também os leigos.

O clero esteve, sem dúvida, no centro das preocupações das autoridades eclesiásticas. Não que os leigos não precisassem de vigilância. Pelo contrário. A enorme quantidade de processos que os envolveram demonstra que o tribunal do prelado tinha poderes para julgá-los, bem como exerceu esse direito, mesmo que de maneira oscilante, durante toda aquela centúria. Os leigos não só foram processados, mas também julgados como estava previsto nas constituições diocesanas e leis do reino. Os clérigos, por sua vez, sempre estiveram em maior evidência. Primeiro, porque eram figuras de destaque naquela sociedade. Seus erros e vícios estavam mais suscetíveis a cobranças, especialmente quando isso afetava mais diretamente a população, como era nos casos de absenteísmo nas funções eclesiásticas. Segundo, porque cabia aos padres implementar a nível de suas paróquias, o projeto reformador que era realizado de maneira mais ampla não apenas no bispado maranhense, bem como no mundo católico.

Os tribunais eclesiásticos tiveram, pois, grande peso nessa organização da Igreja. E isso certamente foi comum em todos os bispados. Se não há estudos mais aprofundados sobre esses tribunais que o permita comprovar, o caso do bispado do Maranhão aponta caminhos nesse sentido. Os documentos produzidos por esses tribunais contêm detalhes minuciosos sobre a vida de homens e mulheres de todas as esferas sociais; sobre comportamento moral e religioso da população; sobre a difícil internalização dos preceitos católicos, sobre o moroso processo de solidificação das instituições repressivas da Igreja, dentre outros. Vistos isoladamente, cada um dos tipos de crimes julgados nesse tribunal pode responder questões muito pontuais sobre o matrimônio, a devoção cotidiana, o clero colonial, a religiosidade popular, dentre outros.

Parte III
Olhares múltiplos

Textos, trajetórias e promessas entre o Brasil colonial e a Índia portuguesa

Andréa Doré

HÁ MAIS CONEXÕES entre a Índia e o Brasil do período colonial do que imaginava quando procurei Ronaldo Vainfas para conversar sobre minhas propostas para uma tese de doutorado, em meados de 1997. A produção de Ronaldo Vainfas não se debruça sobre as margens do Índico, mas hoje os estudos realizados no Brasil sobre a presença portuguesa na Ásia não prescindem de sua atuação como pesquisador e como orientador. Como pesquisador, suas obras sobre o período colonial brasileiro ganham muito em amplitude e ajudam a entender outras sociedades quando se buscam – e se encontram – nas Índias os indivíduos, as instituições e as mentalidades que soube identificar e interpretar no Brasil. Como orientador, dissertações e teses, como a que tive o privilégio de realizar sob sua supervisão, lhe devem a lucidez, a erudição e a generosidade.[1]

Não seria preciso remeter à ideia de "histórias conectadas", expressão e metodologia proposta pelo historiador indiano Sanjay Subrahmanyam e defendida, entre outros estudiosos, pelo especialista dos processos de aculturação no México colonial, Serge Gruzinski, para destacar a pertinência do cotejamento, do estudo

---

1 Registro meu agradecimento ao orientador e hoje meu amigo Ronaldo Vainfas por todo o percurso que levou à defesa da tese *Império sitiado: as fortalezas portuguesas na Índia,* defendida na UFF em fevereiro de 2002.

em paralelo de diferentes espaços.² Esses autores, no entanto, enfatizaram que um período específico da história, que Gruzinski chamou de "primeira globalização",³ mal pode ser estudado se for ignorada a variável política, definida pelos contemporâneos como a Monarquia católica. Não se trata aqui de mencionar as pesquisas que contornam esse aspecto, ou de analisar as conexões existentes entre todos os espaços envolvidos: Europa – a Península Ibérica e seus domínios para além dos Pirineus; América espanhola e Brasil; enclaves nas costas africanas; diferentes modalidades e níveis de exercício de soberania na Ásia.

Este artigo limita-se a apresentar diferentes personagens, trajetórias e documentos que põem em paralelo os contextos do Brasil colonial e da Índia portuguesa, especificamente. O objetivo é olhar para ambos os espaços a partir de uma perspectiva relacional e, ao mesmo tempo, entender que constituíam um império no período denominado pela historiografia como União Ibérica ou monarquia dual, onde as possessões portuguesas ocupavam uma posição secundária, marginal, no interior da complexidade da monarquia católica. Sobre esse segundo aspecto, uma evidência pontual, entre tantas outras: o *Atlas del Marqués de Heliche*, encomendado por D. Gaspar de Haro y Guzmán, marquês de Heliche, sobrinho-neto do poderoso valido de Filipe II, Conde de Olivares, e o mais prolífico colecionar privado da Europa de seu tempo. Seu pai, Luis de Haro, sucedeu ao próprio Olivares em 1640. Intitulado *Plantas de diferentes Plazas de España, Italia, Flandres y Las Indias*, o atlas foi realizado por Leonardo de Ferrari, pintor bolonhês, que reuniu 131 esboços de cidades e fortalezas para apresentar ao marquês em 1655. O maior número de mapas refere-se aos domínios na Europa. *Las Indias* são representadas por apenas dez mapas, consequência de um trabalho inconcluso, talvez.⁴ Os domínios portugueses já haviam reclamado sua independência em 1640, com a aclamação de D. João IV rei de Portugal, mas as guerras de Restauração só terminariam em 1668. Assim, há mapas do reino português, inclusive imagens de batalhas peninsulares, mas as pos-

---

2 Ver SUBRAHMANYAM, Sanjay. "Connected Histories: Notes towards a Reconfiguration of Early Modern Eurasia". *Modern Asian* Studies, 31, 3, 1997, pp. 735-762; GRUZINSKI, Serge. Os mundos misturados da monarquia católica e outras *connected histories*. *Topoi* 2, março, 2001, p. 175-196.
3 Ver GRUZINSKI, Serge. *A passagem do século, 1480-1520: as origens da globalização*. São Paulo: Companhia das Letras, 1999.
4 Ver SÁNCHEZ RUBIO, Rocío, TESTÓN NÚÑEZ, Isabel Testón Núñez y SÁNCHEZ RUBIO, Carlos M. *Imagenes de un Imperio Perdido. El Atlas del Marqués de Heliche*. Plantas de diferentes Plazas de España, Italia, Flandes y Las Indias. [Mérida], Spain: Presidencia de la Junta de Extremadura, 2004. O Atlas está preservado no Arquivo Militar de Estocolmo.

sessões portuguesas fora da Europa se resumem a São Jorge da Mina, Cabo Verde, Moçambique e Damão. Não há nenhuma representação de domínios no Brasil.

John H. Elliott, referência nos estudos sobre o império espanhol, com uma citação corrobora com a caracterização do estado de ignorância existente na corte de Madrid sobre Portugal – e não seria incorreto acrescentar – e suas colônias. Em 1642, o jesuíta flamengo Jean-Charles della Faille, cosmógrafo real em Madrid, escrevia ao seu homólogo em Bruxelas, perguntando se poderia enviar algum mapa moderno de Portugal e Cataluña, "porque están aquí estas tierras muy poco conocidas, y yo veo que los mapas de Ortelio [Abraham Ortelius] van muy errados en lo de Portugal y en sus fronteras".[5]

Além da posição marginal partilhada pelas possessões portuguesas na administração imperial, os anos da União Ibérica são um período a ser privilegiado porque alguns movimentos e as trajetórias de determinados personagens devem muito a elementos característicos do período da monarquia liderada pelo dinastia Habsburgo: o incremento da burocratização; a luta de poder entre os agentes inquisitoriais; uma nova distribuição de funções entre as ordens religiosas; a circulação de informações e experiências entre diferentes espaços; as crenças messiânicas de que um Quinto Império daria a Portugal o lugar de direito na história.

As conexões existentes entre Brasil e Índia não são ignoradas pela historiografia, principalmente pelos historiadores brasileiros, superando, inclusive, o contexto de união das coroas. A primeira pesquisa de fôlego nessa perspectiva foi realizada nos anos 1960, quando surgiu um estudo pioneiro que ligava, por meio da circulação de mercadorias, as costas brasileiras ao Oceano Índico. *A Bahia e a Carreira da Índia*, de José Roberto do Amaral Lapa, foi publicado pela primeira vez em 1968, resultado de sua tese de doutorado orientada por Sérgio Buarque de Holanda, e reeditado em 2000. O objetivo da pesquisa, como explicitou o autor na introdução, era utilizar a Carreira da Índia "como recurso ideal para a demonstração da importância histórica do porto da Bahia". Amaral Lapa não privilegiou nenhum recorte preciso da história que vai da descoberta do Brasil, "um episódio da Carreira da Índia",[6] à abertura dos portos com a vinda da família Real no século XIX, nem tratou do movi-

---

5   VAN DER VYLER, S.I., OMER: Lettres de J.-Ch. Della Faille, S.I., Cosmographe du Roi à Madrid, à M. F. Van Lengreen, Cosmographe du Roi à Bruxelles, 1634-1645. *Archivum Historicum Societatis Iesu*, 46 (1977), p. 73-183 y p. 172. Apud ELLIOTT, John H. Prólogo. *Imagenes de un Imperio Perdido, op. cit.*

6   LAPA, José Roberto do Amaral. *A Bahia e a carreira da Índia.* São Paulo: Hucitec, Unicamp, 2000, p. XVII.

mento da Carreira com relação "a eventos político-econômico-militares, que direta ou indiretamente acabaram por refletir-se na Carreira".[7]

Sua pesquisa, porém, chamou atenção para o descumprimento sistemático da legislação que proibia a ancoragem, na Bahia, de naus vindas do Oriente, fruto da necessidade ou do comércio clandestino,[8] assim como explicitou o dinamismo da circulação de pessoas e produtos quando o comércio intercolonial foi autorizado por D. Pedro II em março de 1672.[9] Trabalho minucioso, profundamente documentado, não gerou, no entanto, nas décadas que se seguiram ao seu lançamento, uma historiografia que lhe desse continuidade.

As críticas que desde os anos 1990 se faz à perspectiva de um centro metropolitano a definir o movimento das colônias abriram uma infinidade de temas e abordagens de grande importância para a história do período colonial. Não se pode ignorar, no entanto, que um sistema burocrático, um conjunto de normas, obedecidas ou adaptadas, serviam de esteio a indivíduos em diferentes partes do mundo. Para a sede desse sistema, concentrado em Madrid durante a união das coroas ibéricas, o Estado do Brasil e o Estado da Índia eram espaços ainda promissores, envoltos pela dúvida quanto a suas potencialidades e quanto ao lugar que deveriam ocupar em um império tão heterogêneo, tão fragmentado e alargado. É nesse contexto que se mostra produtivo analisar lado a lado alguns indivíduos e alguns documentos.

Um primeiro cotejamento aproxima o *Livro que dá razão do Estado do Brasil* e o *Livro das Plantas de todas as Fortalezas, Cidades e Povoações do Estado da Índia oriental*. O primeiro é datado entre 1612 e 1613, foi escrito pelo sargento-mor do Estado o Brasil, Diogo Campos Moreno e dele fazem parte mapas da costa brasileira produzidos pelo prolífico cartógrafo João Teixeira Albernaz I. Já o segundo foi produzido entre 1634 e 1635 pelo cronista Antônio Bocarro e inclui 52 vistas de cidades e fortalezas portuguesas comumente atribuídas a Pedro Barreto de Resende. A conexão entre essas obras e seus autores, que obedeciam a ordens régias – no caso do Brasil foram ordens de Felipe III e no caso da Índia de Felipe IV[10] –, permite analisar o Brasil e a Índia como espaços em disputa. Disputa pela atenção do rei, por respostas rápidas e satisfatórias, por fidalgos experientes, por recursos, traduzidos em homens e armas, e também em colonos e missionários.

---

7   LAPA, *Op. cit.*, pp. XVI-XVII.
8   Idem, p. 15.
9   Idem, p. 254.
10 Utilizo aqui a nomenclatura espanhola.

Lidos separadamente, são relatórios sobre as condições de defesa e de exploração dos dois espaços de domínio, solicitados por reis ainda pouco familiarizados com suas novas possessões. Colocados lado a lado, mostram expectativas e promessas. Por meio das informações contidas nos mapas e nos relatos podemos supor o que teria se tornado visível ao rei sobre as possessões portuguesas. Chegaram às mãos do rei, no entanto, aquilo que seus súditos consideraram relevante informar, obedecendo à solicitação régia, seguramente, mas também ao que suas próprias interpretações de um projeto imperial eram capazes de focalizar.

Antônio Bocarro retomou traços da história dos portugueses na Índia e o momento do relato já contava com uma memória saudosa do passado. O poder português no Índico se enfraquecia. A importante fortaleza de Ormuz, na entrada do Golfo Pérsico, havia sido perdida para persas e ingleses, em 1622, e os holandeses já tinham seu quartel-general instalado em Jacarta, atual Indonésia, desde 1619. Bocarro escreveu sobre todas as fortalezas portuguesas nas margens do Índico, a partir de dados recolhidos por Pedro Massai de Frias e Domingos de Toral. Ao tratar de Goa e seus arredores, da posição central que a capital ocupava na comunicação entre as diferentes partes do Estado da Índia e entre essas e o reino, o passado era o seu ponto de referência:

> O que se leva a India são muitas couzas, porem nas mais dellas *há [h]oje* muy pouco interece, pellos olandezes e ingrezes encherem toda Europa de roupas e drogas em que [h]avia os principais ganhos deste comercio. E, ainda assy, levão a pimenta por conta de Sua Magestade e algũas roupas de Cambaya, caras e ruins, porque tambem estas são tam inferiores e somenos do que *antigamente* que, ainda não estiverão tão sobidas no preço e os olandezes e ingrezes as não levarão, ainda assy em grande copia forão os ganhos muy poucos. (...) Hia *antigamente* pera Portugal muito anil de Cambaya, *já [h]oje*, pello levarem em grão copia ingrezes e olandezes, nem quá está em preço que se possa levar, nem em Portugal tem expediente. (...) E assy, pellas ditas cauzas, está este dito comercio da India pera Portugal *já muy acabado* (...).[11]

Já o compromisso que Diogo Campos Moreno expressava em seu texto era com o futuro. Ele descreveu o Brasil como uma terra de abundância. Grandes dimensões

---

11 BOCARRO, António. *O livro das plantas de todas as fortalezas, cidades e povoações do Estado da Índia Oriental*. [1635] Lisboa: Imprensa Nacional/Casa da Moeda, 1992, vol. II, fl. 19v, p. 165, grifo meu.

de uma "terra fértil", um sítio "sadio, fértil e viçoso", onde "lenhas não faltarão nunca". Entre as dificuldades a serem enfrentadas estava a presença do gentio. Ao longo de toda a costa, encontravam-se áreas "despovoadas" ou ameaçadas pelo gentio, classificado como "variável, incapaz e fora de todo o governo", ou como "bárbaros e ociosos", em aldeias "mal governadas e inquietas".[12]

Os benefícios da natureza prodigiosa seriam multiplicados pela extração de matérias-primas e a intensificação da exploração agrícola:

> De modo que a conquista do Maranhão, que se pratica, e a navegação do salitre do rio de São Francisco, nem a pescaria das baleias da Bahia de Todos os Santos ou da Angra dos Reis, nem as esmeraldas do Rio Doce, nem o ouro de São Vicente, ou a prata que dizem haver no rio Real, ainda que tudo junto hoje estiver em termos assegurados, (...), nenhuma comparação fazem com o que pode medrar o dito Estado e os moradores deste Reino e as alfândegas de Sua Majestade, havendo muitos escravos e baratos, que trabalhem nas fazendas do açúcar e cortes do pau-brasil, tudo seguramente navegado sem pagar tributos aos inimigos do Norte [os holandeses], antes fazendo crescer, nos despovoados, povoações e fazendas.[13]

Para esse futuro, diferentemente do que se via acontecer na Índia, o autor previa a vitória dos ibéricos na concorrência com outras potências. As mesmas leituras, que opõem um passado de feitos e glórias ameaçado na Ásia a um futuro de trabalho e riquezas naturais no Brasil, estão também presentes na produção cartográfica que integra ambos os relatórios. A linguagem dos mapas adota, porém, outros códigos, como a redução ou aumento da escala de acordo com a amplitude da efetiva dominação portuguesa, ou espanhola, no período; a exclusiva representação da arquitetura militar e religiosa cristã; a ausência de qualquer elemento que remeta à presença indígena ou aos povos asiáticos.[14]

A importância que o Atlântico ganhou na agenda imperial tem diferentes cronologias, segundo a interpretação que se adote. Por vezes denominada de "viragem atlântica", o desvio da ênfase da Índia para o Brasil integrava, segundo Subrahmanyam, uma conjuntura que levou à tomada de Portugal por Filipe II, ou seja,

---

12 MORENO, Diogo de Campos. *Livro que dá razão do Estado do Brasil* – 1612. Ed. Crítica, com introdução e notas de Helio Vianna. Recife: Arquivo Público Estadual, 1955, *passim*.
13 MORENO, *Op. cit.*, p. 120-121.
14 Uma análise desses dois documentos, dos relatos e mapas, está em DORÉ, Andréa. O deslocamento de interesses da Índia para o Brasil durante a União Ibérica: mapas e relatos. *Colonial Latin American Review*, vol. 23, Issue 02, 2014, p. 172-197.

teria sua origem nos finais dos anos 1560, ainda durante o reinado de D. Sebastião.[15] Pode-se localizá-la também nas primeiras importações de escravos de Luanda para o Brasil, nos anos 1550,[16] ou ainda ver dela um prenúncio no loteamento da costa brasileira em capitanias hereditárias sob D. João III, entre 1534 e 1536.

Mas enquanto as insurgências dos reinos asiáticos e os ataques dos holandeses não forçaram essa viragem, a Monarquia católica contava com esperanças de riqueza e conquista vindas tanto do Índico quanto do Atlântico. Uma outra conexão possível, envolvendo súditos e também promessas, se dá entre Gabriel Soares de Sousa e Manuel Godinho de Erédia, mais uma vez indivíduos cujas trajetórias se devem, respectivamente, à história da presença portuguesa no Brasil e na Índia. Ao lado das profundas diferenças existentes entre os dois espaços, podem ser encontrados pontos em comum nas ambições que mobilizavam os "agentes do império", nos resultados que obtiveram e nos documentos que produziram como súditos da monarquia ibérica.

O português Gabriel Soares de Sousa deixou Lisboa em 1570 (ou 1567), atraído pelas notícias das minas de ouro do reino do Monomotapa, na costa oriental africana. Quando a armada em que seguia fez escala na Bahia, decidiu permanecer no Brasil, onde já vivia seu irmão, João Coelho de Sousa, de quem recebeu um itinerário de descobrimento de várias minas nos sertões, intitulado "Relação do descobrimento das esmeraldas". Com o itinerário em mãos, e após a morte do irmão, Soares de Sousa voltou à Europa para "requerer concessões e privilégios". Esperava obter navios, homens e armas para uma expedição pelo interior das Terras do Brasil. No tempo em que esteve em Madri, enquanto esperava uma resposta de Filipe II, redigiu o *Tratado descritivo do Brasil,* de 1587, baseado em um caderno de lembranças e que reuniria dois manuscritos: o "Roteiro Geral do Brasil", que descreve a costa brasileira do Maranhão até o Rio da Prata, e o "Memorial e declaração das grandezas da Bahia", com informações detalhadas da fauna, flora, relevo, povos nativos, povoações, vilas e engenhos da Bahia.[17] O trabalho foi dedicado ao influente valido do rei, D. Cristóvão de Moura. Seu relato descreve minuciosamente importantes regiões

---

15 SUBRAHMANYAM, Sanjay. *O império asiático português, 1500-1700. Uma história política e económica.* Lisboa: Difel, 1993, p. 158-164.
16 ALENCASTRO, Luiz Felipe. *O trato dos viventes. Formação do Brasil no Atlântico Sul.* São Paulo: Companhia das Letras, 2000, p. 69.
17 Ver LUCIANI, Fernanda Trindade. "Introdução". In: SOUSA, Gabriel Soares de. *Tratado Descritivo do Brasil em 1587.* São Paulo: Hedra, 2010, p. 11.

costeiras do nordeste brasileiro e na dedicatória afirma que se trata de "cosmografia e descripção d'este Estado".[18]

Obteve de Filipe II o título de capitão-mor e governador da conquista do Rio São Francisco, o direito de nomear seu sucessor e a permissão para prover, por três anos, todos os ofícios de justiça e de fazenda das terras que ocupasse.[19]

Nos anos 1570, período em que Soares de Sousa ainda enriquecia no Brasil com engenhos de cana-de-açúcar, na outra fronteira do império, o mestiço Manuel Godinho de Erédia, nascido em Malaca em 1563, iniciava sua formação no Colégio Jesuíta de Goa. Filho de uma princesa malaia e de um soldado português, viveu na capital do Estado da Índia, e depois de deixar a Companhia de Jesus, em 1580, passou a copiar cartas referentes a regiões orientais, mapas mundi e atlas corográficos; documentação esta que, segundo ele, foi enviada ao rei Filipe II. Nesse período, Eredia recolheu informações sobre a Índia Meridional, especificamente sobre a Ilha do Ouro, a Java Menor mencionada no relato de Marco Polo que em muitos momentos lhe serve de referência. Erédia escreveu vários tratados geográficos, produziu muitos mapas e até o relato de um martírio. No diálogo com a trajetória de Gabriel Soares de Sousa destaca-se a *Informação da Aurea Quersoneso, ou Península, e das Ilhas Auríferas, Carbúnculas e Aromáticas*, escrita em Goa, entre 1598 e 1600. Depois de descrever a geografia e as potencialidades da Insulíndia, Erédia afirmava em sua conclusão que esperava ser nomeado pelo vice-rei da Índia Dom Francisco da Gama, "Descobridor" da Ilha do Ouro.[20]

Erédia obteve autorização para organizar uma expedição e explorar a Nova Índia Meridional. Investido do hábito da Ordem de Cristo e do título de "Adelantado", sua frota se reuniu em Malaca. Assim como Soares de Sousa, sua empreitada não teve êxito. A fortaleza portuguesa de Malaca tinha sido atacada pelos malaios, os holandeses já circulavam pelos mares do Sul e a expedição não pôde se concretizar.[21]

---

18   SOUSA, Gabriel Soares de. *Tratado Descriptivo do Brasil em 1587*. Edição castigada pelo estudo e exame de muitos codices manuscriptos no Brasil, em Portugal, Hespanha e França, e accrescentada de alguns commentarios por Francisco Adolpho de Varnhagem. 3º ed. São Paulo; Rio de Janeiro; Recife; Porto Alegre: Companhia Editora Nacional, 1938, p. XIV.

19   Cf. LUCIANI, *op. cit.*, p. 12. A autora esclarece que os alvarás de concessão estão publicados em *Pauliceae Lustiana Monumenta Historica*. Lisboa: Real Gabinete Português de Leitura do Rio de Janeiro, 1956, tomo 1, p. 407 e seguintes.

20   ERÉDIA, Manuel Godinho de. *Informação da Aurea Quersoneso*. Introdução, fixação do texto e anotações de Rui Manuel Loureiro. Lisboa: Centro Científico e Cultural de Macau, 2008, p. 116, parágrafo 65.

21   ERÉDIA, Manuel Godinho de. *Eredia's Description of Malaca, Meridional India, and Cathay*.

As relações entre passado e futuro que se identifica nos relatos e mapas citados do século XVII também permeiam as campanhas desses dois súditos descobridores. Para Erédia, suas fontes são o passado, são a história, os autores da Antiguidade, as passagens de Marco Polo que confundiam e atraíam a Europa havia já três séculos e as tradições malaias, elementos aos quais acrescentava sua própria experiência. Desejava, como avalia Rui Loureiro, construir uma "síntese entre a tradição e a modernidade", uma "ligação coerente entre, por um lado, respeitáveis fontes escritas e, por outro lado, modernas e atualizadas observações de campo".[22] Quando Erédia escreveu já se tinha da Índia muitas notícias, sobretudo dos feitos portugueses, trabalhos de cronistas historiadores como Gaspar Correia, Fernão Lopes de Castañeda, João de Barros e Diogo do Couto. Para a costa do Atlântico, a situação era outra, não foram escritas *Décadas* sobre o Brasil e Soares de Sousa, autor de um dos poucos relatos portugueses sobre terras do Novo Mundo produzidos no século XVI, baseava suas promessas na experiência recente dos colonos, nos boatos, nas ansiosas expectativas geradas pela abundância da parte espanhola do continente e ainda nas "notícias de ouro", que em toda parte eram ouvidas nas falas dos índios.

Ambos os autores, ansiosos por descobrimentos e mercês, reuniram informações que consideraram úteis para a administração dos domínios do rei e esperavam servi-lo até que a efetiva descoberta de ouro legitimasse a uma só vez o saber partilhado e o súdito que o produzira.

No campo da missionação, parceira e mote da corrida pelo ouro desde as promessas de Cristóvão Colombo aos Reis Católicos, não são poucas, e nem frágeis, as conexões possíveis entre os espaços asiáticos e a colônia Brasil. A própria Companhia de Jesus, por meio das cartas ânuas, fazia circular experiências e exemplos que aproximavam as minuciosas lidas diárias de territórios tão afastados como o Japão e o Maranhão. Tratando-se de registros escritos, é difícil contornar a atenção a grandes personagens. O Padre Antônio Vieira, nome da história e da literatura

---

Translated from the Portuguese with notes by J. V. Mills and new introduction by Cheah Boon Khen. Kuala Lampur: MBRAS, 1997; LOUREIRO, Rui Manuel. "Manuel Godinho de Erédia e os seus tratados geográficos". In. ERÉDIA, Manuel Godinho de. *Informação da Aurea Quersoneso, op. cit.*; DORÉ, Andréa. "Manuel Godinho de Erédia e a cartografia sobre o Estado da Índia no período filipino". In VAINFAS, Ronaldo; SANTOS, Georgina Silva dos e NEVES, Guilherme Pereira das (orgs.). *Retratos do Império. Trajetórias individuais no mundo português nos séculos XVI a XIX*. Niterói: Eduff, 2006, pp. 375-388.

22 LOUREIRO, *Op. cit.*, p. 46.

portuguesa, encontra um importante interlocutor na pessoa do seu colega jesuíta, Fernão de Queiroz, figura fascinante e curiosamente pouco estudada.

Vale lembrar alguns dados da biografia de Vieira, a fim de aproximá-lo de seu colega na Índia. Vieira nasceu em Lisboa em 1608 e seguiu para o Brasil com a família em 1614 quando seu pai foi nomeado escrivão em Salvador. Estudou no Colégio da Companhia de Jesus e entrou para a ordem em 1623. Após a restauração de D. João IV, no início de 1641, Vieira voltou para o Reino, exerceu função de pregador, conselheiro e diplomata, foi perseguido pela Inquisição e pelos colonos do Maranhão, de volta ao Brasil. Morreu em Salvador em 1697.[23]

Quase dez anos depois de Vieira, nasceu também em Portugal, em 1617, o Padre Fernão de Queiroz. Entrou para o noviciado da Companhia de Jesus em 1631. Chegou à Índia em 1635 com 18 anos, onde completou sua formação e exerceu vários cargos eclesiásticos, incluindo o de Provincial da ordem jesuíta. Queiroz foi ainda escolhido pelo rei como Patriarca da Etiópica e deputado do Tribunal da Inquisição.[24] Morreu em 1688, apenas seis meses depois de ter completado o manuscrito de sua obra sobre a história do Ceylão, *Conquista Temporal e Espiritual do Ceylão*; quinhentas páginas consideradas uma fonte fundamental para o estudo da história do Sri Lanka no período em que ali estiveram os portugueses. A *Conquista* permaneceu inédita até o século XX e o manuscrito conserva-se na Biblioteca Nacional do Rio de Janeiro.[25]

---

23 Para uma biografia de Vieira, ver VAINFAS, Ronaldo. *Antônio Vieira. Jesuíta do rei*. São Paulo: Companhia das Letras, 2011.

24 Ver BIEDERMANN, Zoltan. "Um outro Vieira? Pedro de Basto, Fernão de Queiroz e a profecia jesuítica na Índia portuguesa". In: CARDIM, Pedro (ed.). *António Vieira, Roma e o Universalismo das Monarquias Portuguesa e Espanhola*. Lisboa: Centro de Historia de Alem-Mar / Università Degli Studi Roma Tre / Red Columnaria, 2011, p. 152.

25 QUEIRÓS, Fernão de. *Conquista temporal e espiritual do Ceylão*. Goa, 1.10.1687. Biblioteca Nacional do Rio de Janeiro. MS 454. Edições: *Conquista temporal e espiritual de Ceylão*, ed. P. E. Pieris, Colombo: H.C. Cottle. Government Printer, 1916 e uma tradução inglesa. Fernão de QUEYROZ. *The Temporal and Spiritual conquest of Ceylon*, trans. S. G. Perera, 3 vols. Colombo, 1930, reimpresso em New Delhi: AES, 1992. Sobre essa obra de Queiroz, destacam-se: ABEYASINGHE, Tikiri. History as Polemics and Propaganda: an examination of Fernão de Queirós, *History of Ceylon*. In. *Journal of the Royal Asiatic Society Sri Lanka Branch*, vol. XXV, (n. s.), 1980-81; STRATHERN, Alan. Fernão de Queirós: History and Theology. In: *Anais de História de Além-Mar*. Vol. VI, 2005. Sobre o autor, ver o artigo de ZUPANOV, Ines. "Jesuit Orientalism; Correspondence Between Tomas Pereira and Fernão De Queiros". In: *Tomás Pereira, S. J. (1646-1708) Life, Work and World*, ed. by Luis Barreto. Lisboa: Centro Cultural e Científico de Macau, 2010.

Vieira e Queiroz presenciaram ataques holandeses às possessões portuguesas no Atlântico e no Índico. Avaliaram da mesma forma o risco que representavam ao império e à cristandade. Em *Conquista Temporal e Espiritual do Ceylão*, Queiroz considerou que a perda do Ceilão era momentânea e via na experiência brasileira um estímulo. Na Dedicatória ao vice-rei Francisco de Távora escreveu que "o Olandez, não tinha menor poder no Brazil e com tudo perdeo. Levou Angola por treyção, largou-a com infamia; e porque não será assim na India?"[26] Queiroz esperava persuadir os portugueses da necessidade de retomar o Ceylão e do direito – e o dever missionário – que o Reino português possuía sobre as terras. Dirigia-se ao vice-rei para que este trabalhasse para persuadir Portugal a recuperar a Índia, e particularmente o Ceylão, "unico fim pera que ajuntey estas noticias; porque, a vista de todas elas, acabassem os Portuguezes de conhecer o que perderão".[27]

Já Vieira produziu um série de sermões, em momentos chave dos conflitos entre holandeses e portugueses, chamando para o compromisso fidalgos e a Coroa e para a devoção os fieis das Terras do Brasil. Nos bastidores, como se sabe, sua opinião era outra. O *Papel que fez o padre Vieira a favor da entrega de Pernambuco aos Holandeses*, conhecido como *Papel Forte*, foi produzido em 1648, em resposta a uma solicitação do rei D. João IV, e nele o jesuíta apresenta uma proposta de solução para a constrangedora situação: a entrega do nordeste açucareiro aos holandeses e a concentração de forças na diplomacia e no tratado de paz com Holanda.[28] Essa proposta muito teria agradado a Fernão de Queiroz, já que ao desistir de Pernambuco, a Coroa talvez tivesse recursos para proteger as praças que ele viu capitularem na Índia.

Vieira e Queiroz serviram simultaneamente à Companhia de Jesus durante quase sete décadas. A produção literária que resultou dessa longa atuação, entre cartas, sermões, e extensos trabalhos historiográficos representa um material ainda pouco explorado em conjunto. Uma exceção notável é a pesquisa de Zoltán Biedermann, que será retomada em seguida. A análise em perspectiva dessas produções faz emergirem aspectos em comum relacionados à visão imperial, marcada por revelações

---

26 QUEIRÓS, Fernão de. *Conquista temporal e espiritual do Ceylão*. Goa, 1.10.1687. Biblioteca Nacional do Rio de Janeiro. MS 454, [p. 06].
27 Idem.
28 Ver VAINFAS, Ronaldo. Guerra declarada e paz fingida na Restauração Portuguesa. *Tempo*, vol. 14, n. 27, nov/2009, p. 82-100; VAINFAS, Ronaldo. O *Papel Forte* de Antônio Vieira no contexto da crise diplomática entre Portugal e Holanda pela posse do Brasil. *Padre António Vieira. O tempo e os seus hemisférios*. Lisboa: Colibri, 2011.

e anseios milenaristas. Esses aspectos integram e somam-se a outras evidências da ação praticada pelos integrantes da ordem jesuíta nos diferentes pontos do império.

Vieira pode ainda ser confrontado com um outro jesuíta, seu contemporâneo, atuante também na Ásia: o Padre Pedro de Basto. É por meio de Fernão de Queiroz que sua vida, suas famosas visões e suas profecias, foram registradas. Logo que Queiroz chegou a Goa, em 1635, esteve apenas quatro dias, como relata, com o jesuíta Pedro de Basto, já muito conhecido e venerado no Estado da Índia. Mais tarde, após a morte de Basto, em 1645, Queiroz, já um erudito e importante membro da Companhia de Jesus no Oriente, foi incumbido de escrever sobre sua vida. Intitulada *Historia da Vida do Venerável Irmão Pedro de Basto*, esta seria publicada em Lisboa em 1689 e dedicada ao rei D. Pedro II.[29]

Pedro Machado de Basto, natural de Cabeceiras do Basto, em Portugal, seguiu para a Índia como soldado, em 1587. Depois de chegar a Goa, foi a Cochim, onde serviu até 1589. Nesse ano embarcou em uma armada de remo de cujo naufrágio foi o único sobrevivente e entrou em seguida para a ordem da Companhia de Jesus. O resto de sua vida passaria entre Tuticorim, Coulão e Cochim, onde morreu em 1645, com 65 anos. O livro de Queiroz, que traz esses dados biográficos, baseia-se em um manuscrito do próprio Basto. A obra de seiscentas páginas representa para o historiador um desafio adicional diante da dificuldade de se identificar o que remete ao biografado e o que diz respeito ao biógrafo. Zoltán Biederman enfrenta essa dificuldade e aponta algumas interpretações. De um lado, estava Basto, instado pelas autoridades da Companhia a escrever sua própria biografia, "pouco polida talvez, e colocada sob o signo literariamente esterilizante da graça divina e das lutas entre Deus e o diabo, mas deixando emergir nos interstícios dessa cosmologia um retrato pessoal, muitas vezes íntimo, de uma densidade notável para a sua época".[30] De outro, Queiroz se dispunha a interpretar as visões e profecias, localizando nos fatos do seu presente o que Basto teria previsto e evitando que qualquer desvio ou erro fosse pressentido em suas visões. Assim analisa a relação entre os dois: "Basto fornecia uma mina quase inesgotável de visões, uma espécie de matéria-prima, ao passo que Queiroz as punha, *a posteriori*, em

---

29 QUEIRÓS, Fernão de. *Historia da vida do veneravel irmão Pedro de Basto Coadjutor temporal da Companhia de Jesus...* / ordenada pelo Padre Fernão de Queyros. Em Lisboa: Na Officina de Miguel Deslandes, Impressor de Sua Magestade, 1689.
30 BIEDERMANN, *Op. cit.*, p. 149. Os dados biográficos foram coligidos por Biedermann na p. 147.

contexto, interpretando-as, fornecendo a sua exegese numa visão mais ampla e erudita do mundo e da História".[31]

Em Vieira e em Basto e Queiroz estão presentes aspectos do providencialismo português. Todos viveram a Restauração de Portugal com a aclamação de D. João IV, o primeiro dos Bragança que, para alguns, como para Antônio Vieira, era o rei encoberto que assumiria a condução do império universal cristão e português. Segundo Queiroz, já em 1635, seu biografado começou a reunir as memórias e registrou a visão da restauração portuguesa em figuras que "delineou com sua própria mão". De um total de 197 figuras, duas representavam o modo com que Deus mostrou a Basto os triunfos da Companhia de Jesus e as demais expressariam "o que viu sobre a maravilhosa Aclamação do Sereníssimo Rey Dom João IV de Portugal.[32]

O providencialismo português, apenas um dos aspectos que aproximam esses jesuítas, abrigava neste contexto diferentes manifestações e mesclava diferentes fontes. A circulação das crenças proféticas do Reino para os espaços coloniais e entre esses, independentemente da metrópole, é apontada por vários autores.[33] As visões proféticas e as narrativas chegaram a constituir, segundo Ines Zupanov, "*loci* importantes de comunicação e instrumentos políticos cultivados pelos jesuítas como parte integrante da sua tradição e herança espiritual".[34]

A historiografia tem estado atenta a essas conexões. Artigos, dissertações e teses, depois publicadas dão conta dessas pesquisas.[35] Para concluir, vale retomar

---

31 *Idem*, p. 153.
32 QUEIRÓS, *Op. cit.*, "Aos que lerem", [fl.3].
33 Os sermões de Vieira dedicados a Francisco Xavier, o apóstolo do Oriente, de 1694, são também exemplos dessas conexões. LIMA, Luís Filipe Silvério. *Padre Vieira: sonhos proféticos, profecias oníricas. O tempo do Quinto Império nos sermões de Xavier Dormindo*. São Paulo: Humanitas PPJCH/USP, 2000. Sobre o sebastianismo, ver HERMANN, Jacqueline. *No Reino do Desejado. A construção do sebastianismo em Portugal. Séculos XVI e XVII*. São Paulo: Companhia das Letras, 1998 e LIMA, Luís Filipe Silvério. *O Império dos sonhos. Narrativas proféticas, sebastianismo & messianismo brigantino*. São Paulo: Alameda, 2010.
34 ZUPANOV, Ines G. A História do Futuro'. Profecias jesuítas móveis de Nápoles para a Índia e para o Brasil (século XVI). In: *Cultura; Revista de História e Teoria das Ideas*, 24, 2007, p. 120. A autora retoma a trajetória do jesuíta morto no Japão em 1637, Marcello Mastrilli e aponta a circulação de relatos e profecias entre a Ásia e o Brasil por meio de Antônio Vieira.
35 Nessa linha de análise, em que se aproximam experiências nos dois extremos do Império Português, encontram-se os trabalhos de Margareth de Almeida Gonçalvez. *Império da Fé. Andarilhas da Alma na Era Barroca*. Rio de Janeiro: Rocco, 2005, sobre duas freiras, fundadoras de conventos no Rio de Janeiro e em Goa, e de Anita Correia Lima de Almeida. *Inconfidência no Império. Goa de 1787 e Rio de Janeiro de 1794*. Rio de Janeiro: 7Letras, 2011. Ver também FRAGOSO, João, BICALHO, Maria Fernanda & GOUVÊA, Maria de Fátima. *O Antigo Regime nos Trópicos*. Rio de Janeiro: Civilização Brasileira, 2001. Não por acaso essa coletânea é dedicada

uma expectativa, expressa por Amaral Lapa há cinquenta anos e que podemos hoje constatar, em grande medida, realizada: "Se, dado o grande e crescente interesse com que o Brasil se volta para a África e o Oriente, conseguirmos algum dia investigar com maiores facilidades os seus arquivos, terá chegado a ocasião de refundir não apenas este trabalho, mas passagens sem conta da história dos nossos três primeiros séculos".[36]

Este artigo pretendeu demonstrar que os paralelos entre ideias, indivíduos e relatos localizados na Índia e no Brasil são de grande potencial para futuras pesquisas. Poderiam ser promessas, como as que fizeram Soares de Sousa e Erédia ao rei espanhol, mas que se realizam, como as que Ronaldo Vainfas se fez e concretizou. *A heresia dos índios* nasceu de uma promessa motivada pelo processo de Fernão Cabral e sua ligação com a "santidade" indígena, *Traição* surgiu do processo de Manoel de Barros, jesuíta depois calvinista na guerra contra os holandeses, e *Jerusalém Colonial* foi inspirada na obra de José Antônio Gonsalves de Mello.[37] Esses livros são provas de que documentos e trajetórias do passado motivam compromissos dos historiadores e a história que resulta da lealdade a esses compromissos merece toda nossa gratidão.

---

a Amaral Lapa e Charles Boxer.
36 LAPA, *Op. cit.*, p. XIX.
37 Vainfas relata as leituras e promessas que deram origem a seus livros em *Jerusalém colonial. Judeus portugueses no Brasil holandês*. Rio de Janeiro: Civilização Brasileira, 2010, p. 9-10.

Brízida: uma índia feiticeira perante a Inquisição (1639)

Bruno Feitler

NAS BRINCADEIRAS UM TANTO politicamente incorretas de alguns estudiosos brasileiros da Inquisição, Ronaldo Vainfas é o nosso inquisidor geral.[1] Não preciso detalhar aqui a importância e a influência de seus estudos para uma melhor compreensão da ação inquisitorial no Brasil. Interessante notar, no entanto, que um de seus livros mais famosos trata de certo modo da cultura de um grupo que, apesar da repressão à "santidade de Jaguaripe",[2] passou praticamente ileso à perseguição inquisitorial: os índios.

Cita-se amiúde (e incluo-me entre os culpados) uma provisão do cardeal-rei inquisidor geral d. Henrique, datada de 1579, que eximia os "novamente convertidos", ou seja, os índios, do bispado do Brasil da jurisdição inquisitorial, deixando a responsabilidade no julgamento dos eventuais casos de heresia que surgissem entre eles, ao próprio prelado, o bispo d. Antonio Barreiros, auxiliado do p. Luís da Grã ou por outro jesuíta[3]. O

---
1 Partes deste texto foram tiradas de Bruno Feitler. 'The Portuguese Inquisition and Colonial Expansion: the 'Honor' of Being Tried by the Holy Office'. In MORE, Anna, O'Toole, Rachel. e del Valle, Ivonne. (org.). *Iberian Empires and the Roots of Globalization*. Vanderbilt University Press (no prelo).
2 VAINFAS, Ronaldo. *A Heresia dos índios. Catolicismo e rebeldia no Brasil colonial*. São Paulo: Companhia das Letras, 1995.
3 PEREIRA, Isaías da Rosa. *Documentos para a História da Inquisição em Portugal (séc. XVI)*. Lisboa: Cáritas Portuguesa, 1987, p. 56-57 (doc. 52).

exemplo hispânico, no qual os índios foram efetivamente isentos da jurisdição dos inquisidores, para além dessa provisão, foi sem dúvida o que levou os historiadores da Inquisição no Brasil a afirmar que o mesmo ocorrera por cá.[4] Com efeito, o motivo alegado na provisão de d. Henrique era o de que a ação inquisitorial sobre os índios cristianizados poderia fazer com que os ainda não convertidos pensassem duas vezes antes de aceitar o batismo. Esta resolução, tomada por aquele que foi o grande responsável pela institucionalização do tribunal português, seria a razão da ausência dos nativos nas listas de autos da fé da Inquisição de Lisboa não só durante o governo do bispo d. Antonio Barreiros, mas também no de seus sucessores. Mas terá sido mesmo assim?

Leônia Resende, que vem estudando o tema com muita atenção e propriedade, encontrou denúncias contra nativos cristãos recebidas e investigadas pelos inquisidores, e até processos abertos contra índios, sobretudo (mas não só) durante a segunda metade do século XVIII. Nesses casos, a frequente não abertura de processo formal, e no caso de real julgamento, as penas mais brandas cominadas contra os réus justificavam-se "atendendo a ignorância, grande rusticidade e falta de instrução" dos índios.[5] A provisão de 1579 nunca é mencionada nessa documentação, não havendo assim nenhuma prova, na verdade nenhum indício, de que ela tenha realmente sido aplicada. Por mais estranho que pareça, foi na verdade uma certa unanimidade sobre a (in)capacidade dos índios o que fez com que denúncias feitas contra eles, inclusive na época das reformas pombalinas e de sua política de anulação das diferenças étnicas, tenham no fim das contas seguido os trâmites usuais tanto pelos representantes do Santo Ofício no Brasil, quanto pelos próprios inquisidores.[6] Ou seja, a abertura de processo contra indígenas cristãos seria um fato excepcional, mas não impossível. O que veremos aqui é um desses casos excepcionais (por mais de uma razão) e, por meio dele, tentaremos ver o que pode levar a Inquisição a deixar

---

4   Nos vice-reinados do México e do Peru, Carlos V isentou os índios da jurisdição dos tribunais lá criados em 1568. Ver os verbetes correspondentes, de autoria de Rosalba Piazza e René Millar Carvacho. In: PROSPERI, Adriano, com LAVENIA, Vincenzo e TEDESCHI, John (dir.). *Dizionario storico dell'Inquisizione*. Pisa: Edizioni della Normale, 2010.

5   RESENDE, Maria Leônia Chaves de. 'Cartografia gentílica: os índios e a Inquisição na América Portuguesa (século XVIII)'. In: FURTADO, J. F. e RESENDE, M. L. Chaves de. *Travessias inquisitoriais das Minas Gerais aos cárceres do Santo Ofício: diálogos e trânsitos religiosos no império luso-brasileiro (sécs. XVI-XVIII)*, Belo Horizonte: Fino Traço, 2013, p. 349-374.

6   Sobre a política do marquês de Pombal em relação aos índios ver DOMINGUES, Ângela. *Quando os índios eram vassalos. Colonização e relações de poder no norte do Brasil na segunda metade do século XVIII*. Lisboa: CNCDP, 2000.

de lado o preconceito unânime que se tinha da capacidade dos índios, para julgá-los como a qualquer outro mau cristão.

Brízida era uma "índia da terra" forra, nascida no Recife de pais, como ela, provavelmente escravizados e também batizados. Tratava-se de uma família unida, já que Brízida sabia do paradeiro de sua irmã e de seu irmão já casado, ambos também moradores em Salvador. Ela não sabia a idade que tinha, mas "aparentava ter vinte anos e ser bem entendida", segundo o bispo que a interrogou em 1639. Por causa da invasão holandesa de Pernambuco, pelo menos desde maio de 1636, Brízida estava em Salvador da Bahia, para onde foi acompanhando o capitão João Lopes Barbalho, de quem fora amásia, e na companhia de quem ainda morava em maio de 1639, no "bairro do quartel além de São Bento".[7] Na páscoa desse mesmo ano, ela se confessara duas vezes com monges beneditinos, que segundo ela a absolveram de pacto com o demônio. A menção dessa dupla absolvição é importante por ser a prova de que era domínio comum que os índios, incluindo aqueles que viviam em meio urbano, não deviam ser tratados com o mesmo rigor que alguém de origem europeia ou africana – a quem os monges sem dúvida não teriam absolvido. Mesmo assim, provavelmente por saber que uma de suas comparsas no delito (a escrava mulata Agueda) já estava presa por ordem do bispo do Brasil, Brízida foi apresentar-se ao prelado para confessar suas culpas em 10 de maio de 1639.[8]

D. Pedro da Silva e Sampaio, bispo do Brasil desde 1633, antes de sua nomeação havia sido inquisidor do tribunal de Lisboa, e seu papel na colônia portuguesa parcialmente ocupada pelos holandeses foi muito importante. Pelo que nos toca aqui, D. Pedro da Silva atuou como um indispensável correspondente dos inquisidores, mantendo-os informados de casos de judaísmo, protestantismo e outros, que fossem de jurisdição do Santo Ofício, como bem mostrou Ronaldo Vainfas no caso de Manuel de Morais e de outros clérigos cujos casos foram devassados pelo bispo d. Pedro.[9] Mais ainda, foi graças a ele que, no contexto da guerra contra os protestan-

---

[7] Arquivos Nacionais da Torre do Tombo (ANTT), Inquisição de Lisboa (IL), livro 226, fl. 313-317. Este documento foi localizado por Leônia Chaves, e mencionado em *id*. João Lopes Barbalho era um dos veteranos da "guerra volante" contra os holandeses. MELLO, Evaldo Cabral de. *Olinda Restaurada. Guerra e açúcar no Nordeste, 1630-1654*. São Paulo: Editora Forense/EdUSP, 1975, p. 240.

[8] ANTT, IL. livro 226, fl. 313. Este documento foi localizado por Leônia Chaves, e mencionado em *idem*.

[9] VAINFAS, Ronaldo. *Traição. Um jesuíta a serviço do Brasil holandês processado pela Inquisição*. São Paulo: Companhia das Letras, 2008.

tes, várias pessoas foram presas e remetidas para Lisboa.[10] Não é assim de estranhar que a confissão, ou mais bem o interrogatório judicial de Brízida mostre claramente que se tratava de um procedimento pensado para a Inquisição. Tendo isto em vista, podemos dizer que os feitos relatados pela índia seriam gravíssimos, qualificados até como um clássico sabá.[11]

Brízida disse ao ex-inquisidor que cerca de dois anos antes,

> estando em Sergipe do Rei, tratando ilicitamente com seu amo, que era um capitão, ele a açoutou um dia pela achar falando com um homem e lhe não mostrou daí por diante tanta vontade, e queixando-se ela disso a um soldado castelhano [...] ele lhe disse que tomasse três patacas e falasse com Agueda mulata velha cativa das Bitas [?] [...] e que ela lhe daria remédio para seu amo lhe querer bem.

Agueda encaminhou-a uma outra mulata cativa chamada Simoa, a quem Brízida deu as patacas. Simoa foi então buscar ervas junto a um rio e cozeu-as num púcaro. O bispo quis saber que ervas eram essas, mas Brízida disse não ter nem chegado a vê-las. Simoa untou-a em seguida com água mas o unguento não teve o efeito desejado e Agueda disse a Brízida que seria necessário "falar ao diabo e entregar-se-lhe", ao que Brízida assentiu.

Agueda e Simoa levaram-na à noite "ao campo entre o mato perto fora da cidade, detrás de um outeiro". Lá, Simoa

> chamou pelo diabo dizendo 'ou' [sic], e nisto vieram muitos diabos, uns em figura de sapos, outros em figura de homens negros, muito feios e pés muito cumpridos a modo de putas [sic]. E a um deles que se deitou no tronco de uma árvore, foram a dita Simoa e Agueda beijar no traseiro, que era adoração e reverência que lhe faziam.

Simoa disse então a Brízida

---

10 Sobre Pedro da Silva e Sampaio enquanto correspondente da Inquisição na Bahia, ver: LIPINER, Elias. *Izaque de Castro. O mancebo que veio preso do Brasil*. Recife: Massangana, 1992, *passim* e FEITLER, Bruno. *Nas malhas da consciência. Igreja e Inquisição no Brasil. Nordeste 1640-1750*. São Paulo: Phoebus/ Alameda, 2007, p. 201-206.

11 Este caso é assim anterior em mais de cem anos àquele relatado por Luiz Mott, 'Um congresso de diabos e feiticeiras no Piauí colonial'. Formas de crer. Ensaios de história religiosa do mundo luso-brasileiro. séculos XIV-XXI. Eds. BELLINI, L., SOUZA, E. Sales e SAMPAIO, G. dos Reis. Salvador: Corrupio/ EdUFBa, 2006. p. 129-160.

> que se entregasse ao diabo, e respondendo-lhe que sim, que era sua, um dos ditos diabos a tomou, e pondo-a às contas, levando-a por o ar e dando-lhe o vento, como quando venta rijo, pelo rosto, a levou por entre o mato só com ele pera mais longe, e lá, pondo-a no chão, lhe disse na sua língua da terra se dizia ela confitente que era sua de coração. E dizendo-lhe ela que sim, ele se mostrou muito contente e a abraçou, e pondo-se em figura de gato, a veio guiando para onde estavam as outras, e cantando o galo, os diabos se espalharam e se foram fazendo muita matinada pelo mato.

Num segundo interrogatório, feito mais de um mês mais tarde, Brízida disse que o diabo vinha acompanhado de outros quatro ou seis "em as mesmas figuras do outro". Depois dos atos sexuais feitos "em pé", uma vez que o galo cantava, os diabos se transformavam "em baratas e em sapos, e nessas figuras se iam por entre a erva".

Ao recuperarem suas camisas e capas e voltarem para a cidade, tanto Simoa quanto Agueda afirmaram a Brízida serem do diabo. Esta incorporou esse discurso, tanto que caindo doente preferiu invocar o diabo, dizendo não querer nada de Deus e nem tampouco rezar.

As três voltaram ao mato, onde Agueda e Simoa chamaram outra vez pelo diabo "dizendo 'ou'". As duas adoraram-no novamente com beijos no traseiro, enquanto Brízida, ensinada por Simoa, "também fez cortesia ao diabo, volvendo para ele as costas e fazendo uma mesura, e depois o beijou no traseiro". A reunião parece ter sido das mais agradáveis, pois "ali andaram folgando e rindo, e o diabo as abraçava e beijava, e feito um em besouro que andava avoando, o tomavam e tornavam a largar". No segundo interrogatório, ao ser perguntada se o diabo lhes dava alguma coisa, Brízida lembrou-se de dizer que "lhes dava a comer cajás podres, que é uma fruita do mato tamanha como nozes que tem por cima uma casquinha azeda má de comer e tudo o mais é caroço". Teria Brízida a necessidade de explicar ao prelado o que era cajá, ou teria sido ele a inserir a explicação para os inquisidores que leriam o interrogatório? Em todo caso, o cajá enquanto elemento tropical e colonial, assim como a "língua da terra" com que o diabo falava com Brízida, não me parecem ser mais do que uma adaptação contingencial do que sintomas de sincretismo. Esses elementos familiares à "filha de índios", por outro lado, mostram que ela provavelmente não via o pacto demoníaco como algo de exótico a seu meio, tão demonizado pelos missionários desde os primeiros tempos da colonização.[12]

---

12 SOUZA, Laura de Mello e. *O diabo e a terra de Santa Cruz. Feitiçaria e religiosidade popular no Brasil colonial*. São Paulo: Companhia das Letras, 1986.

Esses encontros se repetiram no mesmo lugar em outras duas noites (no segundo interrogatório ela fala de seis encontros). Num deles, "um [diabo] que aí andava bailando, dormiu com cada uma delas em pé. E sentiu ela confitente que lhe metida pelo seu vaso cousa como de homem, mas mui frio, e a pouco espaço o tornava a tirar". O bispo d. Pedro perguntou-lhe se o fato se repetira, mas Brízida afirmou que com ela apenas uma vez, mas que o tal diabo "dormia" com as outras "muitas vezes". Ainda sem dúvida pela curiosidade do bispo, Brízida disse que as três andavam nuas por lá, despindo-se no caminho, escondendo suas roupas no mato e voltando a recuperá-las ao voltar para a cidade. No segundo interrogatório Brízida disse ainda (questionada especificamente sobre isto) que o diabo a abraçava e beijava em forma humana, apesar de se transformar "em muitas figuras: em sapo, em gato, em cachorro e em outros animais do mato".

A confiança de Brízida nos poderes de Simoa e dos diabos não parece, no entanto, ter sido total. Brízida disse ao bispo o terrível e estranho fato de Simoa ter "uma criança mirrada", e que nos encontros noturnos com o diabo, a punha num alguidar de água junto com um sapo morto com uma vela acessa na boca". A mestra dizia a Brízida que "fosse matar uma criança que nascera ali de uma mulata, que a embruxasse fazendo-se em pata ou em barata". Simoa prometeu ensiná-la a fazer isso, mas acabou por não o fazer. Simoa no entanto disse a Brízida que para "ter outra criança mirrada e seca" ela deveria embruxar a criança, mas ela não o fez e afirmou não ter-se tampouco transformado em pata ou em barata.

Seis meses depois, Agueda e Brízida encontraram-se no Itapicuru, a meio caminho entre Sergipe e Bahia, Agueda disse a Brízida que não confessasse ao confessor nada sobre aqueles encontros. Foi a deixa para Brízida queixar-se a Agueda, e também para mostrar que não deixara completamente a crer no poder de Deus e dos santos, dizendo achar-se "muito mal e o diabo lhe aparecia, e sem chegar a ela porque trazia umas relíquias ao pescoço. E lhe dizia que se enforcasse, e lhe mostrava e deitava no chão uma corda que ela tomou e se quis enforcar na torre". Ela com efeito esteve prestes a se matar, e isto teria acontecido se o seu amo, d. Francisco não "a tira[sse] disso" não antes de Brízida lhe dizer que fora o diabo quem lhe dera a corda para se enforcar. O diabo não largara Brízida, que ainda o via uma vez chegada à Bahia.

Ainda antes da sua apresentação ao bispo, no domingo da pascoela de 1639, Brízida foi se confessar na igreja de são Pedro. Ao beneditino que a confessou, ela contou do que fizera, o que fez com que surgissem "três diabos e lhe disseram que se não confessasse e que não tinha remédio, que já era sua". Apesar disso Brízida dissera ao confessor "que muito se rependia do pecado que tinha feito, e que já era e sempre [foi] de Deus". O diabo tornou a lhe aparecer, e ela foi se confessar com um outro frade de São Bento. Este a absolveu. Na sexta-feira anterior à apresentação perante o bispo do Brasil, aconteceu a última aparição do diabo à Brízida, estando ela sozinha, à noite, numa camarinha. O diabo lhe dissera "que não tinha que se cansar que era sua, e que quando viesse o padre para a confessar, que fugisse dele".

D. Pedro da Silva e Sampaio, ex-inquisidor, levou adiante a confissão com perguntas essenciais para a qualificação do delito:

> - Perguntada se quando disse ao diabo que era sua, e que não queria nada de Deus, e beijando-o no traseiro, se ficou crendo nele, e deixando a Deus?

Brízida não deixou dúvidas. Confirmou "ter ficado crendo no diabo e cuidando que ele era Deus", enfim, "que se aparta[ra] de Nosso Senhor". Ela deixara então de ir à missa, pois "o diabo lhe dizia que a missa não era missa, senão aquilo que ele fazia".

O resto do relato desta primeira sessão parece ter sido um tanto reduzido, pois em vez seguir com perguntas, surge um discurso muito bem construído para os fins de qualificação dos atos, e também do arrependimento de Brízida:

> E deixou de crer no diabo e se tornou a Deus nosso Senhor Deus dos Cristãos, e a Virgem nossa Senhora, e depois que se tornou a Deus não tornou a crer no diabo, nem no diabo quer crer, nem o quer ver, nem falar-lhe, nem dormir com ele. E quer sempre daqui em diante ser boa cristã, e não de pessoa outra alguma que creia no diabo, nem que com ele fale.

O bispo então a admoestou "dizendo que tomara bom conselho em vir confessar, e que fosse boa cristã e que cresse firmemente em Deus nosso Senhor". Brízida deveria retornar ver o bispo na segunda-feira seguinte àquela primeira confissão. Fato importante a ser notado, o depoimento não foi assinado pessoalmente por Brízida, mas sim pelo escrivão e a seu rogo, por ela não saber ler nem escrever.

Aqueles dias de *intermezzo* deveriam servir para ver se Brízida tinha ainda outros detalhes a confessar, mas também ao bispo, que pode ter aproveitado desse tempo para refrescar sua própria memória sobre como qualificar e tratar os casos de pacto com o demônio, consultando alguns volumes da biblioteca que deveria ter, ou tentando rememorar-se do caso que ele próprio instruíra mais de dez anos antes em Lisboa, no qual Ana Antonia do Boco finalmente confessara uma série de atos relacionados ao pacto demoníaco, e que se assemelham por alguns com aqueles relatados por Brízida.[13]

O segundo interrogatório aconteceu em 20 de junho, e depois de lhe perguntar se lembrava de mais alguma coisa, d. Pedro continuou a querer melhor qualificar o delito, e quis saber de Brízida se "deu alguma coisa ao diabo, como sangue de seu braço, ou alguma outra coisa". Ela disse que não. O bispo conseguiu em seguida confirmar que se tratava bem de pacto com o diabo e de heresia formal e não *oculta per accidents*, pois Brízida confirmou outra vez ter-se entregue ao diabo, mas também que assim o afirmara diante de Simoa e Agueda, "e elas o ouviram". Para confirmar a coisa, Brízida conta com mais detalhe o ato do pacto: "debruçando-se o diabo sobre um pau de cajazeira que aí estava quebrado, ela confitente o beijou no traseiro como também as outras duas mulatas". Era esse beijo o sinal de reconhecimento do diabo "por seu deus". Neste interrogatório Brízida diz que teve essa crença apenas por cerca de seis dias, e que depois de sua doença se arrependera. Apesar disso, como vimos, o diabo continuou a atormentar Brízida, levando-a mesmo ao desespero do suicídio, do qual foi impedida por aquele mesmo que a levara a pactuar com o demônio, seu amo, o capitão João Lopes Barbalho.

Como lembra Laura de Mello e Souza, o ato principal com o qual os inquisidores se preocupavam em casos como estes era o pacto com o demônio que configurava heresia.[14] Apesar disso, d. Pedro, quem sabe agora no seu papel de bispo e pastor, quis saber ainda alguns detalhes, e Brízida então lhe informara que o diabo "dormira carnalmente" com ela, e isso "por seu vaso natural, o diabo lhe metia alguma coisa mas frio, mas não sentiu que lhe deitasse nada". Ou seja, não se tratava de um ato sodomita, e que mais é, não houve derramamento de sêmen, dados que fogem um pouco dos relatos clássicos de sabás, onde se veria uma inversão total das normas cristãs e mesmo naturais, como a sodomia implicaria. Desse ponto de vista, o fato do diabo (segundo Brízida, interrogada pelo bispo) não falar nem de Deus, nem de Cristo, nem na Virgem "na cruz", nem nos santos, indicando assim a falta das tradicionais blasfêmias contra estas entidades, também seria de certo modo uma originalidade deste caso.

---

13 ANTT, IL, processo 11242 contra Ana Antonia do Boco, de 1624. O caso é analisado por Laura de Mello e Souza em *Inferno atlântico. Demonologia e colonização. Séculos XVI-XVIII*. São Paulo: Companhia das Letras. 1993, p. 167-168.
14 SOUZA, Laura de Mello e. *Inferno atlântico, Op. cit*, p. 166-176.

A frieza do membro diabólico, assim como outros pequenos e grandes detalhes, no entanto, ligam claramente o relato feito de modo mais ou menos voluntário por Brízida a um puro sabá europeu. Nudez, voo noturno, inversão de gestos e de rituais cristãos, a transformação em animais, as pequenas orgias, enfim, o próprio pacto demoníaco, fazem dessa confissão um rico relato que poderia ter sido feito por qualquer bruxa europeia que se prezasse, claro está, com a exceção do uso da "língua da terra" pelo demo, e sua oferta de cajás podres...

Antes de encerrar o segundo interrogatório, d. Pedro ainda quis saber se o diabo tinha aparecido à Brízida antes do relatado, o que ela negou, e se suas duas comparsas "se arrependeram de falarem assim com o diabo", o que ela disse ignorar. Fez-se em seguida uma curta sessão de genealogia, em que afirmou ter sido batizada no Recife pelo vigário Baltazar Ribeiro, tendo como padrinhos o capitão Simão de Figueiredo, "que hoje é clérigo de missa e está aqui [em Salvador]" e a índia Guiomar. Brízida persignou-se e benzeu-se e das orações sabia apenas o Padre Nosso e a Ave Maria. Também afirmou confessar-se pela obrigação da quaresma e comungar "inda antes que lhe acontecesse o que dito tem com o diabo". Finalmente, sem dúvida a pedido do bispo, ela informou que "estava agora em casa de dona Catarina no rio Vermelho, e que quando se mudasse, o faria saber ao dito senhor bispo". O escrivão da câmara do bispado do Brasil Francisco da Silva, que tomou nota dos interrogatórios, foi também quem tirou cópia deles no dia 27 de julho de 1639 para enviar aos inquisidores em Lisboa. O caso ficou arquivado no caderno do promotor.

Deixando de lado a questão do sabá e interessando-nos agora ao estatuto indígena de Brízida, cabe perguntar: o que teria levado o bispo a enviar essa confissão formal a seus ex-colegas da Inquisição? Sem dúvida a gravidade do que havia sido confessado, implicando diretamente ao menos duas outras pessoas. Possivelmente também o fato de Brízida não mais viver no ambiente exclusivo de um aldeamento administrado por religiosos, mas sim numa zona urbana, descaracterizando-se deste modo, ao menos em parte, sua identidade indígena. Também deve ter sido importante o que ela disse na mencionada sessão de genealogia, ou seja, que ela havia sido batizada "sendo menina" (e não em idade adulta), e que se confessava e que mais é, comungava, o que dependendo do momento, não era permitido a todos os índios, mas apenas àqueles que tivessem um mínimo de compreensão dos dogmas da Igreja. Apesar de saber somente as duas principais orações católicas, elas, junto com os gestos propiciatórios da Igreja, poderiam ser vistos como aceitáveis como conhecimentos básicos.

Na carta que escreveu aos inquisidores de Lisboa (também menciona ter escrito diretamente ao inquisidor geral) no dia 2 de dezembro de 1639, na qual deu conta deste e de outro caso que lhes tocava (o de uma bígama muito pobre, originária dos Açores), d. Pedro da Silva e Sampaio caracterizou Brízida não como índia, mas como "filha de índios", distanciando-a assim, mesmo que apenas um pouco, de suas origens, e aproximando-a dos ideais civilizacionais europeus. Mas tendo em vista estas origens "se há de usar de misericórdia", sugeria o bispo. As dificuldades de navegação devido à guerra, e a pobreza de ambas (Brízida "não tem mais que uma camisa que traz vestida, e um manto de algodão com que se cinge"), justificariam segundo d. Pedro, a que se lhe desse autorização para reconciliá-las à Igreja por ele mesmo. Com sua experiência prévia, saberia "onde há de chegar a pena que há de ter". Aos inquisidores excepcionalmente pareceu que "se lhe pode por hora deferir", sem dúvida pela grande confiança que tinham no antigo companheiro, no que foram seguidos pelo Conselho Geral em reunião de 9 de dezembro de 1639.[15]

O caso de Brízida é excepcional sobretudo por ter chegado a uma sentença final elaborada em nome da Inquisição, mesmo que não saibamos em que penas e penitências incorreu a índia demandada. D. Pedro da Silva e Sampaio não teria escrito aos inquisidores se a fosse julgar a partir de sua jurisdição ordinária, ou seja, enquanto bispo, nem tampouco a partir da jurisdição que o cardeal d. Henrique outorgara a seu antecessor.

Ficamos, é claro, com menos hipóteses para a entender como e por que meios uma índia, mesmo urbana, e duas mulatas (pois não devemos esquecer que Brízida foi iniciada, segundo ela, por Agueda e Simoa) tivessem incorporado todos esses detalhes dos rituais sabáticos. Podemos apenas remeter ao que Laura de Mello e Souza sintetizou referindo-se a casos setecentistas acontecidos em Portugal, mas tendo como réus negros e mestiços. Ou o sabá era já um discurso banalizado, ridicularizado pelas elites europeias, sendo suas concepções milenares passíveis de se deslocar para outros contextos, ou mais simplesmente o resultado da aquisição de uma familiaridade com o diabo dos colonizadores, onipresente em seus discursos de dominação.[16]

---

15 Caderno primeiro de ordens do Conselho Geral. ANTT, IL, livro 151, fol. 370.
16 SOUZA, Laura de Mello e. *Inferno atlântico, Op. cit*, p. 172.

Revisitando o antonianismo. Beatriz Kimpa Vita e o Congo cristão

Marina de Mello e Souza

O CONVITE PARA PARTICIPAR com um texto de uma homenagem a Ronaldo Vainfas encheu-me me alegria. Ronaldo foi decisivo na elaboração de minha tese de doutorado, da qual foi orientador, e que é minha principal contribuição à produção acadêmica. Graças a ele, que na ocasião se debruçava sobre uma heresia centro-africana liderada por Beatriz Kimpa Vita, entrei em contato com o que a historiografia convencionou chamar de reino do Congo. Eu queria estudar congadas no sudeste brasileiro e ele estava às voltas com um movimento religioso de fundo católico no Congo. Nos agradecimentos da tese, depois livro, reconheço que mesmo se conduzido pela minha pesquisa, Ronaldo parecia perceber melhor do que eu mesma as suas potencialidades, "enxergando antes de mim coisas a que eu só chegaria depois de ele já ter percebido". Dessa forma me orientou com perícia pelos quatro anos de doutorado, dando espaço ao que me parecia ousadia interpretativa e chamando atenção para os aspectos referentes ao rigor acadêmico. *Reis negros no Brasil escravista*, minha tese de doutorado defendida em 1999, conta a história da coroação de rei congo no contexto da diáspora resultante do comércio de africanos escravizados, em especial no Brasil, e destacou a presença de culturas e processos históricos centro-africanos nas manifestações culturais de comunidades brasileiras negras e mestiças.[1] Ronaldo Vainfas, e uma

---
1   SOUZA, Marina de Mello e. *Reis negros no Brasil escravista*. História da festa de coroação de

estadia nos Estados Unidos, onde elaborei o projeto e tive acesso a bibliografia então inexistente, ou muito dispersa e difícil de obter no Brasil, foram decisivos na perspectiva adotada. Nesse percurso devo também lembrar da importância de Robert Slenes, pois ele indicou-me textos fundamentais para o rumo da minha pesquisa.

Feito esse preâmbulo, explico o que fiz para expressar minha consideração pelo mestre e pelo grande historiador que Ronaldo é. Como eu não teria capacidade para manter um diálogo com sua obra, que li em grande parte, sempre maravilhada com a qualidade da pesquisa e da narrativa, optei por retomar um tema sobre o qual já trabalhamos juntos: o reino do Congo, sua organização social, o lugar que o catolicismo passou a nela ocupar, e o movimento antoniano - a heresia que Ronaldo estudava quando me tornei sua orientanda. Sobre o assunto assinei com ele um artigo, no qual minha parte foi apresentar o Congo por ocasião dos primeiros contatos com os portugueses e implantação do catolicismo. Esse artigo foi publicado um ano antes do término da minha tese, em dezembro de 1998, e quando o leio hoje, percebo que se as partes escritas por Ronaldo se sustentam integralmente, nem sempre concordo com o que eu mesma então escrevi.[2]

De lá para cá, como seria esperado, meu conhecimento sobre o Congo aumentou consideravelmente, assim como minha familiaridade com a bibliografia africanista, seus temas, seus problemas, suas abordagens, pois desde 2001 ensino história da África e dos africanos e seus descendentes no Brasil. Ao buscar uma maneira de me inserir nessa homenagem, escolhi apresentar um texto que sintetizasse meu conhecimento atual acerca do Congo e do antonianismo, incorporando trabalhos publicados depois do nosso, ou que não conhecíamos à época.

O poder centralizado no Congo

O Congo é uma das sociedades da África subsaariana sobre a qual existem mais informações para os períodos anteriores à conquista colonial do final do século XIX devido à natureza das relações mantidas com europeus letrados, que deixaram muitos relatos e produziram uma diversa e ampla documentação. Essas informações decorrem de contatos políticos e econômicos que seus governantes mantiveram principalmente com Portugal, mas também com Roma e os Países Baixos, nos quais teve

---

rei congo. 2ª edição. Belo Horizonte: Editora UFMG, 2002, 2006.

[2] VAINFAS, Ronaldo e SOUZA, Marina de Mello e. Catolização e poder no tempo do tráfico: o reino do Congo da conversão coroada ao movimento antoniano, séculos XV – XVIII. *Tempo*, Revista do Departamento de História da UFF, vol. 3, n. 6, dezembro, 1998, p. 95-118.

destaque não só a ação de comerciantes e agentes da Coroa lusitana, mas também de missionários, uma vez que a religião era aspecto indissociável da política de expansão portuguesa, na qual se inserem os contatos com o Congo. Dessa forma, além das pesquisas arqueológicas, dos estudos linguísticos, da recolha de mitos, genealogias e outras narrativas orais que permitem a reconstituição de aspectos das histórias das sociedades sem escrita, para o Congo há significativa documentação escrita produzida a partir dos últimos anos do século XV, pois o primeiro contato dos portugueses com populações conguesas ocorreu em 1482.

Ao se depararem com uma sociedade com organização social e política bastante complexa, os portugueses que primeiro a descreveram trataram-na como um reino, à semelhança dos então existentes na Europa, com uma administração que comportava o que chamaram de províncias, uma capital a partir da qual o rei, ou mani Congo, *mwene Kongo* segundo a terminologia local, governava, cercado de um aparato ritual identificado com uma corte. Essa terminologia aproximava as realidades africanas das conhecidas dos europeus e permitia a sua compreensão por meio de um processo de tradução, necessário para a descrição do que até então era desconhecido. À medida que os estudos sobre o chamado reino do Congo se aprofundaram, as especificidades da sua organização social e política ficaram mais delineadas e puderam ser tratadas a partir de suas particularidades, contribuindo para isso a aproximação entre história e antropologia. Entretanto, a designação reino do Congo foi mantida, agora não mais para que sua organização social e política pudesse ser compreendida por analogia às sociedades europeias, mais familiares ao leitor ocidental, mas para ficar claro que ao falar daquela sociedade o pesquisador se referia ao "antigo reino do Congo", ou reino do Kongo, e não aos países contemporâneos de mesmo nome, formados a partir das independências dos estados africanos, que ocupam territórios diferentes do Congo aqui abordado, situado em sua quase totalidade no norte da atual Angola.[3] Hoje minha posição é de questionamento do uso da noção de reino para designar o Congo dos séculos XVI ao XIX, pensando inclusive que quando falamos de reinos europeus como Portugal, França ou Inglaterra, não os designamos explicitamente como reinos ao nomeá-los.[4] Essa opção é

---

3   Refiro-me aqui à República do Congo e à República Democrática do Congo.
4   Este é um tema que voltei a debater com Ronaldo Vainfas em 2012, quando tive a honra de ser por ele examinada em meu concurso de livre-docência, na Faculdade de Filosofia, Letras e Ciências Humanas da Universidade de São Paulo. Ronaldo, assim como Silvia Lara, que também examinou o trabalho por mim apresentado naquela ocasião, não concordam com minha opção e argumentam que a descrição que eu mesma faço do Congo indica que nele havia uma orga-

resultado do meu percurso na construção do conhecimento não só sobre o Congo, mas também sobre outras sociedades africanas e sobre a historiografia sobre elas. E é desse lugar que retomo a tentativa de sistematizar, em linhas gerais, a organização social e política do Congo.

Os relatos orais colhidos desde o século XVI indicam que a formação do Congo com a organização conhecida dos portugueses a partir de 1482 deu-se no século XIII ou XIV. Em sua origem estaria a atuação de Nimi Lukeni, que vindo do norte com seus seguidores atravessou o rio Congo e se instalou em um planalto aonde instalou *Mbanza Kongo*. A chegada desses estrangeiros estaria na origem da construção de uma sociedade que combinou formas de organização social e política antigas e novas, por eles trazidas.

Os grupos sociais ali existentes antes da chegada dos estrangeiros vindos do norte, conhecidos como muchicongos (*mwissikongos*), se organizavam em aldeias, nas quais os descendentes daqueles que primeiro se instalaram na região tinham lugares de liderança. Conforme e análise de Jan Vansina, em uma ampla área da África Central, na qual o Congo se insere, o poder do chefe tornou-se gradativamente transmissível conforme determinadas regras de sucessão, com a organização de grupos em torno de pessoas que assumiam o papel de mediadoras de conflitos e articuladoras de ações comuns. Essas pessoas eram sempre intermediários privilegiados entre os homens e as entidades espirituais, ligadas aos territórios nos quais elas ou seus antepassados haviam se instalado. Elas eram responsáveis pela sobrevivência do grupo, seja nos seus aspectos materiais, como fertilidade das mulheres, boas colheitas e caçadas, seja nos seus aspectos sociais, como boa convivência entre os membros do grupo e proteção contra ameaças externas, como ataques de outros grupos, de doenças ou de ancestrais insatisfeitos.[5]

Portanto, quando os muchicongos chegaram na região que veio a integrar o Congo, encontraram aldeias organizadas em torno de chefes, sendo o mais influente deles o mani Bata (*mwene Mbata*). Por processos que não são possíveis de serem

---

nização política equivalente à dos reinos europeus, e que sendo esta a terminologia em voga na época, é ela que deve ser utilizada. Entendo o argumento, mas continuo fiel à minha opção, por achar que o Congo deve ser estudado a partir das especificidades de sua organização e não a partir de analogias com as sociedades europeias. Afirmo uma posição que visa chamar a atenção para as lógicas internas ao Congo, mesmo que parcelas de sua própria população tenham adotado o termo reino para designar sua sociedade, tanto no passado como no presente.

5 VANSINA, Jan. *How societies are born. Governance in West Central Africa before 1600*. Charlottesville: University of Virgina Press, 2004.

reconstituídos, e que podem ter combinado relações pacíficas com a imposição pela força da nova autoridade, a partir de *Mbanza Kongo* foi criada uma rede de relações envolvendo as chefaturas já existentes na região em uma organização política que combinou as antigas formas de exercício do poder com novas, trazidas pelos que chegaram depois. Nessa nova composição foi reconhecida a autoridade do mani Congo sobre os outros chefes, alocado com seus seguidores em *Mbanza Kongo*, de onde cobrava tributos de seus subordinados e os convocava para a guerra quando necessário. Como contrapartida, deveria garantir a prosperidade e segurança de toda população sob seu governo. Respeitando algumas das chefaturas mais importantes, manteve suas formas locais de mando e o poder das linhagens ligadas aos ancestrais fundadores das aldeias. Em outras chefaturas os governantes, escolhidos entre o grupo dos muchicongos e com um mandato de cerca de quatro anos, passaram a ser indicados pelo mani Congo, a quem estavam diretamente ligados.

Os vínculos entre os chefes tradicionais e os novos governantes, cuja atuação conformou a unidade política conguesa, foram reforçados por meio de alianças matrimoniais. A principal esposa do mani Congo deveria ser sempre uma filha ou irmã do mani Bata, que manteve sua proeminência entre os chefes da região mesmo depois da chegada dos muchicongos e da nova ordem por eles implantada, de centralização do poder nas mãos do mani Congo. Em sociedades matrilineares, como eram as sociedades centro-africanas ocidentais, os laços matrimoniais formados a partir do fornecimento de esposas eram importantes formas de articulação política. Isso era especialmente importante em uma sociedade como a do Congo, na qual uma autonomia local coexistia com um poder central, agregador de grupos que se entendiam como partes de um todo, habitantes de um território considerado comum.

A unidade territorial do Congo tinha limites fluidos, que variavam conforme o grau de comprometimento com o poder central por parte daqueles que se localizavam nas fímbrias do território abrangido pela autoridade do mani Congo. Nas regiões mais distantes era menor a presença de emissários do poder central, como os que iam cobrar tributos, ou era menor a participação de seus chefes em cerimônias que levavam todos à capital, quando havia farta redistribuição de víveres e produtos especialmente valorizados. Em seus tempos de maior força, o Congo abarcava o território compreendido entre a margem esquerda do rio Congo, a margem esquerda do rio Cuango, a margem direita do rio Cuanza e o limite com o oceano Atlântico. Em tempos de menos poder o território tinha como limite oriental o rio Inkisi e limite sul o rio Loje.

Como geralmente acontece nos processos de centralização do poder, a troca de produtos oriundos de diferentes zonas ecológicas, que articulavam várias regiões por meio de rotas pelas quais transitavam pessoas e produtos, foi importante fator na formação do Congo. O planalto central, no qual *Mbanza Kongo* se estabeleceu era local de cruzamento de rotas pelas quais circulavam o sal vindo do litoral, o cobre vindo do norte, os tecidos de ráfia vindos do leste, além de víveres como peixes e tubérculos, e objetos de uso cotidiano como cestas, cerâmicas e instrumentos de ferro, produzidos em diferentes lugares. O mani Congo controlava esse trânsito, o que permitia que acumulasse riquezas, em grande parte distribuídas entre outros chefes, estreitando desta forma os vínculos de lealdade a ele. Além do sistema de trocas matrimoniais, a redistribuição da riqueza à qual tinha acesso era fator que reforçava sua autoridade e os laços políticos.

A autoridade dos chefes também estava intimamente associada ao controle da esfera religiosa, na medida que eram intermediários entre o mundo visível, onde habitavam os homens sobre os quais tinham o poder de mando e o dever de manter a harmonia, e o mundo invisível, habitado por entidades de diversas espécies, que eram em grande parte responsáveis pelo que acontecia na esfera da existência visível. Esse aspecto da constituição de lugares de poder foi decisivo na forma como se formou o Congo, pois os recém chegados, os muchicongos, buscaram se associar aos chefes tradicionais da região, uma vez que eram estes os detentores dos conhecimentos necessários para as pessoas se relacionarem com os espíritos territoriais, de forma a garantir a fertilidade das terras, das mulheres, a saúde e o bem estar.

Dessa forma, o poder dos chefes, ligado às esferas visíveis e invisíveis, articulava-se às redes de poder político, mas também era legitimado pelos sacerdotes e pelo cumprimento dos ritos que assegurariam a boa relação entre as diferentes áreas da existência. Assim, mesmo sendo o Congo uma sociedade com significativo grau de centralização do poder, o mani Congo deveria ser reconhecido tantos pelos chefes das principais *kanda*, ou linhagens, como pelos sacerdotes. As *kanda* eram a forma básica de organização social: o pertencimento a uma delas era o princípio fundamental de construção das identidades, sendo a existência das pessoas definida diretamente pelo grupo familiar do qual fazia parte.[6]

---

6   Para uma introdução à organização social e formação do chamado reino do Congo ver VANSINA, Jan. O reino do Congo e seus vizinhos, em *História Geral da África*, vol. V, organizado por Bethwell Allan Ogot, capítulo 19. Brasília: UNESCO, 2010.

Apoiado nessa estrutura social na qual as linhagens instauradas pelos que primeiro chegaram a determinados lugares era a célula básica, e na qual a relação harmoniosa entre a esfera visível e a invisível da existência, garantida pelos chefes com a ajuda dos sacerdotes, era condição do bem viver, havia um sistema de titulação que indicava responsabilidades sociais, direitos e deveres. Os títulos, diretamente relacionados ao aumento da complexidade das estruturas políticas e sociais, permitiam a definição de papéis de forma mais perene do que o tempo de existência das pessoas que os desempenhavam, e uma maior longevidade das estruturas sociais, definidas pelo que os títulos representavam. As insígnias eram igualmente importantes na definição de lugares sociais, atribuindo aos que as portavam as qualidades nelas incorporadas. Assim, o representante do chefe que partia para as aldeias com a atribuição de cobrar um tributo, portava um bastão que o identificava e que garantia a autoridade da qual era depositário. Quanto às insígnias de poder, eram indispensáveis para o pleno reconhecimento da autoridade dos chefes, pois enquanto não fossem transmitidas, ele não seria reconhecido como tal. Houve situações nas quais a apropriação das insígnias de poder garantiu a chefia a uma pessoa, mesmo não tendo ela passado pelos ritos relativos à escolha do sucessor do chefe morto. Portanto, o sistema de titulação e as insígnias, ou seja, um conjunto de objetos que representavam diferentes aspectos do poder do chefe, eram elementos centrais na constituição, reconhecimento e legitimação do poder.[7]

Segundo as fontes europeias da época, havia uma distinção entre a vida rural, nas aldeias, e a vida nas capitais - tanto *Mbanza Kongo* como as capitais regionais. Estas tinham a designação de *mbanza*, seguida do nome, da região em questão, por exemplo *Mbanza Mbata*. Nas aldeias, governadas pelos chefes das *kanda* que as fundaram em colaboração com os chefes das linhagens mais importantes, organizados em um conselho que participava das principais decisões relativas ao grupo, a diferenciação social era pequena. Mas podiam existir pessoas que não pertenciam a nenhuma linhagem, como prisioneiros de guerra ou pessoas capturadas em condições diversas, assim como condenados pela justiça local, que ocupavam lugares subalternos, identificados com a situação de cativeiro.[8]

---

[7] Ver VANSINA, Jan. *How societies are born. Governance in West Central Africa before 1600*. Charlottesville: University of Virgina Press, 2004 e MILLER, Joseph C. *Poder e parentesco. Os antigos estados mbundu em Angola*. Tradução de Maria da Conceição Neto. Luanda: Arquivo Histórico Nacional, Ministério da Cultura, 1995 (1976).

[8] THORNTON, John K. *The Kingdom of Kongo. Civil war and transition, 1641-1718*. Wisconsin: The University of Wisconsin Press, 1992, descreve com detalhe a organização social e política

Nas capitais, sejam as regionais seja *Mbanza Kongo*, viviam os principais chefes, cercados de funcionários especializados, como os que cuidavam da vida cotidiana nas instalações dos chefes, da sua segurança, das questões ligadas à guerra, os principais sacerdotes. Nelas havia uma maior diferenciação entre os segmentos sociais, entre os que trabalhavam a terra nas cercanias da cidade e forneciam os víveres, e aqueles que se dedicavam a atividades não diretamente produtivas, voltadas para a administração e para a vida ritualizada em torno do poder. Também ali era mais presente uma categoria de gente não inserida nas estruturas de linhagem, que fazia os trabalhos mais pesados, submetida à autoridade de seus senhores, e que foi percebida pelos europeus que registraram sua existência como sendo escravos. Assim como o comércio é elemento quase sempre presente nos processos de centralização do poder, esta implica em uma maior hierarquização e complexidade das estruturas sociais, e na existência de formas mais evidentes de exploração do trabalho e submissão social e política da maioria da população.

O Congo cristão

Desde 1482, quando Diogo Cão chegou à foz do rio Congo e travou relações com o mani Soyo e sua gente, os portugueses passaram a relatar o que encontravam dando origem às fontes que nos permitem fazer a história do Reino do Congo, como foi então chamado. Em 1502 foi feito o primeiro relato escrito, redigido por Rui de Pina, cronista da casa real lusitana, baseado no depoimento de Rui de Sousa, capitão da terceira expedição portuguesa enviada ao Congo, em 1491, que resultou no batismo do mani Congo Nzinga Kuwu, sendo-lhe atribuído o nome de D. João, à semelhança do soberano lusitano.[9] A partir de então há uma profusão de documentos como cartas, regimentos e relatos de missionários, que permitem a reconstituição bastante minuciosa de uma história absolutamente original, na qual uma sociedade centro-africana se inseriu no quadro de relações em construção a partir do Atlântico, fazendo uso do catolicismo para se reorganizar internamente e fazer frente às transformações resultantes da introdução de novos agentes e novas relações em sua vida econômica, política, social e religiosa.[10]

---

do Congo.
9 RADULET, Carmem M. *O cronista Rui de Pina e a "Relação do reino do Congo"*. Lisboa: Comissão Nacional para as Comemorações dos Descobrimentos Portugueses, Imprensa Nacional, Casa da Moeda, 1992.
10 O maior conjunto de fontes publicadas é a *Monumenta Missionária Africana*, coligida e anotada pelo Padre António Brásio, composta de 22 volumes com documentos referentes à África

O que apresentei até aqui diz respeito às formas de organização política e social e aos sistemas de pensamento do Congo constituídos a partir de processos internos à região da África na qual se insere essa sociedade. O contato com os portugueses e a incorporação de elementos do catolicismo provocaram mudanças por meio de um processo altamente complexo e bastante estudado, não só pelo que tem de extraordinário, mas também devido à abundância de fontes. A transformação mais evidente, alardeada pelos relatos da época, diz respeito à incorporação de elementos do catolicismo romano, tratado como conversão nas fontes, diretamente relacionada à reorganização do poder que se deu a partir do início do século XVI, sob a condução de D. Afonso Nzinga Mbemba.

Uma disputa sucessória, que mobilizou chefes das grandes *kanda* e os comerciantes e funcionários reais lusitanos que a partir do final do século XV frequentavam o interior do território do Congo, foi vencida pelo filho de D. João I Nzinga Kuwu, que se aliou aos portugueses e aderiu ao catolicismo, tendo em seu batismo recebido o nome, ou título, de Afonso. O filho de Nzinga Kuwu escolhido pelos eleitores conforme as normas locais de sucessão não havia aderido ao catolicismo. Essa escolha foi contestada pelo irmão católico, D. Afonso Nzinga Mbemba, chefe da região onde se encontravam os principais mercados, frequentados pelos portugueses sediados em São Tomé e em *Mbanza Kongo*, nos quais as negociações com o cobre, e cada vez mais com os escravizados, traziam um crescente retorno econômico.[11]

D. João I Nzinga Kuwu, apesar de batizado em 1491 em uma sequência de cerimônias detalhadamente relatadas por Rui de Pina, não incorporou nada do cristianismo. Quando morreu, em cerca de 1507, os governantes do Congo estavam divididos entre os que haviam se aproximado dos portugueses, do comércio e da religião, e os que recusaram as novas relações. No embate entre as facções que podemos chamar de tradicionalista e inovadora, venceu a última, capitaneada por D. Afonso, construtor de uma origem mítica da unidade política que passou a ser conhecida como reino do Congo cristão. A carta a D. Manuel de Portugal, na qual narra a batalha contra seu irmão pelo controle de *Mbanza Kongo* e a ajuda divina recebida, tal qual D. Afonso Henriques havia recebido em Ourique, é peça chave na

---

Ocidental entre os séculos XV e XVII. Todos os volumes, com uma apresentação, introdução e bibliografia, estão disponíveis em versão digital organizada por Miguel Jasmins Rodrigues, editada pelo Instituto de Investigação Científico Tropical - CDI, Lisboa.

11 Para uma introdução a essa questão ver, SOUZA, Marina de Mello e. Catolicismo e comércio na região do Congo e Angola, séculos XVI e XVII, em *Nas rotas do império*, organização de FRAGOSO, João, FLORENTINO, Manolo, *et alii*, (orgs.), Ilha de Vitória: EDUFES, 2006.

construção de uma nova maneira da classe dirigente conguesa exercer o seu mando. A partir dela D. Afonso I implantou um modelo de organização política que vigorou na região pelos quatrocentos anos seguintes, ou mais.

D. Afonso, nome com o qual entrou para a história e provavelmente um título a mais que adotou ao lado dos vários outros, abriu o Congo para o comércio com os portugueses e alterou as normas de legitimação e sucessão do poder central. Em busca de maior autonomia com relação às *kanda* que sustentavam sua autoridade junto à população e que desde a estruturação do Congo em torno de um poder centralizado ocupavam um espaço importante nos processos de legitimação e sucessão do mani Congo, recorreu ao apoio dos portugueses, fossem eles comerciantes estabelecidos em São Tomé, emissários da Coroa lusitana ou missionários por ela enviados. Introduziu novidades na esfera religiosa e ritual, dando espaço aos sacerdotes e ritos católicos, o que permitiu que se tornasse mais independente dos chefes locais, ligados aos espíritos territoriais e aos laços criados a partir das alianças matrimoniais. Tornou o catolicismo religião de Estado, e os sacerdotes católicos, enviados de Portugal ou pertencentes à elite conguesa que havia estudado em Lisboa, os principais legitimadores do poder junto à esfera das entidades invisíveis.

Anne Hilton, ao considerar episódios narrados pelas fontes da época, analisa esse processo, mostrando como o batismo do primeiro mani Congo, D. João Nzinga Kuwu, foi associado a um rito da esfera *mbumba*, na qual se localizavam espíritos das águas e das terras, responsáveis pela fertilidade; como os espaços dos ancestrais, representados pelos seus túmulos foram substituídos pelas igrejas, onde os chefes passaram a ser enterrados, e pelas missas, assistidas por multidões se o mani Congo estivesse presente; como os *minkisi*, importantes objetos utilizados em ritos religiosos voltados para o bem estar foram publicamente destruídos a mando de D. Afonso e substituídos por objetos do culto católico como rosários, imagens de santos, e o crucifixo.[12] Além de alterar os signos de legitimação do poder central no que diz respeito à sua relação com as entidades do mundo espiritual, D. Afonso mudou as regras de sucessão, que até então respeitavam um sistema de rodízio, segundo o qual o novo mani Congo era escolhido entre algumas linhagens, que se sucediam no poder central. No novo sistema, apenas os seus descendentes diretos, filhos de uma de suas três filhas, seriam elegíveis. Isso não eliminou as disputas e tensões características dos momentos de sucessão, mas limitou os candidatos a seus descendentes diretos,

---

12 HILTON, Anne. *The kingdom of Kongo*. Oxford: Oxford University Press, 1985.

tirando a possibilidade de ascensão ao poder central das outras *kanda*, cujos chefes e sacerdotes mantinham, entretanto, o conhecimento acerca dos ritos relativos aos espíritos territoriais dos locais que habitavam.

A partir de então, houve alterações na política, sociedade e sistemas de pensamento do Congo, que mesmo mantendo as estruturas tradicionais, introduziu mudanças que permitiram a sua integração ao novo quadro criado a partir do comércio Atlântico de forma autônoma, como mais uma peça de um conjunto de relações com diversas variáveis, ligadas a culturas e interesses diferentes que encontraram formas de convívio. A mais significativa alteração foi a criação de um novo sistema de legitimação do poder baseado na incorporação de elementos do catolicismo.

O processo de cristianização do Congo vem sendo estudado há muito tempo, por pesquisadores comprometidos com a catequese cristã que nele vêem falhas e insucessos, mas muito contribuíram para a divulgação de fontes importantes, como Louis Jadin e Jean Cuvelier; por etno-historiadores que não se desprenderam de um olhar eurocêntrico, como George Balandier e W.G.L. Randles; por historiadores como Anne Hilton para os quais as cosmogonias conguesas determinaram as formas que a nova religião assumiu, ou John Thornton, que entende ter havido a criação de um novo sistema religioso que chamou de cristianismo congo. A esta posição se alinha um trabalho recente, de Cécile Fromont, que adotando uma perspectiva inédita, analisa a cultura visual cristã do Congo, dando novos e consistentes argumentos para a análise de um sistema religioso e político original, por ela também chamado de cristianismo congo, e que se articula diretamente à constituição de novos mecanismos de dominação no contexto da abertura para o comércio atlântico de escravizados.[13]

Resultado do encontro entre diferentes sistemas culturais, o catolicismo, ou cristianismo congo, como Thornton e Fromont a ele se referem, pode ser entendido como um resultado de hibridismo, transculturação, tradução, criolização, reinterpretação, conforme as preferências teóricas dos autores. Fromont, que olha a partir do campo da história da arte, formula a ideia de espaço de convergência para designar as situações nas quais os sistemas simbólicos em contato encontraram portas de comunicação por meio das quais elementos de uma cultura foram apropriados pela outra, ganhando novos significados e tornando-se constitutivos das estruturas e relações da sociedade que os adotou. Dessa perspectiva retoma o mito fundador do

---

13 FROMONT, Cécile. *The art of conversion. Christian Visual Culture in the Kingdom of Kongo*. Chapel Hill: The University of North Carolina Press, 2014.

Congo cristão registrado por D. Afonso nas descrições em cartas que contam como ganhou miraculosamente a batalha contra seu irmão com a ajuda de São Tiago, que apareceu no céu juntamente com uma cruz e assim desbaratou seus inimigos, garantindo sua ascensão ao poder. Aponta a centralidade da cruz na consolidação do novo sistema político, apoiado pela nova religião, e analisa várias situações e objetos, ou insígnias, representantes do momento no qual o cristianismo foi incorporado às estruturas de poder. Do início do século XVI até o início do século XX, a cruz seria um símbolo central da organização política construída a partir da relação com os portugueses e da integração do Congo ao comércio atlântico de escravos, rememorando D. Afonso, o criador do Congo cristão.

O comércio atlântico passou por diferentes momentos ao longo dos séculos, mas certamente influenciou de forma decisiva a vida política e social da região, fortalecendo alguns chefes e provocando conflitos. A ele o catolicismo esteve sempre ligado, sendo ambos coordenados pelas elites dirigentes, que se mantiveram independentes de Portugal, a despeito das suas constantes tentativas de subordinação, até a ocupação colonial do início do século XX. Se a partir do final do século XVI a Coroa portuguesa empreendeu a conquista de territórios ao sul do Congo, promovendo guerras que só terminaram na segunda metade do século XVII (para serem retomadas na segunda metade do século XIX), e criando ali a colônia de Angola, com sede em Luanda, área de influência conguesa até o início das guerras de conquista da região, todas as tentativas de subordinação militar do Congo foram frustradas. Mesmo quando houve uma vitória militar, como na batalha de Ambuíla (*Mbwila*), em 1665, que resultou na derrota e desestruturação do Congo enquanto sociedade com poder central forte, identificado como um reino. Desta derrota até o início do século XVIII o Congo viveu um período de guerras entre as diferentes linhagens que disputavam o poder. É esse o contexto da emergência do antonianismo, movimento messiânico que criou uma heresia católica formulada por Beatriz Kimpa Vita e registrada por missionários capuchinhos que atuavam na região, em especial Bernardo da Galo. Por ser uma heresia, mereceu a atenção de Ronaldo Vainfas, que se debruçou sobre a documentação produzida pelos missionários, sobre os estudos sobre ela realizados e a analisou no mencionado artigo. Não retomarei aqui sua análise, uma vez que continuo concordando com ela. O que busco fazer a seguir é apresentar novos elementos para a melhor compreensão do antonianismo, aprofundando o que já foi apontado por Ronaldo, ou seja, que foi um movimento de base cristã e popular, voltado contra o poder dos chefes que disputavam o poder central e contra os capuchinhos, que os legitimavam. Beatriz Kimpa Vita formulou uma visão alternativa do cristianismo congo, para usar o termo de Thornton e Fromont, diferente da que há dois séculos sustentava o poder da elite conguesa, e que buscava defender a população oprimida pelas guerras e pelo comércio de gente.

O antonianismo

As análises sobre o movimento antoniano desvinculadas de uma perspectiva religiosa, ou seja, feita pelos pesquisadores que não eram sacerdotes católicos, concordam que se tratou de uma construção alternativa do cristianismo congo e que esteve diretamente relacionado ao contexto político. A maior evidência disto é a proposta de reocupação da capital, abandonada desde a eclosão das disputas entre as diferentes linhagens, considerada como condição primeira para reunificar o Congo. No final do século XVII, apesar de Pedro IV ser considerado mani Congo pelos missionários, isto não era aceito por toda população. Desde a derrota de Ambuíla exércitos comandados por diferentes chefes se enfrentavam, levando destruição às aldeias e plantações localizadas nos campos de batalha e à escravização dos prisioneiros, vendidos preferencialmente aos comerciantes vilis que agiam ao norte da foz do rio Congo.

Kimpa Vita nasceu em uma aldeia localizada próxima ao rio Ambriz e ao monte Kibangu, e seu pai lutou nessas guerras. Membro de uma *kanda* com importância local, ele era cristão como toda elite conguesa, o que não impediu que sua filha fosse iniciada na sociedade secreta dos *kimpazi*, que visava o bem comum. A iniciação neste culto se dava por ritos de morte e ressurreição, depois de um período de reclusão, no qual os neófitos eram introduzidos aos segredos que fariam dele um veículo de comunicação entre as entidades do mundo invisível e o mundo visível. Assim, ao lado da educação católica que os filhos e filhas da elite recebiam nas escolas dirigidas pelos missionários, àquela época capuchinhos assistidos pelos mestres e catequistas nativos, Beatriz Kimpa Vita também conhecia os segredos ligados aos *bankita* e aos *bisimbi*, entidades espirituais ligadas à terra, aos rios, às pedras. Se os *banganga* e membros da sociedade *kimpazi* acionavam as forças espirituais para resolver problemas e permitir que a vida social fluísse em harmonia, os *bandoki* eram outra categoria de agentes que acionavam as entidades do mundo invisível com vistas e fins pessoais, egoístas e invejosos.[14]

---

14   O prefixo "ba" é indicativo de plural na grafia do quicongo. Por exemplo: *nkita*, singular e *bankita*, plural.

As guerras entre diferentes *kanda*, as disputas entre chefes que não eram fortes o suficiente para reocuparem a capital, a intensificação do aprisionamento de pessoas e sua venda para comerciantes de gente, era contexto ideal para o surgimento de movimentos de renovação religiosa conforme a análise de Foz, Craemer e Vansina. Segundo eles, em momentos de desagregação social, novos discursos e objetos eram propostos por líderes messiânicos, que destruíam os antigos objetos de culto e introduziam novos ritos, arrebanhando seguidores com sua pregação que visava uma ordem diferente, capaz de trazer de volta a harmonia social perdida.[15] A pregação de Mafuta, a quem Kimpa Vita seguia, pode ser entendida conforme essa perspectiva. Ela havia encontrado uma pedra que dizia ter a forma da cabeça de Cristo, deformada pela ação de instrumentos dos que trabalharam em dias santificados, que junto com suas visões seria a prova dos desmandos de pessoas por ela acusadas de *bandoki*. Apesar de queimar medalhas e cruzes dizia que suas ações visavam a purificação do cristianismo. Na visão de John Thornton, para Mafuta e seus seguidores o movimento religioso que liderava era cristão, apesar de se basear na ideia conguesa de *kindoki*, ou seja a ação mágica de fundo individual e egoísta, e não na ideia de feitiçaria ou ação demoníaca, conforme a lógica dos padres católicos.[16]

Também para Wyatt MacGaffey, Mafuta não negou Cristo e sim o nacionalizou, sendo o movimento que liderava voltado para o bem comum. Nos termos da cultura congo, para os quais havia uma distinção entre os objetivos públicos e os privados, o antonianismo seria uma doutrina que buscava fortalecer a disciplina coletiva contra o individualismo imoral da feitiçaria. Havia no movimento um claro ataque contra os instrumentos rituais que serviam aos poderosos, como os crucifixos. Por outro lado, ele se ligava a forças protetoras, como os *bisimbi*, que se manifestavam aos homens por meio de pedras de formas inusitadas, como a encontrada por Mafuta.[17]

Bernardo da Galo, o capuchinho que atuava junto a Pedro IV, entrevistou Mafuta, impressionado com o fervor de seus seguidores, e ouviu dela entre outras coisas que Deus puniria os congueses caso não reocupassem São Salvador, a capital abandonada. Achou-a louca e inofensiva. Mais tarde, ao ver o crescimento de seus

---

15 CRAEMER, Willy de, VANSINA, Jan e FOX, Renée C., Religious movements in Central Africa: a theoretical study, *Comparative Studies in Society and History*, v. 18, n. 4, p. 458-475, oct., 1976.
16 THORNTON, John. *The Kongolese Saint Anthony. Dona Beatriz Kimpa Vita and the Antonian Movement, 1684-1706.* Cambridge: Cambridge University Press, 1998, p. 109.
17 MACGAFFEY, Wyatt, *Religion and Society in Central Africa. The BaKongo of Lower Zaire.* Chicago: The University of Chicago Press, 1986, p. 210-211.

seguidores, se arrependeria por não ter percebido o perigo por ela representado, pois Kimpa Vita, que no início do século XVII se tornou o centro de um movimento ainda maior, investia diretamente contra os capuchinhos, que estavam ao lado dos chefes que oprimiam a população. As exigências destes, aproveitando-se da fragilidade dos líderes que pleiteavam o controle do Congo, chegando mesmo a ordenar que durante as missas se despissem do *mpu*, insígnia de seu poder, alimentaram o discurso de Kimpa Vita, que os acusava de serem egoístas e invejosos, atributos próprios dos *bandoki*, conforme Mafuta já vinha fazendo.

As muitas escaramuças políticas, alianças construídas e desfeitas, idas e vindas dos capuchinhos que se envolveram diretamente nas disputas, são minuciosamente reconstituídas no livro de John Thornton, que narra os acontecimentos com base nos relatos dos missionários que os viveram e registraram. Bernardo da Galo e Lorenzo da Luca são os que mais se envolveram com o assunto, e da Galo pressionou abertamente Pedro IV para que se afastasse de Kimpa Vita. Este oscilava entre buscar o apoio político dos cada vez mais numerosos seguidores de Kimpa Vita, entre os quais se encontrava uma mulher e uma sobrinha sua, ou entre os capuchinhos, que lhe dariam o aval de Roma e dos comerciantes portugueses.

Em agosto de 1704 o movimento de Kimpa Vita ganhou força, pois ela disse ter morrido e renascido como Santo Antonio. Se já havia sido sagrada *nganga* do culto *kimpazi* por meio dos ritos iniciáticos de morte e ressureição, agora era interlocutora direta de Deus, com quem mantinha encontros todos os fins de semana, retornando com Santo Antonio em sua cabeça. Ao ser levada à presença de Pedro IV, a quem Bernardo da Galo apoiava, entrou no recinto andando na ponta dos pés, parecendo flutuar, com a cabeça projetada para a frente, ondulando o corpo todo e sorrindo sempre, andou ao seu redor e incitou-o a acabar com a guerra e reocupar São Salvador, pois caso não tivesse força para isso ela mesmo o faria. Acusou da Galo de ser ciumento e invejoso e de não permitir que tivessem santos negros no Congo. Àquela altura ela já havia elaborado uma versão do cristianismo congo segundo a qual Nossa Senhora, Jesus e São Francisco teriam nascido em diferentes lugares do Congo, além de ter mudado a Salve Rainha para Salve Antoniana, alterando os dizeres da reza. Segundo Thornton, esta interpretação conguesa da história da igreja confirmava a ideia de que os santos eram poderosos *bankita*, seres que haviam vivido há tanto tempo que já teriam deixado de ser ancestrais, e portanto obrigados a agirem em prol de seus descendentes, tornando-se figuras protetoras de todos.[18]

---

18   *Idem*, p. 117.

Em setembro, depois de percorrer o vale do Ambriz pregando, Kimpa Vita voltou a Kibangu, onde Pedro IV estava estacionado com Bernardo da Galo junto dele, e a quem se apresentou de forma semelhante à já descrita. Havia a expectativa de que o sacerdote a considerasse mesmo uma encarnação de Santo Antonio, afinal para os congueses era comum a morte e a ressurreição como uma pessoa possuída por um espírito, especialmente para um iniciado em *kimpasi*. Bernardo da Galo conversou em quicongo com ela, que lhe expôs sua visão do cristianismo e confirmou sua fé católica e submissão ao papa e à igreja romana. O secretário de Pedro IV que a havia introduzido a da Galo e também era mestre da igreja, foi criticado pelo capuchinho por dar crédito a uma *nganga* provocadora de dissensões, ao que ele respondeu que não devia submissão ao missionário. Este episódio mostra bem como havia uma dúvida relativa a qual apoio escolher. Mas Pedro IV, a quem Bernardo apelou para que o ajudasse em tudo que fosse necessário pertinente à Kimpa Vita, vendo que não haveria conciliação entre a visão da igreja romana e a dos antonianos, e ciente da importância do apoio do capuchinho, subordinou-se a este, depôs o *mpu* e ajoelhou-se diante dele.

Entretanto, a despeito desse gesto de submissão, não retirou de todo o apoio à Kimpa Vita, pois esta tinha muitos seguidores, que aumentaram quando pregou em terras que ainda não havia percorrido. Cumprindo o anunciado, ela seguiu para São Salvador, a capital abandonada, e lá se instalou com sua gente, entre os quais se incluía a própria Mafuta. Era tratada como profeta e santo reencarnado, dizia missa, distribuía sacramentos, era venerada e enquanto comia tinha seus pés beijados. Enquanto isso a guerra prosseguia e em 1706 Pedro Vale das Lágrimas, duque de Mbamba, associado à sua tia Ana de Leão e seu irmão marquês de Mpemba, marchou contra os antonianos sediados em São Salvador e contra Pedro IV, estacionado em Kibangu, que com eles mantinha uma política de tolerância. Em sua marcha, encontrou por acaso Kimpa Vita e seu companheiro, chamado de São João, escondidos no mato, com uma criança recém-nascida. Ela havia ocultado sua gravidez pois, como os sacerdotes das ordens mendicantes à qual pertenceu Santo Antonio, do qual era encarnação, pregava a castidade. Foi então levada à presença de Pedro IV e Bernardo da Galo. Enquanto um tendia a dar-lhe o perdão e mandá-la ao bispo de Luanda, Bernardo defendeu que fosse julgada ali mesmo. O interrogatório a que então foi submetida é a principal fonte para a reconstituição dos fundamentos da religião por ela criada e nele ela não admitiu erro ou mentira, e sim pecado. Disse que por ter pecado estava naquela situação e conformada aceitou sua condenação à morte na fogueira, determinada por da Galo. No dia 2 de julho de 1706 foi queimada viva junto com seu companheiro, tendo a criança sido poupada na última hora. Não renegou sua pregação e aceitou seu castigo devido a ter pecado, o que a gravidez e a fuga de São Salvador comprovavam. Não abjurou conforme os capuchinhos exigiam e os antonianos ainda espalharam seus ensinamentos por algum tempo.

No dia seguinte à sua execução Pedro IV, que havia mostrado grande preocupação com as consequências que isso teria, encenou um sangamento, dança militar realizada às vésperas de batalhas ou para celebrar datas ligadas ao exercício do poder. No entender de Thornton, era simultaneamente uma celebração pela morte de Beatriz Kimpa Vita e um desafio aos antonianos, que pretendia eliminar.[19] No dia 25 de julho aconteceu a tradicional festa de São Tiago, que celebrava o poder do mani Congo e reuniu tanto antonianos quanto seus opositores. Na ocasião o padre Lorenzo da Luca proferiu um discurso evocando D. Afonso e o verdadeiro cristianismo no Congo, e excomungou os antonianos, chamando-os de heréticos. Estes, pelo seu lado, investiram contra ele, que teve que ser protegido por Pedro IV.

Em 15 de fevereiro de 1709 Pedro IV finalmente avançou sobre São Salvador, onde outro pretendente ao poder, Pedro Kibenga, estava desde antes da execução de Kimpa Vita, apoiado pelos antonianos. Sua única arma era um crucifixo e seu exército venceu a batalha, em uma rememoração da batalha que instaurou o Congo cristão. Mas as guerras continuaram e em 1716 ele foi derrotado em outra batalha. Por todo esse período, milhares de escravizados foram vendidos para holandeses, franceses, ingleses e brasileiros. Sobre as conexões entre o antonianismo e o Brasil, Robert Slenes escreveu um artigo que além de buscar identificar a presença de sua possível influência em uma revolta de escravos ocorrida em 1848 no vale do Paraíba, argumentou no sentido de Beatriz Kimpa Vita ter sido exposta a sermões do padre Antonio Vieira que circularam em Portugal e de lá podem ter ido para o Congo, nos quais estão presentes elementos centrais da sua pregação. Ronaldo Vainfas também aventou essa possibilidade em artigo sobre religiosidade e política na América portuguesa, o que é apontado por Slenes. Mas são dicas de Randles que o fazem perseguir o assunto, desenvolvido em artigo publicado em 2008, resultante de uma comunicação feita em 2002.[20]

---

19 *Idem*, p. 186.
20 SLENES, Robert. Saint Anthony at the crossroads in Kongo and Brazil: "creolization" and the identity in the black south Atlantic, ca. 1700-1850, em *Africa, Brazil and the Construction of Trans Atlantic Black Identities*, edited by Livio Sansone, Elisée Soumini & Boubacar Barry.

Slenes retomou a análise de Thornton e enfatizou a sua interpretação (que por sua vez seguia os passos de MacGaffey acerca do movimento antoniano ter rejeitado a missionação cristã por considerá-la feitiçaria, ou *bandoki*), detendo-se em como Santo Antonio e outras figuras sagradas foram integradas no sistema religioso conguês. O renascimento de Kimpa Vita como Santo Antonio seria um aspecto desse processo na medida que era convincente para pessoas familiarizadas com os cultos *kimpasi*. Quanto à escolha de Santo Antonio, o próprio da Galo aventou a possibilidade dela ter ouvido referências a ele em sermões, talvez da boca de algum mestre conguês. Traçando a cronologia dos sermões de Vieira e os lugares nos quais foram realizados, Slenes mostra como tanto podem ter chegado ao Congo por via impressa quanto reproduzidos oralmente, e como a maneira como o santo foi neles tratado está presente nas formulações de Kimpa Vita. Foi o livro de Randles que chamou a sua atenção para como Vieira deu ao santo o crédito pelo fim ao cerco holandês a Salvador em sermão proferido em 1638 e publicado em 1690, e como na Salve Antoniana é dito que ele será o restaurador do reino do Congo. Da mesma forma, a designação de Santo Antonio como segundo Deus pode ter sido inspirada por Vieira, pois este se referiu a ele como Deus português, ou vice-Deus. Segundo Slenes a ideia pode não ter vindo diretamente de Vieira, mas a maneira hiperbólica como ele se referiu ao santo pode ter alimentado a imaginação de Kimpa Vita. Os ensinamentos recebidos na escola missionária também podem tê-la influenciado, uma vez que os portugueses consideravam Santo Antonio um guerreiro poderoso. Outro aspecto que Slenes entende ter passado desapercebido pelos estudiosos do antonianismo relaciona-se à gravidez de Kimpa Vita, pois como ela mesmo disse, seu castigo seria merecido não por causa de sua pregação, mas por ter pecado. Santo Antonio era considerado entre outras coisas um exemplo de castidade, de resistência contra as tentações da carne. Recorrendo à noção de crioulização, Slenes entende que o antonianismo foi resultado de um processo dessa natureza ao incorporar os ensinamentos presentes em sermões de Antonio Vieira, que chegaram ao Congo por meio de pregações ou mesmo textos escritos.

Enquanto Robert Slenes explorou a presença de sermões de Antonio Vieira na formulação do antonianismo, analisando em especial o texto da Salve Antoniana e

---

Trenton and Asmara: Africa World Press, Inc., 2008, p. 209-254. VAINFAS, Ronaldo. Santo Antonio na América portuguesa: religiosidade e política. *Revista USP*, 57 (março - maio), 2003, p. 28-37. RANDLES, W. G. L. *L' ancien royaume du Congo des origines à la fin du XIXe siècle*. Paris: Mouton & Cie., 1968.

recorrendo à ideia de crioulização, Cécile Fromont se deteve na cultura visual cristã e utilizou a noção de espaços de convergência para analisar os processos que levaram à criação de insígnias e rituais que expressavam uma nova ordem política e religiosa. Em sua análise é central o lugar ocupado pela construção de um mito de origem do Congo cristão a partir das cartas nas quais D. Afonso narrou a batalha na qual venceu seu irmão, com a ajuda de uma aparição de São Tiago e uma cruz no céu, que espantou os inimigos, numericamente superiores.[21] Fromont associa essa narrativa ao sangamento, que a partir de D. Afonso celebraria a origem do Congo cristão e foi realizado por D. Pedro IV no dia seguinte à execução de Kimpa Vita, e analisa como a cruz é um espaço de correlação privilegiado na medida em que tem destaque tanto na cultura visual lusitana como na conguesa. Nesta, a cruz remeteria à relação entre as duas esferas da existência, a visível e a invisível, e estava presente em várias situações da vida social. Por outro lado, símbolo maior do cristianismo, passou a remeter à organização política instituída a partir de D. Afonso estando associada à esfera do poder. As cruzes monumentais erguidas nas aldeias, à frente da habitação dos chefes eram um marco da integração a uma dada ordem política. Não por acaso elas foram alvo do movimento antoniano, contestador dos poderosos, que não conseguiam trazer paz e prosperidade ao seu povo, a principal atribuição dos chefes. Por outro lado, conforme sua análise, sempre que Kimpa Vita buscou apoio dos chefes em disputa pelo poder central e estes estiveram tentados a aliar-se a ela, quando ela investia contra a cruz eles mudavam de posição e voltavam-se contra ela, pois aquele era um símbolo central na legitimação do seu mando.[22] Se a incineração de objetos católicos podia estar ligada ao padrão dos movimentos religiosos da região, que destruíam os antigos objetos de culto para substituí-los por novos, ao queimar crucifixos e medalhas, os antonianos estavam se insurgindo contra o catolicismo oficial, que legitimava o poder das elites vistas como inoperantes, e contra os missionários estrangeiros, que se portavam como feiticeiros, ou *bandoki*, buscando a satisfação de objetivos individuais e egoístas, que satisfaziam as intenções dos governantes e não se voltavam para as necessidades da população, assolada pelas guerras,

---

21 Além de uma carta de 1512 aos "senhores do reino", na qual D. Afonso explica o significado do brasão para ele enviado, essa história é contada na Carta do Rei do Congo a D. Manuel I (5-10-1514), documento 083, *Monumenta Missionária Africana*, África Ocidental. Coligida e anotada pelo Padre António Brásio, Série I, vol. 01, versão digital organizada por Miguel Jasmins Rodrigues, editada pelo IICT - CDI, Lisboa, 2011.
22 FROMONT, Cécile. *The art of conversion. Christian visual culture in the Kingdom of Kongo*. Chapel Hill: The University of North Carolina Press, 2014, p. 207.

com suas plantações queimadas e seus filhos sacrificados nas batalhas travadas entre as *kanda*, ou escravizados e vendidos para além mar, o pior dos destinos possíveis.

No final do século XVII e início do XVIII as elites conguesas estavam amplamente comprometidas com o comércio de gente e se a cruz era o principal símbolo de poder, a sua destruição falava da revolta contra o poder político e não contra a religião que o sustentava, e que o movimento antoniano propunha reformar, trazendo para primeiro plano os valores tradicionais das *kanda*, e da harmonia entre homens e entidades invisíveis, como os *bisimbi*, os *bankita*, ou os santos católicos a eles associados. A utilização de gorros tecidos com fibra de uma determinada árvore (*nsanda*, um tipo de figueira), era uma das expressões das ideias do antonianismo, pois esta era uma árvore ligada à ocupação de territórios por grupos familiares a partir dos quais a sociedade se organizava.[23]

Como Ronaldo Vainfas destacou em sua análise, António Custódio Gonçalves pode ter exagerado no que diz respeito à intenção do antonianismo de destruir o estado, substituindo-o pelas linhagens, mas ele percebeu que havia a intenção de esvaziar o poder da elite dirigente e aumentar o das *kanda*. Mas também como Vainfas apontou, são Thornton e MacGaffey que propuseram as interpretações mais interessantes do movimento antoniano, que aqui busquei atualizar, incorporando outros livros desses autores. Para eles, e para Cécile Fromont, o antonianismo foi uma forma alternativa do cristianismo congo e não um retorno às tradições, como entendeu António Custódio Gonçalves. Kimpa Vita, em resposta ao contexto particular em que viveu, propôs uma leitura diferente da religião introduzida por D. Afonso, que inaugurou um novo momento no Congo ao implantar um sistema de disseminação do cristianismo por meio de escolas missionárias e mestres locais, e levar às mais recônditas aldeias os novos ensinamentos, ritos e objetos de culto, consolidando a organização política da qual era o líder. Como argumenta Fromont, o antonianismo representou uma forma alternativa do cristianismo congo, que ao contestar o poder instituído propôs uma outra leitura daquela religião. Nela, o encontro entre culturas utilizou-se de outros espaços de convergência, que deram respostas a contextos e interesses específicos. Mafuta e Beatriz Kimpa Vita, ao buscarem defender a população contra os efeitos das guerras travadas entre as elites recorreram a ideias conhecidas dos dois sistemas religiosos como as de morte e ressurreição, e articularam as crenças cristãs nos santos com crenças em espíritos territoriais e ancestrais. Cria-

---

23 MACGAFFEY, Wyatt. *Religion and society in Central Africa. The BaKongo of lower Zaire*. Chicago: The University of Chicago Press, 1986, p. 210.

ram, portanto, uma alternativa ao cristianismo congo elaborado pela elite dirigente que foi por ela derrotada, com a ajuda dos missionários capuchinhos.

"Enterrem meu coração na curva do rio... Tejo"

Para Ronaldo Vainfas

Maria Leônia Chaves de Resende

> ... *Por que o Tejo não é o rio que corre pela minha aldeia*
> (...)
> *Pelo Tejo vai-se para o Mundo.*
> *Para além do Tejo há a América.*
>
> Alberto Caeiro

No início dos anos 1970, Dorris Alexander (Dee) Brown publicou o livro *Bury my heart at Wounded Knee; An Indian History of the American West*, traduzido para o português com o sugestivo título "Enterrem meu coração na curva do rio". Não me lembro exatamente como o livro chegou às minhas mãos na adolescência, mas nunca pude esquecer (nem poderia) com que paixão Dee Brown, como ficou conhecido, relatou a história dos indígenas americanos durante a ocupação do oeste no final do século XIX, sensibilizando cada um de nós com o relato das repetidas traições e brutalidade terrificante da política indigenista do governo americano. Seu livro é uma crônica de crueldades, desrespeito aos acordos, pactos quebrados, indiferença às tradições nativas, culminando com os sucessivos deslocamentos compulsórios das populações de seus territórios originais, quando não o assassinato puro e frio – em nada incomparável com o verdadeiro sentido de "extermínio". Difícil não se indignar!

O reconhecimento da contribuição de Dee Brown veio tardiamente em 1996, quando, já com seus avançados 94 anos, recebeu a notícia, na sua casa em *Little Rock*, que seu livro fora incluído na seleção dos mais significativos trabalhos nos últimos 100 anos na categoria de "guerra, holocausto e totalitarismo", pelo *New York Public Library's Center for the Humanities*, publicação da renomada Universidade de Oxford. O livro foi ainda adaptado, em 2007, a partir dos últimos dois capítulos, que narraram como a "tribo" dos Lakota lidou com a morte de Touro Sentado e o massacre de *Wounded Knee*, recebendo indicações dos prestigiados *Emmy* e Globo de Ouro. Tenho que admitir que achei merecidíssimo! Penso mesmo que seu apelo à causa indígena marcou toda uma geração cinquentenária que se ressentiu com o que ocorrera entre os anos de 1860 e 1890 – para não falar de toda brutalidade desde os princípios da conquista e em curso ainda hoje.

No meu caso, abriu portas para outras leituras... e para o gosto cinéfilo pelas incontáveis "aventuras" quando assisti (ainda em TV preto e branco, coberta de papel celofane para dar "cores") aos emocionantes, revoltantes e também "caricaturados" filmes de faroeste, como denunciou Marlon Brando ao declinar o Oscar por causa da difamação que a indústria cinematográfica produzira sobre os povos indígenas enquanto naquele mesmo momento havia duas centenas de índios sitiados lutando pela posse de suas terras – testemunho feito pela indígena *Sacheen Little Feather*, a "Pequena Pluma", que o representou na cerimônia de premiação. Enfim, assim foi o meu "batismo" ao tema, então, "banhado" entre lágrimas pela covardia do derrame de "sangue nativo"! Hoje, compreendo bem melhor o tipo de crítica ao livro e aos filmes, mas, celeuma a parte, sim, admito que minha interpretação à época foi totalmente emotiva, o que definitivamente despertou em mim o interesse pelo que tinha se passado com os povos originários das Américas.

Afora essa etapa absolutamente prosaica, o meu reencontro com a história indígena se deu certamente quando cheguei aos estudos universitários na graduação e especialização em História, na UFOP e, em particular, no mestrado na UNICAMP. Eu me dedicava aos estudos de história cultural e investigava a visão dos indígenas no processo de conversão religiosa levada a cabo pela Companhia de Jesus. Estava interessada em compreender como os guaranis perceberam o processo da catequese cristã. Foi, então, que outro escritor, absolutamente extraordinário, viria a tirar meu fôlego com sua obra inspiradora e seminal. Foi nessa atmosfera que encontrei Ronaldo Vainfas! Tratava-se do livro *A heresia dos índios*. Catolicismo e rebeldia no Brasil colonial, publicado em 1995. Todos que tiveram contato com seu texto sabem o gênio fenomenal do historiador-narrador de Vainfas, que nos arrebata com seu enredo, sempre tecido pela sua magistral e refinada análise histórica de relatos "saborosos" dos rituais antropofágicos.

Rememorar a centelha decisiva de sua obra me dá a oportunidade para uma reflexão de meta-história, repensando a minha própria trajetória nas últimas décadas. Posso mesmo dizer que, se o brilhante e saudoso John Monteiro tem sua "linhagem" acadêmica – expressão que o próprio Vainfas cunhou durante o Encontro de História Colonial para referir-se aos seus orientandos –, Ronaldo tem também uma "tribo", uma verdadeira horda de pesquisadores-leitores, "enfeitiçados" e "seduzidos" por seus trabalhos, que acabaram por se devotar a temas correlatos. Tudo porque o deleite e apuro do seu texto, sempre tão aprazível e instigante, são um convite irresistível à imersão a um mundo herético – do tipo que a Real Mesa Censória definitivamente listaria em um *index*.

Provocações à parte, entre tantas contribuições, contudo, gostaria de ressaltar uma, em particular: a "ambivalência e adesões dos mamelucos e indianizados", que participaram ativamente nos rituais da Santidade, encarnados na figura de Tomacaúna, alcunha de Domingos Fernandes Nobre, chefe da expedição que Fernão Cabral enviou ao sertão para atrair a Santidade de Jaguaripe. Tatuado como um guerreiro nativo, com incisões atravessadas na pele com dentes de cutia imersos em tinta de jenipapo, "riscado à moda gentílica", sagrava-se na participação ativa de cerimônias e rituais de antropofagia, em que cantava, bailava, fumava e até se rebatizara durante os vinte anos que andou pelos sertões inóspitos. Essa tópica fascinante da ambivalência encarnada por Tomacaúna e seu séquito de mestiços aguçou muitíssimo meu olhar sobre a documentação quando me debrucei sobre a história dos índios nas Minas Gerais setecentista.

Meu propósito era mostrar que os índios não tinham desaparecido da história, como afirmava certa historiografia, difusora da tese da "crônica da extinção", segundo a qual, para justificar (e por que não, legitimar) o desaparecimento dos índios do processo histórico, explicava-se que a crueldade dos colonizadores em suas expedições, entradas e bandeiras tinha exterminado os índios da história! Assim, a única forma de se contar (ou apagar) a história dos índios era reproduzir *ad nauseam* os relatos do genocídio americano. Para contestar essa tese também reinante em Minas, enveredei-me pelos arquivos, em particular pelos acervos eclesiásticos. Queria demonstrar a presença e participação dos indígenas na formação sociocultural das Minas e, para tal, recuperar a experiência vivida por esses índios e seus descendentes mestiços, de origens étnicas variadas – alguns, destribalizados e preados nas expedições dos sertões; outros, procedentes de missões multiétnicas, por fuga, rapto ou deserção; ou ainda aqueles nascidos "dentro" da própria sociedade e que, ao final, nesse mosaico cultural, foram incorporados ao cotidiano das vilas e lugarejos. A esses atores, designei-os "índios coloniais", para dar um panorama da complexidade da experiência vivida pelos índios nas Minas.

Nessa condição, muitos deles foram viandantes pelas Minas e, sobremaneira, transeuntes culturais – aos moldes do que tinha aprendido com Vainfas. Os índios coloniais transitavam entre dois mundos, o do branco e o do índio, não se enquadrando em nenhum deles. Não faziam parte do mundo branco, nem dos índios tribalizados ou aldeados. Eram mestiços também na cultura, híbridos nos valores, mediadores no comportamento, no sentido de escapulir a um desses dois pêndulos – marcando um entre-lugar naquela sociedade, que "não é mais o lugar do colonizador e tampouco um espaço genuíno do colonizado", como alertava Vainfas. Ao tratar do caráter pluriétnico colonial, chamava a atenção ainda de que, a despeito do processo de dominação portuguesa, isso não excluiu a "indianização" de colonos nem a adoção de elementos da cultura colonizadora por parte de índios, produzindo um "confronto-intercâmbio cultural", sobretudo, entre os descendentes das uniões mistas entre o branco e o indígena.

Foi com esse foco "ronaldiano" (afinal, é mesmo um clássico!) que li a atuação do filho de Fernão Dias Paes, o mameluco José Dias Paes, talvez o primeiro, em Minas, a encarnar essa dualidade.[1] Ao tramar contra o pai, planejou rumar com a bandeira para Piratininga. Denunciado por uma índia goianá, a sentença foi inexorável, sendo condenado à forca, ao estrangulamento e determinada a expulsão dos coniventes. Outros, contudo, na condição de mamelucos, fizeram caminho inverso. Foi o capitão Manuel Pires Maciel quem experimentou junto com Borba Gato essa dupla identidade cultural nos primeiros anos da ocupação de Minas ao passar a maior parte da sua vida na aldeia de Tapiraçaba, a mais poderosa e adiantada aldeia ribeirinha do Rio São Francisco, ocupada pelos caiapós que se fixaram naquelas plagas. Com eles, o capitão estabeleceu relações amistosas, tendo-lhe o cacique concedido a filha como esposa e com quem acabou tendo dois filhos, Roberto e Domingos. Alguns anos depois, ofereceu seus serviços e préstimos ao cel. Januário e foi, então, encar-

---

[1] Todas as referências se encontram em RESENDE, Maria Leônia Chaves de. *Gentios brasílicos*: índios coloniais em Minas Gerais setecentista. 2003. Tese (doutorado) - Departamento de História, Instituto de Filosofia e Ciências Humanas, Universidade Estadual de Campinas, Campinas, 2003.

regado de guiar a conquista dos caiapós juntamente com seu sobrinho, o capitão Francisco Toledo. As descrições da entrada na aldeia são trágicas – "noite nefasta de morticínio"! Destruída a aldeia que ardeu em fogo, assassinado o cacique, ordenou o capitão Manuel que cessasse o combate. Adiantou-se o capitão em garantir as promessas do coronel Januário da posse das terras e fundou, a poucas léguas dali, o arraial de Nossa Senhora do Amparo, hoje, cidade de Januária, onde se estabeleceu com sua mulher caiapó, filhos e sobreviventes da chacina. Não tardou muito para que outra horda de caiapós do Paraná ao Alto Tocantins e de Carinhanha a Paracatu, concitada à guerra em represália ao massacre à aldeia caiapó, assaltasse o arraial. Sendo raptados a mulher e o filho, o capitão se viu obrigado a cessar a hostilidade e tratar das negociações por um caiapó criado em sua casa. Do acordo ajustado entre eles, coube-lhe pôr em liberdade os caiapós cativos e, em troca, receber sua mulher, com quem se casou, após ter sido batizada na capela de Amparo com o nome de Caterina. O filho da índia Caterina e de Manuel Pires Maciel seria Domingos Alves Ferreira Maciel, justamente quem, na condição de representante régulo, depôs contra os sediciosos no famoso motim, no sertão em 1736, que implicou a prisão de colonos e também de índios coloniais.

Houve também os colonos, que, tocados pelo contato com sociedades indígenas, tomaram caminhos de mão dupla, fazendo uma jornada cultural ambígua. Por isso, nem mesmo o comportamento dos pedestres da companhia dos dragões, responsáveis pela conquista e pela segurança nos presídios, era aceitável. D. Rodrigo de Meneses, em 1782, reclamava do "descaramento dos soldados com as índias". Queixava-se de dez pedestres que viviam casados sem serem, "segundo os seus ritos [indígenas] e continuadamente estão na sua sinagoga". Para o desconcerto do governo, vários registros denunciavam soldados que não só viviam com as índias como também adotavam suas práticas. Assumindo uma conduta ambígua, abraçavam os costumes indígenas. Esse foi o caso de um soldado chamado Raimundo Ferreira de Souza, que vivia no meio de uma tribo de índios, nos arredores do Quartel do Teixeira. Sua trajetória é bastante curiosa. Mulato e praça, foi condenado por ter cometido falta disciplinar no quartel, e o temor de ser punido, levou-o a desertar, refugiando-se no meio dos botocudos. Ali, deixou as vestes, cortou os cabelos à moda dos índios e pintou-se, como eles, de urucum e jenipapo. Em pouco tempo, ganhou-lhes a confiança, falando-lhes com autoridade e fazendo-os obedecer. Reconhecido como cacique, após a morte do velho chefe, tornou-se seu sucessor. Assim, passou a exercer poder e também era querido pela tribo. Como um homem em tais condições poderia ser "útil", o comandante Julião obteve da Junta Militar de Vila Rica o perdão para Raimundo. Tendo "voltado a ser português", embora vivendo entre os selvagens, renunciou sua maneira de viver: deixou de se meter pelas matas, retomou as vestes e deixou o cabelo crescer. Dirigidos por Raimundo, os botocudos construíram casas, habituaram-se a cultivar a terra, as mulheres a fiar e a maioria deixou de usar os batoques nas orelhas e lábios. Sabiam um pouco de português e muitos não queriam mais falar a língua materna. Tinha, naquela ocasião, pouco mais de vinte anos. Esse extrato biográfico é sugestivo – mais um exemplo daqueles que, vivendo a dualidade cultural, passaram a exercer o papel de mediadores entre os nativos e colonizadores.

Vale ainda lembrar aqueles índios que, destribalizados e tendo experimentado o mundo "civilizado", desejaram retornar às suas origens. Paulo Corohyba fez, de fato, o caminho de volta. Educado entre os colonos, na companhia de um vigário, transformou-se em catequista entre os seus, mas consta que tomou partido de índios para "roubar e matar". O Pe. Pedro Mota, padre índio coropó, que tendo sido educado para ser "cura das almas" nativas, teria regressado às matas segundo o viajante Freiress. Outros, impedidos de retornar às suas origens, selaram um destino trágico, como foi a história de Firmiano Durão, índio botocudo que acompanhou Saint-Hilaire por tantos anos, que, impedido por Guido Marlière de reencontrar seus parentes, rebelou-se e, por represália, foi incorporado e despachado nas tropas para a Cisplatina. Sua trajetória revela bem o quanto as escolhas para os índios coloniais foram difíceis apesar de sua pertinácia e ousadia.

Ao final desse breve percurso, como não reconhecer, no interior de todas essas trajetórias, o que aprendi com Vainfas? Se o discurso de "civilizar" os índios reverberou em tragédia pessoal para muitos, foi também o lugar para aqueles que, destribalizados e degredados de sua terra, reafirmaram sua "indianidade" – somente acionada quando assim era imperativo. Esse universo cultural ambivalente, contraditório e híbrido implodiu visões binárias e dicotômicas, apontando para a maleabilidade nas identidades também nas Minas Gerais do século XVIII.

O fascínio do trabalho de Vainfas não se esgotou por aí. Eu seguia, em 2000, "vasculhando" a experiência do cotidiano dos índios coloniais nas Minas Gerais, na "garimpagem" de relatos nas devassas eclesiásticas – a magnífica série documental das visitas episcopais em Minas Gerais por todo o século XVIII, depositadas no Arquivo da Arquidiocese de Mariana. Lá pelas tantas, depois de colectar mais de setecentas denúncias contra os índios coloniais, deparei-me com algumas em que, dado à gravidade, era da alçada do Tribunal do Santo Ofício. Como não rememorar mais uma vez a *Heresia dos índios*? Foi, então, que fiz um contato com Vainfas. Para minha alegria, recebi imediatamente uma longa e generosa resposta em que me oferecia, com sua generosidade e cortesia acadêmicas, o caminho de "ouro" para aquelas Minas e um outro para Brasil: o da inquisição nativa. Foi assim que ele se tornaria anos depois, para meu orgulho, o meu orientador no programa de pós-doutorado, que iniciei na UFF, com o tema dos "Índios e a Inquisição na América Portuguesa". A partir de então, fiz uma imersão nos arquivos da Inquisição do Tribunal de Lisboa com o propósito de construir um inventário da inquisição nativa, que implicou os índios e seus descendentes denunciados e processados pelo Santo Ofício.

Nesse longo e exaustivo percurso de investigação, que estou "a finalizar cá no aquém-mar", resultou uma cartografia gentílica, com o cômputo de 522 índios e mestiços denunciados desde a visitação no século XVI ao início do século XIX. Dentre tantos, reencontrei Iria Alves, a primeira índia, "brasila natural dos sertões" da Bahia, implicada na primeira visitação por ter participado da Santidade de Jaguaripe, mas que também deixou entrever no seu relato o estigma da bigamia que recairia sobre muitos dos índios tanto pela prática corriqueira no mundo colonial como pela pecha da poligamia nativa.[2] Inquerida em Olinda, em 18 de janeiro de 1595, contava que, ao vir dos sertões, foi batizada e passou a viver desde moça na casa de seu "senhor" Sebastião Alves. Casou-se, então, com Pero Dias, que se ausentara para os sertões. Passados dois anos, "por ordem do seu senhor", casou-se segunda vez com Simão Dias, francês de nação. Ano e meio depois, soube que o primeiro marido estava em Lisboa, doente e hospitalizado. Por ordem do bispo D. Antônio Barreiros, apartou-se do cônjuge, mudando-se para Recife, o que ocorrera há mais de 11 anos. Lembrou-se que quando vivia no Peruaçu, com seu marido, Simão Dias, ele dissera que "não sabia para que a gente fazia mesura à cruz, pois nela morreu o Nosso Senhor", ao que, então, ela "denunciante" respondeu que "por isso se fazia mesura à cruz por que nela morreu Nosso Senhor", ao que teria ele redarguido que "antes ele faria mesura a um cepo que à cruz". Apesar de o delito da bigamia e de a proposição herética serem de jurisdição inquisitorial, Heitor Furtado não foi tão rigoroso com Iria, talvez porque estivesse obcecado em saber mais detalhes dos tantos envolvidos nas incursões em práticas gentílicas ou porque atribuísse a gravidade da prática de bigamia ou da vociferação de tais proposições ao contato estreito com as cerimônias gentílicas, causadora de tantas "abusões"!

---

2   ANTT, PT/TT/TSO-IL/028/01335.

No século XVII, foi a vez de Brízida se apresentar ao sétimo bispo do Brasil, D. Pedro da Silva Sampaio, em Salvador.[3] Sabatinada em 10 de maio e em segunda sessão de 20 de junho de 1639, informou que era cristã batizada e fora ainda menina para Recife, onde "crescera à igreja e sabia as orações". Sempre assistida pelo seu curador, Dr. Diogo Coelho, relatava que, depois de ser açoitada, se envolvera com o demônio "para que seu senhor a quisesse bem". Contou com a ajuda de umas tais Simoa e Agueda, que a iniciaram em um verdadeiro "sabá" quando, durante umas seis noites, afastadas no campo, foram possuídas em noites orgiásticas. Apareceram logo transmutados na figura de sapos, gado, cachorro e outros de homens negros, "muito feios, de pés muito cumpridos". Ela não só o adorou e reverenciou, mas também prometera, dizendo na língua da terra, "ser dele de coração". Bem e não só de coração, porque cortejara o diabo, "beijando-o no traseiro", quando sentiu "lhe metia pelo seu vaso coisa como de homem, mas muito frio", ainda que não "lhe deitasse nada". Ao cantar do galo, as figuras horrendas se espalharam pelos matos em forma de baratas ou sapos. E, apesar de ter se confessado, por duas vezes, voltaram a lhe aparecer mais três diabos, que lhe concitaram a não confessar, pois ela "não tinha remédio" e tornou o "diabo a porrar com ela". No entanto, arrependera-se na Bahia, onde fora absolvida na quaresma pelo padre de São Bento, tendo assim, finalmente, deixado de "crer no diabo e se tornou a Deus, Nosso Sr., Deus dos cristãos". Logo, prostrou-se de joelhos, benzendo-se. Apesar de andar ocupadíssimo em agenciar uma guerra contra os holandeses protestantes, que invadiram Salvador do ano anterior, a confissão de Brízida deve ter soado com gravidade aos ouvidos de D. Pedro da Silva, "pastor vigilante, capitão esforçado", para que desse prosseguimento ao inquérito e, a seguir, encaminhasse para a Mesa em Lisboa, seja pelo seu múnus episcopal, seja por seus antecedentes como promotor e deputado na Inquisição de Évora e Inquisidor de Lisboa – que ali pareciam estar em total consonância com sua índole vocacionada para a redenção espiritual da urbe. Porém, ao que tudo indica não foi adiante. Assim, naqueles tempos de guerra, a confissão de Brízida acabou arquivada nos cadernos do promotor.

Seria no século seguinte que o Santo Ofício estenderia seus tentáculos sobre toda a América Portuguesa, alcançando os rincões do extremo sul ao norte. Sem mencionar os tantos índios acusados na Terceira Visitação ao Grão-Pará e Maranhão, sob a direção de Geraldo Abranches, entre os anos de 1763 e 1769, saltam

---

3   ANTT, PT/TT/TSO-IL/030/0226/m0597-m0606.

aos olhos denúncias muito anteriores, em 1753, procedentes dos sertões da Paraíba, onde Teodósio de Oliveira, um índio tapuia de 12 anos, "da casa do missionário" deu a conhecer "por confissão" as diabruras entre os Corema na ribeira do Piancó. O missionário João Francisco de Palermo certamente aturdido, pediu licença ao confitente e listou nominalmente os 232 aldeados, encaminhando o rol pelos "erros contra a Santa Fé" ao comissário Antônio Guerra.[4] Também do Piancó, em 1743, outro capuchinho, o Pe. José Calvatão, informava ao Santo Ofício sobre os rituais de beberagem da Jurema, que se espraiou como rastilho.[5] Só para dar um único exemplo, o índio de nação Paiacu, chamado Gaudêncio, acusado em 1756 pelo crime de feitiçaria, condenou à morte, com suas práticas e poções, cerca de cinquenta pessoas – todas devidamente listadas na denúncia.[6] O índio confessou ainda, por meio de intérprete (pois sequer falava português), seu "comércio" com o demônio, ao beber jurema ou angico, quando lhe apareciam "várias figuras horrendas, algumas com cabelos grosseiros e barbas como bode, outras com chifres de bode e pé de pato e orelhas como de cachorro", a quem prometera "servir sempre". Como não reviver as descrições impactantes de Vainfas dos "bailes e erva santa", com a ingestão do Petum, em reverência a Tupanasu, em que Tomacaúna e outros mamelucos se prostravam diante do Papa, o caraíba Antônio?

E assim, em uma roda de infortúnios, Olinda encerraria a ação do Tribunal no intento de vergar a etiologia demoníaca entre os indígenas nos trópicos. Nos princípios do século XIX, Miguel Lopes Dias foi o último índio preso em nome do Santo Ofício.[7] Seu caso foi apreciado pelo Régio Tribunal, em Lisboa, que, bafejando seu suspiro derradeiro, despachou sumariamente para o comissário Bernardo Portugal se incumbir das diligências. Vistos os autos, em 1805, constatou-se que se procedera com "violência e ilegalidade", porque toda a peça processual estava cheia de falhas, a começar que a única prova contra o réu era uma carta do pai da ex-mulher, nem reconhecida, nem ratificada. As testemunhas nada disseram contra ele e tampouco havia a certidão do primeiro casamento ou de vida da tal primeira mulher. Miguel – que nem se sabia de fato bígamo – sequer havia deposto sobre suas culpas e, mesmo assim, amargou o flagelo de três anos no aljube de Recife.

---

4   ANTT, PT/TT/TSO-IL/030/0299/m0775-m0777.
5   ANTT, PT/TT/TSO-IL/028/CX1595/14849.
6   ANTT, PT/TT/TSO-IL/030/0310/m0140-m0143.
7   ANTT, PT/TT/TSO-IL/028/4337.

Ao final, na contramão do que Pe. Vieira, com sua verve tocante, pregou em Roma em um dos mais belos sermões dedicados a Santo Antônio, em que sublinhava o destino do povo português de nascer pequeno para morrer grande, projetando-se em um mundo ecumênico (talvez, aqui, se referindo ao fato de que desejasse terminar seus dias entre os nativos no Brasil) e, por isso, primeiro os portugueses se chamaram Tubales (de Tubal, neto de Noé) e, depois, Lusitanos, para que trouxessem no nome o "mundo" e "a luz" como os escolhidos por Deus para "luz do mundo" [*Vos estis lux mundi!*], muitos índios viveram a contragosto um caminho reverso no além-mar. Não é por demais frisar o desfecho assombroso de enfrentar o Santo Ofício quando os indígenas e seus descendentes vivenciaram o drama de serem denunciados, encarcerados e processados. Difícil não nos condoermos só de imaginar os seus destinos: o duro rompimento do convívio com os seus próximos e a distância dos seus parentes, deixando para traz a exuberância da natureza tropical no exílio de suas terras, mareou a muitos na longa travessia atlântica quando não arrastou à morte pestilenta ou vitimou os que definharam nas naus. Aos que aportaram em solo lusitano, restou a solidão de meses ou até anos nos cárceres do Palácio dos Estaus – quando não as enfermidades, como a hidropisia, que vitimizou o índio Antônio da Silva.[8] Aos condenados pela mesa inquisitorial, restou o drama de serem sentenciados em autos de fé, açoitados publicamente pelas ruas de Lisboa, como Miguel Pestana[9] ou Custódio da Silva[10] e, depois, condenados a trabalhar duramente anos a fio nas galés. Finalmente, mesmo aqueles absolvidos extraordinariamente, por "ignorância e rusticidade", como Rosaura[11] ou Florência,[12] embora livres, parecem não mais terem regressado à *terra brasilis* – ao menos seus nomes não constam no registro das embarcações. Não é improvável que os sobreviventes, desolados e lânguidos, definharam... perambulando por Lisboa, até que os seus corações tenham sido enterrados na "curva do rio... Tejo" por que "o Tejo não é o rio que corre pela minha aldeia. (...) pelo Tejo vai-se para o Mundo. Para além do Tejo há a América"!

---

8   ANTT, PT/TT/TSO-IL/028/06275.
9   ANTT, PT/TT/TSO-IL/028/06982.
10 ANTT, PT/TT/TSO-IL/028/11178.
11 ANTT, PT/TT/TSO-IL/028/00222.
12 ANTT, PT/TT/TSO-IL/028/00225.

Memórias étnicas no tributo a um mestre

Reginaldo Jonas Heller

> *A ambição da micro-história é a de inscrever o grupo ou mesmo o indivíduo estudado no maior número possível de contextos.*
>
> Ronaldo Vainfas, em *Os protagonistas anônimos da História*

"Diáspora Atlântica". Este foi o título da tese que apresentei em meu doutorado de História na UFF. Todo vaidoso com minha pesquisa, quase toda apurada nos arquivos norte-americanos, mas este título não foi, contudo, de minha lavra. A "cereja do bolo" coube à criatividade deste grande mestre, Ronaldo Vainfas. Eu diria mesmo que se trata de um título contundente, ao mesmo tempo óbvio. Com tantas informações e fontes variadas, não tinha me dado conta de que a simplicidade era mais significativa que os textos, muitas vezes rebuscados, beirando o rococó, da maioria dos historiadores. E, logo eu, que vinha de uma longa jornada jornalística. Vainfas, sem malabarismo, colocou o que faltava no meu texto: o título.

Bem, essa história de uma tese e de um orientador deveria ser contada não pelo seu clímax, mas por sua gênese. Afinal foram oito anos de experiência acadêmica, onde a imagem do professor Ronaldo Vainfas rondava, como uma aura, o imaginário do corpo discente. Afinal, que eu me lembre, dois eram, então, os mestres mais reverenciados: o saudoso professor Ciro Flamarion Cardoso e o Ronaldo Vainfas. Aliás, não por outra razão, os dois co-organizadores na obra clássica Os Domínios da História.[1] Não que os demais não fossem admirados, cada qual pelo seu lugar que ocupava na Academia, seja pelo conhecimento específico, seja pelo histórico político ou, até, pela simpatia e humor pessoal. Mas aqueles dois conferiam ao curso de História da UFF uma conotação muito especial.

Por isso, ainda quando finalizava minha monografia de graduação – a segunda com uma diferença de quase 30 anos – passei a sondar aquele "quase ídolo", talvez um ícone, pela sua proximidade com o tema: os judeus no Brasil ou na esfera luso--brasileira. Aquela monografia[2] já tratava destes temas – mais especificamente a imigração dos judeus marroquinos para a Amazônia durante o século XIX. E Ronaldo Vainfas já era, então, um (senão o) *expert* com seus estudos sobre a Inquisição e cristãos-novos/ judeus marranos.

Mesmo com toda minha experiência profissional, ainda assim vivi uma intensa expectativa em torno da aceitação por parte dele como meu orientador. A ideia era habilitar-me para o Mestrado. A proposta era tratar os judeus no exílio do Portugal. Não, exatamente, os cristãos-novos, pois ainda que muitos destes vivessem "longe dos confins da pátria",[3] não seria possível falar de exílio (a maioria ainda vivia em terras sob o domínio português) e, menos ainda, de judeus, embora carregassem consigo "mancha de sangue". Para conseguir seu "aceite" usei de um pequeno estratagema: a mais devota das devotas de São Jorge, a professora Georgina (Santos). Deu certo. Não sei se pelas mãos do santo ou pelo sangue judaico que corre nas veias do professor. Mas é certo que havia uma convergência de interesses.

Logo, o orientador percebeu a especificidade de seu orientando e, como que através de um controle remoto, acompanhou a pesquisa bibliográfica, mergulhado nas fontes secundárias, para entender a realidade de um "exílio de boa memória". Aliás, esse foi o título da dissertação de Mestrado. Não foi sugerido por Vainfas, mas a partir de uma recomendação sua: a leitura do magnífico trabalho do historiador português, José Alberto

---

1   CARDOSO, C. F. & VAINFAS, R. *Os domínios da História*. Rio de Janeiro: Campus, 1997.
2   HELLER, Reginaldo Jonas. *Os judeus do Eldorado*. Rio de Janeiro: Ed. Epapers, 2009; In: GRINBERG, Keila (org.), *Judeus no Brasil*. Rio de Janeiro: Civilização Brasileira, 2005, p.219.
3   Conforme a expressão do poeta Diogo Pires, desde seu exílio em Sarajevo. Sobre ele, ver: ANDRE, Carlos Ascenso. *Um judeu no desterro. Diogo Pires e a memória de Portugal*. Coimbra: INIC, 1982. Neste e em outros textos do mesmo autor, as poesias do desterrado Diogo Pires revelam a identidade portuguesa de quem não abriu mão da sua fé e ancestralidade.

Rodrigues da Silva Tavim[4]. O autor consegue de forma magistral definir naquelas poucas palavras a essência do exílio judeu-português. Ainda, recorrendo as lamentações de Diogo Pires, essa memória é assim expressa quando ele antecipa sua lápide tumular: "*Aqui jaz Diogo, londe da cidade Évora e de sua casa. Não lhe foi permitido guardar os membros em solo pátrio*".[5] Ou como diz Antonio Carlos de Carvalho, "*esse descobrir-se portugues longe de Portugal*".[6]

A dissertação, na realidade, foi um exercício de coleta e organização, mas acima de tudo, de reflexão sobre a identidade desta comunidade muito especial e que teve sua notoriedade durante os séculos XVII e XVIII. Um ensaio para a tese de doutorado que já se vislumbrava. Foram meses imerso naquele salão penumbra do Gabinete Portugues de Leitura, no centro do Rio de Janeiro, vasculhando qualquer registro destes judeus, ex-marranos, seja por sua própria lavra, como a de Samuel Usque,[7] ou dos historiadores e comentaristas, cronistas e curiosos da historiografia portuguesa.[8]

Uma questão controversa me nosso diálogo, mas que, inesperadamente, ressurgiu na banca de aprovação, foi a definição essencial de cristão-novo ou marrano. Afinal, tem sido muito comum generalizar uns e outros como judeus. De resto, uma das atitudes recorrentes dos inquisidores do Santo Ofício, sob o véu da expressão "judaizantes". E eu defendia que apesar dos judeus-novos incluírem aqueles no seu grupo como os "de nação" (e por isso mesmo eram conhecidos como "gente de nação", ou "portugueses de nação"), a generalização era muito perigosa. A meu ver, esse foi o equívoco de José Gonçalves Salvador,[9] quando associa a condição de judeus aos cristãos-novos que participavam do tráfico negreiro. "Ora", dizia eu, "se só cristãos poderiam participar desta vil atividade, então não há como associar os judeus e seus descendentes só seriam ali aceitos caso abraçassem a fé católica". Ronaldo Vainfas

---

4   TAVIM, José Alberto Rodrigues da Silva. *Os judeus na expansão portuguesa em Marrocos durante o século XVI – origens e actividades duma comunidade*. Braga: Ed. APPACDM, 1997.
5   CARVALHO, Antonio Carlos. *Os judeus do desterro de Portugal*. Lisboa: Quetzal, 1999, p. 118.
6   Idem, p. 13.
7   USQUE, Samuel. *Consolaçam as tribulações de Israel*. V. 1 e 2, com estudos introdutórios. Lisboa: Fund. Calouste-Gulbenkian, 1989. O poeta-cronista judeu-portugues, tido como Camões judeu, ficou famoso por sua afirmação quando indagado por que escreveu em portugues: "pois foi a língua em que mamei", disse ele.
8   Deve-se realçar nomes como Ferro Tavares, Antonio José Saraiva, J. Mendes Remedios, Elvira Cunha Azevedo, J. Lucio Azevedo, entre muitos dos já renomados historiadores portugueses do século XIX e XX.
9   SALVADOR, José Gonçalves. *Os magnatas do tráfico negreiro (século XVII e XVIII)*. São Paulo: Pioneira/USP, 1981.

"teleguiava" a costura da dissertação, mas eu tinha sempre a impressão de que confiava, desconfiando, mas dando inteira liberdade.

Emoções acadêmicas

Na vida acadêmica, as emoções são intensas. Os professores mais experientes são testemunhas vivas das turbulências, menos teóricas e muito mais políticas, frequentes nos corredores das universidades – especialmente as públicas. Pois, na minha curta convivência acadêmica com Ronaldo Vainfas, senti bem de perto este clima. Pois, afinal, no embate interno entre membros docentes, eu fui o pivô em alguns destes casos. Como lembra Bourdieu, o capital simbólico é um ativo muito disputado. Um candidato ao doutorado é uma vaga a menos e uma disputa a mais pelas bolsas disponíveis. Ainda não havia submetido minha dissertação à banca e já me candidatava ao doutorado na UFF. É evidente que, por si só, esta iniciativa era pretexto suficiente para desencadear embates internos no PPGH-UFF. E isto ficou patente na arguição a que me submeti na seleção. Não cabe aqui entrar em detalhes, mas o registro confirma – e disto dou meu fortuito testemunho - o clima de fortes emoções que Ronaldo Vainfas viveu por várias décadas.

Mas, ainda neste episódio da arguição da seleção, vale lembrar uma cena: quando Ronaldo Vainfas viu-se forçado a intervir, como presidente da banca, esbanjando sua competência para reagir a uma tentativa de racionalização teórica, uma tentativa de minar uma questão conceitual apenas para desqualificar o candidato. Contando o milagre, sem citar os santos, lembro que no meu projeto, defendia a posição de dois antropólogos norte-americanos, Sidney W. Mintz e Richard Price, que haviam estudado, exatamente, a cultura do Suriname e, em especial, o grupo étnico afro-americano naquele país. Afinal, o objeto da tese a que me propunha era os judeus portugueses do Caribe e estes não poderiam ser analisados sem se considerar o contexto, no qual as suas relações, como proprietários de "plantations", com os escravos afro-americanos eram mais do que evidentes. E, diria mesmo, algumas teses dos dois antropólogos válidas para os afrodescendentes, poderiam, flexibilizadas, servir para orientar o grupo social que eu pretendia estudar, a saber: ex-cristãos novos portugueses, retornados ao Judaísmo em Amsterdam e despachados para as colônias no Caribe. Diziam eles:

> Nenhum grupo, por mais bem equipado que esteja, ou por mais que seja sua liberdade de escolha, é capaz de transferir de um local para outro, intactos, o seu estilo de vida e as crenças e valores que lhe são concomitantes. As con-

dições dessa transposição, bem como as características do meio humano e material que a acolhe, restringem, inevitavelmente, a variedade e a força das transposições eficazes.[10]

Foi, para mim, uma surpresa a intervenção de um dos participantes da banca, contestando de forma até "pueril" aquela afirmação. E não posso deixar de revelar minha alegria enrustida ao ouvir a reação do presidente da banca. E, pasmem, por trás de pseudo-questão teórica, havia, como logo ficou claro, "uma questão pessoal".

Aquela batalha eu venci, com a ajuda do orientador. Apesar que a "guerra" não era dirigida a mim, o alvo era outro, era eu quem acabaria sendo sacrificado. Um segundo capítulo desta mesma batalha, ocorreu logo após o anúncio da classificação dos candidatos e a obtenção de bolsas. Na época, Vainfas era o coordenador do PPGH-UFF e, pelo que me entendo, havia acertado previamente os critérios de concessão de bolsas. Assim, poderia viajar seguro que tudo estava combinado com os demais professores. E quando retornou, para sua surpresa, os critérios não foram seguidos, prejudicando seus orientandos e beneficiando os dos demais, sem consideração por questões de mérito. Pasmem, o critério passou a ser por ordem alfabética. Emoções e mais emoções e todo uma lógica a ser refeita, estabelecendo-se os critérios anteriormente aprovados. A guerra continuou, ainda, por algum tempo. Na escolha dos bolsistas "sanduíche" e, ainda na volta ao Brasil. Não pretendo alongar-me nestas questões menos importantes. O objetivo é apenas mostrar, através do meu testemunho casual e quase irrelevante, as turbulentas emoções que os professores nas universidades enfrentam e, no caso, o labirinto de vaidades onde o orientador tinha que driblar as armadilhas para sobreviver e realizar seu projeto.

A questão da identidade

Mas, se por um lado, Vainfas me falava do alto de sua experiência e lançava um olhar àqueles judeus novos, segundo a expressão cunhada por Yosef Kaplan,[11] a partir de suas "navegações" pelo mundos dos cristãos-novos e marranos, eu contestava, por outro, pois tinha uma percepção oposta: a de que se tratavam de judeus que, um dia, eles foram e que, agora, no exílio, voltavam a ser. Difícil é demarcar até onde aqueles "verdadeiros" aventureiros no Caribe eram produto de

---

10 MINTZ, Sidney W. & PRICE, Richard. *O nascimento da cultura afro-americana: uma perspectiva antropológica*. Rio de Janeiro: Pallas, 2003, p. 19.
11 KAPLAN, Yosef. *Judios nuevos en Amsterdam. Estudo sobre la historia social e intelectual del judaísmo sefardi en el siglo XVII*. Barcelona: Gedisa, 1996.

uma ou outra cultura, meio, memória. Neste sentido, a questão da portugalidade esteve sempre presente como fundamento da identidade daqueles judeus, mais do que o sentimento de pertinência milenar a uma etnia ou religião estranha (?) à Península Ibérica. Acho que meu estimado orientador sempre admitiu, embora não chegasse a expressar claramente para mim, que a identidade daqueles judeus novos era tão complexa quanto aos dos seus marranos por ele estudados. E isso eu viria confirmar com mais nitidez a partir da pesquisa em fontes primárias, quando além da memória cristã-nova e a catarse com a ancestralidade judaica, ora revivida no "exílio de boa memória", estes judeus novos eram, também, produto de sua época mercantilista, de seus novos ambientes marcados pela Reforma protestante e pelo antagonismo de novas potências europeias. Mas, acima de tudo, pelas redes nos quais estavam inseridos, redes familiares, comerciais e comunitárias. Lá estavam os contextos, de que me falava o orientador, que definiam os protagonistas anônimos da História.

Essa questão da portugalidade dos judeus sefarditas ocidentais era a única que me restava para justificar, na atual realidade brasileira, um investimento desta ordem. Pois, outra esperança que, ainda, mantinha, a de que, nos arquivos das comunidades judias caribenhas, hoje transladados para os Estados Unidos, Inglaterra e Holanda, pudesse encontrar uma pista de possíveis conexões entre aqueles judeus caribenhos e o norte do Brasil, ou, até mesmo, a Bahia, tão bem estudada, do ponto de vista dos cristãos novos por Anita Novinsky.[12] Em vão. Sai do Brasil com algumas pistas, como aquela do contato entre uma nau portuguesa, perseguida pelo corsário francês em 1759 e que acabou aportando no Suriname, onde foi recebida pela comunidade judeu-portuguesa que ali já existia há um século e meio. Contudo, a carência de recursos para embrenhar-me mais tempo nos arquivos disponíveis nos dois lados do Atlântico foi uma barreira, então, intransponível e, em consequência, não consegui aquele objetivo de detectar uma conexão, qualquer que fosse, entre os judeus do Caribe e os cristãos novos da colônia portuguesa. À exceção de dois casos que pareciam inicialmente promissores, mas que não resultaram em muita coisa. O da família Bernal, de três irmãos dispersos pelo exílio ocidental: um em Londres, outro em Curaçao e o terceiro, vivendo na Bahia de São Salvador.[13] O outro caso, é o

---

12 NOVINSKY, Anita. *Cristãos novos na Bahia*. São Paulo: Perspectiva/Ed. USP, 1972.
13 Documentação no American Jewish Archives dá conta de que o irmão de Londres, ao falecer, deixou parte da fortuna para seu parente na Bahia, desde que ele fosse assumir a herança em Londres. A fortuna acabou revertendo à sinagoga portuguesa de Londres.

da família Alvares Correia, de Curaçao, cujos descendentes, ainda hoje, insistem em afirmar sua consanguinidade com o nosso Caramurú (Diogo Alvares Correa), o que não ficou muito claramente comprovado. A portugalidade era, portanto, o grande trunfo da minha tese.

Um mergulho nos arquivos

Um dos trunfos que Ronaldo Vainfas me brindou para cumprir aquele "mandato" de pesquisador nos Estados Unidos foi a possibilidade de contar com um co-orientador lá. E ninguém menos do que o prestigiado professor Stuart Schwartz, brasilianista da Universidade de Yale. Nossas conversas foram extremamente úteis. Embora judeu, Schwartz é um especialista em Brasil Colonial e não em judeus portugueses no Caribe. Mais uma vez, com ele, tive que divergir sobre a questão da identidade do objeto da tese: não eram cristãos novos. O enfoque, tal como do meu orientador no Brasil, partia da condição exclusiva portuguesa.[14] Mas não posso deixar de relevar a contribuição do professor norte-americano no produto final.

E lá fui eu para a grande viagem da pesquisa. American Jewish Archives, Center for Jewish History, Newport Historical Society, University of Cincinnati, NYPL, Klaus Library at HUC, percorrendo alfarrábios, farrapos de informação como diria George Duby. A grande vantagem que tinha em relação a outros pesquisadores do mesmo objeto era que, ao contrário deles, eu dominava o idioma dos protagonistas objetos da tese e, mesmo com as dificuldades para decifrar textos manuscritos em portugues arcaico dos séculos XVII e XVIII, ainda assim a diferença representava uma grande vantagem. Muitos destes pesquisadores optavam por coletar documentação em espanhol ou holandês. Eles não dominavam o idioma do objeto que pesquisavam. Única exceção foi, por incrível que pareça, de um rabino turco, Isaac S. Emmanuel, que viveu no Rio de Janeiro por alguns anos como líder de uma sinagoga turca e que se dedicou ao levantamento de fontes primárias daqueles judeus portugueses do ele tinha a vantagem de conhecer o ladino – o espanhol falado pelos judeus sefarditas da época – e o portugues, que aprendera no Brasil. Mas, não dominava os critérios e a metodologia hoje consagrada nos estudos de História. Contudo, o levantamento de fontes primárias em Curaçao feito por ele é digno de reverência e foi extremamente útil na minha pesquisa. Se eu tinha alguns fatores a meu favor, ca-

---

14   STUDNICKI-GIZBERT, Daviken. *A Nation upon the ocean sea. Portugal`s Atlantic diaspora and the crisis of the Spanish Empire, 1492-1630.* Oxford Unversity Press, 2007.

recia de outros: nem todos os documentos ali estavam. Muita coisa ainda estava intacta em Amsterdam, Londres e, certamente, nos arquivos da Inquisição em Lisboa.

Voltando às questões identitárias dos cristãos novos, muito brilhantemente estudadas por Ronaldo Vainfas, Anita Novinsky e Angelo Assis[15] entre outros, a minha peregrinação no passado judeu-caribenho revelou um aspecto até então nem tanto valorizado. Aqueles judeus novos traziam certamente toda bagagem cultural e identitária de seu passado cristão-novo, de sua ambiência portuguesa (em menor escala, espanhola). Tanto assim que a língua oficial era o portugues (e não o espanhol) em todas as suas comunidades dessa diáspora atlântica; a boa memória da pátria a eles negada ficou patente não apenas nas suas cartas e lápides tumulares, mas nas ações. Dentre elas, destaca-se o já mencionado episódio da nau portuguesa que se dirigia a Belém.

Mas, naqueles anos dos séculos XVII e XVIII, novas realidades impunham-se como fator cultural decisivo: o ambiente calvinista das colônias holandesas, ou anglicano das colônias inglesas. Mais ainda, das relações estabelecidas com o "outro" que veio para as Américas. Refiro-me ao imigrante africano, com quem criaram intimidades, até quase-familiares, a partir da posição de proprietários de *plantations* com seus escravos. São características pouco usuais, se é que existiram, entre aqueles cristãos-novos de que tratam os nossos historiadores. As poucas casas grandes cristãs novas parecem que já não mais existiam durante o século XVIII brasileiro.

Além disso, a forma de organização daqueles judeus-novos no Caribe informa uma identidade não apenas diversa dos demais de 'Nação', como até dos demais judeus sefarditas (orientais) e *ashkenazitas* (judeus da Europa Oriental). Pois, seu *ethos* vinculava-se ao modo de vida, em complexas redes familiares, distribuídas pelos três continentes: Europa, principalmente Amsterdam, Londres e sul da França; norte da África, principalmente o Marrocos; e as Américas, primeiro as ilhas do Caribe e logo as colônias norte-americanas. Não eram, pois pequenos artesãos ou mascates que compunha a maioria dos exilados no norte da África ou, mesmo, na grande parte do Império Otomano para onde muitos se refugiaram.

Acopladas às redes familiares, sobrepunham-se redes comerciais que, em alguns casos, como a de Aaron Lopes, incluíam, não somente o Caribe, mas o Atlântico norte e até o Mediterrâneo. Diria mesmo serem os precursores no hemisfério das hoje conhecidas *trading companies*. Seus raios de ação alcançavam os portos regionais e os do outro lado do oceano. Iam até os confins da Terra Santa. E, finalmente,

---

15 ASSIS, Angelo Adriano Faria de. *Macabéias da Colônia*. São Paulo: Alameda, 2012.

as redes comunitárias que davam suporte, legitimidade e credibilidade às anteriores. Três redes que se complementavam, cada qual com uma função específica, e que conferiam àquele grupo uma conotação diferenciada.

É claro que ocorriam situações singulares, talvez jamais imaginadas pelos nossos pesquisadores do mundo marrano. Refiro-me aos piratas judeus, casos isolados, como o de Brasiliano, oriundo do Recife, no início do século XVIII, que espalhou horror nas pequenas povoações das ilhas caribenhas e que tinha base na Jamaica. Ou, ainda, o de "nação" Bartolomé Português.[16] Casos a serem mais bem estudados, como estratégias individuais de ação e reação contra uma realidade opressiva. Sem falar em Gabriel Milan, judeu converso, que foi governador por dois anos ilha dinamarquesa de St. Thomas. Pérolas de informação, desconhecidas, certamente, de nossos historiadores e que, quiçá um dia, terão seu lugar de protagonistas anônimos.

Tenho certeza que Ronaldo Vainfas imaginava tudo isso, mas desconhecia a existência de tantas peculiaridades entre aqueles ex-cristãos novos, judeus novos, que participaram da colonização do Caribe por suas metrópoles, como despachados pelas comunidades mães e que, em pouco tempo, foram patronos e patrocinadores de novas comunidades, especialmente aquelas das colônias inglesas do Norte. Os negócios desenvolvidos por eles, as transações financeiras, como remessas de divisas por emissão de letras de câmbio, ou abastecimento de comunidades irmãs com produtos da dieta judaica (kasher). Ou, ainda, as *responsas* sobre procedimentos rituais mais acertados e o trânsito interatlântico de rabinos.

Como um historiador habituado à documentação recorrente dos familiares da Inquisição, dos artifícios para driblar as denunciações, relatos da clandestinidade, do hibridismo dos costumes, poderia imaginar que aqueles ex-cristãos novos fossem, naquele tempo, senhores de engenho, com suas famílias brancas e sua progênese negra? Esse encontro de dois "outros" no Caribe, singular em suas configurações (apenas similitudes ocorreram nas colônias americanas, ou na Antiguidade) revela uma outra face daqueles ex-marranos, inteiramente diversa de seus pares de "nação" que vieram para o Brasil, ou, ainda, aqueles que eventualmente fugiram para o norte da África.

Ciente da linha de pesquisa adotada de há muito pelo PPGH-UFF, a história social, e, no caso específico, a micro-história, tentei seguir as lições do mestre Vainfas na reconstituição (reinvenção?) daqueles judeus caribenhos, tornando-nos mais

---

16   DE NACION, Frances. *Piratas de América*. Amsterdam, 1681. Nele o autor cita D. Miguel de Barrios comentando sobre tais piratas.

próximos daqueles sujeitos históricos que viveram há três séculos. Minha intenção era, exatamente, destrinchar aquela "teia social concreta onde os atores se movem, exercendo múltiplos papéis sociais e individuais".[17] Indivíduos que pertenciam a duas coletividades – uma judaica, outra branca – e que exerciam papéis diferenciados, ora como discriminados, ora como potentados. Súditos dos poderes coloniais e, ao mesmo tempo, senhores de escravos, de engenho e grandes comerciantes.

Na análise microscópica de que fala Ronaldo Vainfas em seus ensinamentos, realçam os personagens centrais das redes familiares e das redes comerciais. Tentei seguir, na medida do possível, as noções metodológicas sinalizadas pelo orientador, conferindo importância aos sentimentos de pertencimento daqueles protagonistas, seja como inserido num grupo social marcadamente étnico-religioso, seja como integrante de uma categoria social articulada no contexto maior da sociedade local ou no âmbito de suas categorias de ofício. Isto, ainda seguindo a mesma receita, sem descuidar de suas sociabilidades e afetos.

Assim, os personagens da narrativa histórica consideravam-se judeus, "gente de Nação", acima de tudo, portugueses e sefarditas (oriundos da Península Ibérica), comerciantes, proprietários de *plantations*, mas gente com sentimentos variados: ora agindo como qualquer branco dominador na sociedade escravagista, ora associando-se aos seus dominados. Não foram poucos os que perseguiram os quilombolas, por lá denominados *marroons*, como qualquer colono branco; mas não raro, também, foram acusados de conspirar com os escravos, seja por motivos comerciais, seja por motivação cultural em relação aos escravos. Não se pode esquecer que estes *sefarditas* estavam impregnados de um forte sentimento messiânico, o que implicava, também, num cumprimento dos mandamentos da Torah (Pentateuco), especialmente no que se refere ao trato dos escravos. O que não quer dizer que fossem "magnânimos" com sua escravaria.[18] Um aspecto diferenciado desta realidade complexa do mundo colonial caribenho foram as relações afetivas interétnicas e suas repercussões no quadro formal de suas famílias.

O contexto no qual os atores determinam suas escolhas. Essa é uma expressão definitiva. Pois, foram muitas as escolhas, algumas contraditórias, mas coerentes

---

17 VAINFAS, Ronaldo. *Os protagonistas anônimos da História: micro-história.* Rio de Janeiro: Campus, 2002, p.117.

18 Aqueles judeus mantinham-se muito bem informados dos desenvolvimentos místicos das comunidades da Turquia e da Palestina e demonstravam sua crença no Messias nas lápides de seus túmulos. Alguns, inclusive, chegaram a viajar para Jerusalém para receber o tão anunciado Messias, Shabetai Tzvi, logo desmascarado (século XVII).

com os diferentes papéis exercidos por aqueles personagens. Exemplo mais flagrante: ao mesmo tempo em que reivindicavam seus direitos naquela sociedade colonial, eles os negavam aos escravos e aos correligionários asquenazitas (judeus oriundos da Europa Oriental). E, ao mesmo tempo em que pregavam a família, mantinham relações extra-familiares-conjugais com suas escravas. E seus filhos, mestiços, eram incorporados, não à família, mas aos negócios e assumiam o patrimônio, ao menos em parte, a ser herdado. No Suriname chegaram a constituir uma comunidade própria, com assento discriminado nas sinagogas, o *Darhei Iesharim*. É claro que há semelhança com os demais "de Nação", mas já não são os mesmos. Houve uma progressão nas suas identidades.

Não sei se consegui, com esta pesquisa, chegar onde a micro-história, vista pelo meu orientador, nos aponta. Mas, creio, que o trabalho está aí para um desdobramento da pesquisa. Nesses mesmos 15 anos, desde que dei uma verdadeira guinada em minha vida, voltando-me do jornalismo econômico para a História Social, a professora Keila Grinberg desenvolveu estudos muito qualificados sobre a presença de afrodescendentes no Brasil, sobre a escravidão, sempre vista de diferentes ângulos. Tenho certeza de que meu esforço, assistido pelo mestre, poderá se constituir numa contribuição ao estudo dos escravos africanos nas Américas, as diferenças e semelhanças entre as duas formas de colonização, a latina, portuguesa e espanhola, e inglesa e holandesa.

Como seria de se esperar, concluo este pequeno texto, socorrendo-me da tradição milenar de nossos antepassados para ilustrar minha reverência a Ronaldo Vainfas. Dizia rabi Gamliel: "arranja-te um mestre" e assim o fiz. E Ieoshua ben Levi dizia: "Quem aprende de seu companheiro um capítulo ou um parágrafo, ou um versículo, uma palavra, ou mesmo uma letra, tem a obrigação de tratá-lo com honra". E assim o faço.[19]

---

19 Tratado Pirkei Avot (Talmud). Cap. 1:17 e cap. 5:3.

América colonial diante do olhar: propostas para um ensino de história com imagens

Jorge Victor de Araújo Souza

> *No entanto, devo dizer que, considerada historicamente, a idolatria foi mais do que aquilo que nela viram os europeus.*[1]

É UMA HONRA PARTICIPAR desta coletânea em homenagem ao professor Ronaldo Vainfas. Seus ensinamentos estão em salas de aula de todo o país. Foram inúmeros os estudantes que nessas quatro décadas de ofício o mestre ajudou a formar e que hoje são professores. São diversas as publicações de sua autoria que todos os alunos de história têm contato. Além disso, são muitos os seus artigos de divulgação e livros didáticos e paradidáticos. É bem sabido que a obra de Ronaldo consegue aliar o rigor da pesquisa a uma escrita impecável, clara, atraente e, porque não, divertida. Portanto, colabora com algo fundamental para a educação: torna a história brasileira mais prazerosa, aumentando sua divulgação e instigando novas pesquisas. Seu legado é copioso.

Este artigo, de divulgação, parte de minha experiência docente e faz uso de reflexões de uma pesquisa que desenvolvo sobre as relações entre imagens coloniais e ensino de história das Américas. O texto em questão toca em pontos de interesse de

---

1 VAINFAS, Ronaldo. *A heresia dos índios: catolicismo e rebeldia no Brasil colonial*. São Paulo: Companhia das Letras, 2005, p. 31.

Ronaldo, mormente a ênfase dada a história cultural da América em um espaço da mais alta importância: a sala de aula.

Imagens sobrevivem

No ano de 1998, Circe Bittencourt escreveu sobre a relação entre livros didáticos e a didática das imagens:

> Embora a introdução de gravuras e mapas no ensino de história, há cerca de um século, e a multiplicação de imagens apresentadas atualmente como material didático demonstrem a importância desse recurso na cultura histórica escolar, a reflexão sobre o papel que efetivamente desempenham no processo de ensino e aprendizagem é escassa.[2]

Em quase vinte anos, o que mudou nesse quadro? Ao considerar o ensino do período colonial, acreditamos que pouca coisa. Em que pese a história da América colonial ter espaço em reflexões sobre ensino-aprendizagem, creio que é preciso realizar propostas para o uso de imagens nesta área. Há um bom artigo que trata dos usos das imagens em livros didáticos e filmes para o ensino de história da América, sem no entanto incluir ações propositivas.[3] Nesse sentido, minha colaboração visa trazer ao professor, sobretudo do ensino médio, possibilidades didáticas ao elencar imagens sobre a América e seus habitantes e ao dialogar com alguns estudos que usaram fontes imagéticas.

Esse artigo é uma das muitas pontes que pretendo lançar entre a produção acadêmica e a prática docente no ensino básico. Pontes formadas por provocações e reflexões. Não são métodos ou modelos, antes de tudo são propostas que podem servir como estímulo para os docentes e aos que estão em formação. Em minha prática como professor e em conversas com ex-alunos que hoje são professores no ensino médio, percebi a necessidade dos formandos em história terem contato com autores que trataram dos usos das imagens. Não abordarei todos. Não há espaço para tal. No entanto, lanço mão, entre outros, das reflexões de Aby Warburg e do filósofo francês Georges Didi-Huberman, para quem: "A imagem faz mais que estender a mão. Ela segura a nossa e depois nos puxa – aspira-nos, devora-nos – inteiros, no movimen-

---

[2] BITTENCOURT, Circe. Livros didáticos entre textos e imagens. In: BITTENCOURT, Circe. *O saber histórico na sala de aula*. São Paulo: Contexto, 1998, p. 70.

[3] ZUNDT, Maria Dolores. Imagens da América no ensino de história: livros didáticos, filmes e Cia. *Projeto História*. São Paulo. Vol. 24 , 2002.

to "mágico" e "misterioso" da atração empática e da incorporação".[4] Esta afirmação sugere, em parte, o porquê das imagens fascinarem. Elas são, portanto, ótimos dispositivos para o ensino, como pretendo demonstrar.

A história da América em particular pode trazer questionamentos instigantes sobre o uso de imagens no ensino porque a descoberta do Novo Mundo forçou um deslocamento do olhar na época moderna, e com isso operou um reposicionamento epistemológico. Mas não só. O que não é pouco. Como bem demonstrou o historiador Serge Gruzinski, durante a conquista e colonização do Novo Mundo foi empreendida uma verdadeira "guerra de imagens".[5] Momento em que europeus impuseram códigos imagéticos na tentativa de colonização do imaginário ameríndio. Não realizaram isso sem precisar se envolver em uma série de negociações e inclusive incorporar a imagética ameríndia, afinal os nativos não constituíam tabulas rasas como se acreditava.[6] Essa ideia de uma "guerra de imagens" pode bem servir para apresentar aos estudantes uma estratégia de colonização que não passa pelas já comumente abordadas, assim como serve para problematizar as formas de resistência ameríndia para além do uso da força física. Esse uso das imagens é relevante por demonstrar a existência de uma lógica ameríndia, pois Gruzinski apresenta a farta as apropriações imagéticas que foram efetuadas pelos nativos. A expansão ultramarina possibilitou a ampliação de um mundo imagético em diversos sentidos.

No tempo das descobertas, houve uma abertura do mundo como afirmou Bartolomé Benassar.[7] A América legou aos europeus não só riquezas na exploração empreendida, mas novidades que maravilharam os olhares. Para uma ideia do quão fantástico foi a sensação de ver coisas inteiramente novas, evoco a figura do gravador germânico Albert Dürer (1471-1528) que narrou seu encontro na Europa com objetos enviados do Novo Mundo:

> Vi também as coisas que foram trazidas ao Rei da nova terra dourada: um sol todo de ouro da largura de uma braça, do mesmo tipo também uma lua toda de prata, também bem grande, também duas câmaras cheias de

---

[4] DIDI-HUBERMAN. Georges. *A imagem sobrevivente. História da arte e tempo dos fantasmas segundo Aby Warburg*. Rio de Janeiro: Contraponto, 2013, p. 352.
[5] GRUZINSKI, Serge. *A guerra das imagens. De Cristóvão Colombo a Blade Runner (1492-2019)*. São Paulo: Companhia das Letras, 2006.
[6] Sobre a circularidade cultural e lógicas ameríndias na formação de cosmogonias próprias, ver: VAINFAS, *Op.cit*.
[7] BENASSAR, Bartolomé. Dos mundos fechados à abertura do mundo. NOVAES, Adauto (Org.). *A descoberta do homem e do mundo*. São Paulo: Companhia das Letras, 1998, p. 83-93.

> armamentos do mesmo tipo, também todo tipo de arma deles, armaduras, escudos maravilhosos, vestimentas estranhas, roupas de cama e todos os tipos de coisas maravilhosas de uso variado que lá são muito mais belas de se ver do que coisas prodigiosas. Essas coisas foram tão sofisticadas que se pode avaliá-las em cem mil guldens. E eu em todos os meus dias de vida nunca vi algo que trouxesse tanto deleite ao meu coração como essas coisas, e me surpreendi sobre a *ingenia* sutil das pessoas nas terras estranhas. E eu não sei expressar as coisas que eu tive ali.[8]

Dürer tinha habilidade artística para representar sentimentos e sensações as mais variadas possíveis, como o fez em sua famosa gravura "Melancolia", no entanto as coisas do Novo Mundo o fizeram ficar admirado ao ponto de afirmar que não sabia expressar o que via. Maravilhamento, encantamento, palavras que podem expressar a impressão de Dürer.

Alguns gravadores e pintores europeus traduziram o que viram através de seus buris e pincéis, mas de que forma o que produziram pode nos servir na construção do conhecimento histórico em sala de aula? Creio que um ponto crucial é o cruzamento de diversas possibilidades de reflexão em uma rede interdisciplinar que concatene diversos saberes e fontes das mais variadas origens, incluindo as presentes em bancos de dados digitalizados, em uma verdadeira "montagem". Todavia, seria ingênuo pensar que poderíamos olhar com os mesmos olhos de Dürer.

Como imagens sobreviventes elas não fazem sentido de forma isolada, mas apenas se levarmos em consideração suas relações em um verdadeiro emaranhado. Seguir o percurso destas imagens é se embrenhar em um labirinto de referências. Por exemplo, como demonstrou Ronald Raminelli, a imagem do índio cunhada pelo europeu tinha uma matriz morfológica vinculada a antiguidade clássica, nos gestos, posturas, poses.[9] Então é preciso desnaturalizar o olhar para essas imagens. Não basta em aulas ou em materiais didáticos usá-las como meras ilustrações dos habitantes do Novo Mundo. É preciso, sobretudo, entender suas condições de produção. Só assim é possível pensar imagens como objetos dotados de historicidade e agenciamento, fruto de uma representação europeia que não é de forma alguma ingênua ou comprometida com certa fidelidade da descrição.

---

8   APUD KIENING, Christian. *O sujeito selvagem*. Pequena poética do Novo Mundo. São Paulo: EDUSP, 2014, p. 190.
9   RAMINELLI, Ronald. *Imagens da colonização: a representação do Índio de Caminha a Vieira*. Rio de Janeiro: Jorge Zahar, 1996.

Imagens do Novo Mundo

Descrição de novos territórios foi operação de traduzir em palavras e desenhos o que se estava vendo. Colombo, assim como Caminha, tinha intenção de que seus leitores tivessem a experiência de ver aquilo que descrevia com minúcia, mas claro que com as devidas limitações de tal prática. Não tardou muito para que inúmeros cartógrafos colocassem o Novo Mundo em papel. O mesmo esforço de representação foi empreendido por pintores e gravadores. Em suma, a América chegou à Europa em diversos suportes. As imagens sobreviveram e inclusive cooperaram naquilo que Edmundo O'Gorman considerou como a invenção de um continente.[10] Na operação de conquista, o olhar foi fundamental. Conhecimento e conquista andaram de mãos dadas como bem explicitou Mary Louise Pratt. Ela tratou não somente da América, mas também do continente africano, apontando similaridades nas experiências empreendidas. De acordo com Pratt:

> a descolonização do conhecimento inclui a tarefa de chegar a compreender os caminhos pelos quais o Ocidente (a) constrói seu conhecimento do mundo, alinhado às suas ambições econômicas e políticas, e (b) subjuga e absorve os conhecimentos e as capacidades de produção de conhecimento de outros.[11]

Nesse sentido, para o entendimento da construção de conhecimentos históricos em sala de aula, acredito que as imagens são bastante reveladoras das relações estabelecidas entre a Europa e os seus domínios. Elas expõem de forma muito clara a gama de expectativas dos agentes europeus em ação na conquista e colonização. Acredito que a imagem que estampa o frontispício da obra de Francesco Redi (1675) pode ser usada em aula para reflexão dos alunos a respeito das posições hierárquicas dos representantes dos continentes.

---

10 O'GORMAN, Edmundo. *A invenção da América*. São Paulo: UNESP, 1992.
11 PRATT, Mary Louise. *Os olhos do império*: relatos de viagem e transculturação. Bauru: EDUSC, 1999, p. 15.

REDI, Francesco. *Experimenta Naturalia*. Amsterdam, 1675.

A índia representada oferecendo uma pedra a figura feminina majestaticamente sentada a frente de uma mesa repleta de objetos das ciências é portanto um contraste entre o "selvagem domesticado" e a civilização exposta em significado com aquilo que cada vez mais será aspecto reforçador de sua forjada posição de superioridade – o conhecimento sistematizado, ordenado, enfim, como instrumento de dominação. A reflexão com o aluno parte justamente do princípio de reconhecimento das posições sociais de ambas as representações femininas. Apesar do olhar de cumplicidade que as duas trocam e que as liga, a situação é de assimetria por conta do gesto de subserviência inscrito no corpo da ameríndia e no fato de estar em degrau mais abaixo da ciência. A índia é a fornecedora de matéria-prima para compilação e elaboração de conhecimento por parte da ciência europeia. Essa visão ocidental pode ser apresentada ao aluno para o entendimento das posições esperadas pelos europeus em seu processo de posse do Novo Mundo. Essa imagem terá seu sentido ampliado ao ser relacionada com centenas de outras que trazem a América de forma alegórica, e até mesmo com imagens recentes que remetam a biopirataria, trazendo uma reflexão sobre a importância do destino do que hoje se denomina "recursos naturais".

Além disso, a citada gravura expõe algo importante e pouco discutido em sala de aula quando se trata da conquista e posterior colonização da América – a importância que os europeus deram a natureza que podia ser transformada em conhecimento. Tal fato só é relacionado aos viajantes do século XVIII, os denominados "naturalistas". Então a imagem em tela aponta que o interesse nas "coisas da natureza" é bem anterior a tais empreitadas setecentistas. Tal imagem também abre possibilidade do professor dialogar com outras disciplinas, como a biologia, demonstrando relações entre interesse classificatório e poder sobre determinadas regiões exploradas pelos europeus.

Saindo da imagem em questão, mas por falar em interdispinaridade, outra disciplina que pode estreitar relação das reflexões sobre imagens do Novo Mundo é a geografia. Verdade que a cartografia sobre os novos domínios europeus é fonte riquíssima para a história que se dedica a representação de domínios, porque mapas apontam para processos de construção e invenção de territórios e testemunham as tensões das diversas partes interessadas na melhor definição territorial. Algo fundamental no ensino é desnaturalizar a própria concepção de mundo, refletindo sobre a natureza inventiva que acabou forjando-o tal como é representado hoje em mapas e globos. A descoberta da América e a posterior operação que se deu para sua representação cartográfica pode muito bem servir a este propósito.

Cotejando diversos mapas é possível observar tais tensões e concorrências. No Brasil, a historiadora Júnia Furtado pesquisou os mapas como importantes documentos, frutos de complexas redes que envolviam cartógrafos a serviço das mais variadas coroas[12]. Em aula, os mapas podem ser usados para reflexão sobre as ciências em torno de suas produções. O professor pode partir dos saberes que eram necessários para a confecção deste instrumento de orientação. Em um tempo que, de casa, o aluno consegue, com apenas um clique, alcançar os locais mais recônditos do planeta, será grande o estranhamento ao se deparar com métodos de medição usados pelos geógrafos e matemáticos que trabalharam no conhecimento e registro das terras da América colonial. Em projeto junto aos professores de matemática e geografia pode-se tentar aplicar tais métodos em uma determinada área perto da escola. Dessa forma, o estudante poderá ter dimensão dos desafios enfrentados por

---

12 FURTADO, Júnia. *Oráculos da geografia iluminista*. Belo Horizonte: Editora UFMG, 2012.

aqueles que foram responsáveis pelas primeiras representações do espaço em que vive. Experiência que sem dúvida contribuirá para desnaturalizar determinada percepção espacial que apresenta um modelo de mundo acabado, pronto para ser visualizado e entendido como algo dado sem conflitos e esforços.

Os mapas coloniais são repletos de alegorias que fazem parte significativa de toda a representação. Elas não só ornamentam os mesmos, como também expõem intencionalidades, imaginários e expectativas. O conjunto representacional apresenta ao estudante a importância da criatividade, mesmo em um instrumento que primava pelo esforço científico em sua feitura. Em mapas, conviviam seres sobrenaturais e instrumentos científicos, portanto é possível refletir sobre como um pensamento cada vez mais racionalizante e matematizado não afastou por completo crenças que estavam arraigadas no imaginário. Relativiza-se, pois, uma visão presente nos livros didáticos que aposta constantemente em uma dessacralização e desmistificação do mundo pós-renascentista. A descoberta do Novo Mundo não dizimou antigos monstros, ao contrário, aumentou muito a crença neles.

Imagens das sociedades

Por meio de imagens é possível a visualização do corpo social de determinado período. Mas é preciso cautela, pois como nos alerta Peter Burke: "Por um lado, então, historiadores sociais precisam estar conscientes da sugestiva linguagem satírica de imagens. Por outro lado, eles não podem esquecer da possibilidade de idealização".[13]

Na colonização do Novo Mundo houve esforço dos europeus em incutir aos ameríndios as noções de hierarquia social do antigo regime. Nesse sentido, estampas de árvores eram usadas como alegoria, onde vários estratos eram representados como galhos e ramos. Na *Rhetorica Christiana* de Diego Valadés (1579) há exemplares deste "recurso didático", indicando a importância dada pelos europeus, sobretudo religiosos, em enquadrar os ameríndios como súditos de uma majestade distante.[14]

No caso específico da América hispânica há uma instigante representação que tentava abarcar os componentes da sociedade em formação: pinturas de castas. Em tais pinturas eram representadas as "misturas" interétnicas e seus resultados, tudo com

---

13 BURKE, Peter. *Testemunha ocular: história e imagem*. Bauru/SP: EDUSC, 2003, p. 144.
14 CAÑIZARES-ESGUERRA, Jorge. *Como escrever a história do Novo Mundo. Histórias, epistemologias e identidades no Mundo Atlântico do século XVIII*. São Paulo: EDUSP, 2011, p. 320.

legendas que tentavam deixar mais explícita a situação visualizada. "De español y mestiza, castiza" diz uma das legendas. Isto é claramente uma idealização da sociedade.

Não há tal tipo de pintura na América portuguesa ou inglesa. Falta de preocupação com classificações? Escassez de pintores habilidosos? Sociedades menos mestiças? Essa idealização das pinturas de castas demonstra a preocupação com classificações em uma sociedade assolada pela questão da "pureza de sangue". São visões de expectativas e valores sociais que expõe comportamentos atribuídos aos diferentes membros das comunidades, gostos dos grupos, relações sociais, espaços de sociabilidade, preconceitos, enfim, uma miríade de questões que podem servir para reflexão em sala de aula. Além, é claro, da própria forma de apresentação das pinturas que aponta uma solução interessante e original para abarcar as mais variadas etnias. A disposição dos pequenos quadros dentro das pinturas tem sentido hierarquizante. Não é fruto de inocente escolha. Quem as produziu? Com quais intenções? Onde eram expostas, antes de pertencerem aos acervos de museus? São perguntas significativas para a reflexão que leva em conta o agenciamento das imagens. As pinturas de castas não são os únicos documentos imagéticos da sociedade hispano-americana. Alguns estão em suportes bem inusitados e podem demonstrar aos alunos o quanto objetos do cotidiano eram apropriados para apresentação de certos estratos sociais. Cortejos de nobres eram comumente pintados em biombos, objetos do oriente. Estes elementos de ornamentação e divisão de espaços caíram no gosto da nobreza hispânica presente na América. Então o próprio suporte da representação leva a refletir sobre o "processo de mundialização", então em voga no período em questão.

E as sociedades ameríndias? Como eram representadas imageticamente? Em 1955, Jacques Soustelle publicou *La vie quotidienne des Aztèques*, estudo repleto de imagens de códices como o Florentino e de achados arqueológicos. Soustelle demonstra a importância das imagens, não só de complexos rituais ameríndios, mas também das mais ordinárias tarefas executadas.[15] No mesmo ano, o antropólogo Franz Boas lançou seu *Primitive Art*, uma grande comparação entre as produções visuais em diversas localidades, incluindo as Américas.[16] Tanto Soustelle quanto Boas, acabaram por expor algo fundamental ao estudo de sociedades pré-colombianas – a cultura material: instrumentos musicais, vestimentas, armas, instrumentos de traba-

---

15 SOUSTELLE, Jacques. *La vida cotidiana de los Aztecas em vísperas de la conquista*. Mexico: FCE, 2010.
16 BOAS, Franz. *Arte primitiva*. Petrópolis; Editora Vozes, 2014.

lho, utensílios diversos. Mas não podemos nos esquecer de que os códices não são uma janela direta para as culturas pré-colombianas. É necessário entende-los como produtos de certa seletividade que contou inclusive com processos de interpolação na construção narrativa.

Os lugares das imagens

Obviamente os livros didáticos acabam se tornando a principal fonte de imagens para usos de professores e alunos. Entretanto, é preciso refletir sobre as formas como essas imagens são apresentadas. São meras ilustrações? Possuem legendas que as situem? É muito comum o uso de imagens em livros didáticos que foram produzidas no século XIX, usadas como ilustrações de situações dos séculos anteriores, e que não são devidamente identificadas com legenda, levando a um erro que fica incrustado na memória. É o caso, que todo estudante lembra, de "A Primeira Missa no Brasil", pintura feita por Victor Meirelles em 1861, mas comumente usada para ilustrar a parte em que o livro didático trata das descobertas e dos primeiros contatos entre europeus e índios. Nada errado em usá-la associada a período colonial, mas desde que devidamente sejam realizadas as referências necessárias. Aí se pode perceber o que disse o historiador da arte Jorge Coli: "A descoberta do Brasil foi uma invenção do século XIX. Ela resultou das solicitações feitas pelo romantismo nascente e pelo projeto de construção nacional que se combinavam então".[17] A tela faz referência ao século XVI, mas sob ótica do XIX.

As imagens que nos interessam não ficam restritas aos livros didáticos. Claro que outros livros podem ser usados pelo professor. No entanto, uma ferramenta formidável para seleção imagética são os bancos digitalizados, pela facilidade do acesso, pela confiabilidade das informações contidas (pelo menos os bancos de instituições renomadas), pela possibilidade de reprodução das mesmas, pela qualidade da visualização e ferramentas de busca. Nesse sentido, para o ensino do tema que aqui estamos abordando, o banco de dados da *The John Carter Brown Library* é extremamente útil. O *Archive of Early American Images*, no momento, possui mais de 2500 imagens com entrada em *Spanish America*, abarcando do século XV ao XIX.[18] Ao lado esquerdo de cada imagem há uma descrição detalhada e estão, entre outras

---

17 COLI, Jorge. Primeira missa e invenção da descoberta. NOVAES, Adauto (Org.). *A descoberta do homem e do mundo*. São Paulo: Companhia das Letras, 1998, p. 107.

18 Disponível em: http://jcb.lunaimaging.com/luna/servlet/JCB~1~1. Acesso em 05 de março de 2016, às 15:31h.

coisas, dimensões, procedência, técnica, data, artistas. É possível investigar imagens como as de Theodore de Bry, que vão além das contidas em livros didáticos que somente enfatizam a antropofagia.

O tema da dádiva esteve presente em praticamente todas as repúblicas e monarquias europeias que mantiveram contato com a América. De Bry também gravou as descrições feitas pelos franceses que exploraram a Florida em 1564. É muito provável que o belga tenha se baseado nas aquarelas produzidas por Jacques Le Moyne de Morques, que acompanhou a expedição de René Goulaine Ladonnière (1529-1574) a região. Na gravura que faz parte das *Grandes viagens*, publicação de 1591, há um índio de proporção bem maior que Ladonniére e seus soldados. Trata-se de Athore, filho de um líder local, que com um gesto da mão direita, apresenta aos franceses a cerimônia que transcorre em frente a um monumento decorado com guirlandas e com as armas da França. Este marco fora deixado anos antes pelos huguenotes Jean Ribault e René Goulaine que travaram os primeiros contatos com os Timucua. No solo, o espaço entre os índios ajoelhados com as mãos para o alto e os franceses está repleto de ofertas de víveres e artefatos. Trata-se, sem dúvida, de uma cerimônia de oferta aos europeus. De forma distinta das gravuras representando as ofertas aos espanhóis, há nesta imagem uma dupla representação da Europa com a presença de um monumento que ostenta a flor de lis. Há uma ênfase na prática cerimonial que se coaduna com as conclusões da historiadora Patrícia Seed a respeito das cerimônias de posse no Novo Mundo.[19] De acordo com ela, os franceses se diferenciaram dos ingleses, espanhóis, holandeses e portugueses, por efetivarem cerimônias como estratégia de legitimação de posse. Seed destaca que o obelisco foi pela primeira vez usado politicamente na França, em 1549 em uma entrada feita pelo rei em Paris. Embora, como destaca, para os índios o significado fosse o de adoração a um ídolo.

É necessário, no caso da produção de De Bry, o entendimento das gravuras enquanto integrantes de uma grande coleção. Em outra cerimônia dos timucuas é perceptível a distinção nas formas de representação. Na imagem do agradecimento por boas colheitas, a pele de um veado está preenchida por leguminosas e é ostentada em um mastro no meio de uma clareira onde, ao redor, índios de joelhos estendem os braços para o animal que por sua vez é banhado pela luz do sol. É possível que os índios adorassem o obelisco francês da mesma maneira como o faziam com o veado na primavera. Entretanto, e isto é significativo para o campo das representações,

---

19   SEED, Patricia. *Cerimônias de posse na conquista europeia do Novo Mundo (1492-1640)*. Cambridge: Editora UNESP, 1999.

as gravuras de Bry, colocam os europeus em posições distintas. Se na primeira eles estão frente aos nativos e são interligados a eles pelas ofertas no chão e pelo obelisco, na segunda não há vinculação alguma, pois são meros espectadores. Portanto, tal estampa, valorizando uma cerimônia de índios oferecendo víveres ao símbolo europeu, buscava sim ressaltar o sentido de "harmonia" no contato e na conquista.

Observe os detalhes

Acreditamos que tanto para a pesquisa quanto para o ensino de história em sala de aula, o essencial quando se trata do uso de representações imagéticas é realmente partir das imagens. Pode parecer uma sugestão prosaica, mas não o é, pois em muitos estudos recentes, que pretendem abordar imagens como fontes, o que se vê é uma ênfase no contexto e o uso da imagem como mera ilustração. A imagem nesses estudos não serve como mote para um problema, mas apenas como complementação visual de uma argumentação geral. Em outras abordagens as imagens são tratadas de maneira excessivamente formalista, apenas com o enquadramento de aspectos em um determinado estilo artístico, o que, diga-se de passagem, não é de serventia alguma para representações pré-colombianas.

É importante destacar que trato aqui de imagens sem a hierarquizante qualificação de "arte". Nesse ponto, aproximamo-nos das proposições do historiador da arte germânico Aby Warburg, ou seja, consideramos representações de diferentes naturezas que tenham significado para determinada cultura visual, não se limitando, portanto, as "obras de arte".[20] Isso implica considerar uma rede imagética muito mais ampla e muito mais relevante para o ensino de história, pois pode dar conta de inúmeras imagens que não estão presas em um cânone.

Outro aspecto importante a ser levado em consideração é a atenção aos detalhes. E nesse ponto, Warburg também era um mestre ao demonstrar como aspectos quase imperceptíveis faziam uma grande diferença no entendimento de uma representação imagética:

> A imagem – a começar por aqueles retratos de banqueiros florentinos que Warburg interrogava com particular fervor – deveria ser considerada, portanto, numa primeira aproximação, *o que sobrevive de uma população de fantasmas*. Fantasmas cujos traços mal são visíveis, porém se disseminam por toda parte: num horóscopo da data do nascimento, numa carta comer-

---

[20] Sobre Warburg, ver: DIDI-HUBERMAN, Georges. *A imagem sobrevivente. História da arte e tempo dos fantasmas segundo Aby Warburg.* Rio de Janeiro: Contraponto, 2013.

cial, numa guirlanda de flores (justamente aquela de que Ghirlandaio tirou seu apelido), no detalhe de uma moda do vestuário, uma fivela de cinto, uma circunvolução particular de um coque feminino.[21]

Detalhes morfológicos servem muitas vezes como verdadeiras chaves para os estudiosos de imagens. Mas em aula, para que servem? São importantes primeiramente porque o ato de observação é fundamental em uma análise mais acurada. O ato de observar não é algo que se faça sem algum esforço. Existe um trecho nas aventuras de Sherlock Holmes que expõe muito bem a questão:

> Naturalmente, respondeu, ascendendo um cigarro e jogando-se em uma poltrona. Você vê, mas não observa. A distinção é clara. Por exemplo, você viu muitas vezes os degraus que trazem do vestíbulo a esta sala.
> Muitas
> Quantas
> Ora, algumas centenas de vezes
> Então quantos degraus são?
> Quantos? Não sei.
> É claro! Você não observou. Apesar de ter visto. Este é o xis da questão. Pois bem, eu sei que há dezessete degraus porque tanto vi quanto observei.[22]

É necessário um olhar que seja mais atento e que vá além da mera contemplação. Em seus momentos de lazer, seja com um jogo de computador, uma HQ, uma série, ou um jogo de tabuleiro, o estudante está sempre diante de imagens e atento aos pormenores, portanto, é muito provável que já possua costume de atentar aos detalhes para melhor compreensão de um contexto. Nesse sentido, é preciso chamar a atenção para uma das vantagens do uso da imagem: a capacidade de usá-la de forma lúdica, justamente pela agência que encerram. Os alunos já tem o costume de se orientarem em uma floresta de imagens em seus momentos de diversão. O "pulo do gato" é justamente aproveitar essa condição para apresentação de um novo repertório, que pode tornar igualmente agradável o estudo de um tema aparentemente tão distante de sua realidade.

---

21 Ibidem, p. 35.
22 DOYLE, Arthur Conan. *As aventuras de Sherlock Holmes*. Rio de Janeiro, 2011, p. 11.

Um convite

Uma imagem convida. É o que foi bem expresso por Didi-Huberman. Trazendo para o que aqui nos interessa: é difícil que o estudante fique indiferente a imagem de um códice asteca ou a imagem de uma pintura de castas se o professor fizer a mediação da maneira mais fecunda possível, explorando a imagem como um enigma que instiga a reflexão. Muitas perguntas podem ser feitas, pois como salienta Lilia Schwarcz, ao refletir sobre as palavras de um crítico da arte: "há uma relação muito mais ativa do que passiva entre imagens e contexto. Menos do que só registros imediatos de seu momento, elas ajudam a formar percepções coletivas, criar conceitos difundidos, selecionar registros de realidade".[23] Portanto, a formação de perguntas pertinentes pode ser realizada a partir de uma imagem, e essa é uma das finalidades mais relevantes na produção do conhecimento.

---

23 SCHWARCZ, Lilia Moritz. Lendo e agenciando imagens: o rei, a natureza e seus belos naturais. *Revista Sociologia & antropologia*. Volume 04, N°. 02. Jul-Dez de 2014. p. 394.

Parte IV
Trajetórias

Orientador, inspiração e muito a comemorar

Christiane Vieira Laidler

ESTOU MUITO FELIZ em poder homenagear meu professor, orientador e colega Ronaldo Vainfas, por quem tenho grande admiração. Seria difícil falar do brilhante historiador, fino pesquisador e autor talentosíssimo sem cair no lugar comum. Minha melhor colaboração será, então, falar um pouco da minha própria trajetória, marcada pela orientação e pelo carinho de Ronaldo. O convívio com Ronaldo foi responsável por um largo aprendizado, tanto da história e seus métodos, como de práticas de orientação, e por muita inspiração para a pesquisa. Foi um privilégio ter sido sua orientanda. Espero ser capaz de expressar meu carinho e admiração como contribuição a essa homenagem tão merecida.

Em 1990, logo após a conclusão do meu curso de graduação em História, na Universidade Federal Fluminense, participei da seleção para o curso de mestrado. Na banca do mestrado tive o primeiro contato com o professor Ronaldo Vainfas, que acabara de voltar do seu doutoramento em São Paulo. Uma vez aprovada na seleção, eu e minha turma fomos informados de que as regras do mestrado passavam por mudanças, com prazos mais estreitos, como parte das novas determinações da CAPES. Eu, especialmente, fiquei um pouco perdida, pois não tinha um projeto e sequer uma questão de pesquisa formulada. Fui professora da rede pública durante a graduação e, embora tenha sido bolsista de Iniciação Científica em três projetos diferentes, não tinha realizado nada além de muitos levantamentos, sem nunca participar da análise ou da formulação e apresentação de resultados de pesquisas. O meu desafio passou a ser reunir algumas competências desenvolvidas e aproveitar experiências anteriores da forma mais pragmática possível para construir um projeto de pesquisa. Um orientador disponível seria fundamental. Tive a sorte de ser aceita por Ronaldo como sua orientanda, mesmo sem uma questão precisa de pesquisa formulada. Começava assim uma relação entre mestre e pupila muito inspiradora, a qual foi fundamental na minha vida acadêmica.

Como parte dos meus esforços pragmáticos, inscrevi-me no seminário de projeto logo no primeiro período do curso. O meu objetivo foi assumir um prazo curto para o desenvolvimento do projeto de pesquisa e, ao final do período, passar pela qualificação. O professor daquele seminário era Ronaldo Vainfas, e iniciamos conversas sobre o que me interessava pesquisar. Essa primeira experiência do mestrado foi fundamental para mim e para os demais colegas inscritos no seminário. Tivemos a orientação de leituras metodológicas de início, e iniciamos uma dinâmica de desenvolvimento dos projetos que incluía a sua discussão nas aulas. Trocávamos muitas informações e experiências sobre ao processo que envolvia a construção dos nossos projetos. Embora os temas fossem muito diversos, a experiência de ler os trabalhos dos colegas e de ser questionado quanto ao objeto e objetivos do próprio projeto ampliou o universo de problemas e perspectivas que desenvolvíamos, com resultados muito positivos. Para minha sorte essa experiência foi mantida depois de concluído aquele período, porque Ronaldo desenvolveu uma rotina de reuniões periódicas de seus orientandos para que cada um apresentasse seus capítulos em desenvolvimento para rodadas de discussão. Dessa forma, ao longo do mestrado, além da banca de qualificação, foi possível compartilhar os primeiros passos da pesquisa com colegas, bem como ler outros trabalhos e comentá-los.

Entre 1990 e 1994, tive o privilégio da orientação inteligente e estimulante de Ronaldo. Deste período, há três coisas que fizeram diferença na minha vida. A primeira foi a orientação propriamente, em torno do tema da ideologia e das representações que uma sociedade constrói sobre si. A segunda foi a extrema compreensão com que fui sempre acolhida num momento especial da vida. A terceira foi o estímulo permanente para cada meia frase escrita, ou cada descoberta nova. Essa história merece ser contada.

No seminário de projeto, a questão de reflexão que me mobilizava e que justificava uma pesquisa relacionava-se à escravidão, mais especificamente ao seu fim. A minha turma de graduação tinha uma formação bastante sólida e atualizada em História do Brasil e nossos professores eram bons pesquisadores do campo da História Social, com muitas pesquisas concentradas no tema da escravidão. Minha questão mais específica era a centelha que havia, em algum momento, depois de três séculos, desencadeado o abolicionismo. Para mim, havia muito a ser respondido e avaliado. Eu tinha indicações de que os jornais de opinião de circularam no Brasil nas décadas da independência e seguinte problematizavam o trabalho escravo no contexto de construção da nação, como na obra de Emília Viotti da Costa, *Da senzala à colônia*.

Minhas pesquisas iniciais me mostraram que a escravidão não fora condenada ou contestada, exceto em alguns momentos específicos em que a questão do tráfico transatlântico de escravos foi colocada publicamente. Momentos em que eram discutidos projetos sobre sua extinção e sobre o destino dos africanos ilegalmente escravizados a partir de 1831. Mas as minhas descobertas quanto a isso só se completariam no doutorado. No início do mestrado, o que eu podia concluir era que não havia questionamento sobre a legitimidade da escravidão ou sobre a racionalidade do trabalho escravo na primeira metade do século XIX. O liberalismo assumia seu papel doutrinário contra a colonização, em favor dos negócios no Brasil recém-emancipado, sem que o seu discurso de modernidade tivesse repercussões no sentido de atingir a instituição da escravidão. Ao menos não publicamente. As discussões com Ronaldo me levaram a uma rica leitura sobre ideologias e mentalidades. Começando pelo seu livro *Ideologia e escravidão,* que dá conta das complexas formulações construídas por homens como o padre Antônio Vieira para legitimar a original experiência civilizacional que tinha na escravidão sua principal estrutura. Na perspectiva do trabalho de Ronaldo Vainfas, poder e ideologia constituem um par inseparável, porque o exercício do poder não prescinde do conjunto de representações, muitas vezes contraditórias, que o regulam e justificam.

Ainda que o vocabulário e as representações do passado colonial estivessem ausentes da linguagem do século XIX, predominantemente liberal, a primeira leitura do Ronaldo foi marcante e sedimentou minha compreensão de que havia um repertório de valores, práticas e até restrições ao poder senhorial, que apoiavam, como uma base sólida, a estrutura escravista, resultando na sua naturalização. Naquele início da década de 1990, nossas pesquisas foram muito marcadas influenciadas pela historiografia francesa no campo da História das Mentalidades. Lembro-me de uma referência que passou a ser central para a organização da minha questão de trabalho e para a compreensão das camadas de significados e valores enraizados naquela visão de mundo que eu tratava muito livremente de mentalidade escravista. O livro de Michel Vovelle, *Ideologias e mentalidades*, que explora a relação entre a ideologia e o campo mais amplo das mentalidades, no qual as motivações inconscientes e não formuladas, até porque a naturalização de padrões sociais prescinde de justificativas, foi uma das indicações mais preciosas do meu orientador. Entre Le Goff, Duby e Vovelle, eu fui tomada por um encantamento pela *histoire des mentalités* e lembro das palavras de Ronaldo referindo-se ao pensamento de Vovelle: "a ideologia é a ponta fina". Como num iceberg, há um mundo de significados, muitas vezes contraditórios embaixo daquela pequena ponta perceptível.

Entre os pasquins do início da década de 1830, folhas de opinião voltadas à encarniçada luta política que se desencadeava opondo liberais e caramurus, brasileiros e portugueses, descobri uma rica linguagem que pretendia representar a nação e sua modernização após a ruptura final dos vínculos com os agentes da metrópole. As folhas exaltadas eram batizadas com nomes que valorizavam o caráter nacional da facção, em oposição aos portugueses, como *Minhoca, o verdadeiro filho da terra, O homem de cor, O mulato,* entre outros. O conteúdo político era, da mesma forma, marcado por essa linguagem onde a cor "tisnada" dos indivíduos passava a ser valorizada como símbolo da nacionalidade e da legitimidade dos locais para o exercício do poder. E muitos dos meus primeiros trabalhos mencionavam "os homens de cor", sempre entre aspas. Eu havia lido as folhas mais radicais depois que a leitura do *Aurora Fluminense* mostrou a inexistência de qualquer questionamento da escravidão. E, da mesma forma, o debate sobre a escravidão estava ausente. Então eu procurava mostrar o mais radical dos debates políticos e caracterizá-lo, bem como os seus limites quanto às estruturas da sociedade escravista. Mas Ronaldo me chamou atenção sobre o uso da expressão "homens de cor". E eu a defendi. Eu não estava qualificando os agentes, mas descrevendo a linguagem e questionando o seu significado. Entretanto, o questionamento de Ronaldo foi importante para que eu percebesse o quanto faltava de clareza no meu texto e o cuidado que eu precisava ter ao analisar o discurso. E a partir daí indicou-me uma bibliografia de análise do discurso muito interessante, que admito, não consegui ler toda, mas li um dos livros, de Regine Robin, que sedimentou alguns procedimentos metodológicos simples que acompanham o pesquisador na contextualização dos discursos, como a identificação de premissa. Confesso que nunca consegui colocar em prática os procedimentos de quantificação.

Ainda sobre a temática da dissertação, a descoberta daquela linguagem que podia caracterizar um protonacionalismo era realmente original e foi muito valorizada no trabalho. E acabou se transformando no tema do trabalho porque eu havia de tratar de um não tema, ou seja, não há discussão sobre escravidão, ou há muito pouco entre José Bonifácio o *Philantropo*, primeiro periódico abolicionista, de 1850. Há silêncio. O que significa que há uma naturalização da escravidão e/ou interesses devidamente resguardados. Era necessário mostrar o discurso que expressava essa mentalidade, e melhor se fosse o mais radical, o mais predisposto à mudança, e ainda assim impermeável a uma transformação que, em tese, seria pressionada pela doutrina liberal e pelo modelo econômico liberal. Esse universo público dos periódicos, onde o escravo aparecia nos anúncios, mas não constituía um problema político, ou social, ou econômico acabou por criar minha questão do doutorado, que era percorrer a segunda metade do século XIX para compreender quais eram os marcos e razões das transformações que levaram a 1888.

Além da experiência da orientação propriamente, preciso contar um pouco dos desafios pessoais que se impuseram a mim durante o mestrado. Eu já tinha um filho pequeno e, no curso do mestrado engravidei do meu segundo filho. Não foi uma gravidez problemática, mas o fato é que três anos depois do meu ingresso eu tinha dois filhos, nenhuma renda, pois o prazo da bolsa havia acabado, e muito pouco tempo para terminar minha pesquisa e escrever, porque procurar um trabalho passou a ser minha primeira prioridade. Decidi, por minha conta, encerrar a pesquisa na Biblioteca Nacional (naquele tempo não havia hemeroteca ou recursos digitais) sem que tivesse terminado a leitura dos periódicos que desejava ter terminado, e escrever o que fosse possível. Terminaria em um momento seguinte. Sempre contei com o apoio e compreensão do orientador. Não fosse por ela, provavelmente teria desistido depois que voltei a lecionar. O meu trabalho consumia boa parte da minha capacidade produtiva, pois assumi 8 turmas de Ensino Médio numa escola grande, com 50 alunos em média por turma. Com emprego e salário, meu desafio passou a ser escrever. Antes de voltar a lecionar, escrevera o primeiro capítulo da dissertação. Uma contextualização, com ampla e atualizada bibliografia, o que me deixou muito contente. Os capítulos seguintes, entretanto, foram escritos nos quinze dias das férias do meio do ano. Ronaldo estabeleceu meu prazo e esteve disponível para a leitura de meus manuscritos que eu ia repassando para a digitação. Naquele ano de 1994 eu havia comprado meu primeiro computador, mas ainda não me entendia bem com ele. Escrevi minha dissertação à mão. Ronaldo foi, além de tudo, o revisor. Desculpe-me, Ronaldo!

A última menção que gostaria de fazer sobre essas memórias do mestrado é o estímulo que recebi do meu orientador em cada passo do processo. Esse estímulo foi responsável pela conclusão daquela etapa e foi também um aprendizado que eu incorporei e, mais tarde, passei a aplicar com os meus orientandos. Como era de se esperar, ingressando sem projeto, tendo um filho no meio do caminho, e depois um emprego de tirar o coro, minha capacidade de produção foi pequena quase todo o tempo e eu tinha consciência disso. Mas desde o projeto, cada frase, cada parágrafo, cada ideia foi recebida com entusiasmo por Ronaldo. Ele sabe ouvir, discernir sobre o universo confuso em que o orientando está, e dizer: está muito bom, continue. Ou: escreva. Ou: anote as suas ideias de noite, tenha um bloquinho na cabeceira. E a partir daqueles fragmentos que iam surgindo foi possível traçar caminhos, lançando mão de autores diferentes que pudessem nortear a argumentação. Aqui eu devo dizer que sem um orientador perspicaz eu não teria me dado conta do precioso material documental que eu tinha em mãos, de sua originalidade. Eu até hoje tenho a impressão de que o Ronaldo realmente se entusiasmou com a descoberta dos pasquins dos exaltados dos anos de 1830, e de seu vocabulário racial. Uma pena não ter tido tempo suficiente para explorar esse material e para escrever com mais cuidado. Mas terminei em 1994. Reencontraria meu orientador dois anos depois, como colega, no mesmo Departamento de História, onde me graduei e conclui o mestrado.

No início de 1996, voltei à Universidade Federal Fluminense para uma seleção de Professor Substituto. Depois de aprovada em segundo lugar, saí satisfeita porque aquele processo me estimulou a voltar à vida acadêmica, o que parecia muito difícil em razão das minhas atividades docentes e da minha vida familiar, com filhos pequenos que sempre demandam muita atenção. No segundo semestre daquele ano, um professor do Departamento de História deixou a Universidade em razão da aprovação em um concurso cuja vaga lhe daria maiores benefícios de carreira. Isso me levou a assumir uma turma no meio do semestre letivo e sem garantias de que a administração aprovaria a minha vaga. Foi uma aposta, complicada, sobretudo, porque o curso que eu assumi era de História do Brasil I, ou seja, tratava-se da História do Brasil Colônia, temática muito distante dos meus interesses de pesquisa, e dos conteúdos que eu lecionava. Precisava ler e me atualizar sobre as pesquisas e publicações recentes. Minha bibliografia lida era a da graduação, que incluía Caio Prado Jr., Jacob Gorender, Fernando Novais, Laura de Mello e Souza, Silvia Lara, Ronaldo Vainfas e muitos relatos de viajantes. A história do Brasil colonial começava a deslanchar com muitos bons pesquisadores, tanto da história social quanto na história das instituições políticas, incluindo pesquisadores recém-doutores da própria UFF, mas eu não conseguiria o milagre de me atualizar, e optei por escolher alguns títulos da graduação e o que eu pudesse ter acesso entre as mais novas pesquisas para montar um programa mínimo com o curso já em andamento.

Foi quando li *Trópico dos pecados,* que era a pesquisa de doutorado do Ronaldo, publicada com grande repercussão. Foi um livro marcante e essencial sob muitos aspectos. O primeiro foi sua acolhida no trabalho em sala de aula. Quem podia ser insensível ao tema das moralidades, das relações conjugais, familiares e dos afetos? Sobretudo considerando a novidade de temas dessa natureza na nossa historiografia. Outro ponto alto foi o aprendizado metodológico a partir de uma pesquisa dos processos inquisitoriais. Narrativas sobre os aspectos íntimos da vida cotidiana revelavam não apenas as práticas, mas também os valores que constrangiam os acusados a reportar apenas os padrões aceitáveis de relações. O mais importante para mim foi extrair daquela leitura um padrão muito sólido de hierarquias e lugares sociais definidos, que não se alterava pelas práticas do concubinato que podiam envolver homens brancos e de prestígio com mulheres mestiças que, no entanto, jamais seriam suas esposas como as brancas casadouras. Desvendava-se assim um mito de que a mestiçagem tinha direta relação com uma suposta democracia racial. A mestiçagem era o resultado de uma sociedade com poucas mulheres casadouras e muitas relações estabelecidas à margem das prescrições morais e legais, muitas vezes de forma clandestina, embora na maior parte do tempo naturalizadas e aceitas na colônia por sua própria recorrência. Como meu trabalho de pesquisa sempre implicaria a questão racial, os padrões morais e de hierarquias amplamente demonstrados no *Trópico dos pecados* seria fundamental para a composição da minha visão sobre o Brasil do século XIX, quando se impôs o desafio de discutir o fim da escravidão e seus impactos.

Entre 1996 e 1998 fui colega de departamento de Ronaldo, que nos primeiros meses, por duas ou mais vezes, veio me afirmar que os alunos pareciam satisfeitos com o curso no qual eu havia caído de paraquedas. Esse cuidado ou gentileza foi muito confortante, afinal eu estava em um dos mais importantes departamentos de História do país, rodeada de grandes pesquisadores e, segundo o próprio Ronaldo, os alunos se queixavam dos professores substitutos e do excesso deles. Dá para imaginar como se sentiam diante de importantes nomes da historiografia brasileira, sem terem muitas vezes o privilégio de sequer entrar em contato com muitos deles. Ocorre que naqueles anos de 1990 os concursos foram escassos e os departamentos se encheram de professores substitutos, precariamente remunerados, para ocupar vagas efetivamente disponíveis. Havia um problema estrutural e aquele vínculo se transformou na forma de ingresso de muitos da minha geração, que esperavam pela normalização do fluxo de vagas, o que demoraria muito para acontecer. Nessa circunstância, ser bem acolhido por alunos e colegas era um presente. Acho que Ronaldo foi extremamente gentil e atencioso, pelo que lhe devo um agradecimento especial.

Esse meu retorno à UFF foi o momento de decidir me desligar das minhas atividades no ensino médio e investir no projeto do doutorado. Eu gostaria de continuar sob a orientação do Ronaldo, mas meu objeto estava cada vez mais distante de suas pesquisas, e, naquele momento, ele já tinha um sólido grupo de orientandos dedicados a temas coloniais e inquisitoriais. Indicou-me uma colega, excelente pesquisadora e minha professora da graduação, com quem inclusive eu havia trabalhado numa pesquisa como bolsista de IC. Entretanto, como minha paixão era a política e o pensamento político, resolvi arriscar um voo em outra região e apresentei meu projeto de pesquisa no IUPERJ. Depois de ser aprovada naquela instituição, passei dois anos entre o Departamento de História da UFF e o doutorado do IUPERJ. Com o fim do meu contrato na UFF, regulamentado para não ultrapassar dois anos, fiquei dois anos dedicada exclusivamente à tese, que defendi em dezembro de 2000, com Ronaldo na banca, é claro. Para mim era como uma prestação de contas porque na tese eu fiz tudo que eu gostaria de ter feito no mestrado e não teria tido tempo mesmo em tempos tranquilos. Consegui percorrer o século XIX e todas as discussões políticas do processo de desmonte do escravismo atlântico no Brasil.

Retornei à UFF por um ano entre 2001 e 2002, como bolsista recém-doutora. Em seguida ingressei na UERJ, onde leciono desde 2002. Neste período tive menos contato com Ronaldo. Afastei-me permanentemente de temas da História Moderna, e também da escravidão, embora ainda cuide um pouco de leituras do século XIX. Nossos contatos aconteceram em poucas e breves ocasiões, incluindo os lançamentos de seus livros, que eu não perco, para revê-lo, e pelos livros, porque Ronaldo é um maravilhoso escritor. Entre os livros gostaria de mencionar um que li por puro deleite, sem nenhum interesse especial. Trata-se de *Traição* cuja leitura entusiasmada me levou aos movimentos da modernidade, às incertezas das crenças, aos interesses dos negócios sempre suscetíveis a trágicas rupturas, em terras em permanente disputa. *Traição* é a um só tempo a história biográfica e a história síntese, produzida por poucos, porque requer o conhecimento profundo de níveis diferentes do objeto, desde a trama política dos contextos mais específicos, passando pelo funcionamento das instituições e sua dinâmica, até o plano das subjetividades, dos valores. A história de Manoel de Moraes, o missionário traidor, é tudo isso. Uma obra assim é uma aula sobre a riqueza da micro-história.

Há algum tempo estou distante do Ronaldo, mas sei que tenho um colega e amigo acessível. Já precisei que colaborasse comigo para a organização de um seminário quando da minha passagem pela Fundação Casa de Rui Barbosa. E prontamente me fez indicações e sugestões que foram preciosas. Da mesma forma, quando ele coordenava o curso de pós-graduação em História Moderna, eu colaborava com as aulas finais sobre Montesquieu, Voltaire e Rousseau. Assim, mesmo atuando em áreas diferentes, continuamos colegas, sabemos que podemos contar com a colaboração do outro, e que nos tornamos amigos.

Quando comecei a pensar em como prestar uma homenagem a Ronaldo, e comecei a lembrar das diferentes fases da minha vida, senti saudades e tive certeza de que fui muito privilegiada, pelo professor, orientador de mestrado, colega e amigo. Que bom ter parado e dedicado um tempo para a minha memória! O que seria uma homenagem acabou por se transformar em comemoração. Quero memorar junto! E agradecer.

Ronaldo Vainfas, um historiador nas *Terras brasilis*

Júnia Ferreira Furtado

PARA HOMENAGEAR RONALDO VAINFAS, escolhi, nesse texto, mesclar a minha experiência pessoal com a sua trajetória intelectual, ou seja, falar da segunda a partir da primeira. Que me perdoe o leitor por essa ousadia, a de me enveredar pelo caminho da Ego-história, mas é que, ao longo da minha trajetória acadêmica, eu o conheci de várias formas - seja como professor, historiador, colega e supervisor –, as quais permitem que se revelem algumas das muitas facetas da rica trajetória que Ronaldo tem construído ao longo dos anos como historiador.

O conheci primeiramente como professor, em julho de 1986, quando era recém-egressa do curso de História da UFMG. Minha formação nessa época era ainda incipiente e moldada pelo fato de que o curso de História que frequentara não possuía ainda pós-graduação, a maioria dos professores não tinha mestrado, nem doutorado, nem projetos de pesquisa e, por essas e outras razões, apesar da proximidade geográfica, estávamos muito distantes dos grandes centros de pesquisa em História brasileira, quiçá do resto do mundo. A oportunidade que se abriu para remediar, pelo menos em parte, o que eu considerava uma defasagem na minha formação foi ingressar em um dos cursos de pós-graduação latu-sensu que meu outrora professor Caio Boschi, antenado com a historiografia mais recente que se produzia no Brasil naquela época, principalmente na UFF, USP e UNICAMP, organizava na PUC-MG. Chamava-se PREPS e tinha a duração de 2 anos, com 4 módulos presenciais que ocorreram, a partir de então, consecutivamente, nas férias de julho e janeiro. Foi exatamente no primeiro módulo do Curso de Especialização que escolhi, o de História Moderna, que se realizou naquele mês de julho de 1986, que o conheci, quando ele se tornou meu professor, administrando uma disciplina de mesmo nome.

Frequentar essa matéria oxigenou meu pensamento e posso dizer, sem risco de exagerar, que marcou decisivamente as escolhas e os caminhos que segui posteriormente no mundo da História, abrindo um leque interpretativo para muito além do marxismo ainda majoritariamente em voga na Historiografia Brasileira, e que havia marcado minha formação. Foi em suas aulas que tive meu primeiro contato com a História Cultural, já que a abordagem que ele escolheu para nos apresentar o mundo moderno foi marcada por esse viés metodológico, tendo sido um dos pioneiros a por ele se enveredar em terras *brasilis*. Essa escolha definiu a bibliografia de referência utilizada, constituída esmagadoramente por autores franceses da Escola dos Annales, os quais li na ocasião pela primeira vez. Lá estavam os estudos de Phillipe Ariès acerca da morte, da infância, da família e da sexualidade; de Jean Delumeau sobre a Reforma e Lutero; de Robert Mandrou sobre a feitiçaria, com os quais me iniciei na História das Mentalidades, da Cultura e Social. Foi quando também tomei conhecimento do *Queijo e os vermes*, de Ginzburg, traduzido naquele ano no Brasil. Parte das reflexões que nortearam seu curso foram sumariadas em seu, então recém-lançado, *Casamento, amor e desejo no Ocidente cristão* (1986), que sempre indico como referência a meus estudantes que querem se aventurar, pela primeira vez, nos temas do casamento, do amor, da família e da sexualidade, temáticas às quais, ao longo de sua carreira, Ronaldo retornará diversas vezes, em estudos mais alentados, sempre com abordagens inovadoras. Essas leituras marcaram fortemente minha formação, inclinando-me para a História das Mentalidades e na História Social da Cultura, sendo esta última tornou-se a metodologia que estrutura minha produção acadêmica e por meio da qual os temas da religião e da religiosidade vieram a se incorporar às pesquisas que realizei ao longo dos anos, ainda que esses temas mais comumente apareçam de forma transversal em muitos de meus estudos, eles adquiriram centralidade em muitas de minhas análises.

O conheci, em seguida, durante as disciplinas que ministrei, já como professora de História, a partir de 1993, na UFMG. Encontrei, em seus inúmeros livros, capítulos e artigos, discussões que considero fundamentais e importantes para a formação de um historiador. Por essa razão, adotei vários deles nos meus cursos, tanto de graduação, quanto de pós-graduação. Nos meus programas de História Moderna, há seminários de discussão que tiveram como base, além de seu livro sobre o casamento cristão já referido; "A teia da Intriga", um dos capítulos de *História e sexualidade no Brasil* (1986); "A contra-reforma e o além-mar", de *Trópico dos Pecados* (1989); "Idolatrias e colonialismo", de *A heresia dos índios* (1999), que revelam, de um lado, sua habilidade metodológica ao abordar aspectos culturais de uma dada sociedade, de outro, o arguto pesquisador, capaz de perscrutar na documentação, principalmente a inquisitorial, as crenças e as descrenças, os sentimentos, os comportamentos, muitos deles de caráter heterodoxo, que subjazem sob a fria pena do inquisidor. Por essas razões, num curso de Metodologia em História, que ministrei aos alunos do PPGHIS-UFMG, escolhi como um dos livros exemplares a serem lidos integralmente de forma a inspirar meus alunos na escrita de suas teses, o *Jerusalém colonial* (2010), no qual se debruça sobre os judeus no Brasil holandês, mas perseguindo o veio das heterodoxias religiosas que tem marcado sua produção, se debruça sobre os desvios religiosos. Suas *Confissões da Bahia* (1997), no qual transcreve trechos das visitações inquisitoriais ao Nordeste no século XVI, foram ponto de partida para mais de um trabalho de pós-graduação que orientei ao longo dos anos.

O conheci depois enquanto integrante do júri de minha tese de doutorado, *Homens de Negócio* (1996). Além de seu domínio sobre a história da Inquisição e dos cristãos-novos, seus estudos haviam sido fundamentais para nortear a leitura que realizei de centenas de testamentos de comerciantes que atuaram na capitania no século XVIII. Ao me debruçar sobre os comerciantes que se enriqueciam nas Minas Gerais a partir dos negócios propiciados pelas descobertas de ouro e diamante, ficou claro que muitos deles eram cristãos-novos, o estigma de marrano marcando sua forma de vida, alguns chegando a ser perseguidos pelo Santo Ofício, outros tantos a terem seus bens sequestrados, além de outras penas que lhes foram impostas. Mas muitos outros eram verdadeiros cristãos e seus testamentos se tornaram ricas fontes para deles extrair suas formas de sociabilidade, suas maneiras de exteriorização da fé, suas crenças religiosas e devoções, seus ritos costumeiros, como os de passagem para a morte, e dessa forma vislumbrar o impacto que o comércio acarretava em sua visão de mundo: a fé se opondo, mas também se consubstanciando, aos negócios.

A religiosidade que caracterizava esse grupo mercantil foi abordada particularmente em dois subcapítulos, intitulados respectivamente "O tempo do mercador" e "Penitentes". Tradicionalmente, o comércio era atividade associada aos cristãos-novos e, por essa razão, procurei desvendar a maneira como esses mercadores expressavam sua fé, fosse a ortodoxia cristã, ou a heterodoxia de matriz judaica. Esses agentes comerciais, como homens de seu tempo, refletiam de forma ambivalente os mesmos conflitos por que passava a Europa na Época Moderna entre um tempo dedicado a Deus, afeito ao medievo, e um outro que se impunha, o tempo dos mercadores, de cunho capitalista, voltado para os negócios e as atividades comerciais, o que analisei no primeiro destes capítulos. No outro, realizei uma análise dos testamentos de 95 comerciantes que atuaram em Minas Gerais no século XVIII. A partir deles retirei várias informações sobre as maneiras como esses homens expressavam sua religiosidade, e percebi que para muitos essa era sua verdadeira fé, buscando externamente ser identificados como cristãos-velhos, e, internamente, encontrar a salvação de suas almas junto à religião católica; já para outros era apenas aparência pública, de forma a evitar o estigma de cristãos-novos e de judaizantes com que os comerciantes eram genericamente associados. Já a consulta aos livros de devassas das Visitações Eclesiásticas, realizadas nas Minas na primeira metade do século XVIII, me permitiu identificar 40 comerciantes arrolados como réus,[1] que revelaram as suas heterodoxias religiosas, sendo que a maioria esmagadora incorreu no crime de concubinato, o que não era específico ou associado a seu ofício, e sim costume bastante generalizado na capitania. No entanto, muitos deles foram condenados por faltar à missa, comer carne em dias proibidos ou dias santos, não ensinar a doutrina cristã aos seus escravos, desrespeitar as imagens – estes sim resquícios ou indícios de práticas judaicas, o que revela que vários continuavam a tentar manter as tradições religiosas de seus antepassados judeus, ainda que, em público, professassem o catolicismo. Também apareceram casos de usura e juramento em falso, crimes que punham em dúvida a ética e a lisura do negociante, consideradas essenciais para a prática da atividade comercial e que deveriam ser duramente perseguidos.

Conheci Ronaldo ainda como colega, atuando a seu lado em bancas de pós-graduação, seminários e congressos, comitês científicos e de assessoramento e, finalmente, mais recentemente, como supervisor de dois projetos de pesquisa, um realizado enquanto pós-doutorado e outro como pesquisador visitante na UFF, em parceria com a Companhia das Índias, da qual sou pesquisadora associada. Em todos esses momentos, sua experiência profissional, seu respeito intelectual, sua vasta erudição e sua verve arguta e impagável foram e continuam sendo sempre motivos de justa admiração e respeito. Nesses dois períodos, os projetos de pesquisa

---

1 Arquivo Eclesiástico da Arquidiocese de Mariana (AEAM). Autos das Devassas Eclesiásticas (ADE), 1721-35, 1722-23, 1742-43, 1748-49.

que venho desenvolvendo abordam a religiosidade a partir de duas perspectivas distintas. Num deles, venho investigando como a descoberta das riquezas minerais no território que veio a conformar a capitania de Minas Gerais, fez deslocar para essa região o mito do paraíso terrestre, Isso revela que um substrato mental de caráter religioso influenciava de forma marcante a maneira como os homens compreendiam e representavam o espaço a seu redor. Essa percepção, denominei de uma "visão emboaba das Minas", venho explorando por meio do estudo de mapas históricos, visto que a História da Cartografia tornou-se um campo metodológico caro aos meus estudos mais recentes. O segundo gira em torno da viagem de conversão ao Daomé realizada pelos padres brasileiros Cipriano Pires Sardinha e Vicente Ferreira Pires, sob os auspícios do Príncipe dom João, em fins do século XVIII. Nesse caso, interesso-me por várias questões, desde as condições de acesso de mulatos (caso dos dois) ao estado eclesiástico, até o processo de missionação português na África num contexto de secularização da igreja católica, ocorrido após a expulsão dos jesuítas em 1759, quando se configurou o janseísmo luso, caracterizado pela defesa irrestrita do poder régio e da submissão do corpo eclesiástico a este.

Mas, mais que tudo, conheci Ronaldo Vainfas como leitora atenta de sua vastíssima obra. Esta se caracterizou, num primeiro momento, pelo interesse pelas heresias religiosas, especialmente as que versavam por heterodoxias morais e sexuais; para num segundo momento, mais recente, se debruçar sobre o Brasil holandês, investigando principalmente as heresias judaicas. Nessa fase de maturidade, ele se como historiador capaz de manipular com destreza a narrativa histórica e de ampliar o escopo analítico para produzir uma História de dimensão Atlântica. Dessa fase mais recente, gostaria de destacar seus três livros mais recentes, que se imiscuem um nos outros de forma complementar e *Traição* (2008), *Jerusalém colonial* (2010) e *Antônio Vieira* (2011). Ambos creio sintetizam a vertente sócio-cultural que Ronaldo Vainfas enveredou desde o início de sua produção acadêmica, iluminando, com maestria, os comportamentos e as crenças de personagens nada ortodoxos, das mais diferentes origens étnico-raciais, que perambularam pelo império luso-brasileiro, agora num recorte biográfico. *Traição* narra a história do jesuíta Manoel de Moraes, que teve sua vida profundamente alterada durante a conquista do nordeste açucareiro pelos holandeses, no século XVIII. É impossível não se deliciar com as peripécias do missionário inaciano, que se veste e traveste de cristão e judeu, ao sabor das ocasiões que se lhe apresentam e, a partir dele, ver desvelar a conjuntura histórica do período da invasão holandesa do nordeste, com as oportunidades e os dilemas vividos por aqueles que tiveram que transitar entre dois universos religiosos e culturais tão díspares. Em *Jerusalém colonial*, Ronaldo desconstrói a trajetória de Isaías de Castro, considerado um mártir brasileiro da perseguição aos cristãos-novos, desvelando um personagem multifacetado, certamente não sem horror de uma historiografia mais tradicional. Mas é a partir deste e de outros cristãos-novos que, de forma perspicaz, ele forja o conceito de judeu novo, para analisar a religiosidade bem pouco ortodoxa daqueles se aproveitam da dominação flamenga para se reconverter ao judaísmo de seus antepassados. É nesse mesmo contexto que se desenrola a biografia de Antônio Vieira, escrito para compor a "Coleção Perfis Brasileiros", cuja vida condensa as grandes questões vividas no império luso-brasileiro nos dois lados do mar: a conversão do gentio, a manutenção da escravidão, a invasão holandesa, a Restauração Portuguesa, a perseguição inquisitorial, as disputas entre as potências ibéricas e flamengas pelo comércio de açúcar e de gente escrava, a falência do sebastianismo entre inúmeros tantos outros. Os dois livros revelam o estudioso maduro, no completo domínio da narrativa histórica, satisfazendo na plenitude tanto o leitor especialista, quanto o leigo, sem comprometer o viés metodológico e a historicidade do relato. Quem ganha com isso somos nós, seus leitores. Quem venham muitos mais, Ronaldo!

Entre o público e o privado: diálogos com Ronaldo Vainfas

Maria Fernanda Bicalho

AO RECEBER O CONVITE para participar da homenagem a Ronaldo Vainfas, que Angelo de Assis, Pollyanna Muniz e Yllan de Mattos organizaram na Biblioteca Nacional nos dias 21 e 22 de julho de 2016, não hesitei, e respondi imediatamente (era um domingo à noite...) que me sentia extremamente feliz e honrada. E essa alegria despreocupada durou algum tempo, enquanto, com outras coisas para fazer, me eximia de pensar, seriamente, naquilo que poderia dizer e escrever. Porque, quando comecei a pensar de fato, fui ficando aflita. Ainda mais diante dos testemunhos de outros historiadores e historiadoras tão próximos do nosso homenageado, por terem sido seus alunos e ex-orientandos, por compartilharem os temas de suas pesquisas, por serem hoje seus colegas e amigos. Mas sobretudo meu nervosismo tinha a ver com o que diria, entre tantas coisas possíveis, para o nosso homenageado. Tinha que fazer jus à importância, para mim, do convite que recebi.

Voltei a entrar em contato com Angelo, perguntando-lhe o que ele e os outros organizadores esperavam que eu apresentasse. Havia pensado na possibilidade – já que posso ser vista como uma espécie de "representante" da Área de História da Universidade Federal Fluminense, área que Ronaldo ajudou a criar – de discorrer sobre sua trajetória acadêmica e institucional, quer no Departamento de História, do qual ele se despede, quer no Programa de Pós-Graduação em História, em relação ao qual ele continua ativo e muito aguerrido, como sempre foi. Mas essa possibilidade não me atraía, até porque a minha entrada na UFF, em 1990, é relativamente recente em relação à longa trajetória de Ronaldo, que começou a dar aulas em 1978.

A resposta de Angelo à minha dúvida, se por um lado me encorajou, por outro aumentou ainda mais aquela espécie de desconforto desafiador que sentimos quando interpelados a fazer algo que realmente nos importa. Disse terem pensado, os três organizadores, num evento que fosse uma mescla de diálogo com a obra do Ronaldo Vainfas e a influência que esta teve no trabalho de todos nós; e, por outro lado, uma celebração dos amigos pelo fechar do ciclo de atuação universitária de Ronaldo (e aí corrijo, apenas na graduação da UFF). Enfim, os organizadores propunham "um evento acadêmico *ma non troppo*...". Sugeria-me que falasse da minha relação de amizade com Ronaldo, e igualmente dos pontos em que nossos trabalhos "conversam mais de perto"..., "mas tudo de forma mais leve".

Grande desafio! A primeira coisa que nos dá vontade de dizer sobre Ronaldo Vainfas é aquilo que todos nós sabemos: o magnífico historiador que ele é, e uma das pessoas mais generosas que conhecemos. Como historiador, simplesmente nos encanta. Fazendo uma citação que considero pertinente, achei muito sugestivo o título e o conteúdo de uma matéria publicada por Angelo, Pollyanna e Yllan em outubro de 2015 na *Revista de História da Biblioteca Nacional*. Intitulava-se "Um feiticeiro por três aprendizes", e começava assim: "A magia de contar uma história é algo singular. Ganha charme aquela que, para além da refinada pesquisa e análise, seu narrador a saboreia. É com essa beleza de escritor e maestria de historiador que Ronaldo Vainfas encanta o leitor".[1]

De fato, é esse mesmo o termo: Ronaldo encanta quando fala, e encanta quando escreve. Quando escreve biografias e tece trajetórias, de grandes homens, como o Padre Antônio Vieira, ou de desconhecidos, como Manuel de Moraes; quando enveredada pela teoria e a metodologia, ensinando-nos a todos sobre a micro-história, a história cultural, a história das mentalidades, do cotidiano, da vida privada; quando analisa a historiografia, sobretudo os nossos grandes clássicos, como Sérgio Buarque de Holanda, Gilberto Freyre, Paulo Prado; quando se debruça sobre a escravidão, a inquisição, as religiosidades, as sexualidades, as conversões e traições.

Mas fico pensando, ou fiquei pensando, naqueles dias, nos diferentes momentos em que nossas experiências de vida, nossos temas e nossas pesquisas confluíram

---

[1] http://www.revistadehistoria.com.br/secao/a-historia-do-historiador/um-feiticeiro-por-tres-aprendizes (consultado em 19/07/2016)

e se tocaram. E fui procurar saber um pouco mais – algumas coisas que não sabia – sobre Ronaldo Vainfas.

Em entrevista a alunos do Instituto de Filosofia e Ciências Sociais da UFRJ, concedida em janeiro de 1999, e cujo título é "Ronaldo Vainfas: as heresias e os pecados da história colonial brasileira", Ronaldo diz que seu interesse por História começou quando fazia o curso clássico, hoje ensino médio, no Colégio São Vicente de Paulo, no Cosme Velho, na cidade do Rio. Menciona o destaque que o colégio dava ao ensino de História e as aulas do professor Moacyr Góes, que fez com que ele lesse, no início da década de 1970 e ainda no ensino médio, textos de Nelson Werneck Sodré, de Caio Prado Júnior e de Celso Furtado. Lembra o clima de discussão no colégio – e a liberdade que se tinha para isso – em plena época de ditadura militar.[2]

Ronaldo saiu do São Vicente para entrar na UFF em 1974, e, no ano seguinte, em 1975, fui eu que tive o privilégio de ser aluna de Moacyr Góes no São Vicente, e de ler por inteiro o livro *Brasil em Perspectiva*, organizado por Carlos Guilherme Mota, com capítulos de Fernando Novais, Emília Viotti da Costa, Maria do Carmo Campelo de Souza, Boris Fausto, Paula Beiguelman, entre tantos outros.[3] Era impossível não nos apaixonarmos pela História, e o saudoso professor Moacyr Góes tem muita "culpa" nisso.

Embora esse tenha sido um ponto em comum em nossas formações, e uma coincidência em nossa opção pela História, não foi aí que nos encontramos, ou seja, que eu conheci Ronaldo Vainfas. Ronaldo saiu do São Vicente e entrou para a UFF em 1974. Eu saí do São Vicente em 1977 e, no ano seguinte, quando Ronaldo começava a dar aulas na UFF, entrei como aluna na PUC do Rio de Janeiro.

O nosso encontro se deu um ano mais tarde, em 1979, quando fiz uma seleção para ser estagiária no Centro de Estudos Históricos da Casa de Rui Barbosa, em uma pesquisa sobre a História político-administrativa da Primeira República, cujo título, se não me engano, era "O governo presidencial no Brasil (1889-1930)", sob a coordenação da professora Nícia Vilela Luz e do historiador e acadêmico Francisco de Assis Barbosa.

Foi ali que eu conheci não apenas Ronaldo, mas também Magali Engel, Rogério Ribas (que eram, como Ronaldo, pesquisadores na referida pesquisa), Manolo Florentino (que na verdade eu já conhecia de vista desde os nossos anos no Colégio São Vicente) e aquela que virou durante muito tempo de nossas vidas minha amiga

---

2 http://www.ifcs.ufrj.br/humanas/0041.htm (consultado em 19/07/2016)
3 MOTA, Carlos Guilherme. *Brasil em Perspectiva*. Rio de Janeiro, São Paulo: Difel, 1973.

e companheira de inúmeros projetos e trabalhos, Maria de Fátima Silva Gouvêa. Fátima era estagiária de Ronaldo, como eu era de Maria Emília Prado.

Porém o mais curioso é que de todos nós que atuamos como pesquisadores e estagiários envolvidos por alguns anos naquela pesquisa, só Fátima e eu acabamos enveredando pela História político-administrativa, ela inicialmente do Império do Brasil, e nós duas, posteriormente, do Império português. Ronaldo e Rogério optaram pelas ideologias, mentalidades e religiosidades, voltando-se, ambos, para o estudo da Inquisição portuguesa.

Hoje penso o quanto aquela experiência de pesquisa na Casa de Rui Barbosa teria marcado a minha própria trajetória, ou até que ponto o fato de ter começado a minha "carreira" de pesquisadora trabalhando com a História administrativa, mesmo que fosse a da primeira República, não teria me influenciado na escolha, anos depois – e depois de muito caminho e muitos "desvios" – a optar por uma História administrativa do mundo ibérico e colonial. E nessa experiência, quer em seu início, no estágio na *casa de Rui*, quer no seu cume, na defesa de minha tese se doutorado na USP, em 1997, Ronaldo Vainfas esteve sempre presente, como aliás esteve, com sua obra, na minha formação em "história colonial" e na formação dos meus inúmeros alunos nos cursos de Brasil I e nas outras disciplinas que ofereci e continuo oferecendo no Departamento de História da Universidade Federal Fluminense.

Voltando à entrevista a que me referi acima, nela Ronaldo menciona a curiosa "inversão" que marcou sua passagem do ensino médio ao terceiro grau: pois teve uma experiência de esquerda durante o "curso clássico", no Colégio São Vicente, e a esquerda estudantil que encontrou na faculdade foi decepcionante. Em suas palavras:

> Era pouco criativa intelectualmente, ao contrário das lideranças dos anos 60. E o patrulhamento ideológico era lastimável. Apesar disso, foi uma época de aprofundamento de uma formação teórica marxista – que já tinha sido despertada anteriormente – porém desengajada politicamente porque os espaços que se ofereciam na universidade eram muito pobres intelectualmente. O curso da UFF tinha uma orientação marxista bastante forte, embora alguns professores não o fossem.[4]

Foi nesse contexto que se deu o encontro de Ronaldo com Ciro Flamarion Cardoso, primeiro como seu orientador e depois como seu colega. Orientador e colega no estudo da História da América, da ideologia da escravidão nos séculos XVII e

---

[4] http://www.ifcs.ufrj.br/humanas/0041.htm (consultado em 19/07/2016).

XVIII (que se tornou objeto de sua dissertação de mestrado, orientada por Ciro),[5] na parceria em vários livros – e debates –, como no *Domínios da História*,[6] e mais recentemente no *Novos Domínios da História*,[7] assim como na elaboração do currículo em vigência até hoje no nosso curso de graduação em História da UFF. Mas foi nesse momento também que Ronaldo foi se aproximando cada vez mais da História das Mentalidades, depois da História Cultural e enfim da Micro-História. E é ele quem conta isso numa outra entrevista, desta vez à *Revista Cantareira* (revista discente de alunos de História da UFF). E eu passo a citar:

> Não sei se posso falar de um interesse abstrato e a priori pelas mentalidades. Meu trabalho de mestrado foi no campo das ideologias, com orientação claramente marxista, inclusive no plano conceitual. É sobre as ideias escravistas gestadas pelos jesuítas no Brasil Colonial (...). Mas foi por ali, no início dos anos 1980, enquanto fazia o mestrado, que fui adensando minhas leituras neste campo das mentalidades, levado pelo meu interesse nas ideologias. Na época, como todos os colegas de minha geração dedicados a esses estudos, nem tinha muita clareza sobre as diferenças entre história das mentalidades e história cultural, áreas que só então começavam a se divulgar no Brasil. Mas foi no fim do mestrado que decidi estudar as moralidades e sexualidades - temática típica das mentalidades - a partir das fontes inquisitoriais. Isto me estimulou a ler ou reler boa parte da historiografia francesa dedicada às mentalidades, desde Febvre até autores da chamada "terceira geração": Delumeau, Le Goff, Duby, Ariès, Jean-Louis Flandrin, o próprio Focault, é claro. Mas a grande referência teórica do *Trópico dos Pecados* (1988) é o italiano Carlo Ginzburg, e foi também o Ginzburg do *História Noturna* a referência teórica de *A heresia dos índios* (1995). Logo, história cultural, com incursões de tipo micro-histórico, mais do que história das mentalidades à moda francesa. O mais importante é que tal opção me levou a fazer o que mais valorizo no trabalho historiográfico: o diálogo com fontes documentais, a pesquisa arquivística.[8]

---

5   VAINFAS, Ronaldo. *Ideologia e Escravidão. Os letrados e a sociedade escravista no Brasil colonial*. Rio de Janeiro: Vozes, 1986.
6   CARDOSO, Ciro Flamarion e VAINFAS, Ronaldo (orgs.). *Domínios da História: Ensaios de Teoria e Metodologia*. Rio de Janeiro: Campus, 1997.
7   CARDOSO, Ciro Flamarion e VAINFAS, Ronaldo (orgs.). *Novos Domínios da História*. Rio de Janeiro: Elsevier / Campus, 2011.
8   http://www.historia.uff.br/cantareira/v3/wp-content/uploads/2013/05/e01a06.pdf (consultado em 19/07/2016)

Sobre *A heresia dos índios*[9] Ronaldo diz ainda que, além do enorme prazer que teve em escrever o livro, resgatou uma dívida que tinha consigo mesmo, que era a de estudar uma revolta social. Em suas palavras: "É um livro que permite romper a oposição, que muitos sugerem haver, entre fazer uma História Cultural que se preocupe com o imaginário, e uma História do conflito social frontal – porque ele também trata de luta de classes, onde o tema da escravidão aparece com muita nitidez".[10]

E talvez nessa busca por novas perspectivas teóricas, apesar de distantes, os nossos interesses tenham novamente se cruzado, ou ao menos se aproximado. Também eu, na PUC, me ressentia, em fins da década de 70 e início da de 80, de uma certa "ditadura do marxismo", não propriamente no seio do movimento estudantil, o qual eu poderia evitar, embora não o tenha feito, mas nos textos e autores que líamos – muitas vezes sem a possibilidade de dialogarmos com outras perspectivas teóricas ou outras "tendências". Lembro-me de que na época eu havia "descoberto", fascinada, *Casa Grande e Senzala* e *Sobrados e Mucambos*, de Gilberto Freyre. Porém, não podia levar impunemente estes dois livros para a Universidade, a não ser "disfarçados" e encapados...

Como Ronaldo voltou-se em seu doutorado para a História das mentalidades, a História cultural e a micro-história, procurei e encontrei, mais ou menos na mesma época – ou seja, em inícios da década de 80 – quando entrei no mestrado, a Antropologia! Fiz o meu mestrado no Programa de Pós-Graduação em Antropologia Social no Museu Nacional (UFRJ), sob a orientação de Gilberto Velho. Foi ali, no "Museu", que entrei em contato com a escola sociológica francesa de Émile Durkheim, de Marcel Mauss; com o estruturalismo de Claude Lévi-Strauss; com as teorias sobre a magia de Malinowski, de Mary Douglas, de Evans-Pritchard; com as obras de Cliffort Geertz, de Marshall Salhins, Georg Simmel, Richard Sennett, entre tantos outros.

E creio que tenha sido em função dessas leituras e da minha prática docente no Departamento de História da PUC-RJ – onde já nos anos 80 trabalhávamos com os livros e artigos de historiadores da História das Mentalidades, da História Cultural, além, obviamente, de Michel Foucault – que os interesses de Ronaldo e os meus

---

9 VAINFAS, Ronaldo. *A heresia dos índios. Catolicismo e rebeldia no Brasil Colonial*. São Paulo: Companhia das Letras, 1995.
10 http://www.historia.uff.br/cantareira/v3/wp-content/uploads/2013/05/e01a06.pdf (consultado em 19/07/2016)

voltaram a se cruzar. Cruzaram-se de muitas maneiras e desde então não mais se desataram. Vou mencionar apenas três delas.

A primeira, e mais óbvia, foi a minha entrada para a UFF como professora substituta em março de 1990 e como professora concursada a partir de janeiro de 1992. A segunda foi a opção por fazer o doutorado em História Social e sobre o período colonial, na USP, sob a orientação de Laura de Mello e Souza. A terceira, e sobre a qual vou me deter um pouco mais aqui, foi quando recebi a "encomenda" e a enorme responsabilidade de redigir um comentário crítico ao texto de Ronaldo, *História da vida privada: dilemas, paradigmas, escalas*, publicado no volume 4 da Nova Série dos *Anais do Museu Paulista*, de janeiro/dezembro de 1996.[11] Então, a possibilidade de pensar na vida privada como objeto dos estudos históricos era um tema que atraía todos nós.

Também nessa época, em 1997, foi publicado o primeiro volume, *Cotidiano e Vida Privada na América Portuguesa*, da coleção *História da Vida Privada no Brasil*, sob a direção geral de Fernando Novais e organizado por Laura de Mello e Souza, no qual tanto Laura, quanto Ronaldo têm trabalhos excepcionais.[12] Laura, no capítulo, "Formas Provisórias de Existência: A Vida Cotidiana nos Caminhos, nas Fronteiras e nas Fortificações", adentra, na pista de Capistrano de Abreu, Alcântara Machado e Sérgio Buarque de Holanda, os longínquos sertões da América portuguesa, indagando-se sobre "privacidades insólitas e improvisadas", "onde os homens inventavam arranjos familiares e relações interpessoais ao sabor de circunstâncias e contingências", recriando nos pousos de expedições sertanejas, nos acampamentos de fronteira, nas fortalezas remotas novas experiências de domesticidade.[13]

Em "Moralidades Brasílicas", Ronaldo nos conduz à análise do processo de "aculturação de mão dupla" deflagrado pela colonização portuguesa na América, uma vez que "sexo pluriétnico, escravidão, concubinato" se constituíram no "tripé fundamental das relações sexuais na Colônia". A seu ver a ausência de privacidade no viver da sociedade colonial levou à "inespecificidade e extrema visibilidade dos espaços eróticos". As casas – sempre devassadas – estavam longe de ser o espaço privilegiado para as relações sexuais, sobretudo as ilícitas. Daí o grande paradoxo quan-

---

11 http://www.scielo.br/scielo.php?script=sci_issuetoc&pid=0101-471419960001&lng=en&nrm=iso (consultado em 19/07/2016).
12 SOUZA, Laura de Mello e (org.). *História da Vida Privada no Brasil. Cotidiano e vida privada na América portuguesa*. São Paulo: Companhia das Letras, 1997.
13 SOUZA, Laura de Mello e. "Formas Provisórias de Existência: A Vida Cotidiana nos Caminhos, nas Fronteiras e nas Fortificações". In: *História da Vida Privada no Brasil, Op. cit.*, p. 41-81.

to aos "lugares do prazer" nas terras brasílicas: "um espaço, por assim dizer, público, como era o mato ou a beira do rio, poderia ser mais apto à privacidade exigida por intimidades secretas do que as próprias casas de parede-meia ou cheias de frestas". Na colônia, o público cedia lugar ao privado, ou "o uso da sexualidade andava longe da privacidade e podia divorciar-se, ainda mais, da domesticidade".[14]

Voltando, porém ao artigo de Ronaldo publicado nos *Anais do Museu Paulista* – texto com um caráter marcadamente teórico e metodológico – enquanto o lia, ia tomando consciência da difícil tarefa da qual havia sido incumbida e a qual igualmente com muito prazer, havia aceito, há mais de 16 anos atrás. A dificuldade que senti naquela época dizia respeito ao fato de se tratar de um texto denso, consistente e, ele próprio, crítico, como é sempre o estilo ou a "marca registrada" de Ronaldo Vainfas, colocando o seu debatedor numa situação no mínimo "desajeitada".

Por outro lado, senti-me absolutamente seduzida pela argúcia com que Ronaldo argumentava sobre as incongruências de uma história que se queria da vida privada, sobre as hesitações, os impasses, os dilemas e a incipiência daquele novo campo de investigação. Segundo o nosso homenageado, o "território da vida privada", ou de uma privacidade ainda, naquela época, carente de conceituação, se construía, ou era perpassado por uma "fragilidade desconcertante". Tal fragilidade traduzir-se-ia na própria definição – ou indefinição – teórica do objeto, perceptível nos estudos dos historiadores que se debruçaram sobre aquele domínio do social; prevalecendo, sobretudo, uma "tendência negativa", ou seja, "a preocupação em dizer 'o que a vida privada não [era]'": opondo-se ao público, distinguindo-se da vida cotidiana, recusando-se a ser a história da preeminência do indivíduo e do individualismo.[15]

Remetia-se ao "Prefácio" introdutório à coleção francesa *Histoire de la Vie Privée*, escrito por Georges Duby, no qual o próprio Duby se perguntava sobre a licitude da vida privada como objeto ou como esfera da vida social necessariamente presente nas diferentes sociedades e em todos os períodos históricos.[16] Na "Advertência" ao segundo volume da coleção, Duby voltaria a se colocar a questão da legitimidade – e não apenas da pertinência – de se falar da vida privada na Idade Média: transpor a um passado tão distante uma noção, a de privacidade, que, como se sabe, ganhou

---

14 VAINFAS, Ronaldo. "Moralidades Brasílicas: deleites sexuais e linguagem erótica na sociedade escravista". In: *História da Vida Privada no Brasil, Op. cit.*, p. 221-273.
15 VAINFAS, Ronaldo. "História da vida privada: dilemas, paradigmas, escalas". *Anais do Museu Paulista. História e Cultura Material*. Nova série, volume 4, janeiro/dezembro 1996, p. 11-12.
16 DUBY, Georges. Prefácio. In: VEYNE, Paul (org.) *História da vida privada. Do Império Romano ao ano mil*. São Paulo: Companhia das Letras, 1992.

substância no decorrer do século XIX, no seio da sociedade anglo-saxã, então na vanguarda da elaboração de uma cultura 'burguesa'?[17]

Procedendo a uma classificação dos temas predominantes nos artigos que compõem a obra francesa, Ronaldo se deparou com o relativamente modesto índice de artigos dedicados à "casa" e aos espaços domésticos, territórios por excelência de desenvolvimento e experimentação do sentimento de "privacidade" do indivíduo moderno e que, a seu ver, constitui "um assunto essencial para a abordagem da vida privada". Verificou ao contrário, que um número expressivo dos mesmos artigos era dedicado ao problema das relações entre o público e o privado: "textos quase sempre preocupados em dimensionar a gênese ou os modelos da privacidade no Ocidente em termos macro-históricos, ora examinando a confusão entre o público e o privado em épocas pretéritas, ora vasculhando a ilusão de privacidade no mundo contemporâneo". E concluiu serem estes estudos, de fato, os que "propõem olhares inovadores sobre as relações privado/público em várias épocas, inclusive em *tournants* historicamente expressivos, dando mostra significativa das potencialidades de uma História da vida privada como temática global de investigação".[18]

Naquela época, num contexto de aproximação também das nossas reflexões teóricas e metodológicas – embora eu já estivesse totalmente voltada para a História administrativa e colonial – revisitei algumas das hipóteses e conclusões do meu trabalho de mestrado sobre a imprensa feminina – jornais escritos por mulheres e a elas dirigidos – no Rio de Janeiro na segunda metade do século XIX.[19]

Nele procurei discutir a manifestação do individualismo na sociedade – patriarcal e escravista – brasileira, a partir das reflexões de autores como Louis Dumont[20] e Georg Simmel,[21] privilegiando ainda, na pista deste último, a importância da noção de subjetividade na construção do indivíduo enquanto categoria histórica e sociológica dos tempos atuais. Tentei mostrar que embora o espaço privado – da

---

17   DUBY, Georges. "Poder privado, poder público". In: ARIÈS, Philippe e DUBY, Georges (org.). *História da vida privada. Da Europa Feudal à Renascença*. São Paulo: Companhia das Letras, 1991.
18   VAINFAS, Ronaldo. "História da vida privada: dilemas...", *Op. cit.*, p. 22.
19   BICALHO, Maria Fernanda Baptista. *'O Bello Sexo': Imprensa e identidade feminina no Rio de Janeiro em fins do século XIX e início do século XX*. Dissertação de Mestrado apresentada ao PPGAS / Museu Nacional / UFRJ, 1988 (inédita).
20   DUMONT, Louis. *O individualismo. Uma perspectiva antropológica da ideologia moderna*. Rio de Janeiro: Rocco, 1985.
21   SIMMEL, Georg. *On individuality and social forms*. Chicago: The University of Chicago Press, 1971.

casa, da família, da intimidade doméstica – fosse um *locus* privilegiado para a afirmação da subjetividade individual – e no caso específico que me interessava, para a construção de uma nova identidade feminina – esse espaço, não obstante, esteve longe de ser o único apropriado para tal fim. Ao contrário, a imprensa – veículo por excelência de circulação no espaço público e de formação de uma opinião pública – foi o instrumento eleito por algumas mulheres para a expressão da sua subjetividade e para a abertura de uma brecha que lhes permitisse se afirmarem no domínio público do trabalho e da política.

Em outras palavras, por meio da análise do discurso dos jornais femininos pretendi discutir a identidade da mulher retratada por este tipo de imprensa, a mulher urbana, educada, "burguesa", que aos poucos descobria o mundo à sua volta, com o qual começava a interagir, querendo conquistar um espaço seu. A mulher vista "nos seus próprios termos", percebida à luz do discurso de sua subjetividade, tornado público através da imprensa.

De fato, esses jornais tinham muito de diários, memórias, escritos íntimos, expressão do individualismo e do romantismo então emergentes, gênero literário tão vorazmente consumido pelas moças e senhoras daquela época, que mal haviam saído do confinamento das alcovas, cujo isolamento lhes impunha uma incomunicabilidade forçada com o mundo exterior. Nesse sentido, os artigos que compunham os mesmos jornais tinham muito de registro da intimidade doméstica, privada, familiar. Mas no ato de sua publicação, ou "publicização", transparecia a busca consciente de um, ou uma interlocutora, e a tentativa de construção de uma identidade social.

Esse tipo de imprensa pode ser comparado aos hebdomadários que, segundo Habermas, invadiram a Europa após 1750, dirigidos a um público "que apaixonadamente tematiza a si mesmo", e que "busca no raciocínio público das pessoas privadas" entendimento mútuo e esclarecimento de "experiências que fluem de fontes de uma subjetividade específica", nascida no lar e na esfera familiar.[22]

Exemplo disso é a carta de uma assinante do *Jornal das Senhoras*, dirigida à sua redatora, e transcrita em um de seus primeiros números, a 8 de fevereiro de 1852:

> Em dias deste mês, estava eu passando pelos olhos o *Jornal do Comércio*, sem deparar nele coisa que me interessasse mais intimamente, quando vi de repente um anúncio - o *Jornal das Senhoras*. Corri à sala de meu pai e

---

22 HABERMAS, Jürgen. *Mudança estrutural da esfera pública: investigações quanto a uma categoria da sociedade burguesa*. Rio de Janeiro: Tempo Brasileiro, 1984.

> pedi-lhe que o mandasse buscar. Apenas chegou, fui devorando-o, e logo no princípio acho um convite para todas as que quiserem concorrer com seu cabedal, e ocupar um lugarzinho nas páginas do jornal. Foi o mesmo que se estivesse com muita sede e calor, e a senhora me oferecesse um sorvete. (...) A senhora veio-nos abrir um campo de atividade, em que podemos exercer as nossas forças, e sair do nosso estado de vegetação. Como lhe agradecemos? Demais, que prazer o de escrever alguma coisa em letra redonda; saber que as outras leem nossos pensamentos. Tanto que eu desejava isto, agora a senhora me oferece uma oportunidade.

Assim, a imprensa feminina abriu, na segunda metade do século XIX, um espaço de "sociabilidade" para mulheres que haviam vivido até então isoladas no recolhimento de seus lares, proporcionando às suas leitoras um meio de comunicação eminentemente público.

Mas não só. A educação feminina, tema privilegiado por aqueles jornais, era defendida como suporte indispensável à "emancipação da mulher". Essa reivindicação vinha imbuída de uma tentativa de sua promoção no interior do espaço doméstico ao enfatizar a grande influência que a mãe educada teria na formação dos filhos, na moralização da família e na consequente "regeneração" da sociedade. Através da valorização do papel materno e do reconhecimento de sua intervenção moralizadora numa esfera mais ampla do social, a imprensa feminina reivindicava para o "belo sexo" a conquista de um espaço até então exclusivamente identificado com o gênero masculino: a esfera do público, domínio do trabalho e da política. Ora privilegiando a representação tradicional – e de conteúdo relacional – da mulher enquanto esposa e mãe dedicada, ora defendendo a afirmação de sua individualidade através da construção de uma identidade profissional e política, esse discurso era sem dúvida permeado por ambiguidades e tensões. Ambiguidades e tensões próprias de um "feminismo" que se afirmava naquela época.

Porém não quero me delongar aqui sobre o meu próprio trabalho, apenas demonstrar – se é que me fiz clara utilizando-o como exemplo – que talvez uma boa saída para a análise de temas ligados à vida privada seja encarar o público e o privado não como duas facetas distintas de uma oposição binária, mas como esferas, não diria confusas, mas interpenetráveis, auto-constituintes. Estes dois domínios em princípio opostos, formam muitas vezes um grande território, permeado por ambiguidades, algumas indistinções e muitas interrelações, cujo desvendamento em épocas e sociedades distintas permitiria não apenas a realização de uma História da vida privada, mas ainda sua perfeita legitimidade na determinação de constantes e na explicitação das diferenças. Aliás, como diria Paul Veyne, somente jogando com as variáveis se pode recriar, a partir de uma constante, a diversidade das modificações históricas.[23]

Naquele momento, o interesse pela vida privada enquanto questão historiográfica "presumidamente nova" se deveu em parte ao fato de ela constituir uma problemática da experiência do homem atual diante da extrema indefinição, também hoje em dia e nas nossas sociedades, das fronteiras entre o público e o privado. Como afirmou Ronaldo Vainfas a partir da citação de Duby transcrita no final de seu ensaio, o estudo da História da vida privada vinha atender a uma expectativa do mundo contemporâneo na virada do milênio. Para o historiador francês, o homem do final do século XX se defrontava com um estrangulamento de valores até então primordiais, massacrado por um estonteante progresso técnico que desqualificava e anulava as individualidades particulares, conduzindo em última instância ao esfacelamento das fronteiras entre público e privado – duas categorias não apenas historiográficas, mas norteadoras de nosso modo de ver e de nos inserirmos no mundo. Mesmo em direção oposta, Richard Sennett tematizou, em *O Declínio do Homem Público*, o mesmo sentimento de angústia do mundo contemporâneo diante de um total desmantelamento ou de uma profunda erosão, não da "essência da pessoa", como queria Duby, mas do espaço público, submetido ao império do individualismo e às tiranias do *self*.[24]

Ronaldo voltou muitas vezes ao tema – permeado por indefinições, oposições, confluências – do público e do privado. Em entrevista à *Revista de História da Biblioteca Nacional*, em outubro de 2013, cujo título é "O interesse público no privado", recolocou a questão a propósito da discussão em torno das biografias (sobretudo as não autorizadas de artistas, como Roberto Carlos). Nela afirma que a biografia é um gênero fundamental na história e na historiografia. Ao ser perguntado sobre a importância da história privada no entendimento de um período histórico específico, e o porquê de estudar e escrever biografias, responde:

> Antes de tudo, biografia e vida privada não são sinônimos, em especial no caso dos grandes personagens históricos em qualquer campo da vida social – políticos, militares, cientistas, artistas etc. O peso de certos personagens

---

23 VEYNE, Paul. *O Inventário das diferenças. História e sociologia*. São Paulo: Brasiliense, 1983, p. 15.
24 SENNETT, Richard. *O declínio do homem público*. São Paulo: Companhia das Letras, 1989, *apud* VAINFAS, Ronaldo. História da vida privada: dilemas..., *Op. cit.*, p. 26.

em determinada época já os torna públicos. A vida privada deles interessa, é claro, porque ninguém é só "público", as questões pessoais e íntimas jogam papel importante nas escolhas desses indivíduos. De modo que a biografia é um gênero essencial da história. Por que fazer biografias? Porque a dimensão individual é chave no processo histórico. Seria possível compreender o nazismo sem estudar Hitler? O fascismo sem estudar Mussolini? A Revolução Francesa sem Robespierre ou Napoleão? Não quero com isso dizer que são os grandes líderes que explicam o movimento histórico, mas frisar que o estudo dos protagonistas permite compreender melhor o processo geral. Isto vale também para personagens de segundo escalão ou mesmo para personagens quase anônimos.[25]

E não só nesta entrevista, mas em sua obra, e particularmente em dois de seus últimos livros – as biografias de Manoel de Moraes e do Padre Antônio Vieira – retoma, de forma supimpa, a trajetória íntima e a projeção pública de dois personagens interessantíssimos.[26]

Enfim, para concluir, o que eu gostaria para definir (se é que isso é possível), ou para chegar mais próximo do que poderia ser uma definição de Ronaldo Vainfas, é de citar uma definição do próprio Vainfas sobre Jacques Le Goff, numa homenagem que o nosso homenageado prestou ao grande historiador e medievalista francês na *Revista de História da Biblioteca Nacional*, em abril de 2014, logo após o seu falecimento. Segundo Ronaldo, Le Goff foi um dos expoentes da história das mentalidades. Porém, não foi "exclusivista das mentalidades, pois articulava todos os domínios da história nos seus estudos. Quando escreveu sobre teoria, fê-lo com base na sua experiência de pesquisador, avesso a delírios conceituais. Formou gerações…".[27] E eu termino cumprimentando Ronaldo, com suas próprias palavras em relação a Le Goff. Para mim, creio que para nós todas e todos que ele ajudou a formar, Ronaldo Vainfas é "um historiador completo. Um modelo".

---

25 http://www.revistadehistoria.com.br/secao/reportagem/o-interesse-publico-no-privado (consultado em 19/07/2016)
26 VAINFAS, Vainfas. *Traição. Um jesuíta a serviço do Brasil holandês processado pela Inquisição*. São Paulo: Companhia das Letras, 2008; e *Antônio Vieira: jesuíta do rei*. São Paulo: Companhia das Letras, 2011.
27 http://www.revistadehistoria.com.br/secao/artigos/um-historiador-completo (consultado em 19/07/2016)

Ronaldo Vainfas e a história dos índios: sobre encontros pessoais e profissionais

Elisa Frühauf Garcia

No final da década de 1990, período em que cursava minha graduação em História na Universidade Federal do Rio Grande do Sul, Ronaldo Vainfas era um intelectual muito reconhecido. Havia publicado trabalhos relevantes nas áreas de história colonial, tanto do Brasil quanto da América espanhola. Ademais, era um autor utilizado também nas disciplinas de teoria e metodologia, principalmente devido à organização da coletânea "Domínios da história".[1] Lançado em 1997 em parceria com Ciro Cardoso, o livro era um alento para os alunos que estavam perdidos nas suas monografias e projetos de mestrado em potencial, como era o meu caso.

Ronaldo também era conhecido e admirado por muitos em decorrência da projeção mais ampla que possuía, para além do mundo estritamente acadêmico. Atuava em veículos importantes no meio intelectual nacional: publicava resenhas e opiniões nos jornais Folha de São Paulo, O Globo e Jornal do Brasil, dentre outros. Aquele período era, no entanto, marcado pela discussão de um dos seus livros mais importantes: "A heresia dos índios", lançado em 1995.[2] A história indígena era en-

---

1 VAINFAS, Ronaldo & CARDOSO, Ciro (orgs.). *Domínios da História: ensaios de teoria e metodologia*. Rio de Janeiro: Campus, 1997.
2 VAINFAS, Ronaldo. *A heresia dos índios: catolicismo e rebeldia no Brasil colonial*. São Paulo: Companhia das Letras, 1995.

tão um objeto periférico na historiografia, para dizer o mínimo. Os que, como eu, planejavam desenvolver suas pesquisas na temática tinham pouquíssimos trabalhos onde amparar-se.

Ainda que de maneira intermitente, no entanto, o cenário sobre a história dos índios começava a mudar, como se verá mais adiante. Por um lado, tais mudanças eram tributárias da renovação nos estudos sobre a história colonial e a UFF era uma instituição que se sobressaía naquele contexto. Possuía pesquisadores de ponta no seu Programa de Pós-Graduação em História (PPGH) e Ronaldo era dos mais destacados. Marcados pela pesquisa em fontes primárias e pelo diálogo com a produção internacional, com grande valorização da história moderna, os trabalhos desenvolvidos pelos seus professores e alunos seriam uma contribuição fundamental à historiografia brasileira.

Influenciada por estas leituras, quando me aproximava da conclusão da graduação optei por seguir os estudos preparando-me para um mestrado na área de história colonial. Meu contato inicial com as fontes fora através de uma bolsa de iniciação científica. Eu havia participado de uma pesquisa que analisava os registros eclesiásticos das primeiras freguesias do atual estado do Rio Grande do Sul, em meados do século XVIII. Na ocasião, a forma como os índios apareciam naqueles registros despertou a minha curiosidade. Eles eram claramente parte fundamental da estrutura social da região, embora estivessem subdimensionados na historiografia, por uma série de razões que explicitarei abaixo.[3]

Quando terminei a graduação prestei seleção para o mestrado na UFF, em um contexto no qual o Rio de Janeiro ressurgia como importante centro de produção historiográfica do país. Foi então que conheci Ronaldo: em um encontro casual no Tio Cotó, um restaurante deveras singelo que é muito frequentado por aqueles que passam pelo Campus do Gragoatá. Naquele dia, no final do ano 2000, eu tinha ido encontrar com Sheila de Castro Faria, que seria a minha orientadora no mestrado. Ambos foram simpáticos e tive uma excelente primeira impressão do Ronaldo. Imaginava uma conduta mais solene, de alguém que esperava ser incensado pelo destaque que possuía. E aconteceu o contrário: conheci uma pessoa bastante amável. Tive então a impressão de que se tratava de um professor comprometido com o ofício de historiador. Futuramente comprovei esta opinião, embora na ocasião não tenha aprofundado o diálogo. Eu chegara recentemente ao Rio vinda de Porto

---

3 GARCIA, Elisa Frühauf. *A integração da população indígena nos povoados coloniais no Rio Grande de São Pedro: legislação, etnicidade e trabalho*. Niterói: UFF, 2003.

Alegre, era uma pessoa tímida e ainda estava me adaptando ao ambiente fluminense. Assim, apesar da boa impressão inicial, passou certo tempo até que nos encontrássemos novamente.

Cerca de dois anos depois eu estava outra vez participando de uma seleção, dessa feita para o doutorado. Ronaldo estava na banca. Era o primeiro ano que o PPGH adotava uma seleção a partir das áreas, que segue em vigor: antiga e medieval; moderna; contemporânea I, II e III. A banca de moderna, na qual eu estava inscrita, era muito qualificada. Ademais do Ronaldo, lá estavam Sheila de Castro Faria, Rodrigo Bentes Monteiro, Maria de Fátima Gouvêa e Guilherme Pereira das Neves. Eu estava novamente receosa, claro. A maior expectativa era com a entrevista, que já não existe mais, foi uma etapa da seleção eliminada no ano seguinte. Novamente me surpreendi, encontrei uma banca amável e profissional, preocupada estritamente em esclarecer pontos do projeto e avaliar a capacidade de pesquisa dos candidatos. Ronaldo era o presidente da banca e dava o tom das perguntas, sempre valorizando a originalidade historiográfica das propostas.

Aprovada na seleção, comecei a encontrar com o Ronaldo mais frequentemente. Ele coordenava o PPGH e começava uma boa época para as universidades federais. As pós-graduações viviam um momento de bonança. Uma das iniciativas mais relevantes para os programas de excelência, aqueles avaliados com conceitos 6 e 7 pela Capes, foi a criação do Proex, Programa de Excelência Acadêmica, ainda em vigor. Tratava-se de uma iniciativa da Capes que outorgava autonomia na gestão dos respectivos recursos, visando contribuir para a manutenção da sua qualidade.

A iniciativa significou a possibilidade de administrar os montantes recebidos de acordo com as prioridades estabelecidas por uma comissão gestora. Esta, se bem me lembro por recomendação da Capes, deveria ser composta por certo número de professores, um funcionário e dois alunos, um do mestrado e outro do doutorado. Acabei integrando a comissão e passei a conviver com Ronaldo com mais regularidade, encontrando-o nas reuniões do Proex. A experiência foi relevante para a minha formação. Ali aprendi muito sobre a gestão de um programa de pós-graduação, as políticas universitárias e os mecanismos de distribuição dos recursos a partir de critérios acadêmicos.

O Proex foi apenas um de vários outros âmbitos onde a visão institucional do Ronaldo foi fundamental para o desenvolvimento da área de história da UFF, sobretudo a de moderna. Os anos 2000 foram especialmente relevantes na sua produção intelectual, como é bem sabido, e seus êxitos se reverteram em benefícios coletivos à UFF. Foram decisivos, por exemplo, à formação daqueles que então eram estudantes, como era o meu caso. Um dos principais veículos disso foi o grupo de pesquisa Companhia das Índias, onde ele era a grande liderança.

Fundada em 1998, a Companhia se dinamizou na década seguinte, beneficiando-se também da já mencionada conjuntura favorável às atividades acadêmicas no país. Desde o início dos anos 2000, o grupo foi contemplado com três projetos nos editais do Pronex, todos liderados pelo Ronaldo. Tratava-se de outra iniciativa das agências de fomento voltada à manutenção da excelência, neste caso direcionada aos grupos de pesquisa. Fruto de uma iniciativa conjunta do CNPq e da Faperj, possibilitou aos professores os recursos para o desenvolvimento de suas pesquisas. Tais recursos são especialmente necessários ao historiador do período moderno, cujas fontes e bibliografias encontram-se distribuídas em diferentes instituições localizadas no Velho e no Novo Mundo.

Os projetos possibilitaram que o núcleo organizasse eventos de alto nível acadêmico, convidando pesquisadores de vários países, cujos trabalhos sintetizavam o estado da arte das suas áreas de pesquisa. Posteriormente, as comunicações apresentadas, modificadas pelo debate e pelo convívio com os colegas durante os seminários, eram transformadas em artigos que davam origem às reconhecidas coletâneas temáticas do núcleo. Longe de serem meros anais de congressos, tais livros possuíam uma qualidade e organicidade que lhes facultava uma considerável projeção no mercado historiográfico.[4]

Estas iniciativas acarretaram avanços significativos à área de história moderna no país. Aos que podiam estar presentes nos eventos, possibilitaram o contato com pesquisadores de renome internacional. Por outro lado, viabilizaram a divulgação de discussões historiográficas essenciais em diferentes regiões do país, que de outra forma ficariam restritas aos que têm acesso a livros publicados no exterior. Contribuíram, portanto, à formação dos estudantes da área e fomentaram o desenvolvimento de trabalhos de pós-graduação concatenados ao estado da arte de diversos campos da história moderna. Tais iniciativas certamente colaboraram para o aumento da quantidade e da qualidade de dissertações e teses defendidas no Brasil. Fizeram parte de um movimento mais amplo que nas últimas décadas ajudou a consolidar a

---

[4] VAINFAS, Ronaldo & MONTEIRO, Rodrigo Bentes (orgs.). *Império de várias faces: relações de poder no mundo ibérico da Época moderna*. São Paulo: Alameda, 2009; VAINFAS, Ronaldo; SANTOS, Georgina & NEVES, Guilherme (orgs.). *Retratos do império: trajetórias individuais no mundo português nos séculos XVI a XIX*. Niterói: EDUFF, 2006.

nossa historiografia, tornando a sua consulta ineludível aos que estudam os impérios ibéricos, sobretudo o português e suas áreas de influência.

Tal cenário foi fortalecido pelo investimento dos recursos do Pronex também em iniciativas direcionadas aos alunos de graduação e pós-graduação, cujos trabalhos contemplavam temas de história moderna. Foram promovidas várias edições de seminários voltados aos estudantes, todos financiados pela Companhia. A modalidade adotada valorizava a produção de conhecimento original por parte dos discentes e investia em uma organização marcada pela profissionalização, recebendo alunos de instituições de várias regiões do país, com predomínio do sudeste.

Muitos dos que estiveram nos seminários são hoje professores em diversas universidades públicas no país. Nos encontros puderam participar de discussões qualificadas sobre seus trabalhos e realizar suas primeiras publicações. Foi o meu caso. Estive na edição inaugural do Seminário de Pós-Graduandos em História Moderna da Universidade Federal Fluminense, realizado em 2006. No ano seguinte, a Companhia publicou um livro com artigos selecionados das comunicações apresentadas. Para mim, assim como para os colegas que também estavam começando a carreira, significou uma importante oportunidade de divulgação de nossas pesquisas.[5]

A história indígena adquiriu um lugar de destaque neste processo de projeção da área de moderna, materializando uma preocupação que o Ronaldo reiteradamente demonstrou em suas diferentes frentes de atuação. Ainda que seus trabalhos não necessariamente enfocassem a população nativa, ele sempre considerou que a história colonial era incompreensível sem ela. Em grande medida, o destaque adquirido pela UFF nesta área é tributário da sua visão. Ademais dos encontros institucionais e pessoais acima mencionados, vinculados à minha trajetória na universidade, minha aproximação do Ronaldo esteve muito mediada por nosso interesse em comum na temática. Por conta disto, neste artigo abordarei, sobretudo, a sua contribuição para o desenvolvimento deste campo na historiografia brasileira.

A história indígena

A história indígena é um campo de desenvolvimento relativamente recente no Brasil. O Programa de Pós-graduação em História da Universidade Federal Flumi-

---

5 GARCIA, Elisa Frühauf. "Em busca de novos vassalos: as estratégias dos portugueses para a atração dos índios durante as tentativas de demarcação do Tratado de Madri na região sul". In: MONTEIRO, Rodrigo Bentes (org.). *Espelhos deformantes: Fontes, problemas e pesquisas em História Moderna (séculos XVI-XIX)*. São Paulo: Alameda, 2008.

nense vem se consolidando como um espaço de produção de conhecimento sobre o tema, com qualidade reconhecida nacional e internacionalmente. Como já mencionado acima, tal situação deve muito à atuação de Ronaldo Vainfas na instituição como gestor e como professor. A sua produção espelhou sempre uma preocupação em manter-se atualizado no tema, favorecendo assim o desenvolvimento de pesquisas de alto impacto na historiografia.

Até o início da década de 1990 havia pouquíssimos trabalhos sobre os índios na historiografia brasileira.[6] Isto refletia um legado das linhas vencedoras dos debates sobre a construção da história do Brasil, transcorridos em meados do século XIX e que tiveram o IHGB como centro. Na ocasião, os índios acabaram relegados a um espaço pré-colonial. É bem conhecida a frase de Varnhagen, segundo o qual para os índios, "povos na infância não há história: há só etnografia".[7] Neste tipo de narrativa, após os contatos o protagonismo passava aos europeus, no caso sobretudo portugueses. Aos nativos restava, quando muito, o papel de coadjuvantes. Se "resistiam", eram apresentados como óbices à colonização. Quando se associavam aos portugueses, tratava-se meramente de uma etapa inicial: eles não sobreviveriam por muito tempo. Estavam inexoravelmente fadados à extinção, fosse pelas doenças, fosse pela carga excessiva de trabalho. De qualquer forma, eram irrelevantes à história. Considerados por diversos motivos "inaptos" ao trabalho escravo, seriam logo "substituídos" pelos escravos de origem africana.[8] Às mulheres, por sua vez, reservava-se um papel específico, duplamente secundário, pelo gênero e pela condição indígena. Limitavam-se a ser o veículo da mestiçagem, ou o "ventre" se utilizamos o termo de Darcy Ribeiro, que cedo ou tarde originaria "o brasileiro".[9]

No cenário acadêmico nacional de meados do século XX, ao substrato oitocentista somaram-se algumas ideias um tanto difusas sobre a aculturação, que eram frequentemente elencadas para deslegitimar o estudo do tema. Tributária de uma visão linear e cultural da identidade indígena, era entendida como um processo desencadeado pelos contatos com os europeus que fatalmente conduziria a população

---

6 Para uma síntese sobre o desenvolvimento do campo da história dos índios no Brasil, veja-se: ALMEIDA, Maria Regina Celestino de. *Os índios na história do Brasil*. Rio de Janeiro: FGV, 2010.

7 VARNHAGEN, Francisco Adolfo de. *História Geral do Brasil*. São Paulo: Melhoramentos, 1956 [1854], Tomo i, p.30.

8 Sobre o tema, veja-se: GARCIA, Elisa Frühauf. "Guerras, trocas e alianças na formação da sociedade colonial". In: FRAGOSO, João & GOUVÊA, Maria de Fátima (orgs.). *O Brasil colonial: volume 1 (ca.1443 – ca. 1580)*. Rio de Janeiro: Civilização Brasileira, 2014.

9 RIBEIRO, Darcy. *O povo brasileiro: a formação e o sentido do Brasil*. São Paulo: Companhia das Letras, 1995, p.54.

nativa à condição de mestiços.[10] O termo tem uma longa trajetória na antropologia, mas deve parte importante da sua difusão na história aos trabalhos de Nathan Wachtel. Conceito-chave em seu influente livro sobre a conquista dos índios andinos, suas ideias entraram na academia brasileira principalmente a partir de dois artigos disponíveis em português. Um na coletânea dirigida por Leslie Bethel sobre a História da América Latina. Outro, cujo título é precisamente "A aculturação", publicado na coleção "História", organizada por Jacques Le Goff e Pierre Nora.[11]

Tais ideias estavam muito presentes no contexto de estabelecimento dos programas de pós-graduação, embora em geral fossem manejadas por não especialistas. Assim, os poucos estudantes que pretendiam pesquisar o tema eram frequentemente desmotivados: ouviam que não se tratava de assunto pertinente à história, onde os índios eram residuais. Obrigatoriamente, deveriam mudar de objeto ou de área... Devido a iniciativas conjuntas de historiadores e antropólogos, o cenário começou a transformar-se na década de 1990. A coletânea "História dos índios no Brasil", lançada em 1992, organizada por Manuela Carneiro da Cunha foi um marco. Reunindo especialistas com trabalhos que abarcavam várias regiões do país em diferentes temporalidades com perspectiva interdisciplinar, tornou-se uma obra fundamental para os que tinham interesse na área.[12]

Dois anos depois, era publicado o livro de John Monteiro, "Negros da terra".[13] Marco de um novo período na temática, o trabalho analisava um objeto tradicional do Brasil colonial: as relações entre bandeirantes e índios. Ao mudar o foco da pesquisa, Monteiro demonstrou como o planalto paulista era dependente dos povos nativos em vários aspectos, não apenas no econômico. Naquela parte da América

---

10 Para uma síntese das mudanças teórico-conceituais ocorridas nas últimas décadas na história dos índios, veja-se: BOCCARA, Guillaume. "Mundos Nuevos en las fronteras del Nuevo Mundo: relectura de los procesos coloniales de etnogénesis, etnificación y mestizaje en tiempos de globalización", *Mundo Nuevo Nuevos Mundos*, revista eletrônica, Paris (www.ehess.fr/cerma. Revuedebates.htm).

11 O trabalho mais relevante de Nathan Wachtel nesta linha é: *Los vencidos. Los indios del Perú frente a la conquista española (1530-1570)*. Madri: Alianza Editorial, 1976. No entanto, como mencionado no corpo do texto, suas contribuições sobre a aculturação foram apropriadas no Brasil sobretudo a partir de dois textos publicados em português: WACHTEL, Nathan. "Os índios e a conquista espanhola". In: BETHELL, Leslie (org.). *História da América Latina: A América Latina Colonial*, volume I. São Paulo: Editora da Universidade de São Paulo; Brasília: Fundação Alexandre de Gusmão, 1998; WACHTEL, Nathan. "A aculturação". In: LE GOFF, Jacques & NORA, Pierre (orgs.). *História: novos problemas*. Rio de Janeiro: Francisco Alves, 1979.

12 CUNHA, Manuela Carneiro da (org.). *História dos índios no Brasil*. São Paulo: Companhia das Letras, 1992.

13 MONTEIRO, John. *Negros da terra*. São Paulo: Companhia das Letras, 1994.

portuguesa criou-se todo um ordenamento social baseado na continuidade da utilização dos índios como mão-de-obra. Frequentemente, tal prática estava em franco contraste com as leis emanadas do reino, contrárias à sua escravização. Os paulistas por sua vez, para viabilizá-la, criaram soluções e um estilo de vida cuja compreensão não pode prescindir dos ajustes construídos com os próprios nativos.

A obra: anos 1990

O livro "A heresia dos índios" foi uma contribuição importante neste contexto de fortalecimento historiográfico da temática ocorrido na década de 1990. Tratava-se da publicação da tese apresentada para o concurso de professor titular em história moderna na UFF, defendida por Ronaldo em 1994. Explorando as fontes inquisitoriais, o livro analisava um movimento indígena conhecido como Santidade do Jaguaripe, ocorrido no Recôncavo Baiano na década de 1580. O movimento em si não tinha nada de especialmente original: a eclosão de "santidades" era relativamente usual nos espaços ocupados pelos tupis-guaranis, embora aquela tenha sido a maior entre as suas congêneres.

A excepcionalidade da Santidade de Jaguaripe deve-se ao seu meticuloso registro pelo Santo Ofício de Lisboa, em sua primeira visitação ao Brasil, entre 1591 e 1595. É importante destacar que a preocupação inquisitorial não era especificamente com os índios. A questão era o patente envolvimento de um português, Fernão Cabral de Taíde. Senhor de engenho bem-sucedido, em determinado momento recebeu a Santidade em sua fazenda, fato que gerou várias denúncias meticulosamente investigadas pela Inquisição. Teria ainda participado de alguns dos seus rituais e se beneficiado da mão-de-obra dos nativos que ali chegavam atraídos pelas promessas de um futuro melhor.

A principal contribuição do livro foi analisar a Santidade considerando a sua inserção na história da América portuguesa através de novas fontes. Tais movimentos eram, em parte, interpretados como manifestações da busca da "terra sem mal" pelos tupis-guaranis. Em linhas gerais, tratava-se de migrações que podem ser encontradas em vários registros efetuados durante os primeiros contatos, onde se narra situações nas quais eles seguiam "profetas" à procura de uma espécie de paraíso. Lá chegando, não seria mais necessário trabalhar para viver e as pessoas velhas voltariam a ser jovens e fortes, dentre outras características.

Por outro lado, tais movimentos possuíam também um caráter anticolonialista. Como destacou Ronaldo, a Santidade estava conectada a um momento específico da construção da sociedade colonial, quando a escravidão dos índios era generalizada e eles enfrentavam guerras, fomes e epidemias. E era precisamente tal contexto social que aparecia nas pregações dos "profetas", só que em linguagem milenarista. Eles prometiam um mundo onde a ordem então vigente seria invertida: os "brancos", juntamente com vários símbolos da dominação portuguesa, seriam eliminados ou ocupariam uma posição subalterna. Naquelas narrativas, o catolicismo era associado aos malefícios trazidos pela sociedade colonial. Na perspectiva dos "profetas" era necessário livrar-se das consequências nefastas da cristianização utilizando para tanto uma cerimônia chamada de "rebatismo".

A Santidade de Jaguaripe ilustra uma situação frequente nos períodos imediatamente posteriores à conquista também em outros domínios americanos. Aquele momento onde os índios percebiam que sua posição na sociedade que então se construía seria a de subordinados e não mais a de aliados. Apesar de algumas especificidades, em linhas gerais o processo de conquista da América foi conduzido pelos europeus juntamente com seus aliados nativos. O destino de tais índios variou de acordo com os contextos, mas eles frequentemente enfrentaram um processo de subalternização. Este processo não foi pacífico e as reações foram variadas: a eclosão de movimentos semelhantes às santidades tupis-guaranis foi uma delas. Em todos estavam presentes "releituras", digamos assim, de símbolos do catolicismo. Especial destaque tiveram certos rituais, como o batismo e o casamento, assim como alguns cargos da hierarquia eclesiástica. Não raro os participantes se apresentavam como papas, freiras, bispos, dentre outros.[14]

Assim, a análise produzida pelo Ronaldo, ademais de marcada pela interdisciplinaridade, sobretudo com a antropologia, se beneficiou da interpretação da temática a partir de um contexto americano mais amplo. Semelhante perspectiva também foi inovadora na historiografia brasileira, que, a despeito de sua qualidade, demonstrou sempre certa propensão ao isolamento. Para realizar tais conexões com a América espanhola colonial foi fundamental a sua atuação por anos como professor da disciplina no departamento de história da UFF. Portanto, ele era, e é, um profundo conhecedor de uma historiografia onde os índios ocupam um lugar de prestígio desde muito tempo. E foi esta historiografia que lhe forneceu um instrumental teórico fundamental para analisar o caso da costa brasileira no final do século XVI.

---

14 Para um exemplo deste tipo de movimento, veja-se o caso do Taqui Onqoi no Peru: STERN, Steve. *Los pueblos indígenas el Perú y el desafío de la conquista española. Huamanga hasta 1640*. Madri: Alianza Editorial, 1986.

Há muito mais de América espanhola na maneira como Ronaldo lê a história dos índios no Brasil e aí percebe-se também a sua atuação em trabalhos de síntese destinados a um público nacional. Em meados de 1992, ele teve uma participação considerável nas reflexões ensejadas pelas efemérides dos quinhentos anos da "descoberta da América". Uma iniciativa então muito oportuna foi a organização do livro "América em tempo de conquista", que ofereceu aos leitores interpretações atualizadas sobre temas caros às discussões historiográficas da época.[15] Dentre outros pontos positivos do livro, destaca-se a difusão de ideias centrais de trabalhos então de ponta, como "A colonização do imaginário" de Serge Gruzinski. Este, figura de proa na área de América colonial, se utilizarmos as palavras de Ronaldo, ainda não tivera seu livro lançado no país. Assim, o artigo que publica na coletânea foi para muitos no Brasil o primeiro contato com um autor que foi fundamental para a história dos índios.[16]

Seus trabalhos nos anos 90 foram, portanto, um marco no campo da história indígena, tanto nas pesquisas acadêmicas quanto na área de difusão. A partir de então, Ronaldo teve uma atuação cada vez mais destacada nos estudos universitários sobre o tema. Orientou teses e dissertações, atuou em bancas e como parecerista, dentre outras frentes.

A obra: anos 2000

As pesquisas desenvolvidas pelo Ronaldo nos anos 2000 não foram centradas na história dos índios. Ele sempre esteve, no entanto, atualizado sobre o estado da arte da temática, incidindo de maneira decisiva nos seus desdobramentos no Brasil e incluindo nos seus trabalhos o que de melhor havia no conhecimento sobre os povos nativos. O livro "Traição", sobre a trajetória do jesuíta Manoel de Moraes, demonstra isso muito bem.[17] Personagem não muito conhecido até então, trata-se de alguém cuja vida perpassa a história do final do século XVI e meados do seguinte, agitada ao sabor dos eventos que conectavam diversas partes dos impérios modernos.

Descrito pelos contemporâneos por meio de vários signos de mestiçagem, com alusões à cor, ao cabelo ou aos olhos, Manoel de Moraes era um típico paulista de então: possuía algo de português e muito de índio. Um mameluco, enfim. Diferente de

---

15 VAINFAS, Ronaldo (org.). *América em tempo de conquista*. Rio de Janeiro: Jorge Zahar Editor, 1992.
16 GRUZINSKI, Serge. *A colonização do imaginário: sociedades indígenas e ocidentalização no México espanhol. Séculos XVI-XVIII*. São Paulo: Companhia das Letras, 2003.
17 VAINFAS, Ronaldo. *Traição: um jesuíta a serviço do Brasil holandês processado pela Inquisição*. São Paulo: Companhia das Letras, 2008.

muitos conterrâneos seus, não se dedicou ao "sertanismo". Estudou com os jesuítas em São Paulo, tornando-se um deles depois de completar a sua formação no colégio da Bahia. Logo se dedicou às atividades de missionário, como veremos abaixo.

Os acontecimentos decorrentes da tomada do nordeste açucareiro, porém, mudariam a vida do até então jesuíta. Num determinado momento ele passou para o lado dos holandeses, naquela que aparentemente foi apenas a primeira de muitas "traições". Posteriormente mudou-se para Holanda e converteu-se ao calvinismo. Lá experimentou outra vida: casou-se e constituiu família. A Inquisição, porém, já estava no seu encalço: foi julgado e condenado à revelia. No futuro teria novamente vontade de mudar, ou melhor, de voltar: ao catolicismo e ao Império português. Situando a sua trajetória em interseções entre as escolhas oportunistas e os dilemas existenciais, Ronaldo constrói uma narrativa instigante de um personagem por um lado excepcional. Não deixa de demonstrar, porém, como a sua vida foi profundamente condicionada pelo mundo em que viveu.

E o mundo de Manoel de Moraes estava conectado ao dos índios desde o berço, ou da "rede de carijó", como bem assinalou Ronaldo.[18] As habilidades que adquiriu no seu entorno de nascimento paulista foram fundamentais à sua posterior atividade missionária no nordeste. Da proximidade com os grupos indígenas obteve instrumentos culturais que foram importantes na sua vida futura, onde por vezes foi simultaneamente missionário e capitão dos nativos aldeados. Seja como for, uma das suas habilidades mais importantes era o domínio da língua geral. É bem verdade que ela fazia parte do processo de formação de um jesuíta no Brasil, mas Manoel de Moraes já chegava ao colégio bem preparado: a aprendera na infância, em uma região onde o seu uso então era mais frequente que o do português.

Designado como superior de um aldeamento indígena em Pernambuco no início da década de 1620, Manoel de Moraes obteve êxito imediato. Antes de mudar de lado, ele foi o grande líder dos índios na batalha contra os batavos. Na invasão holandesa a Pernambuco, em 1630, os povos nativos foram peças fundamentais, não raro decisivas. Lá, como em todo o Brasil, os aldeamentos eram parte fundamental da composição das forças militares. E que os índios poderiam ser o fiel da balança era algo que ambas as partes sabiam. As dúvidas sobre as lealdades, por sua vez, assolavam também os índios: muitos repensaram as alianças então vigentes, originando uma passagem crucial dos conflitos, que Ronaldo intitulou "Imbróglio indígena".

---

18   Idem, p.21.

O período é especialmente empolgante para a história dos índios no Brasil. Alguns, como Felipe Camarão, Pedro Poti e Antônio Paraopaba foram inegáveis protagonistas das lutas e projetos relacionados com o nordeste. Todos índios potiguares, divergiam sobre qual lado lhes traria um futuro mais auspicioso. Felipe Camarão, o mais famoso, combateu fielmente junto aos portugueses. Anteriormente, porém, seu destino havia coincidido com o de Manoel de Moraes: ambos tiveram uma relação próxima quando o jesuíta era superior da Companhia no aldeamento de São Miguel de Muçuí.

A perspectiva de Pedro Poti, porém, era distinta: acreditava que os holandeses poderiam trazer um futuro melhor aos índios. Ele, assim como Paraopaba, fazia parte de um grupo de potiguaras que "prestou assessoria" aos holandeses para a tomada de Pernambuco. A relação com os batavos começara alguns anos antes, quando da tentativa frustrada de invasão da Bahia em 1625. Na ocasião, uma esquadra holandesa aportara na baía da Traição e fora muito bem-recebida pelos índios. Eles andavam, com razão, insatisfeitos com os portugueses: queixavam-se dos maus-tratos, do excesso de trabalho e das poucas expectativas de futuro. Resolveram então apostar nos holandeses.

Quando uma parte dos batavos retornou à Europa, foi acompanhada por um grupo de seis potiguares. Eles fizeram uma verdadeira imersão na "cultura holandesa": aprenderam a língua, os costumes e converteram-se ao calvinismo. Em troca, forneceram informações preciosas que foram utilizadas na conquista de Pernambuco. Após a vitória dos seus aliados, tornaram-se importantes na administração dos assuntos indígenas nas áreas tomadas, sobretudo Pedro Poti, que atuava como mediador na relação com as aldeias que declararam fidelidade à WIC.

Tal como fez no caso de Manoel de Moraes, Ronaldo também apresenta os dilemas dos índios considerando a oscilação entre benefícios objetivos e questões existenciais. Por um lado, a opção pelos holandeses refletia um passado de sofrimento e frustrações junto aos portugueses, como mencionado acima. Porém, baseava-se também em inclinações religiosas e culturais. O caso mais notório foi o dos convertidos ao calvinismo. Como é bem sabido pelos que conhecem a nossa história colonial, houve uma troca de cartas entre Pedro Poti e Felipe Camarão, onde o primeiro tentava convencer o segundo da superioridade do calvinismo. Tais preferências não podem ser explicadas apenas por conveniências, ainda que certamente semelhantes avaliações tenham estado presentes na consciência de muitos. Tanto não era assim que alguns se mantiveram resolutos em sua fé mesmo após a derrota, como demonstra Ronaldo no caso de Pedro Poti. Preso pelos portugueses, negou-se a abjurar.

Semelhante discussão demonstra um avanço no campo da história dos índios, superando discussões dominantes até finais dos anos 90. A adoção da religião cristã, a utilização da escrita, o aprendizado de línguas europeias, dentre outros instrumentos culturais, não são em nenhum momento interpretados sob a ótica do conceito da aculturação. O tempo passara e agora a área pensava os índios no seu contexto específico, em detrimento de utilizar questões e conceitos do presente para entender o passado. Ou seja, passou-se a considerar a categoria índio em sua dimensão histórica. E, no caso do mundo colonial, os significados de ser índio estavam mais ancorados em uma definição jurídica, dentro da hierarquia do Antigo Regime, do que sobre uma base cultural. Além disso, privilegia-se, sempre que possível, a perspectiva dos índios, onde a incorporação de tais elementos poderia acarretar mais ganhos do que perdas. Ou seja, para melhorar suas chances no mundo em que viviam, os nativos adotavam uma série de elementos trazidos pelos europeus, utilizando-os de acordo com as suas prioridades.

Ademais, o livro surgiu em um momento onde a história dos índios no Brasil estava passando por uma transição: de completamente periférica, passara a ser valorizada tanto no ambiente escolar quanto no acadêmico. Para a mudança do estatuto da temática dentro da historiografia foram fundamentais determinadas posições adotadas pelo Estado brasileiro, após pressões de vários movimentos sociais. Em março de 2008 foi promulgada a lei 11.645, que estabeleceu a obrigatoriedade do ensino da "história e da cultura indígena" nas escolas de nível fundamental e médio, tanto públicas quanto privadas. A iniciativa gerou uma demanda de conhecimento sobre o tema e aprofundou um debate ainda em andamento: afinal, o que é a "história e a cultura indígena"?

Conclusões

Certamente, não há uma resposta única para o que é a história dos índios. Diferentes disciplinas trabalham com a questão, mantendo maiores ou menores relações entre si. A própria lei menciona que o tema deve ser tratado em todo o currículo, embora enfatize a história do Brasil, a educação artística e a literatura. Devido às mudanças ocorridas no campo nas duas últimas décadas, para as quais a contribuição do Ronaldo foi decisiva, a história é capaz de posicionar-se neste debate.

A grande contribuição que a história pode dar ao debate sobre as definições da história indígena é questionar frontalmente a percepção de Varnhagen e as opções do século XIX, cujos desdobramentos ainda se mantêm, explícita ou implicitamente, nas visões sobre os povos nativos da América portuguesa. Nossa produção hoje nos permite demonstrar que não há uma história do Brasil sem os índios. Ou seja, não é possível compreender as estruturas sociais, o desenvolvimento econômico, cultural, dentre outros aspectos, sem considerar a participação e as opções dos povos nativos.

Se a visão do Ronaldo foi fundamental para a institucionalização do campo da temática indígena na área da história, também posso dizer que em distintos momentos da minha trajetória profissional me beneficiei dos conhecimentos e sugestões generosamente compartilhados por ele. Já mencionei acima nossa convivência na minha época de estudante. Anos depois tive a sorte de tê-lo como colega, quando comecei a trabalhar como professora na UFF em 2009. Desde então, até a sua aposentadoria em 2015, aprendi muito sobre a profissão de historiador e de professor universitário atuando com ele nos mais variados afazeres acadêmicos, envolvendo principalmente a área de história moderna da UFF.

Felizmente, porém, a aposentadoria não significou o seu afastamento completo das atividades de historiador. Espero que ele siga o máximo de tempo possível contribuindo para o desenvolvimento da nossa área de história. Ademais, tantos anos de convivência geraram uma grande amizade e reconhecimento, que superam os laços profissionais. Ao escrever este texto, fatalmente revisitei diversos momentos-chave do meu passado e constatei que a presença do Ronaldo iluminou muitos deles. Tomara que continue assim...

Ronaldo Vainfas e a Nova História nos Trópicos

Georgina Silva dos Santos

DE TEMPOS EM TEMPOS, temos a impressão de que certas décadas, e por vezes certos anos, marcam o calendário de maneira indelével, tamanha é a importância que adquirem para a História. No Brasil, os últimos seis decênios foram tão pródigos em acontecimentos marcantes que houve quem dourasse os anos da Bossa Nova, quem dissesse ser 68 o ano que não terminou, quem definisse a década de 1970 como a "era do individualismo", do Tropicalismo, do milagre econômico, do tricampeonato da Copa do Mundo, matizando o peso esmagador próprio dos anos de chumbo, que tingiram de cinza os estabelecimentos do ensino público até que o processo de redemocratização do país trouxesse novos ares.

Embalados pelo Rock Brasil e pelo movimento das *Diretas Já*, que sacudiu a sociedade, inspirou bandeiras sociais e impulsionou o surgimento de organizações não governamentais, os anos 80 culminaram na redação da sétima Constituição brasileira, promulgada no mesmo ano em que se celebrava o centenário da abolição da escravatura. Embora solene e festiva, a década de 80 trouxe aos cursos universitários de História questões suscitadas por esta intensa mobilização civil. A luta por ações afirmativas dirigidas aos negros, às mulheres, aos indígenas, às crianças e aos idosos ganharam força e visibilidade, impondo sua reflexão. Ao cruzarem os portões da Universidade, mudaram a maneira de ver e fazer história, portanto, não seria um exagero dizer que os anos 1980 promoveram uma verdadeira revolução historiográfica.

Neste bojo, as análises socioeconômicas e demográficas, de viés marxista, que haviam marcado os anos sessenta e setenta do século XX, passaram a conviver com o debate acadêmico suscitado pela história das mentalidades e pela história cultural. O apelo da Nova História francesa, em particular, repercutiu vigorosamente nos Programas de Pós-Graduação, cujas teses e dissertações enfocavam então novos problemas, elegiam novos objetos, incitando novas abordagens.[1] O interesse crescente por questões tradicionalmente discutidas no campo da Antropologia e da Sociologia alcançou áreas distintas do saber histórico, mas foi particularmente sentido nos estudos sobre história colonial. Uma geração de historiadores liderou esse movimento, que trouxe para o centro das discussões temas até então secundários e personagens marginais, ignorados por seu anonimato ou ocultos por uma identidade coletiva que lhes destinava a mesma sorte.[2] A originalidade temática, a inovação metodológica, a valorização de arquivos locais permitiu a esses historiadores brasileiros compulsar grandes séries documentais e revelar fontes inéditas, que usadas a contrapelo iluminaram aspectos desconhecidos da escravidão, da vida conjugal e familiar, da missionação empreendida pela Companhia de Jesus ou da religiosidade popular. O saldo dessas inovações materializou-se em obras aclamadas, que se tornaram referência obrigatória nas respectivas especialidades.

Expoente desta plêiade de historiadores que revolucionaram os estudos da história colonial brasileira, Ronaldo Vainfas fez boa parte de sua formação acadêmica na Universidade Federal Fluminense e toda sua carreira de docente universitário nesta casa. Licenciou-se em História no ano de 1978, quando as instalações do Instituto de Ciências Humanas e Filosofia eram ainda na Rua Lara Vilela e o Campus do Gragoatá um futuro distante. Cursou o mestrado em História da América também na UFF, concluindo-o em 1983, com dissertação sobre ideias escravistas no Brasil Colonial.[3] O

---

[1] Cf. LE GOFF, Jacques; NORA, Pierre. *História: novos objetos*. Rio de Janeiro: Francisco Alves, 1976; LE GOFF, Jacques; NORA, Pierre. *História: novos problemas*. Rio de Janeiro Francisco Alves, 2ª. edição, 1979; LE GOFF, Jacques; NORA, Pierre. *História: novas abordagens*. Rio de Janeiro: Francisco Alves, 1988.

[2] Laura de Mello e Souza, Luiz Alberto Mott e Lana Lage integram esta geração de historiadores.

[3] Em 1979, ano em que Vainfas ingressou no mestrado, o PPGH–UFF contava com duas linhas de investigação: História da América e História do Brasil. Em 1980, o Programa sofreu uma reforma que concentrou em História Social as linhas de pesquisa do PPGH, a saber: História Social das Ideias, História Urbana e Industrial e História Agrária, sob a coordenação dos Professores Francisco Falcon; Maria Bárbara Levy e Eulália Lobo; e Maria Yedda Linhares e Ciro Flamarion Cardoso, respectivamente. Vainfas alinhou-se em História Social das Ideias.

estudo logo transformou-se em livro. Em *Ideologia e Escravidão*,[4] o jovem historiador abordava, de modo original, as contradições presentes na relação entre os padres jesuítas – imbuídos do dever missionário de levar aos gentios o Evangelho, os costumes cristãos – e o discurso escravista, que imbecilizava os africanos.

A escolha por temas que tratassem dos grupos subalternos da sociedade colonial acompanhou Vainfas ao longo de toda sua carreira universitária. O tema da tese de doutorado desafiou o olhar taciturno que a academia e o mundo fora dela tinham sobre o Brasil à época da colonização. Apresentada à banca na Universidade de São Paulo para obtenção do grau de doutor, *Trópico dos Pecados*[5] demonstrava, com base na análise de processos inquisitoriais, a coexistência de práticas, discursos e valores morais conflitantes aos da Igreja Tridentina, revelando a sexualidade de colonos leigos e religiosos, de ambos os gêneros e escolhas afetivas distintas. Muitos acusados de fornicação, bigamia, sodomia e solicitação. Segundo Vainfas, "crimes morais", que o tribunal perseguia porque atuava como um importante instrumento das tecnologias disciplinares do Estado português.

Alvo dos críticos de plantão que acusavam a "nova história brasileira" de se ocupar de questões irrelevantes, *Trópico dos Pecados* resistiu às línguas mais ferinas e com 28 anos de existência, na sua 3ª. edição, é um dos clássicos da historiografia nacional. Tornou-se referência obrigatória para conhecer o passado brasileiro, compreender muitas de nossas idiossincrasias e contribuiu de forma decisiva para eliminar a distância entre a produção acadêmica e o grande público, recebendo a atenção de áreas afins e de leitores interessados em descobrir o Brasil de outros tempos. Também é justo dizer que aproximou a historiografia brasileira da nova história francesa e americana, projetando seus estudos nos dois lados do Atlântico.

A qualidade da pesquisa documental, a perícia metodológica, a erudição ímpar e o talento de escritor, revelados nos primeiros estudos acadêmicos, reapresentaram-se muitíssimo amadurecidos em *Heresia dos Índios*,[6] tese para obtenção do grau de titular em História Moderna da UFF, em 1994. Motivo de inspiração para aqueles que se debruçam sobre a história indígena, o estudo desvenda os meandros da santidade de Jaguaripe, fenômeno religioso protagonizado por índios catequisados em

---

4   VAINFAS, Ronaldo. *Ideologia e Escravidão – os letrados e a sociedade escravista no Brasil Colonial*. Petrópolis: Editora Vozes, 1986.
5   VAINFAS, Ronaldo. *Trópico dos Pecados – moral, sexualidade e Inquisição no Bra*sil. Rio de Janeiro: Editora Campus, 1ª. edição, 1989.
6   VAINFAS, Ronaldo. *A Heresia dos Índios – catolicismo e rebeldia no Brasil Colonial*. São Paulo: Companhia das Letras, 1995.

uma região situada há cerca de 3 horas e meia de Salvador. Com base em fontes inquisitoriais, na correspondência jesuítica e documentos da administração colonial, Vainfas demonstra a complexa mescla cultural derivada do aldeamento indígena que, contrariando os intentos dos padres da Companhia de Jesus, promoveu a fusão heteróclita entre as entidades do catolicismo e os mitos tupinambá em um nítido processo de hibridismo cultural. Sucesso de crítica e de público, *Heresia dos Índios* é uma das pérolas da história-antropológica brasileira. Ingressou, ao lado de outros títulos produzidos pela Antropologia Cultural, no rol dos estudos obrigatórios sobre a história indígena, mas também sobre o catolicismo colonial, uma vez que oferece uma radiografia das práticas religiosas assimiladas pelos índios durante a conversão operada pelos jesuítas.

Presente desde *Ideologia e Escravidão*, a reflexão sobre a influência da Companhia de Jesus no processo de colonização da América portuguesa atravessou a obra de Ronaldo Vainfas. Ora de maneira central, como nos casos em que abordou discursos e práticas que os inacianos dirigiam aos negros e aos índios, ora como questão ancilar, como na vez em que tratou do esforço vão dos padres em implantar a moral tridentina no Trópico. Mas foi com a biografia do Padre António Vieira[7] e a microbiografia do jesuíta Manoel de Moraes[8] que o homenageado exibiu sua enorme intimidade com a história da ordem religiosa fundada por Ignácio de Loyola.

O Vieira descrito e analisado por Vainfas, laureado com o Prêmio Jabuti, é de certo o maior prosador barroco, mas é, sobretudo, um grande articulador ou conselheiro do poder régio, um super leitor da crônica política, capaz de observações muito argutas sobre as vicissitudes da economia portuguesa no seiscentos. Exaltado por seus dotes literários, Vieira está no extremo oposto do jesuíta mameluco Manoel de Moraes, que abandonou o hábito, traiu o Estado português, passando a servir aos interesses da Casa d'Orange como intermediário cultural entre os nativos e os holandeses desde que estes últimos se estabeleceram no Recife. Descrito por seus contemporâneos como "homem alto, preto e feio", Manoel de Moraes converteu-se ao calvinismo, atravessou o Oceano e foi parar na Holanda, onde casou-se por duas vezes e teve filhos. As competências políticas do jesuíta traidor e sedutor, narradas por Vainfas no livro *Traição*, deram margem a dramas de consciência que a Inquisição ignorou ao persegui-lo e ao condená-lo a queimar em estátua, mas que seu

---

7   VAINFAS, Ronaldo. *Antônio Vieira: jesuíta do rei*. São Paulo: Companhia das Letras, 2011.
8   VAINFAS, Ronaldo. *Traição: um jesuíta a serviço do Brasil holandês processado pela Inquisição*. São Paulo: Companhia das Letras, 2008.

biógrafo considerou com extrema sensibilidade, lendo nas entrelinhas do processo inquisitorial no qual se baseou para compor sua trajetória e nas diversas fontes que compulsou em arquivos de Portugal, Holanda e Brasil.

A liberdade experimentada por católicos, calvinistas, judeus e outros tantos no Pernambuco holandês será o mote do livro *Jerusalém Colonial*.[9] A experiência única de liberdade religiosa em terras brasileiras durante o período colonial permitirá a fundação da primeira sinagoga das Américas no Recife antigo. A ausência do olhar vigilante, persecutório e punitivo da Inquisição permitirá que muitos cristãos-novos retornem ao judaísmo e que outros criados sem conhecer a religião de seus ancestrais sejam apresentados à Lei Velha. Com a competência de costume e calcado em vasta pesquisa documental, Vainfas explora a trajetória dos "judeus novos", reconstitui suas redes comerciais, a (re) construção de identidades no seio da comunidade sefardita do Recife nassoviano, examina o espaço da sinagoga, lugar de culto e, simultaneamente, de conflitos.

Jerusalém Colonial é o último livro de Vainfas antes de sua aposentadoria como docente universitário. Completa um ciclo, iniciado nos idos dos anos 80, em que o historiador deslancha um percurso historiográfico que privilegia o estudo dos grupos étnicos marginalizados pela sociedade colonial. Flagrados nos registros deixados pelas lideranças intelectuais, pela elite econômica, pelas autoridades administrativas e inquisitoriais, ou seja, observados nos nichos em que foram objeto de crítica, subordinação, repressão e censura, negros, índios, mulheres, homossexuais e cristãos-novos tiveram suas trajetórias reveladas em conexão com o quadro social que lhes deu origem e que ajudaram a manter e/ou modificar. Domínios até então insondados da vida colonial emergiram das páginas de seus livros provocando estupefação, encantamento, admiração e até mesmo repulsa. A história que optou por escrever foi desde sempre uma história com rosto, vincada por dramas particulares, cotidianos, mas sempre articulada aos desafios coletivos que atravessaram cada conjuntura, ora abalando, ora reforçando os pilares do Antigo Regime nos Trópicos. Contribuiu assim para saldar uma dívida da historiografia brasileira com as minorias do passado e do presente.

A predileção por personagens excluídos ou marginalizados reforçou a inequívoca paixão de Ronaldo Vainfas pelos arquivos inquisitoriais. Reconhecendo neste acervo uma fonte extraordinária para conhecer a religiosidade popular e também os

---

9 VAINFAS, Ronaldo. *Jerusalém Colonial – judeus portugueses no Brasil Holandês*. Rio de Janeiro: Civilização Brasileira, 2010.

valores que nortearam e ergueram as sociedades do império ultramarino português, o historiador usou e abusou das fontes produzidas pelo tribunal do Santo Ofício para reconstituir ambientes, decifrar circunstâncias e moldar a face dos personagens que descobriu. A perícia em cruzar os dados extraídos das fontes inquisitoriais e materiais provenientes de outros fundos documentais fazem de seus escritos também grandes referências metodológicas.

Era de se esperar, portanto, que em algum momento passasse a refletir sobre os métodos aplicáveis no ofício que abraçou com tanto empenho. Em parceria com Ciro Cardoso organizou *Domínios da História*,[10] coletânea que reúne textos sobre as possibilidades e necessidades inerentes a cada área do conhecimento histórico e linhas de investigação. Em um pequeno livro, refletiu sobre a micro-história e os atores sociais anônimos que ela permite retirar da penumbra para iluminar aspectos desconhecidos do passado. Trate-se de um caso limite como o moleiro do Friul quinhentista, estudado por Carlo Ginzburg, ou a freira lésbica da Renascença italiana, descoberta por Judith Brown. A obra prenunciou os desafios que o autor de *Traição* chamou para si anos depois quando escreveu sobre o jesuíta Manoel de Moraes.

O caminho promissor aberto pela micro-história para alcançar zonas intocadas de tempos pretéritos acabou por despertar, em fins do século XX, no campo historiográfico (nacional e internacional) um reencontro, com as biografias dos grandes personagens e uma reflexão sobre a importância das trajetórias individuais na construção do processo histórico. Reconhecendo a relevância de uma e de outra, Vainfas lançou com os pesquisadores da Companhia das Índias[11] o desafio de olhar para o Império ultramarino português a partir de biografias e microbiografias. A iniciativa deu origem ao livro *Retratos do Império*,[12] que reúne trajetórias individuais dos dois gêneros, de estratos sociais diferentes e regiões distintas do Império luso na época moderna. Os estudos demonstram que os casos considerados à primeira vista excepcionais são igualmente produto do tempo, do espaço e da sociedade em que viveram, informando justamente sobre o grau de (in)tolerância dispensada às

---

10 CARDOSO, Ciro F.; VAINFAS, Ronaldo. *Domínios da História*. Rio de Janeiro: Ed. Campus,1997.
11 Grupo liderado por Ronaldo Vainfas e sediado na Universidade Federal Fluminense. Congrega desde 1998 os docentes/investigadores que se dedicam ao estudo da História Ibérica e Colonial da Época Moderna. Sob sua coordenação acadêmica, o grupo trouxe por três vezes o Prêmio Pronex à UFF.
12 VAINFAS, Ronaldo; SANTOS, Georgina Silva dos; NEVES, Guilherme Pereira das. *Retratos do Império – trajetórias individuais no mundo português nos séculos XVI a XIX*. Niterói: Eduff, 2006.

vivências e aos comportamentos singulares que só a redução da escala de observação é capaz de revelar.

O estímulo e o interesse de Ronaldo Vainfas pela pesquisa de ponta atraíram jovens pesquisadores e uma legião de discípulos que sob sua conhecida maestria desenvolveram estudos importantes sobre a história da Inquisição, a história cultural portuguesa e do Brasil Colonial.[13] Mas também firmou parcerias, principalmente, na sistematização e divulgação do conhecimento produzido nas universidades. Cabe aqui recordar a figura do Ciro Flamarion Cardoso, orientador da sua dissertação de mestrado, e mais recentemente Lúcia Bastos Pereira das Neves com quem dividiu a organização do *Dicionário do Brasil Joanino, 1808-1821*,[14] laureado com o Prêmio Sérgio Buarque de Holanda, em 2009.

A organização de obras de referência como o *Dicionário do Brasil Colonial*[15] o *Dicionário do Brasil Império*,[16] a co-autoria dos três volumes do livro *História*,[17] destinado aos estudantes do Ensino Médio, terão papel decisivo para estender o raio de alcance da produção acadêmica universitária. Afora as importantes descobertas que iluminaram pontos obscuros ou desconhecidos da história colonial, essa talvez seja a mais importante contribuição legada por esse grande historiador. Desde sempre, sua excelência profissional esteve de mãos dadas com a preocupação em ampliar o público leitor da História, através de uma escrita cativante e de temas que de algum modo encontrassem os dilemas do homem contemporâneo. Ao encurtar a distância entre a produção acadêmica e a sociedade combateu o entesouramento do conhecimento, retirou-lhe o peso da escrita fria e distante. Tendo a erudição como aliada inseparável, Vainfas moveu-se com frequência além das fronteiras estabelecidas pela

---

13 À guisa de exemplo cito HERMANN, Jacqueline. *No Reino do Desejado – a construção do sebastianismo em Portugal*. São Paulo: Companhia das Letras, 1998; SOUZA, Marina de Mello e. *Reis Negros no Brasil Escravista - história da festa da coroação do rei congo*. Belo Horizonte: UFMG, 2002. ASSIS, Angelo Adriano Faria de. *Macabeias da Colônia – criptojudaísmo feminino na Bahia*. São Paulo: Alameda, 2012; MATTOS, Yllan de. *A Inquisição Contestada – críticos e críticas ao Santo Ofício português (1605-1681)*. Rio de Janeiro: Mauad, 2014. MUNIZ, Pollyanna Gouveia Mendonça. *Réus de Batinas: Justiça Eclesiástica e clero secular no Maranhão colonial*. São Paulo: Alameda, 2017.
14 VAINFAS, Ronaldo; NEVES, Lúcia Bastos Pereira das (org.). *Dicionário do Brasil Joanino*. Rio de Janeiro: Objetiva, 2008.
15 VAINFAS, Ronaldo (org.). *Dicionário do Brasil Colonial*. Rio de Janeiro: Objetiva, 2000.
16 VAINFAS, Ronaldo (org.). *Dicionário do Brasil Imperial*. Rio de Janeiro: Objetiva, 2002.
17 VAINFAS, Ronaldo; FARIA, Sheila de Castro; FERREIRA, Jorge e SANTOS, Georgina dos. *História*. São Paulo: Editora Saraiva, 1ª. edição, 2010. 3 volumes.

disciplina. Tornou-se assim exemplo incomum de criatividade, talento e dedicação à área de conhecimento que abraçou ainda muito jovem: a História.

O que deve a historiografia sobre a Inquisição a Ronaldo Vainfas?

Angelo Adriano Faria de Assis[1]

EM 1992, QUANDO INICIEI minha graduação em História na Universidade Federal Fluminense, Ronaldo Vainfas era, há muito, figura de destaque, conhecido e respeitado em nossa historiografia, dentro e fora do país. Entre os alunos, que disputavam a inscrição em suas turmas, seu nome significava referência nos estudos sobre a Modernidade, o Novo Mundo e o Brasil dos primeiros séculos. Já conhecíamos a importância de algumas de suas obras, nas abordagens renovadoras e cuidadosas no trato das fontes e no modo de olhar o passado: *Economia e Sociedade na América Espanhola*,[2] *História e sexualidade no Brasil*,[3] *Casamento, amor e desejo no Ocidente cristão*,[4] *América em tempo de conquista*[5] e, principalmente, *Ideologia e Escravidão*[6]

---

1   Agradeço a Roberta Guimarães Franco pelas sugestões e pela leitura do texto, ajudando a torná-lo um pouco mais equilibrado entre o emotivo e o científico. Foi, a seu modo, uma das formas carinhosas que encontrou para participar desta homenagem a Ronaldo.
2   VAINFAS, Ronaldo. *Economia e Sociedade na América Espanhola*. Rio de Janeiro: Graal, 1984.
3   VAINFAS, Ronaldo (org.). *História e sexualidade no Brasil*. Rio de Janeiro: Graal, 1986.
4   VAINFAS, Ronaldo. *Casamento, amor e desejo no Ocidente cristão*. São Paulo: Ática, 1986.
5   VAINFAS, Ronaldo (org.). *América em tempo de conquista*. Rio de Janeiro: Jorge Zahar, 1992.
6   VAINFAS, Ronaldo. *Ideologia e Escravidão: os letrados e a sociedade escravista no Brasil Colonial*. Petrópolis: Vozes, 1986.

e *Trópico dos Pecados*,[7] dois de seus estudos que, desde o lançamento, já mereceram lugar de destaque em nossa historiografia... Com escrita ao mesmo tempo simples e rebuscada, de leitura apaixonante e envolvente, seus livros e textos compunham a bibliografia de várias disciplinas e eram debatidos e devorados, dentro e fora das salas de aula, com interesse e admiração. Suas aulas, saborosíssimas, tinham cheiro de novidade, arrebatadoras, com enfoques e temas pouco conhecidos, incentivando o gosto pela leitura e pela pesquisa, desfilando análises sempre instigantes sobre os mais variados assuntos. *Coisa de craque!* – expressão que ele mesmo gosta de usar. E Ronaldo o é, no melhor estilo! Tínhamos o privilégio de conviver com uma espetacular equipe de historiadores de formação ou de fé, que compunham o quadro docente da UFF – Ciro Flamarion Cardoso, Leandro Konder, Ana Maria Mauad, Martha Abreu, Francisco Carlos Teixeira da Silva, Hebe Mattos, Sheila de Castro Faria, Luciano Raposo Figueiredo, Vânia Leite Fróes, Márcia Motta, Francisco José Silva Gomes, Rachel Soihet, Guilherme Pereira das Neves, Cecília Azevedo, Sônia Regina Rebel, Mario Grynszpan, Marcelo Badaró Mattos, Anita Prestes, Lana Lage da Gama Lima, Luiz Carlos Soares, Sonia Regina de Mendonça, Virginia Fontes, Ilmar Rohloff Mattos, Maria Regina Celestino, Mariza Soares, Humberto Machado, Fernando Antonio Faria, Antonio Edmilson Rodrigues, Angela de Castro Gomes, Margarida de Souza Neves, Francisco Falcon, Maria Fernanda Bicalho, Maria de Fátima Gouvêa, Rogério Ribas, Théo Lobarinhas Piñero... E dentre eles, Ronaldo era dos grandes...

Demorou um pouco, porém, para que eu o conhecesse mais de perto. Primeiro, virei aluno fiel de suas disciplinas, fiz todas que pude, interessado nas questões coloniais, cada vez mais encantado e convencido de que era aquela linha de estudos que eu pretendia seguir. A primeira conversa veio depois de uma viagem que fiz com colegas à Bahia, quando me aproximei num intervalo, atrapalhando seu lanche, e teci algumas impressões sobre o que tinha visto num museu de Salvador, na tentativa de transformar aquela experiência vivida em tema de pesquisa. Depois de ouvir pacientemente meu relato, e explicar o porquê de ser pouco providencial insistir na minha ideia – embora dissesse que, talvez, aquele fosse um bom tema para doutorado, apesar de não adequado para a brevidade de um trabalho de conclusão de curso –, puxou um livro da pasta que carregava e me aconselhou a lê-lo: era o livro das Denunciações e Confissões de Pernambuco referentes à primeira visitação do Santo

---

[7] VAINFAS, Ronaldo. *Trópico dos pecados: Moral, Sexualidade e Inquisição no Brasil Colonial*. Rio de Janeiro: Campus, 1989.

Ofício à América portuguesa, em fins do Quinhentos. Ali, tive contato de forma mais direta com Ronaldo, e também, com algo que frouxamente sabia já haver, de algum modo, existido no Brasil: o Tribunal do Santo Ofício da Inquisição, que acabou por se tornar minha principal área de interesse. Fiquei, de uma só vez, tomado de surpresa boa – o professor brilhante, o encantamento imediato com o tema e o aceite da orientação, tudo ganhando forma, ali, na minha frente...

 Vainfas tornou-se meu orientador, atencioso e impecável, por cerca de dez anos: monografia, mestrado, doutorado. Ao longo deste tempo, meu respeito e admiração só cresceram: observei e procurei aprender o zelo, a sagacidade e a seriedade que mantinha no ofício da pesquisa, no interesse pelas minúcias, no questionamento curioso dos documentos, sempre astuto e crítico, na criatividade das análises, nas sugestões de investigações, nas indicações bibliográficas e correções cirúrgicas em meus textos, nos detalhes que só olhos muitíssimo atentos e bem treinados conseguem enxergar. Embora respeitasse minhas limitações de pesquisador em começo de carreira, sempre me senti cobrado, não por ele, mas por mim mesmo, ciente que deveria oferecer mais do que me pedia para que um historiador de seu calibre não se arrependesse de ter aceitado ser meu orientador. Resultado disto é que parecia tão admirado quanto eu com as informações que conseguia arrancar das fontes, dividindo as surpresas, dúvidas e descobertas conforme o avançar das investigações. Entendi que a orientação é também comunhão de ideias, respeito pelo outro. E Ronaldo soube demonstrar, em inúmeras situações, que confiava em mim. Mais: aprendi os primeiros passos na pesquisa e a caminhar com meus próprios pés – lição que tento repassar hoje aos meus orientandos, para que se tornem independentes, capazes e seguros no trabalho –, embora com a certeza de que acompanhava a tudo com atenção e bem de perto, fossem as primeiras vitórias, ou as angústias e escorregadelas normais de quem começa. Forjava, assim, minha confiança e o incentivo a caminhares mais certeiros. Sempre se mostrou respeitoso com o meu trabalho, e impressionava-me a sensibilidade para perceber as entrelinhas dos fatos, sugerindo abordagens que tornavam mais instigantes as análises. Sempre, também, primou pela generosidade. Por vezes, me mandou seus escritos ainda em gestação mas sempre impecáveis para que eu pudesse opinar sobre eles, como o último texto que usou para homenagear em vida seu orientador de doutorado. Certo dia, recebi um e-mail seu perguntando se eu aceitava escrever um texto com ele para uma coletânea.[8]

---

8 O artigo em questão pode ser conferido em VAINFAS, Ronaldo e ASSIS, Angelo Adriano Faria de. "A esnoga da Bahia: cristãos-novos e criptojudaísmo no Brasil quinhentista". In: GRIN-

Achei foi é graça! Como poderia recusar aquela oportunidade? O que para mim era uma realização, dividir um capítulo com o meu orientador e historiador de referência, para ele fazia parte de sua ética profissional e do incentivo aos mais novos.

Com o tempo, virou amigo, muito mais generoso e compreensivo do que eu poderia esperar. Conheci um Ronaldo para além da Academia, das tiradas engraçadíssimas e do humor afiado, sempre disposto a uma boa conversa, apaixonado pela família, pelos amigos, pela boa leitura, pelo seu Flamengo (e pelo nosso Sporting, do lado de lá do Atlântico). Generoso, emprestou roupas pro inverno europeu que me era ainda estranho quando, no mestrado, fui buscar fontes na Torre do Tombo, em minhas primeiras andanças pela Europa; Quando passei no concurso para professor da Universidade em que hoje atuo, foi dos primeiros a quem dei a notícia, e senti sua reação de alegria pela minha conquista, comemorando comigo – sempre foi assim, a cada pequeno feito... Mesmo sem os laços burocráticos, continua a ser, para mim, o orientador de sempre e o conselheiro das questões acadêmicas e mais além, a referência de competência e caráter do excepcional historiador e do grande homem.

Mas das coisas mais admiráveis que ensinou foi que sempre prezou pelo respeito e bom convívio entre os orientandos das mais diversas épocas, a ponto de nos tornarmos amigos sinceros, todos torcendo por todos, unidos para além da História, o tendo como exemplo. Lembro de ter ouvido isto dele certa vez, no intervalo de uma defesa de mestrado na USP, e outras vezes em que percebia sua alegria em perceber que alguns de seus orientandos viraram, de fato, amigos. Mesmo espalhados pelo país, em instituições diversas, continuamos próximos, dividindo trabalhos e partilhando momentos de fraternidade, arrumando formas de estarmos juntos. Prova disto é este livro que agora se apresenta, organizado por três ex-orientandos (vascaínos, que fique claro!), irmãos de vida, igualmente reconhecedores do papel de Ronaldo em nossa formação.[9]

Poder homenageá-lo numa obra que marca seus anos de dedicação à História, junto com outros colegas que ratificam e celebram sua importância é, mais do que

---

BERG, Keila (org.). *Os judeus no Brasil: imigração, inquisição e identidade.* Rio de Janeiro: Civilização Brasileira, 2005, p. 43-64.

[9] Mais um exemplo desta parceria está em outra obra organizada pelos mesmos autores, aos quais se junta Aldair Rodrigues, e que também conta com a participação em um dos capítulos de Ronaldo Vainfas. Conferir: RODRIGUES, Aldair Carlos; ASSIS, Angelo Adriano Faria de; MUNIZ, Pollyanna Gouveia Mendonça; OLIVEIRA, Yllan de Mattos (Orgs.). *Edificar e Transgredir: Clero, Religiosidade e Inquisição no espaço ibero-americano (séculos XVI-XIX).* Jundiaí: Paco Editorial, 2016.

uma obrigação de nosso reconhecimento pela sorte deste convívio, uma grande felicidade e honra. Tudo o que aprendi e sou como historiador devo a ele, pela confiança e incentivo. Nada mais justo do que prestar-lhe mais esta pequena reverência.

***

Nas últimas décadas, os estudos sobre o Tribunal do Santo Ofício da Inquisição e tudo o que o cerca tornaram-se área consolidada e em constante crescimento no Brasil. Hoje, encontramos, da iniciação científica à pós-graduação, pesquisas desenvolvidas nas mais diversas regiões e instituições do país, com análises e temáticas variadíssimas, alavancando a quantidade de dissertações e teses sobre o tema. Nunca o mercado editorial publicou tantos livros e artigos. Além disso, são recorrentes os eventos e grupos de pesquisa que têm o Santo Ofício, sua atuação e vítimas como matéria. Nem sempre, claro, foi assim. Boa parte deste resultado é fruto das gerações anteriores que auxiliaram a lançar luz sobre este tema. Muitas das pesquisas recentes no campo inquisitorial foram influenciadas, sem dúvida, por historiadores que, nos últimos cinquenta anos, debruçaram-se sobre a temática. Ronaldo Vainfas é dos principais dentre eles, tornando-se dos mais produtivos pesquisadores do assunto, e referência incontornável para todos os que estudam a Inquisição.

Os primórdios destas pesquisas, porém, apontam para bem antes. Como desdobramento direto das revoluções liberais que varreram a Europa e levaram ao fim do absolutismo português com a Revolução do Porto, o Brasil independente nasceria já liberto da ação da Inquisição, encerrada poucos meses antes do rompimento político com a antiga metrópole. Morta, porém mexendo; extinta, *ma non troppo*: mesmo encerrando suas atividades, deixaria marcas indeléveis, presentes na ideologia, nas estruturas religiosas, nos convívios e disputas sociais, nas memórias coletivas e individuais, nas tramas do poder, nas crenças e costumes, nos interesses do cotidiano. Muitos de seus valores perduraram, continuando a marcar uma sociedade ainda fortemente pautada pelo espectro do controle, medo e coerção criados e alimentados durante os quase três séculos de funcionamento do Santo Ofício lusitano, de 1536 a 1821. Embora sem um tribunal estabelecido na América portuguesa, a Inquisição aqui também se fez presente, tanto através de seus representantes quanto com o permanente clima de perseguição, desconfianças e ameaças que gerou na população. Pelo menos 1076 indivíduos (778 homens e 298 mulheres),[10] oriundos, mo-

---

10 Estes dados são contabilizados por Anita Novinsky. É bom lembrar que a documentação inquisitorial, depositada na Torre do Tombo, em Lisboa, não está totalmente organizada e catalogada,

radores ou de passagem pelo trópico acabariam alcançados pelo braço inquisitorial, conforme apontam pesquisas sobre a abrangência da sua ação no Brasil.

Não tardaria para que, ainda no Novecentos, num mundo que respirava ares de maior liberdade, o Tribunal e suas vítimas tornassem-se, mesmo ainda que timidamente, temas presentes tanto em estudos históricos como em obras de cunho ficcional, nas duas franjas do Atlântico. Em Portugal, já na década de 1840, José Lourenço de Mendonça e Antônio Joaquim Moreira publicariam a *História dos principais atos e procedimentos da Inquisição em Portugal*, enquanto Alexandre Herculano, no decênio seguinte, lançaria sua importantíssima *História da origem e estabelecimento da Inquisição em Portugal*,[11] das primeiras obras a retratar em detalhes a estrutura e a ação inquisitoriais. Na vertente ficcional, Camilo Castelo Branco traria à luz seu romance *O Judeu* (1866), em que narra as desventuras de António José da Silva, dramaturgo nascido no Rio de Janeiro, dos mais célebres réus do Santo Ofício, processado e condenado à fogueira, morrendo em auto da fé na década de 1730. Em 1871, o escritor e poeta Antero de Quental, ainda jovem, proferiria, nas famosas *Conferências Democráticas do Cassino Lisbonense*, um fremente discurso em que pintava um triste retrato do que se tornaram Portugal e Espanha, e atribuía parcela da responsabilidade ao Catolicismo e à Inquisição pela decadência e opacidade então vivenciada pelos povos ibéricos – "sem vida, sem liberdade, sem riqueza, sem ciência, sem invenção, sem costumes". E explicava o diapasão desta miséria moral:

> Pelo caminho da ignorância, da opressão e da miséria chega-se naturalmente, chega-se fatalmente, à depravação dos costumes. E os costumes depravaram-se com efeito. [...] A Inquisição pesava sobre as consciências como a abóbada dum cárcere. O espírito público abaixava-se gradualmente sob a pressão do terror, enquanto o vício, cada vez mais requintado, se apossava placidamente do lugar vazio que deixava nas almas a dignidade, o sentimento moral e a energia da vontade pessoal, esmagados, destruídos pelo medo.[12]

---

fazendo que estes números possam sofrer acréscimos, conforme o avanço das pesquisas. NOVINSKY, Anita. *Prisioneiros do Brasil, Séculos XVI a XIX*. 2ª ed. São Paulo: Perspectiva, 2009.

11 Sobre a importância da obra de Herculano ver, neste mesmo livro, o texto de Célia Cristina da Silva Tavares dedicado ao autor: *Origem e Estabelecimento da Inquisição de Alexandre Herculano, seu conceito de História e posteriores debates sobre a Inquisição portuguesa*.

12 QUENTAL, Antero de. *Causas da decadência dos povos peninsulares nos últimos três séculos*. Discurso proferido no Casino Lisbonense, em 27 de maio de 1871. Não que, mesmo durante o funcionamento da Inquisição, ela não sofresse críticas ou fosse alvo de análises, como bem mostrou Yllan de Mattos em sua *Inquisição contestada*. Mas nos referimos, aqui, a análises do momento posterior à sua extinção. MATTOS, Yllan de. *A Inquisição contestada: críticos e críticas ao Santo Ofício português (1605-1681)*. 1. ed. Rio de Janeiro: Mauad-x/Faperj, 2014.

Na outra margem do Ocidente, o tom não seria diferente. Figuras de destaque, como Francisco Adolfo de Vanhargen, um dos fundadores de nossa historiografia e maior referência da época, conhecedor e frequentador do Arquivo Nacional da Torre do Tombo, onde se depositam as fontes do Santo Ofício, também fizeram menção ao peso da Inquisição em nossa formação – "Quem de nós teve ocasião de estudar, em vários autos, as formas de processos, que mais tarde se adotaram para esse tribunal, não pode deixar de falar dele sem desde logo maldizê-lo".[13] Fora pioneiro, ainda, o Visconde de Porto Seguro, na divulgação de fontes inquisitoriais: Monique Oliveira, das mais recentes orientandas de mestrado de Vainfas, lembra que já em 1845 Vanhargen publicaria, na Revista do Instituto Histórico e Geográfico Brasileiro, lista dos nascidos ou moradores da América lusa condenados pelo Tribunal do Santo Ofício entre 1711 e 1767.[14] Na Literatura, nosso escritor maior, mestre Machado de Assis, usando a escrita literária como sintoma da História, seria dos que primeiro retratariam os sofrimentos daquele que seria o grupo mais atingido pela perseguição inquisitorial, os cristãos-novos, judeus batizados à força ao cristianismo e seus descendentes, vistos como ameaça à fé católica, suspeitos de mau comportamento cristão e de judaizar em segredo – o criptojudaísmo. Dedicou alguns escritos ao tema. Num destes poemas, batizado de "A Cristã Nova", publicado em 1875, daria voz ao insofismável sofrimento neoconverso ao contar o drama de Angela, dividida entre a religião imposta que era obrigada a proclamar nos lábios e a fé proibida que teimava em carregar no coração.[15]

Mas, aqui no Brasil, foi só a partir das primeiras décadas do século XX que a recorrência ao tema ganharia novo fôlego. Destaque, neste sentido, para o lançamento, em livro, nos anos de 1920, de fontes relativas à primeira visitação do Tribunal do Santo Ofício português à América, iniciativa que ficou a cargo de outro de nossos grandes historiadores, Capistrano de Abreu, numa edição limitada a quinhentos exemplares – número, diga-se de passagem, bastante significativo para este tipo de

---

13 VANHARGEN, Francisco Adolfo de. *História*. Organização de Nilo Odália. São Paulo: Ática, 1979, p. 65.

14 VANHARGEN, Francisco Adolfo de. "Excertos de várias listas de condenados pela Inquisição de Lisboa, desde o ano de 1711 ao de 1767, compreendendo só brasileiros ou colonos estabelecidos no Brasil. Revista do Instituto Histórico e Geográfico Brasileiro, tomo VII, p. 54-86, 1845. *Apud*: OLIVEIRA, Monique Silva de. *Inquisição e Cristãos-novos no Rio de Janeiro: o caso da Família Azeredo (c. 1701-1720)*. Dissertação de mestrado apresentada à Universidade Federal Fluminense. Niterói, 2016, p. 40-41.

15 NOVINSKY, Anita Waingort. *O olhar judaico em Machado de Assis*. Rio de Janeiro: Expressão e Cultura, 1990.

publicação de acordo com os padrões da época, e de certo bem maior, proporcionalmente falando, do que as tiragens atuais para este tipo de obra[16]. Iniciava, sob a batuta de Capistrano, a publicação das fontes produzidas pela Inquisição em suas visitações à América portuguesa.[17]

Pouco depois, no clássico *Casa-Grande & Senzala*, Gilberto Freyre já apontava para a riqueza destas fontes e dava sinais de sua importância para um olhar mais atento sobre a realidade colonial:

> A Inquisição escancarou sobre nossa vida íntima da era colonial [...] seu olho enorme, indagador. As confissões e denúncias reunidas pela visitação do Santo Ofício às partes do Brasil constituem material precioso para o estudo da vida sexual e de família no Brasil dos séculos XVI e XVII.[18]

Mas demoraria, apesar de alguns outros esforços individuais de pesquisadores que se debruçaram sobre a temática, ainda cerca de três décadas para que a temática ganhasse maior força e despertasse interesses efetivos.

Caberia este novo despertar a três historiadores da Universidade de São Paulo: Eduardo d'Oliveira França e Sonia Siqueira publicaram, em 1963, as fontes relativas à segunda visitação ao Brasil, com importante estudo introdutório.[19] Eduardo França, vale lembrar, orientaria posteriormente a tese de doutorado de Vainfas, *O trópico dos pecados*, defendida em 1988 na mesma USP. Em 1968, Sonia Siqueira defenderia tese de doutorado sobre o assunto, recentemente publicada em livro.[20] Mas foi, sem

---

16 *Primeira visitação do Santo Ofício às partes do Brasil. Denunciações da Bahia. 1591-593.* São Paulo: Paulo Prado, 1925.

17 Não objetivamos, aqui, historicizar ou fazer um balanço dos estudos sobre a Inquisição no Brasil, mas apenas, pelo objetivo traçado neste artigo e em linhas bastante gerais, dar uma brevíssima notícia do caminho percorrido pela historiografia da Inquisição até chegarmos na década de 1980, quando Ronaldo Vainfas apresenta suas primeiras produções sobre o tema. Embora longe de querer ser completo, um balanço histórico acerca dos estudos inquisitoriais no Brasil foi publicado por mim em dossiê que coordenei para a *Revista Ultramares* sobre a Inquisição colonial. Conferir em ASSIS, Angelo Adriano Faria de. *No interior do labirinto, o olho do vulcão: Revisitar os estudos inquisitoriais no Brasil e vislumbrar o futuro que tecemos*. Revista Ultramares. Dossiê Inquisição Colonial. Nº 7, Vol. 1, Jan-Jul, 2015, pp. 10-33. Disponível em: https://sites.google.com/site/revistaultramares/numero-7-1.

18 FREYRE, Gilberto. Prefácio à 1ª Edição. In: *Casa-Grande & Senzala: formação da família brasileira sob o regime da economia patriarcal*. 49 ed. São Paulo: Global, 2004, p. 45.

19 *Segunda visitação do Santo Ofício às partes do Brasil pelo inquisidor e visitador o licenciado Marcos Teixeira. Livro das Confissões e Ratificações da Bahia - 1618-1620*. Introdução de Eduardo d'Oliveira França e Sonia Siqueira. São Paulo: Anais do Museu Paulista, tomo XVII, 1963.

20 SIQUEIRA, Sonia. *O momento da Inquisição*. João Pessoa: Editora da UFPB, 2013.

dúvida, o livro *Cristãos Novos na Bahia*, de Anita Novinsky, de 1972, a obra que direcionaria holofotes sobre o tema, despertando o interesse de gerações e gerações de estudiosos, ao analisar a importância dos judeus batizados ao cristianismo e seus descendentes na formação dos domínios portugueses na América, as perseguições do Santo Tribunal e dos preconceitos sociais de que eram vítimas, categorizando o cristão-novo como um "homem dividido" entre a fé dos antepassados e o catolicismo imposto.[21]

Os anos 1960 e 1970 também seriam marcados por trabalhos importantíssimos, publicados por pesquisadores do quilate de Elias Lipiner (autor, dentre outros, d'*Os judaizantes nas capitanias de cima*[22] e do dicionário sobre a Inquisição),[23] José Gonsalves do Salvador, que publicou estudos variados sobre os cristãos-novos,[24] e Amaral Lapa, com a edição das fontes da última das visitações ao Brasil, no Grão-Pará da segunda metade do Setecentos.[25]

Na década seguinte, ainda a Universidade de São Paulo seria palco da reunião de pesquisadores influenciados pela Nova História e por trabalhos microanalíticos, com enfoques de História Social, leitores de obras de historiadores como Carlo Ginzburg, Giovanni Levi, Jacques Le Goff e tantos outros, que ajudaram a repensar a historiografia brasileira em momento de abertura política e criação/fortalecimento de nossos programas de pós-graduação, envolvidos com documentação inquisitorial, na feitura de suas pesquisas. Embora nem sempre se tratasse designadamente de estudos sobre a Inquisição e/ou suas vítimas, usavam das fontes inquisitoriais para desvelar em minúcias a estrutura social, as práticas religiosas, os comportamentos sexuais e demais questões do cotidiano colonial, buscando novas formas de interpretar a luso-América. É o caso de trabalhos como *O diabo e a Terra de Santa Cruz*, de Laura de Mello e

---

21 NOVINSKY, Anita W. *Cristãos Novos na Bahia: 1624-1654*. São Paulo: Perspectiva/Ed. da Universidade de São Paulo, 1972.
22 LIPINER, Elias. *Os judaizantes nas capitanias de cima (estudos sobre os cristãos-novos do Brasil nos séculos XVI e XVII)*. São Paulo: Brasiliense, 1969.
23 LIPINER, Elias. *Santa Inquisição: terror e linguagem*. Rio de Janeiro: Documentário, 1977.
24 Ver, dentre outros, SALVADOR, José Gonçalves. *Cristãos-novos, jesuítas e Inquisição (Aspectos de sua atuação nas capitanias do Sul, 1530-1680)*. São Paulo: Pioneira, 1969, e *Os cristãos-novos; povoamento e conquista do solo brasileiro (1530-1680)*. São Paulo: Pioneira/Edusp, 1976.
25 LAPA, José Roberto do Amaral. *Livro da Visitação do Santo Ofício da Inquisição ao Estado do Grão-Pará (1763-1769)*. Petrópolis: Vozes, 1978.

Souza,[26] *Rosa Egipcíaca,* de Luiz Mott,[27] e *Trópico dos Pecados*, de Ronaldo Vainfas,[28] textos fundamentais para despertar o interesse de novas gerações de pesquisadores sobre religiões, religiosidades, cotidiano e sexualidades no Brasil colonial.

Na década de 1990, estes estudos começam, com mais alento, a dar bons frutos, que se estendem até os nossos dias. Não foram poucas as dissertações e teses defendidas nas universidades brasileiras que tinham as obras de Laura, Vainfas e Mott como referência. Na Universidade Federal Fluminense, por exemplo, Ronaldo Vainfas orientou trabalhos variados que tinham como base as fontes do Santo Ofício: iniciações científicas, projetos, monografias, dissertações e teses.[29] Vale, sem dúvida, salientar aqui a importância destes trabalhos iniciais, monografias e iniciação científica, espaços de apresentação e formação dentro do mundo da pesquisa. Embora tenham sopro mais curto pela própria proposta que os embasa, mostram-se fundamentais para os primeiros contatos com o tema, a coleta e análise das fontes, o levantamento bibliográfico e prática de lida com a documentação. Não raro, estes trabalhos acabam por ganhar novo impulso, transformando-se, de forma mais aprofundada, em temas de mestrados ou doutorados. No caso do Ronaldo, de fato, alguns destes trabalhos iniciais ganharam escopo e desdobraram-se em pesquisas de pós-graduação, algumas delas, inclusive, já publicadas em livro.

Comecemos pelas orientações de iniciação científica: Maria José Peña y Calvo e Ronald Raminelli foram os primeiros, estudando *A família e a moral no Brasil Colônia* (1987); Rossana G. de Britto e Mário Teixeira Júnior trabalharam na pesquisa *Santidade, a heresia do trópico* (1990), parte integrante da investigação que deu origem a um dos livros clássicos de Ronaldo Vainfas, *A Heresia dos Índios*; Fernando Gil Portela Vieira desenvolveu pesquisa intitulada *Mistérios do criptojudaísmo no Brasil quinhentista: Branca Dias* (2004); Tarso Oliveira Tavares Vicente produziu

---

26 SOUZA, Laura de Mello e. *O Diabo e a Terra de Santa Cruz: feitiçaria e religiosidade popular no Brasil colonial*. São Paulo: Companhia das Letras, 1986.

27 MOTT, Luiz. *Rosa Egipcíaca: Uma Santa Africana no Brasil Colonial*. Rio de Janeiro: Bertrand, 1993.

28 VAINFAS, Ronaldo. *Trópico dos Pecados: moral, sexualidade e Inquisição no Brasil*. Rio de Janeiro: Campus, 1989.

29 Optamos, aqui, por referenciar somente os trabalhos que tenham ligação mais direta com os estudos inquisitoriais. Obviamente, há uma série de outros trabalhos não citados que, ao menos indiretamente, tem o Santo Ofício como assunto ou fazem referência a este. Como a ideia é de apenas traçar um breve balanço da produção *vainfiana* e pelo limitado espaço que temos para este texto, estes trabalhos não serão citados. Mas podem ser encontrados no currículo lattes do Professor Vainfas, refinando a impressão do leitor sobre esta produção em sua totalidade.

Igreja, judaísmo e Inquisição: o caso do Padre Manuel Lopes de Carvalho – Bahia, sécs. XVII-XVIII (2005); Mariana Batista estudou as *Sexualidades no Brasil Colonial* (2008); Nathalia Caride investigou acerca da *Inquisição e vida privada no Brasil colonial: tensões cotidianas* (2010); Roberta Cruz analisou *Feitiçaria e Santo Ofício no Brasil quinhentista* (2011).

No que diz respeito às monografias, em 1995 fui, junto com Ana Paula Pereira, dos primeiros a trabalhar com a temática sob a orientação de Ronaldo, através de estudos de caso. Eu, com assunto que depois se estenderia à minha pesquisa de mestrado, *Cristãos-novos e criptojudeus no Brasil quinhentista: a história de João Nunes*; Ana Paula, com *Tomacaúna: do sertão à mesa do Santo Ofício*. Em seguida, os trabalhos de Salomão Pontes Alves (*Portugal, Inquisição, judeus e cristãos-novos na vida do Padre Antônio Vieira*) e Fernando Gil Portela Vieira (*Mistérios do criptojudaísmo no Brasil quinhentista: Branca Dias*), ambos defendidos em 2004; Tarso Oliveira Tavares Vicente examinou as relações entre *Igreja, judaísmo e Inquisição: o caso do Padre Manuel Lopes de Carvalho – Bahia, sécs. XVII-XVIII* (2005); Mariana Magalhães Soares desenvolveu trabalho sobre *A Sodomia foeminarum nos trópicos* (2008); Raquel Diniz Bentes estudou *Vida dupla: estratégias de um cristão-novo contra o Santo Ofício de Lisboa (1646-1652)* (2010); em 2011, Jennifer Louise da Silveira Borges apresentou *Sexualidade, Transgressão e Inquisição: As Mulheres Nefandas no Brasil*, Caio Cesar do Nascimento Paz produziu pesquisa sobre *A cruz e o pau: Inquisição, sexualidade e subjetivação*, e Matheus Rodrigues Pinto, por sua vez, escreveu *Reconstruindo as muralhas de Sodoma: subculturas sodomíticas no Brasil e em Portugal nos tempos da Inquisição*.

Já no que diz respeito às dissertações, uma das primeiras – pelo menos, a primeira a ter *Inquisição* como título, foi a que escrevi, *Um rabi escatológico na Nova Lusitânia: Sociedade colonial e Inquisição no Nordeste quinhentista – o caso João Nunes* (1998). Depois, vieram os trabalhos de Maria Aparecida de Araújo Barreto Ribas, *O Pão do Outro: alimentação e alteridade no Brasil colonial (1500 - 1627)* (2002); Alex Silva Monteiro, *A heresia dos anjos: a infância na Inquisição Portuguesa, sécs. XVI-XVII* (2005); Reginaldo Jonas Heller, *O exílio da memória – portugalidade judaica, sécs. XVI-XVIII* (2006); Salomão Pontes Alves, *O paladino dos hereges: Vieira e a Inquisição* (2007); Fernando Gil Portela Vieira, *O Santo Ofício da Inquisição na Colônia e nas letras: o caso da cristã-nova Branca Dias* (2007); Yllan de Mattos Oliveira, *A última inquisição: os meios de ação e funcionamento da Inquisição no Grão-Pará pombalino (1763-1769)* (2009); Carlos Henrique Alves Cruz, *Inquéritos nativos: os pajés frente à Inquisição* (2013); Matheus Rodrigues Pinto, *Reconstruindo as muralhas de Sodoma – homossexualidade em Portugal e no Brasil no século XVII* (2015), e Monique da Silva Oliveira, *Inquisição e Cristãos-novos no Rio de Janeiro: o caso da Família Azeredo (c. 1701-1720)* (2016), além de trabalhos atualmente em andamento, como os de Luiza Tonon da Silva, *A Inquisição entre o Atlântico e o Índico* (Início: 2016) e Wirlanne Nadia Lima de Carrvalho, *Denúncias de Sangue: Inquisição e cristãos novos no Sertão Colonial (1728- 1743)* (Início: 2017).

Das teses de doutorado orientadas com temática/documentação inquisitorial, temos: Célia Cristina da Silva Tavares, *A cristandade insular: jesuítas e inquisidores em Goa (1540-1682)* (2002); Patrícia Enciso, *Inquisição e heresia mística em Nova Granada, século XVII* (2003); Angelo Adriano Faria de Assis, *Macabéias da Colônia: Criptojudaismo Feminino na Bahia – séculos XVI e XVII* (2004); Pollyanna Gouveia Mendonça Muniz, Parochos imperfeitos: *Justiça Eclesiástica e desvios do clero no Maranhão setecentista* (2011); Yllan Mattos de Oliveira, *A Inquisição contestada: críticos e críticas ao Santo Ofício em Portugal (1640-1774)* (2013), e, por último, iniciado em 2014 e ainda em andamento, o trabalho de Emānuel Luiz de Souza e Silva, *Sem remo e sem soldo: o degredo para as galés del-Rei e a ação inquisitorial no império português (sécs XVI-XVIII)*.

Para além das orientações da iniciação científica à pós-graduação, não foram poucas as atuações de Vainfas em bancas de mestrado e doutorado, desenvolvimento de projetos de pesquisa, participação em eventos, com apresentações de trabalho em simpósios temáticos e grupos de trabalhos, mesas-redondas, palestras e conferências, tanto no Brasil quanto no exterior.

Outro forte em sua carreira, é a capacidade incansável da boa escrita. Ronaldo colaborou com textos sobre a temática inquisitorial em anais de eventos, revistas acadêmicas e de divulgação, jornais e periódicos. Também possui uma variada cartela de artigos e capítulos de livros em variados países – Brasil, Portugal, Espanha, Inglaterra, Estados Unidos, Colômbia, México, entre outros –, ajudando a difundir não apenas suas pesquisas, mas também um panorama dos estudos feitos no Brasil nos últimos anos.

Não foram poucas, ainda, as entrevistas concedidas a revistas acadêmicas ou à grande mídia, tanto impressa como televisiva, e a assessoria, consultoria e participação em documentários e produções fílmicas[30] que retratam e auxiliam na divulgação do tema a um público cada vez mais amplo.

---

30 Ver, por exemplo, "A Santa Visitação". Direção de Elza Cataldo (2006). Disponível em: https://

Mas, dentre as suas grandes contribuições aos estudos e historiografia inquisitoriais, não resta dúvida, estão os seus livros. Ao todo, Ronaldo Vainfas publicou pelo menos oito livros – Oxalá que nasçam muitos outros! – que possuem o Santo Ofício e suas vítimas como tema central, enredo, fonte ou pano de fundo: *Trópico dos Pecados*,[31] *A Heresia dos Índios*,[32] *Confissões da Bahia*,[33] *Brasil de Todos os Santos*[34] (este, em parceria com Juliana Beatriz de Souza), *A Inquisição em Xeque*[35] (organizado juntamente com Bruno Feitler e Lana Lage da Gama Lima) *Traição*,[36] *Jerusalém Colonial*[37] e *Antônio Vieira*.[38] Neles, encontramos um pouco de tudo: publicação de documentos produzidos durante a primeira visitação do Santo Ofício ao Brasil (*Confissões da Bahia*), estudos de caso a partir de processos inquisitoriais (*A Heresia dos Índios* e *Traição*), coletâneas de artigos com a participação de diferentes gerações de estudiosos (*A Inquisição em Xeque*), análises da sociedade colonial a partir das fontes produzidas pelo Tribunal (*Trópico dos Pecados* e *Brasil de Todos os Santos*), questionadores da ação inquisitorial (*Jerusalém Colonial* e *Antônio Vieira*).

É com *Trópico dos Pecados*, originalmente apresentado à USP como tese de doutoramento em 1988, que Vainfas se torna reconhecido como das grandes referências e autoridades sobre o tema. Verdade que já havia flertado com os estudos inquisitoriais na construção e argumentação de outras obras, como *Economia e Sociedade na América Espanhola* e *Casamento, Amor e Desejo no Ocidente Cristão*, em que apresenta o Tribunal do Santo Ofício como um dos mais ativos instrumentos de vigilância social no mundo ibérico e colonial, e de publicar capítulo intitulado "A teia da intriga: delação e moralidade na sociedade colonial" em livro que organizou, *História e sexualidade no Brasil*. Mas *Trópico dos Pecados* apresenta pesquisa profun-

---

www.youtube.com/watch?v=kTICGiqp2vA
31 VAINFAS, Ronaldo. *Op. cit.*, 1989.
32 VAINFAS, Ronaldo. *A Heresia dos Índios: Catolicismo e rebeldia no Brasil colonial*. São Paulo: Companhia das Letras, 1995.
33 VAINFAS, Ronaldo. *Confissões da Bahia: Santo Ofício da Inquisição de Lisboa*. São Paulo: Companhia das Letras, 1997.
34 VAINFAS, Ronaldo & SOUZA, Juliana Beatriz. *Brasil de Todos os Santos*. Rio de Janeiro: Jorge Zahar Ed., 2000.
35 VAINFAS, Ronaldo. FEITLER, Bruno & LIMA, Lana Lage da Gama (Orgs.). *A Inquisição em Xeque: temas, controvérsias, estudos de caso*. Rio de Janeiro: EdUERJ, 2006.
36 VAINFAS, Ronaldo. *Traição: um jesuíta a serviço do Brasil holandês processado pela Inquisição*. São Paulo: Companhia das Letras, 2008.
37 VAINFAS, Ronaldo. *Jerusalém Colonial: judeus portuguesa no Brasil holandês*. Rio de Janeiro: Civilização Brasileira, 2010.
38 VAINFAS, Ronaldo. *Antônio Vieira: jesuíta do rei*. São Paulo: Companhia das Letras, 2011.

da e minuciosa baseada em fontes do Santo Ofício sobre a moral, a religiosidade, a sexualidade e o cotidiano no mundo colonial, assim como retrata os embates e transformações sofridos com a chegada dos representantes inquisitoriais ao trópico, na busca do controle das moralidades, da vigilância das práticas religiosas e da repressão às sexualidades. Em esforço microanalítico e de História cultural, fortemente inspirado nos trabalhos do italiano Carlo Ginzburg, tendo como eixo principal as fontes produzidas pelo Santo Ofício, Vainfas percorre as histórias de homens e mulheres acusados (e, por vezes, processados, presos e condenados) perante o Tribunal de condutas sexuais e comportamentos desviantes os mais diversos – fornicadores, homossexualidades, bígamos. Para além, é obra que dialoga diretamente com outro texto fundador dos estudos sobre a religiosidade colonial, *O Diabo e a Terra de Santa Cruz*, de Laura de Mello e Souza – este, mais centrado nos fenômenos de feitiçaria e práticas mágico-religiosas –, ambos gestados pela mesma época: textos, em muitos sentidos, complementares e interdependentes. Passados quase trinta anos de sua primeira edição, continua sendo das principais obras sobre o tema no país, e leitura obrigatória aos que desejam se enveredar no mundo da Inquisição.

A Heresia dos Índios, tese apresentada para o concurso em que se tornou professor titular da UFF, publicada em 1995, é primoroso exemplo de estudo de caso, em que Vainfas retorna, de forma ainda mais aguda e refinada, às fontes inquisitoriais para dar voz ao caso da Santidade de Jaguaripe – grupo de indígenas que mesclaram suas tradições com as crenças católicas e que foram recebidos nas terras de Fernão Cabral de Taíde, importante senhor de engenho do Recôncavo, nos idos de 1585, onde ergueram templo improvisado com ídolo, faziam rebatismos, usavam nomes de santos, dançavam, cantavam, praticavam beberagens, entravam em transe com o tabaco e realizavam rituais e cultos idólatras. A Santidade foi fortemente delatada ao primeiro visitador do Santo Ofício, e geraria processo inquisitorial contra alguns dos envolvidos, fossem adeptos, ou que a tenham acobertado ou dado suporte, mormente, o senhor de Jaguaripe, que acabou se tornando o indivíduo mais denunciado durante a primeira visitação. Vainfas sentencia o significado da Santidade no contexto de resistência ao colonialismo: "Quer pelo nome – uma projeção europeia –, quer pelo que significava na prática – resistência e hostilidade ao europeu –, a idolatria era filha do colonialismo". E complementa, sobre a "heresia bizarra", "verdadeira propaganda antijesuítica": "Pensá-la fora do contexto colonial significaria esquecer que, uma vez contatadas e submetidas pelo europeu, as culturas ameríndias não seriam jamais as mesmas de antes".[39] Se não fossem as denúncias e confissões feitas à mesa do visitador Heitor Furtado de Mendoça e os processos inquisitoriais daí decorrentes, decerto que saberíamos infinitamente menos tanto acerca das santidades ameríndias quanto das sociedades que as presenciaram.

Outra grande contribuição à historiografia do Santo Ofício viria com a publicação do livro das *Confissões da Bahia*, que reúne os depoimentos feitos à mesa de Heitor Furtado durante o tempo em que este esteve em Salvador, referentes à primeira visitação inquisitorial à América lusa, entre 1591 e 1593. A edição conta com valorosa introdução, assinada pelo autor, em que traça, em linhas gerais, importante painel sobre a sociedade colonial e a presença do Santo Ofício, com a transformação das sociabilidades e o impacto da visitação sobre o cotidiano. Após a publicação destas fontes por Capistrano de Abreu, mais de setenta anos antes, na década de 1920, não havia nenhuma outra versão disponível. É bom lembrar, em 1997, ano em que a obra veio a público, muito longe estávamos da situação atual do avanço tecnológico e disseminação de informações, em que o acervo da Inquisição sob a guarda do Arquivo Nacional da Torre do Tombo referente aos réus do Brasil encontra-se disponibilizado para consulta *on-line*. A iniciativa de Vainfas, para além da importância da obra, teve ainda função mais nobre e primordial: auxiliar na divulgação e democratização do acesso a fontes primárias somente então acessíveis em arquivos portugueses, permitindo que vários pesquisadores do país pudessem recorrer ao livro para produzirem seus trabalhos. Para entendermos a importância da publicação destas fontes, é bom lembrarmos que, passados quase vinte anos de sua primeira edição, apenas um outro esforço neste sentido foi realizado, com a publicação das confissões referentes à segunda visitação da Inquisição à Bahia, entre 1618 e 1620, louvável iniciativa da professora Sonia Siqueira.[40] As fontes referentes às denunciações da Bahia, confissões e denunciações de Pernambuco durante a primeira visitação, as denunciações da Bahia na segunda visitação e os documentos referentes à terceira visitação (Grão-Pará), encontram-se há décadas, sem nova edição.[41] Qualquer esforço neste sentido traria, certamente, fica aí o alerta, novo alento aos trabalhos na área.

---

39 VAINFAS, Ronaldo. *Op. cit.*, 1995, p. 33.
40 SIQUEIRA, Sonia. *Confissões da Bahia (1618-1620)*. 2ª ed. João Pessoa: Ideia, 2011.
41 Há uma edição das Denunciações e confissões de Pernambuco realizada em 1984, pela FUNDARPE, e uma edição da visitação ao Grão-Pará, organizada por Amaral Lapa e publicada em 1978 pela Editora Vozes.

As temáticas da Inquisição e das religiosidades estariam também presentes nos livros seguintes, e as fontes do Santo Ofício sobre a América portuguesa serviram de baliza para as pesquisas e interpretações propostas. Duas destas obras, cada uma ao seu modo, tem caráter de divulgação. Em *Brasil de Todos os Santos*, livro que compõe a coleção "Descobrindo o Brasil", Vainfas e Juliana Souza abordam as inúmeras crenças que se mesclaram na colônia, dando origem à nossa especificidade religiosa, numa pluralidade que nos faz singular – bruxedos, orações eróticas, sortilégios, influências judaicas, africanas e ameríndias. Muitos dos exemplos citados na obra fazem parte do vasto leque de denunciados à Inquisição por seus comportamentos considerados irregrados.

Já *Inquisição em Xeque*, por sua vez, é resultado de uma coletânea de trabalhos apresentados durante um simpósio temático organizado pelos autores no XXII Encontro Nacional de História da ANPUH, ocorrido em João Pessoa, no ano de 2003. A obra reúne grupo de pesquisadores especialistas na estrutura e na ação inquisitoriais por diferentes espaços do império português, verdadeiro espelho da riqueza das abordagens, da variedade das fontes e dos múltiplos enfoques possíveis. Tem a função de apresentar, com profissionais de distintas gerações, brasileiros e estrangeiros, pesquisas nos mais diversos níveis de desenvolvimento – algumas, já terminadas; outras, em estágio avançado; outras ainda, em construção – o ponto em que estavam os estudos sobre a Inquisição naquele momento, com resultados já perceptíveis, e o que esperar das pesquisas vindouras.

Em seus mais recentes trabalhos, frutos de produção individual, Ronaldo dá vazão a uma escrita que, embora indubitavelmente comprometida e empenhada com o rigor científico da pesquisa, busca uma linguagem menos presa ao excesso de notas e referências bibliográficas, que vá além dos leitores da Academia, tornando a narrativa fluida, mais próxima do literário, com estilo leve, confortável e atraente, alcançando público amplo e diversificado, aproximando-o de diversos tipos de leitores, com abordagens que tanto atendem ao debate com especialistas como permitem ser porta de entrada no tema de interessados em geral.

Em *Traição*, Vainfas volta, com maestria, aos estudos de caso, para analisar o caso do jesuíta Manuel de Moraes, que durante as guerras entre Portugal e os Países Baixos, mudou de lado de acordo com as necessidades, renegando religiões e traindo coroas, lutando e defendendo dos dois lados, criticando e traindo a ambos, acabando preso e processado pelo Santo Ofício.

Jerusalém colonial, a seu modo, surge do empenho em articular, segundo o próprio autor, dinâmicas comerciais e metamorfoses identitárias, desvelando a contrapelo o caminho dos descendentes de judeus portugueses que buscavam regressar à religião dos antepassados. Do micro ao macro, do geral ao particular, traça de forma instigante a história ibérica e as trajetórias de indivíduos em seus dilemas de fé, alguns deles alcançados posteriormente pela Inquisição, metamorfoseando a Jerusalém colonial no seu contrário, verdadeiro inferno dos trópicos.

Antônio Vieira, jesuíta do rei, parte da coleção "Perfis brasileiros", apresenta personagem bastante presente na fortuna acadêmica de Vainfas, já desde as primeiras obras, como *Ideologia e Escravidão*. Desenha o perfil de Vieira e sua trajetória, da juventude ao peso dos anos, mostrando seu esforço incansável em defesa das causas que abraçou pela vida. Missionário indígena, intelectual combativo, orador talentosíssimo e de escrita ímpar, profundamente ligado à questão judaica, perseguido e punido pela Inquisição... Figura imprescindível para compreendermos o Brasil de seu tempo.

A produção historiográfica de Ronaldo Vainfas, em seu variado rol, muito mais ampla e complexa do que aquilo que aqui foi revisitado, mostra como é imprescindível ao historiador saber fazer bom uso das fontes. Os documentos produzidos pelo Santo Ofício servem não apenas para os estudos de caso, as análises sobre a estrutura, funcionamento e lógica do tribunal, o drama de suas vítimas e as punições que lhes foram impostas: permitem compreender os sintomas das sociedades que viviam sob a influência inquisitorial, as dificuldades e práticas do cotidiano, o viver em colônias em suas infinitas possiblidades. Permitem mais: inspiram, constantemente, novas gerações de historiadores interessados em compreender nossas origens, olhando para as fontes com novo olhar, novas indagações, novas respostas. Mas, para tanto, é preciso, para além do rigor científico, o olhar atento, a sensibilidade da análise, a astúcia interpretativa, a criatividade e competência narrativas, o que só se consegue com a dedicação de uma vida à História.

Atualmente, em instituições espalhadas por todo o país, encontramos pesquisas e mais pesquisas em desenvolvimento sobre a temática do Santo Ofício, da graduação ao doutorado, com abordagens múltiplas e inéditas, complementando as fontes inquisitoriais com outros tipos de documentação e modelos de análise, aproveitando-se da digitalização de arquivos, do acesso facilitado a textos científicos, de eventos acadêmicos sobre o mundo da Inquisição, dos avanços tecnológicos em geral. Algumas delas (a geração dos "netos", "sobrinhos" e "afilhados" de Ronaldo), são orientadas por seus ex-orientandos, ex-alunos ou amigos. Nestes trabalhos, Ronaldo Vainfas é referência certa, citado seguidamente, inspiração para os novos investigadores que darão continuidade aos estudos sobre o mundo português, o Brasil, as religiosidades e a Inquisição. Bom sinal sobre o futuro que a História nos reserva.

Respondendo, então, à pergunta presente no título deste trabalho, sobre o que a Historiografia da Inquisição deve a Ronaldo Vainfas, respondo afirmando que Vainfas estará lá, na *História do futuro*, parafraseando Vieira, que tão bem Ronaldo nos ajudou a conhecer, e tal qual ele, fênix, presente, inspirando e dialogando com todos. Sinal de que vamos pelo certo e melhor caminho. Por tudo isso, e por tudo que ainda nos proporcionará, nossa profunda admiração e emocionado reconhecimento. Muito obrigado!

Um olhar sobre a historiografia de Ronaldo Vainfas

Jacqueline Hermann

DEPOIS QUE RECEBI O CONVITE para participar desta merecida homenagem, comecei a pensar no que dizer e sobretudo em como dizer, de modo a encontrar um ponto de equilíbrio entre o elogio fácil e o distanciamento necessário para honrar a tarefa, talvez temerária, de oferecer uma análise conjunta da obra mais autoral de Ronaldo Vainfas. Isso porque não há como medir a importância de sua contribuição intelectual em minha trajetória acadêmica. E digo isso sem qualquer exagero, pois devo a ele meu tema de pesquisa de doutorado, ponto de inflexão que me fez caminhar por mares, ilhas e brumas inimagináveis quando terminava o mestrado. Ronaldo integrou a banca de examinadores de minha dissertação, junto a Rachel Soihet, minha querida orientadora, e Vânia Fróes, e questionou a forma superficial como eu negava a filiação entre o movimento de Canudos e sebastianismo português. Disse-me que o fenômeno sebastianista era algo muito mais complexo do que eu considerava e, não satisfeito, presenteou-me com um pequeno e definitivo livro sobre o tema, *A evolução do sebastianismo*, do historiador português João Lúcio de Azevedo.[1]

---

1   AZEVEDO, João Lúcio de. *A evolução do sebastianismo*. 3a. edição. Lisboa: Editorial Presença, 1984. Minha dissertação de Mestrado, *Histórias de Canudos: o embate cultural entre o litoral e o sertão do século XIX*, defendida na UFF em 1991.

A leitura desse livro abriu-me um campo de pesquisa inesgotável: passados mais de 20 anos, continuo perseguindo os muitos rastros que a crença sebastianista deixou em Portugal, na Espanha e no Brasil, então América portuguesa. Estimulada pela provocação, elaborei projeto de doutorado sobre o sebastianismo português, recuando ao século XVI e voltando meus estudos para a metrópole portuguesa. Começava, assim, uma travessia longa e cheia de percalços, e embora não comparável à de nossos antigos colonos, levou-me ao desconhecido absoluto, tão ameaçador quanto instigante. A essa altura Ronaldo já era meu orientador e sua direção segura, seu amplo e sofisticado conhecimento da historiografia portuguesa, de história da América e do Brasil colonial foram fundamentais para que eu seguisse com firmeza os passos iniciais do surgimento do sebastianismo em Portugal.[2]

Eu pouco ou nada conhecia de história portuguesa, basicamente o que havia lido na graduação, quando os debates sobre a história colonial do Brasil voltavam-se para seu envolvimento na longa crise do Antigo Sistema Colonial. Comecei a estudar a vida e a história do controverso rei-menino D.Sebastião, identificação que, hoje sei, procurava infantilizá-lo e tomá-lo com inconsequente ou louco ao decidir comandar a desafortunada batalha no Norte da África. Meu guia foi sempre o livro de João Lúcio e hoje afirmo, com algum conhecimento de causa, que é ainda livro definitivo sobre o tema, em que pese a brevidade com que passa pelos diversos momentos do fenômeno sebastianista. Tudo, ou quase, estava já ali indicado, a pluralidade de tempos, temas, personagens, fontes, interpretações e caminhos possíveis de pesquisa.

Dentre os muitos temas sobre os quais eu nada sabia quando decidi seguir os passos de D.Sebastião, a questão do judaísmo e dos cristãos novos em Portugal foi dos mais férteis. Essa necessidade levou-me a estudar o processo que levou à proibição do judaísmo em Portugal e, posteriormente, à criação do Tribunal da Inquisição em seus primeiros anos. Nem preciso dizer o quanto me beneficiei dos vastos conhecimentos de Ronaldo Vainfas sobre o Tribunal e suas formas de atuação, dos dois lados do Atlântico: basta lembrar de *Trópico dos Pecados*, sua tese de doutoramento, para ali encontrar informação segura e detalhada sobre a "Teia do Inquisidor" e a "Engrenagem punitiva" da ação inquisitorial.

Este viés, o da base judaica para a profundidade das raízes messiânicas instaladas em solo português havia séculos, creio, ainda hoje, ter sido uma das bases sólidas a partir da qual emergiu o sebastianismo. O processo do sapateiro Gonçalo Annes

---

[2] A tese, *No reino do Desejado. A construção do sebastianismo em Portugal, séculos XVI e XVII*, foi publicada em 1998, pela Companhia das Letras.

Bandarra, considerado o profeta do sebastianismo tempos depois, era breve e integrava o primeiro grupo de processados pelo Tribunal. Ainda sem a parte referente à genealogia do inquirido, ficamos sem saber se Bandarra era cristão velho, como afirmou, ou se mentiu, temendo revelar sua origem judaica. O fato é que foi processado com outros acusados de judaizar, mas por alguma estranha razão, e apesar dos escritos a ele atribuídos preverem a volta de um rei Encoberto assemelhado a um Messias para unificar o mundo cristão, foi acusado apenas de fazer livre interpretação da Sagrada Escritura.

Além deste processo, analisei mais outros três de mulheres que diziam encontrar, conversar e até mesmo visitar D.Sebastião em uma ilha encantada. Nesta estaria, além de D.Sebastião, sua numerosa família – 3 filhos homens e 3 mulheres, sendo uma morta, embora o monarca português tenha morrido solteiro, sem deixar herdeiros para Portugal. A leitura e análise desses processos, sobretudo o de Maria de Macedo,[3] contou com a perícia de Ronaldo Vainfas no trato dessa documentação cheia de armadilhas. Armadilhas e dificuldades práticas de leitura, pois temos que enfrentar caligrafias quase indecifráveis, falta de normas ortográficas ou gramaticais, além dos subtextos que uma fonte inquisitorial pode ocultar. Se hoje consigo trafegar com alguma desenvoltura em meio a esse mar de informações contidas em um processo da Inquisição, devo também ao meu então orientador a iniciação na análise dessa documentação.

Ao reunir a temática dos cristãos novos, as mudanças sobre a identidade do rei Encoberto previsto nos escritos de Bandarra e o tempo de sua volta, uma aproximação com as elaborações do famoso jesuíta Antônio Vieira foram incontornáveis. Desafio imenso e na época, posso hoje dizer, ignorado, tive a necessidade de analisar, pelo menos em parte, o processo sofrido por Vieira, entre 1663 e 1667.[4] Processo embasado na *Carta ao Bispo do Japão*, que Vieira escrevera em 1659, dedicada à rainha D.Luíza de Guzmán. Nela previa que D.João IV ressuscitaria e terminaria sua tarefa de fazer de Portugal a cabeça do Quinto Império do Mundo. Mais uma vez o conhecimento e a experiência de análise de textos do jesuíta por Ronaldo Vainfas foram fundamentais.

---

3   Inquisição de Lisboa, Processo n.4404.
4   Antônio Vieira. *Obras Escolhidas*. Prefácio, edição e notas de Antônio Sérgio e Hernani Cidade. Lisboa: Livraria Sá da Costa, 1952, vol.VI. Para a análise completa do processo, *Os autos do processo de Vieira na Inquisição*, edição de Adma Muhama. São Paulo: Universidade Estadual Paulista; Salvador, Fundação Cultural do Estado da Bahia, 1995.

E aqui passo a comentar seu primeiro livro, *Ideologia e escravidão. Os letrados e a sociedade escravista no Brasil colonial*, lançado em 1986, no qual Antônio Vieira foi estudado junto a outros jesuítas e letrados. Dissertação de mestrado de Vainfas, ali já aparecia seu espírito inquieto diante de tradições historiográficas que marcaram a década de 1980: a história vista a partir da luta de classes e do conceito de ideologia. Ainda ancorado em conceitos e viés teórico, perspectiva abandonada gradativamente ao longo de sua vasta historiografia – embora, creio eu, mais do ponto de vista da discussão propriamente conceitual do que de sua aplicação prática –, propôs uma discussão acerca das diferenças entre as formas de compreensão e ação de atores sociais e políticos pertencentes à mesma classe em relação à escravidão. Defendeu tese inovadora para a época, segundo a qual os letrados construíram uma outra maneira de pensar e lidar com o trabalho escravo – alternativa ao pragmatismo do mundo senhorial – "sem, contudo, deixar de ser escravista", para usar as palavras do autor.[5]

Nesse momento, estavam no auge métodos de análise de discursos, através dos quais se pretendia identificar intenções e projetos sociais de pessoas e grupos específicos. A novidade era ver essa divergência internalizada por atores que ocupavam lugares sociais distintos, embora todos pertencentes à mesma classe, no jargão dominante na época. Para voltar a Antônio Vieira, neste livro Vainfas identifica raízes profundas na elaboração do jesuíta para justificar a escravidão e nomeia a parte a ele dedicada de "A profecia escravista". Ao analisar um sermão pregado na Bahia nos anos de 1680, na festa de Nossa Senhora do Rosário, nosso homenageado distingue os dois públicos aos quais a pregação se dirigia – os senhores e os escravos devotos da santa – e percebe uma das bases da elaboração profética de Vieira acerca do Quinto Império, duas décadas antes: a clara distinção entre "o mundo das aparências", o "mundo real", para ele secundário, e o mundo da vontade divina, segundo a qual os escravos eram, primeiramente "cativos de Deus", devendo por isso "rezar e obedecer". Tem-se aqui a mesma dualidade que deu base à elaboração de Vieira sobre o Quinto Império: a aparência da morte e a superioridade da vontade divina para garantir a volta de D.João IV e a finalização da *História do Futuro* inscrita nas profecias. Dentre estas, as de Bandarra mereceram destaque especial de Vieira: elaboradas por homem humilde e de pouca instrução, fortaleciam a tese de que o sapateiro havia sido tocado pela graça divina ao fazer suas previsões.

---

5   VAINFAS, Ronaldo. *Ideologia e escravidão. Os letrados e a sociedade escravista no Brasil colonial*. Petrópolis: Vozes, 1986, p.10.

Hoje sabemos que não é possível afirmar se os escritos atribuídos ao sapateiro Bandarra eram, de fato, os que o teriam levado à mesa do Santo Ofício em 1540. Proibidas, suas trovas, como foram chamadas, continuaram a circular em renovadas cópias, quase certamente alteradas ao longo dos séculos em que foram lidas e reinterpretadas, para o que contaram com a primeira edição impressa em Paris, no ano de 1603. Obra de um fidalgo dissidente da crise política que levou a dinastia Habsburgo a governar Portugal por sessenta anos, D.João de Castro, por caminhos nem sempre compreensíveis, juntou versos que "guardara de memória" ao longo de duas décadas e decidiu editar aquela que seria considerada a primeira parte das *Trovas* de Bandarra. Completadas pela edição de 1644 do Marquês de Niza, suas cópias passaram a circular na Europa e nos espaços coloniais, onde manuscritos devem ter dado continuidade à carreira já conhecida na metrópole.[6]

Esse percurso pretende embasar hipótese que levanto há algum tempo, embora sem base documental, de que Antônio Vieira conheceu alguma das versões dos escritos de Bandarra ainda no América portuguesa. É certo que aqui já se falava delas, como comprova denúncia feita contra um certo Gregório Nunes na Primeira Visitação do Santo Ofício ao Brasil, entre 1591-95.[7] É possível conjecturar que Vieira tenha conhecido, anos depois, alguma versão que circulou pela Bahia, provavelmente muitas vezes reescrita, onde chegou em 1614, com apenas seis anos de idade. Entrou para o Colégio dos Jesuítas com 15 anos de idade, ganhou gradativamente posição destacada na Companhia de Jesus, mas só voltou ao reino, onde nasceu, depois da Restauração portuguesa, em dezembro de 1640. Quando lá chegou, no início de 1641, caiu nas graças do novo rei, primeiro da dinastia de Bragança, e no «Sermão dos Bons Anos», pregado em 1642, já mencionava a profecia de um rei encoberto para libertar Portugal. Este não era, no entanto, D.Sebastião e sim um rei não esperado, vivo e não conhecido, pois "Ser o encoberto e estar presente, bem mostrou

---

[6] Depois do texto de D. João de Castro, e após a Restauração, D. Vasco Luís da Gama, quinto conde da Vidigueira e então embaixador de Portugal em Paris, publicou em Nantes, no ano de 1644, aquela que é considerada a primeira base para a fixação escrita das trovas de Bandarra. Reiteradamente proibidas pela Inquisição, continuaram a desfrutar de grande popularidade, de que deram provas os versos considerados como o *segundo* e o *terceiro* corpos de trovas do sapateiro. Encobertos como o rei que profetizavam, todos estes *corpos* teriam integrado a edição saída em Barcelona em 1809, da qual resultou a de 1866. Esta última foi reeditada em 1989 (considerada 4.ª edição), e nela me baseei para meus estudos. Para uma reedição conjunta e comentada das principais edições, ver *Profecias do Bandarra. Compilação dos textos das principais edições*. Porto: Edições Ecopy, 2010. Colecccção Quinto Império, 13.

[7] Ver a respeito O sebastianismo atravessa o Atlântico. In: HERMANN, Jacqueline. *1580-1600. O sonho da salvação*, Vol. 3. São Paulo: Companhia das Letras, 2000.

Cristo neste passo que não era impossível".[8] O Vieira "joanista", como o chamei, foi certamente alcançado a partir da orientação de Ronaldo e na trilha aberta por seus estudos, adensados ao longo dos anos.

Em 2011 Vainfas publicou *Antônio Vieira. Jesuíta do rei*, volume da coleção Perfis brasileiros,[9] no qual aprofundou sua análise sobre a importância do famoso inaciano no reinado de D.João IV, como pregador, conselheiro, diplomata, profeta. Pode-se mesmo afirmar que para Vieira, desde pelo menos 1642, o Restaurador era a própria concretização da profecia, presente ou futura, como passou a afirmar a partir da *Carta* de 1659, escrita três anos depois da morte do primeiro rei bragantino.

Depois do mestrado sobre os letrados na sociedade escravista colonial, Vainfas realizou ampla pesquisa nos arquivos inquisitoriais portugueses para produzir o já citado *Trópico dos pecados*. Como diz na introdução, Vainfas percebeu que junto às críticas à ambição e violência dos senhores de escravos, os jesuítas reprovavam também seus "hábitos sexuais e desregramentos morais", demonstrando preocupação mais abrangente e parte de amplo projeto pastoral "implementado pela Contra-Reforma na Europa e no além-mar, cristianizando fiéis imperfeitos do Velho Mundo, evangelizando pagãos do Mundo descoberto".[10] Desdobrava-se, assim, mais um estudo sobre o Brasil colonial, agora voltado para as moralidades e vivências sexuais analisadas a partir da ação inquisitorial no Brasil. Embora nunca tenha tido Tribunal próprio, a colônia recebeu Visitações inquisitoriais entre os séculos XVI e XVIII, tendo assim alimentado a máquina punitiva do Santo Ofício da Inquisição. Mas se no primeiro trabalho Vainfas voltou-se para os discursos, agora procurava uma aproximação com as práticas julgadas pelos inquisidores, para o que precisou conhecer por dentro o funcionamento da "máquina de fazer hereges", tornando-se exímio pesquisador de fontes inquisitoriais. Deve-se a ele e a Laura de Mello e Souza o impulso decisivo para o uso dessa documentação no Brasil, cujos resultados são hoje evidentes na fértil e diversificada produção de teses e dissertações por eles orientadas ao longo das últimas décadas. Vainfas estudou mais de 170 processos

---

8   Antônio Vieira. *Sermão dos Bons Anos*. Lisboa, 1642, IV. Antes disso, no Sermão de São Sebastião, pregado ainda na Bahia em 20 de janeiro de 1634, já enunciara esse jogo de falso/verdadeiro entre aparência e verdade, desta vez referindo-se ao santo de mesmo nome do rei desaparecido no Marrocos.

9   VAINFAS, Ronaldo. *Antônio Vieira. Jesuíta do rei*. São Paulo: Companhia das Letras, 2011. Coleção Perfis brasileiros.

10 VAINFAS, Ronaldo. *Trópico dos pecados. Moral, sexualidade e Inquisição no Brasil*. Rio de Janeiro: Editora Campus, 1989, p.1.

da Inquisição de Lisboa, além de tratados morais, legislação régia e constituições eclesiásticas para traçar quadro amplo das moralidades coloniais entre os séculos XVI e XVIII. Moralidades, não esqueçamos, vistas a partir do olhar severo da Inquisição e do processo de transformação de desvios morais e pecaminosos em heresias e crimes graves contra a fé católica. Caminhando na senda aberta pelas novas abordagens historiográficas, Vainfas adentra o terreno das mentalidades, arriscando-se na análise de novos objetos de investigação: sentimentos, desejos, costumes e crenças.

Vainfas enfrenta, nesse momento, a polêmica teórica entre ideologias e mentalidades, cara à época e vivida em sua própria trajetória de pesquisa. Já dava ali, mais uma vez, sinais de inconformismo com a rigidez de qualquer modelo pronto, capaz de indicar de antemão o caminho de suas conclusões. Nas palavras do autor: "Arrisco-me, portanto, a deslizar eventualmente para o terreno movediço da ambiguidade teórica, minorada, em parte, pelo tom descritivo que conduz a narrativa. Seja como for, preferi seguir esse caminho do que correr os também perigosos riscos do dogmatismo e do anacronismo, a que podem levar a insistência obstinada no uso de conceitos inflexíveis".[11]

Aqui o pesquisador que valoriza antes documento à delimitação teórica e limitadora de qualquer corrente aparece já pronto para deixar o documento "falar" e, a partir dele, buscar a ponte que pode nos conduzir ao passado. Ponte sempre insegura e aberta, mas fecunda se pertinente, contextualizada e bem analisada. *Trópico dos pecados* nos oferece, assim, panorama amplo e original de nosso passado colonial, do esforço moralizante da metrópole à dinâmica do "viver em colônia" e suas muitas mazelas e deleites. Mas Vainfas insiste em tema que se manteve importante em sua produção sobre nossa história colonial: o projeto triunfante foi "o sentido mercantil da colonização, a despeito do esforço que inacianos e inquisidores moveram para fazer do Brasil uma 'república cristã'".[12]

Esse sentido reaparece, a partir de objeto completamente distinto, no livro seguinte de Vainfas, *A heresia dos índios. Catolicismo e rebeldia no Brasil colonial*, publicado em 1995. Tese apresentada em concurso para Titular de História Moderna na UFF, onde já lecionava desde os anos de 1970, representou inflexão importante, teórica e metodológica, em seus futuros estudos. Trilhou mais uma vez as novas possibilidades abertas pelas críticas à história das mentalidades – bem resumidas

---

11 Idem, p.2-3.
12 Idem, p.347.

no prefácio à edição italiana de *O queijo e os vermes*, do historiador italiano Carlo Ginzburg –,[13] da qual resultou a não menos ampla História Cultural, mas cada vez mais atenta às diferenciações internas de cada grupo social. Para isso, a aproximação com a antropologia foi essencial, e sem dúvida *A heresia dos índios* é um muito bem sucedido exemplo de história antropológica e cultural no que esta pode ter de melhor: a perspectiva comparada, a descrição densa, a análise dessa descrição inserida em contexto histórico detalhadamente apresentado, sem descurar da explicação, da interpretação e da crítica documental.

A documentação que permitiu o estudo da seita indígena estudada neste livro foi "descoberta" quando Ronaldo ainda fazia o doutorado. Em busca dos processados por crimes sexuais, encontrou o senhor de escravos Fernão Cabral de Taíde entre os acusados, mas também denunciado por acobertar e proteger uma estranha concentração de índios que se reuniam em cerimônias bizarras e suspeitas. Como bem diz o autor, não fosse a já citada Primeira Visitação do Santo Ofício da Inquisição às Partes do Brasil, entre 1591-5, a história da santidade de Jaguaribe teria ficado para sempre desconhecida. Infortúnio dos acusados, fortuna do historiador e da história, o estudo da santidade de Jaguaribe refinou a perícia analítica de Vainfas com essa documentação, assim como abriu novas formas de abordagem e campos de investigação.

Isso porque, até aquele momento, o estudo das religiosidades indígenas era assunto praticamente inédito na historiografia brasileira, assim como mantiveram-se quase totalmente desconhecidas as manifestações e possíveis sentidos das santidades ameríndias. O termo foi usado pelo jesuíta Manuel da Nóbrega para nomear os rituais dos tupinambás na Bahia, quando em visita às aldeias assistia às festas e danças, nas quais, segundo o missionário, fingiam "trazer santidade". Era forma de nomear manifestações da religiosidade indígena associadas posteriormente a idolatrias gentílicas e condenadas como heréticas. Vainfas estuda a mais importante santidade da América portuguesa, exemplo máximo e último, até onde se sabe, da resistência tupinambá à colonização na Bahia quinhentista.

Descoberta algum tempo depois de ter sido derrotada, em 1585, chegou aos ouvidos do visitador do Santo Ofício, Heitor Furtado de Mendonça, quando da já mencionada Primeira Visitação, iniciada na Bahia em 1591. As denúncias e confissões sobre a "abusão herética chamada de santidade" foram agravadas pela proteção

---

13 GINZBURG, Carlo. *O queijo e os vermes. O cotidiano e as ideias de um moleiro perseguido pela Inquisição*. São Paulo: Companhia das Letras, 1986.

recebida de famoso, temido e odiado fidalgo português e senhor de escravos, Fernão Cabral de Taíde. Os processos decorrentes da investigação do caso produziram um farto e detalhado material inquisitorial, base da surpreendente etno-história de rebeldia tupinambá e resistência colonial que Vainfas nos apresenta.

O trabalho parte do amplo contexto das resistências indígenas ao colonialismo ibérico, incluindo casos já estudados de idolatrias na América espanhola, para identificar aspectos rituais e formais dessas manifestações, até focalizar a santidade de Jaguaribe e suas especificidades. Especificidades, vale ressaltar, formais e históricas, pois é nesse cruzamento que Vainfas elabora sua explicação mais original para a santidade baiana. Para isso, aproximou-se do método antropológico, visando descrever e analisar, em perspectiva histórica e antropológica, rituais e crenças da santidade de Jaguaribe. Sua análise procura recuperar a dinâmica do que chamou de "metamorfoses da mitologia tupi", de forma a identificar os impactos da dominação colonial nas manifestações do "profetismo tupi". Mais ainda, as formas como catolicismo e religiosidade tupinambá se combinaram para produzir o que chamou de "rituais do catolicismo tupinambá", tese original e mais uma vez ousada: Vainfas defende que as características híbridas, católicas e ameríndias, da santidade de Jaguaribe foram produzidas nos aldeamentos jesuíticos, sendo portanto, os missionários inacianos seus artífices involuntários.

Cruzamentos de rituais e crenças, encontros e desencontros entre culturas surdas às diferenças, histórias de fronteiras de sistemas religiosos e culturais, histórias de homens de fronteira, os mamelucos que serviam a vários senhores, estabelecendo contatos e reinterpretando crenças, usando poderes alheios e barganhando alto pela capacidade de transitar entre dois mundos. O desvelamento dessas muitas camadas de questões Vainfas alcançou esmiuçando a farta documentação inquisitorial produzida sobre o caso, valendo-se de sua experiência no trato dessa documentação, da análise cuidadosa dessa forma de manifestação da religiosidade tupinambá em situação de avanço do domínio português, e de rara sensibilidade para entrever sentidos e possibilidades interpretativas nas dobras dos processos inquisitoriais. Seguiu à risca a relação de inquisidor e antropólogo indicada por Carlo Ginzburg,[14] sem jamais abrir mão de ser o historiador consciente da especificidade de seu ofício, sem perder-se nas armadilhas dos modismos interdisciplinares, não raro pouco férteis.

---

14 GINZBURG, Carlo. O inquisidor como antropólogo. In: *A micro-história e outros ensaios*. Lisboa: Martins Fontes, 1992.

A santidade caiu na teia do inquisidor e na do historiador que lhe fez reviver, ganhar novos contornos e sentidos diversos da condenação eterna. Foi mais uma vez "O teatro da Inquisição", nome da terceira e última parte do livro, a base da análise de Ronaldo Vainfas e no qual nosso homenageado faz clara defesa do papel político da santidade devassada: "síntese da máxima resistência indígena ao colonialismo lusitano do século XVI". Volta, assim, a reafirmar a vitória do sistema colonial e escravocrata que começou a estudar no mestrado. Exemplo do que chamou de hibridismo cultural, inspirado no clássico *História Noturna*,[15] do já várias vezes citado Carlo Ginzburg, indica a busca de novas respostas para as encruzilhadas abertas pela História Cultural.

Depois desse mergulho no mundo ameríndio e colonial quinhentista, Vainfas deu continuidade à estreita relação que estabeleceu com a obra de Ginzburg e, em novo passo, foi atraído por outra experiência historiográfica: a micro-história. Suas reflexões sobre essa forma tão mal compreendida de abordagem historiográfica estão expostas em *Micro-história. Os protagonistas anônimos da história*, publicado em 2002. Ao procurar delimitar suas propostas, métodos e objetos e definir "O que a micro-história não é", Vainfas analisa a trajetória deste recorte que exige a redução da escala de observação, deixando claro que esta não pretendeu nunca complementar informações da grande ou macro-história. Em nova perspectiva temos também novas interpretações possíveis, tão mais rica quanto mais puder dialogar ou desdobrar contextos amplos e dinâmicas particulares, capazes de nos ajudar a compreender a complexa convivência dos tempos históricos e os limites das generalizações. Tampouco se deve pretender inverter essa relação ou, a partir de casos singulares, generalizar suas conclusões.

"Havendo pesquisa séria, problemática relevante e clareza expositiva, estarão preenchidas as condições essenciais para que um trabalho historiográfico possa dar contribuição valiosa, independente da escala de observação ou da maior ou menos dimensão do objeto investigado".[16] A partir desses princípios, Vainfas conclui que não se deve hierarquizar escalas e métodos capazes de produzir o melhor ou mais *verdadeiro* resultado historiográfico. E é nesse caminho que, seis anos depois, com competência e imensa coragem, propôs-se a desbravar a trajetória do jesuíta Manoel

---

15 GINZBURG, Carlo. *História Noturna. Decifrando o sabá*. São Paulo: Companhia das Letras, 1991.
16 VAINFAS, Ronaldo. *Micro-história. Os protagonistas anônimos da história*. Rio de Janeiro: Editora Campus, 2002, p.151-2.

de Moraes a partir de sua atuação na conflagrada capitania de Pernambuco do século XVII. O jesuíta viveu no tempo da ocupação holandesa do nordeste brasileiro e viu-se diante de imensos desafios militares e religiosos, culturais e morais, para os quais buscou saídas tão inusitadas quanto foi sua vida rocambolesca.

Nascido em São Paulo no final do século XVI, Manoel de Moraes morreu em 1651, provavelmente em Lisboa. Viveu a primeira metade do conturbado século XVII intensamente, incorporando à sua vida pessoal os dilemas de um século atravessado por guerras de religião. Filho de bandeirante mameluco e de uma mãe de família portuguesa, trazia na origem a pluralidade de caminhos a seguir, preferindo a vocação religiosa ao apresamento de índios nas aldeias. Ao longo da vida, a forte marca de nascimento se revelaria em toda sua complexidade. Entrou para a Companhia de Jesus e foi enviado para o Colégio da Bahia aos 17 anos de idade. Cerca de 10 anos depois, em 1622 ou 1623, era jesuíta professo, podia rezar missas, ouvir confissões e ministrar sacramentos. Enviado como missionário para um aldeamento em Pernambuco, lá deu início à impressionante aventura que o levou a participar diretamente do cenário da guerra entre portugueses e holandeses no Brasil, entre 1630 e 1640.

Para não estragar o gosto da leitura desse livro e história fascinantes, resumo brevemente os caminhos percorridos por Manoel de Moraes: preso em combate, traiu os portugueses, passou para o lado holandês, renegou a religião católica, tornou-se calvinista. Casou duas vezes na Holanda, voltou a Pernambuco, arrependeu-se, voltou ao catolicismo, foi processado pela Inquisição portuguesa, escapou da fogueira e morreu pobre em Lisboa. Essa história que lemos como um romance oculta, pela leveza do texto, narrativa fluida e poucas notas bibliográfica, a imensa dificuldade do exercício proposto por Vainfas: contar a história de um personagem secundário – mas não irrelevante – da "grande história" da presença holandesa no Brasil. O conjunto de informações reunidas – sobre a família, formação, atuação junto a portugueses e holandeses, a mudança para Holanda, os casamentos, a volta a Pernambuco, o processo inquisitorial, a morte em Lisboa – dialogou com os macro cenários da história europeia da época, das guerras de religião, dos projetos mercantis em disputa, dos antigos embates políticos e militares dos Habsburgo nos Países Baixos. Vê-se, portanto, o quanto é preciso dominar a macro história para dar sentido a histórias particulares, perceber a relevância delas, mesmo que momentânea e por isso muitas vezes esquecida. Por outro lado, e o caso de Manoel de Moraes ilustra bem isso, são necessários registros documentais, mesmo dispersos, a serem recuperados, e um pesquisador experiente capaz de alcançá-los em arquivos variados, brasileiros, portugueses, espanhóis, americanos e holandeses. Alcançá-los e fazê-los "falar", preencher lacunas, montar um quebra-cabeças no qual nem sempre se encontram todas as peças. Entre provas e possibilidades, só não é possível inventar. É preciso controlar a imaginação, embora não se prescinda dela para ir adiante.

Traição. Um jesuíta a serviço do Brasil holandês processado pela Inquisição[17] é resultado exitoso dessa combinação rara de coragem e competência para fazer parecer fácil o que é não só difícil como arriscado, pois fugiu completamente ao formato que o consagrou. Embora não pareça, é também um livro de tese. Tese sobre o período, sobre o personagem, sobre o exercício da fé e das lealdades em tempos de guerra, de horizontes incertos e enganosos. Manoel de Moraes "transitou em vários mundos, serviu a muitos senhores. Traiu a todos", conclui Vainfas. Mameluco de origem, foi homem de fronteira e sobre ele nosso homenageado construiu também uma narrativa limítrofe entre a história política, a história religiosa, a história de uma guerra e de alguns de seus personagens. Chegou às escolhas, dores e angústias de um deles, ampliando mais uma vez o quadro que nos começou a apresentar ainda no mestrado.

O livro seguinte, *Jerusalém colonial. Judeus portugueses no Brasil holandês*, guarda relação direta com *Traição*, no que se refere ao contexto da presença holandesa no Brasil colonial. Mas ficam aí as semelhanças. Em outra obra de fôlego, a demonstrar vasto conhecimento acumulado sobre a questão judaica no mundo ibérico e em situação colonial, Vainfas nos conta a história da comunidade judaica instalada em Pernambuco nos anos de domínio holandês na região. Para isso, abre mais uma vez imenso leque de temas centrais da Época Moderna, como a divisão do mundo cristão, a consolidação dos novos Estados calvinistas, as disputas territoriais e mercantis da época, o trânsito de mercadorias e gentes entre o Velho e o Novo Mundo.

"É menos um livro sobre a história do Brasil colonial do que sobre a diáspora sefardita no Brasil", diz o autor na introdução. Ao analisar a formação da "Jerusalém do Norte", percorre longo caminho da Europa à América, acompanhando a chegada dessa comunidade através dos negócios com a Companhia das Índias Ocidentais, até a formação e dilemas enfrentados pela primeira sinagoga da América, na "Babel religiosa" que se tornara o Brasil holandês da época. Longe da visão idílica de uma convivência harmoniosa entre calvinistas, católicos e judeus, vemos tensões por todos os lados, sobretudo dentro da própria comunidade sefardita, espremida entre

---

[17] VAINFAS, Ronaldo. *Traição. Um jesuíta a serviço do Brasil holandês processado pela Inquisição*. São Paulo: Companhia das Letras, 2008.

a tolerância calvinista e a permanente desconfiança católica. Analisando a versão brasílica dos "judeus novos", homens e mulheres nascidos depois da proibição do judaísmo no mundo ibérico, nos mostra como aprenderam a "nova" religião: para a conversão, adaptaram a lei de Moisés aos ventos tropicais da América.

Entre 1635 e 1645, nos dez anos passados entre a chegada e formação dessa comunidade e o início da insurreição que culminaria na expulsão dos holandeses do Brasil em 1654, acompanhamos a criação e o desmonte dessa comunidade: "Com a derrota holandesa, os judeus saíram de cena e a Inquisição voltou ao palco".[18] Através dela, mais uma vez, Ronaldo Vainfas recupera o que chamou de "Identidades fragmentadas": homens divididos, dúvidas religiosas, dilemas cotidianos e até mesmo apelos do coração dão sentido pleno à expressão da pioneira dos estudos judaicos entre nós, a professora Anita Novinsky. Os vários aspectos dessa divisão Vainfas recuperou nos processos inquisitoriais, nos quais flagrou também o surpreendente desconhecimento dos inquisidores sobre particularidades da religião que combatiam havia cerca de um século.

Tem-se assim, uma "história total" da *Jerusalém colonial*: macro-história europeia e ibérica, história das trocas comerciais, dos embates religiosos e políticos do século XVII, mas também trajetórias individuais, dramas de consciência, dilemas de fé. Pesquisa sempre ancorada em farta documentação e vigoroso debate historiográfico, temos nela o resultado maduro de muitos anos de dedicação à história colonial do Brasil e de suas muitas conexões com o mundo europeu e ibérico.

Pensar sobre os livros que compõem a obra de Ronaldo Vainfas, e fica claro que me detive na parte mais propriamente autoral do seu trabalho - embora saibamos das centenas de artigos, das muitas coletâneas organizadas, para não falar da coordenação dos três dicionários, do Brasil Colonial, Imperial e Joanino –,[19] permite acompanhar não só o percurso de sua pesquisa, mas também dos caminhos da historiografia nas últimas décadas. Vainfas percorreu muitos desses caminhos, partindo da perspectiva marxista, passando pela história das mentalidades, pela

---

18 VAINFAS, Ronaldo. *Jerusalém colonial. Judeus portugueses no Brasil holandês*. Rio de Janeiro: Civilização Brasileira, 2011, p.362.

19 Só para citar alguns, VAINFAS, Ronaldo e CARDOSO, Ciro Flamarion. *Domínios da História. Ensaios de teoria e metodologia*. Rio de Janeiro: Editora Campus, 1997; VAINFAS, Ronaldo (Direção). *Dicionário do Brasil Colonial (1500-1808)*. Rio de Janeiro: Objetiva, 2000; VAINFAS, Ronaldo (Direção). *Dicionário do Brasil Imperial (1822-1889)*. Rio de Janeiro: Objetiva, 2002; VAINFAS, Ronaldo e NEVES, Lúcia Bastos Pereira das (Organizadores). *Dicionário do Brasil Joanino, 1808-1821*. Rio de Janeiro: Objetiva, 2008.

história cultural e a micro-história, para chegar à "história total" da comunidade sefardita instalada no Brasil no século XVII. Seguramente é hoje um dos mais importantes e produtivos historiadores de nossa história colonial e suas pesquisas sempre abrem caminhos inspiradores e ousados. Certa de que deve estar aprontando alguma novidade, resta-nos esperar pelo novo trabalho.

Para finalizar, não poderia deixar sem resposta, depois de tantos anos, a provocação feita quando da defesa de meu mestrado. Por sorte, Ronaldo, pura sorte, reafirmo, agora com mais base: Antônio Conselheiro e seus seguidores não esperavam a volta D.Sebastião, não, não eram sebastianistas.

De como um professor de História se tornou historiador e vice-versa

Ronaldo Vainfas, Angelo Adriano Faria de Assis, Pollyana Gouveia Mendonça Muniz, Yllan de Mattos e Aldair Carlos Rodrigues

1 - Seus livros têm sido de leitura obrigatória em cursos de graduação e pós-graduação por todo o país e até no exterior. Como surgiu seu interesse pela História? Quando percebeu que queria seguir carreira de professor universitário? Conte-nos um pouco sobre sua trajetória.

Com toda a franqueza, tenho dificuldade de tratar das conexões entre a minha experiência de vida e minha escolha de carreira, quanto mais a escolha de temas. A pergunta é válida, sem dúvida, surgiu até um gênero, por assim dizer, chamado de *ego-história*, no qual historiadores tentam explicar suas obras a partir de sua formação, conjunturas específicas, identidades pessoais e coletivas.

Poderia dizer que a minha trajetória acadêmica deita raízes na minha infância, no meu gosto pela leitura de Alexandre Dumas, nas histórias de família, que ouvi quando menino, pois descendo de imigrantes – judeus russos, pelo lado paterno, e franceses protestantes, pelo materno. Meu pai era russo, chegou ao Brasil com cerca de cinco anos, por volta de 1920. Ouvi muitos relatos de fugas, adaptações, inadaptações, solidariedades familiares, cizânias. Cresci em meio a idiomas diversos. Isto deve ter tido o seu peso, quem sabe? Mas poderia ter resultado – se é que se trata disso – em outras escolhas: antropologia, sociologia, letras, filosofia, psicologia. Em muitos casos de filhos de imigrantes, com história de infância comparáveis à minha, as escolhas foram totalmente distintas. Vários se tornaram médicos, jornalistas, físicos, engenheiros, músicos...

Desconfio muito da *ego-história*, embora reconheça que, em certos casos, pesquisar a história do sujeito-historiador pode levar a um melhor entendimento das escolhas temáticas e do tratamento dos objetos. Tipo *vida e obra* – como ocorre nos estudos de literatura ou filosofia. Mas, como historiador, tenho dificuldade epistemológica para tratar disso, considerando que há forte peso da memória individual em tais reflexões.

Para não deixar a pergunta sem resposta, mas ampliando o escopo, digo que o meu interesse mais sério pela História ocorreu no curso clássico do Colégio São Vicente de Paulo, em Laranjeiras, no Rio, no início da década de 1970. Luciana Villas-Boas, amiga daquele tempo, colega de curso, insistiu para que eu fizesse História, como ela mesma fez. Nós, do clássico, tínhamos várias disciplinas de História e foi avassaladora a minha vontade de saber mais. Cheguei a ler a velha *História Geral das Civilizações*, coleção em vários volumes organizada pelo Maurice Crouzet; o manual do Edward Burns, *História da Civilização Ocidental*; vários livros sobre história do Brasil, como os de Celso Furtado e do Caio Prado Jr; o então recém lançado *Brasil em perspectiva* (1972); um manual de história colonial do Ilmar Mattos, que veio a ser meu colega na UFF; outro de história moderna e contemporânea, do Gerson Moura e do Francisco Falcon, um de meus grandes mestres, posteriormente.

Esses últimos eram livros engajados, em tempo de transição política no país: fim do governo ultra repressivo do Médici, início do governo do Geisel, que anunciava uma distensão política gradual. Os alunos do clássico do São Vicente eram jovens politizados, para os padrões da época. Éramos de esquerda, mas não de uma esquerda partidária ou dogmática. Uma esquerda da Zona Sul do Rio, classe média, jovens entusiasmados com a possibilidade de redemocratização do país, todos eleitores do velho MDB, comandado por Ulysses Guimarães.

Foi nesse contexto político que ingressei no curso de história, no vestibular de 1974. O autoritarismo ainda resistia, nos porões, basta lembrar do assassinato do Vladimir Herzog, em outubro de 1975, forjado como suicídio. Mas a *linha dura* estava sob cerco, antes de tudo pelas cizânias no próprio aparelho militar, pela crise do *milagre econômico*, pela desilusão da classe média urbana que tinha apoiado o regime, na década de 1960. Lutava para manter a ditadura, mas tinha que enfrentar militares que preferiam abrir o regime, aos poucos.

Cursei a graduação no período da *ditadura derrotada*, para usar a terminologia do Elio Gaspari. Neste tempo de graduando, uma das minhas desilusões foi com o movimento estudantil, aparelhado pelo resto das organizações que tinham feito a luta armada. Era dirigido por militantes centralistas, autoritários, useiros em gritar palavras de ordem. Assistiam poucas aulas, quase não liam livro nenhum. Fiquei sem rumo, em termos políticos, e me refugiei no estudo, nas bibliotecas.

Foi então que comecei a cogitar de fazer carreira acadêmica. Fui um dos primeiros a receber Bolsa de Iniciação Científica, na época concedidas pela Pós-Graduação. Fui selecionado pelas professoras Aydil de Carvalho Preis, fundadora do PPGH da UFF, e Ismênia de Lima Martins, hoje uma grande amiga, intelectual à frente do seu tempo, capaz de equilibrar, por vocação e talento, a política e a sensibilidade, o local e o internacional, a tradição com a mudança.

No final do governo Geisel, entrei na UFF como docente, 1978, recém formado em Licenciatura. Entrei como *professor colaborador*, não como professor do quadro, embora prestando concurso mais duro do que o previsto em lei. Inacreditável. Entrei na UFF juntamente com onze ou doze jovens colegas em início de carreira - alguns lecionam até hoje, outros faleceram, uns poucos se aposentaram, como eu mesmo. A greve de 1980 resultou na nossa inserção plena na UFF, pois éramos, quando menos, metade do corpo docente universitário.

Ainda era tempo de regime militar, nos estertores – governo do general Figueiredo – período que o Gaspari chama de "ditadura encurralada". O ministro que cedeu à greve foi o general Ruben Ludwig, que substituiu o civil Eduardo Portela, em meio à crise. O início da minha carreira docente me permitiu, no entanto, um reencontro com a política. Logo surgiu a ADUFF que, não só lutava pela reforma da carreira docente como era engajada, como outras Ads do país, na luta democrática. A ADUFF original era livre, criativa, corajosa, uma associação civil de professores. Não era este aparelho sindical de hoje, que fabrica greves manipulando assembleias.

Foi também o tempo da *Anistia*, da volta dos exilados da luta armada, ainda jovens, e dos mais antigos, como Leonel Brizola. Ingressei no PDT, fui militante da campanha de Brizola ao governo do Rio de Janeiro, em 1982, e de outras campanhas memoráveis. Enfim, foi neste ambiente de ditadura militar, entre o governo Médici e a redemocratização, que cursei o clássico e a graduação, iniciei a carreira docente na UFF e ingressei no mestrado.

Por outro lado, o mundo vinha passando por transformações radicais desde os anos 1960. Somente vivenciei tudo isto a partir dos anos 1970, o desgaste do modelo soviético, a guerra do Vietnã, a revolução dos costumes, os ecos de *Woodstock*, os *Beatles*. Esta parte da minha juventude, desde o tempo do clássico até me tornar um jovem professor universitário, foi estimulante. Não lamento ter nascido nos anos 1950.

2 - Fale sobre suas influências. Quais historiadores e intelectuais, em geral, mais marcaram suas escolhas e trabalhos?

Influências? Tudo o que li, gostando ou não, deve ter me influenciado na vida. Também filmes que vi, histórias que ouvi. Mas vale fazer um registro especial, que deve ter também pesado muito na minha escolha pelo curso superior de História. Tive a oportunidade de viajar à Europa, com amigos e amigas, em 1973, por dois meses. Foi um impacto andar por Paris, Londres, Zurich, Atenas, Roma, Florença, Veneza, Amsterdã... Visitei não sei quantos museus e, sobretudo, mergulhei no Velho Mundo, suas diversidades. Também nessa época conheci Israel: Tel Haviv, Haifa, Jerusalém. Outro impacto. No ano seguinte, vivi seis meses em Londres, dessa vez solitário, mas foi outra experiência crucial. No ano seguinte estava na UFF como estudante de História.

Mas a pergunta – sei bem – enfoca influências livrescas. Vou citar alguns livros a esmo, conforme me ocorrem. *O declínio da Idade Média*, do holandês Johan Huizinga, (original de 1919), em especial o capítulo "O teor violento da vida", que tratava da banalização da crueldade no século XV, a euforia da multidão nas execuções capitais. Foi este que citei quando o Professor França me perguntou qual livro eu gostaria de ter escrito, na entrevista para os candidatos ao doutorado na USP. *Casa-Grande e Senzala*, de Gilberto Freyre, que li em 1975, me impactou pela linguagem libérrima, como bem indicou Antônio Cândido, mas sobretudo por perceber a importância da mestiçagem – cultural e racial - em nossa história. Ópera dos mortos, de Autran Dourado (1967), um romance sobre a saga de uma família paulista entre o apogeu e a crise da cafeicultura, entre a riqueza e o empobrecimento, dilemas psicológicos, literatura sociológica. Li este livro em 1974, me pegou em cheio. *Cem anos de solidão* (1967), de Gabriel García Marques, indicação de Ivo Barbieri, meu professor de literatura no São Vicente. Li este em 1973 e o maior impacto foi com o esquecimento que tomou conta de Macondo, a cidade-cenário do romance, a ponto de seus moradores terem que explicar, escrevendo em uma etiqueta, o que era uma xícara, um tapete, uma cadeira, uma mesa. Não conseguiam relacionar as palavras e as coisas. Albert Camus, li alguns livros dele, mas cito, de chofre, *O estrangeiro,* porque trata das alteridades, incertezas. Acusado de assassinar um argelino por, entre outros indícios, mostrar indiferença durante o velório da mãe, no qual sorveu um café com leite sem derramar uma lágrima. Livro autobiográfico, um tanto metafórico, o personagem central acaba sufocado, perdido na *zona cinzenta* que o envolve.

3 - Trinta anos após o *boom* da produção de trabalhos acerca da história das mentalidades no país, como você avalia o legado daquele momento historiográfico? Quais as contribuições daquela inflexão para compreendermos a formação histórica do Brasil?

Esta pergunta dá um salto no tempo. Em todo caso, o boom da *história das mentalidades* no país se esboçou na segunda metade da década de 1980 e só floresceu a partir dos anos 1990. Um lapso de no mínimo vinte anos em relação à renovação historiográfica ocorrida no Ocidente, embora pioneira em relação aos cursos e à historiografia nos demais países latino-americanos.

Ingressei no doutorado da USP no início de 1984. Era docente da UFF e recebi licença remunerada, além de uma Bolsa para me dedicar exclusivamente à pesquisa, incluindo estágio no exterior. Era tempo de PICD – Plano Institucional de Capacitação Docente - instituído, pasmem, durante os governos militares. Aliás, foi neste período, paradoxalmente, que a universidade pública cresceu, em número de cursos, alunos e professores (antiga reivindicação do movimento estudantil dos anos 60). Foi neste período que surgiram os Programas de Pós-Graduação, inspirados em modelos norte-americanos – até então só havia o curso, e não *Programa*, da USP, à moda francesa (lembremos da missão francesa de 1937 em São Paulo).

4 - Mas e a inflexão da historiografia brasileira de que você fez parte?

OK, claro. Na época que ingressei no doutorado, 1984, a minha ambição se limitava a fazer uma tese qualificada dentro dos prazos. Mas foi na USP que tomei consciência de toda a renovação que estava ocorrendo na historiografia ocidental. Tinha feito o mestrado na UFF, sob a orientação do Ciro Cardoso, um grande teórico, quase filósofo, além de historiador de referência em História da América Latina. Aliás, eu escolhi ingressar no mestrado de América, na UFF, exatamente por causa da contratação dele pela pós-graduação, em 1979. O Ciro, porém, sempre foi marxista, além de muito chegado à história econômica. Foi só nos anos 1990 que passou a dedicar-se à semiótica e ao estudo das linguagens. Ele me ajudou muito no mestrado, no qual adotei um ponto de vista marxista (Lucien Goldman), defendido em 1983 e publicado como *Ideologia e escravidão* (1986). Ele fez um prefácio bacana para o livro, substantivo, sem badalações. No entanto, desde a orientação do mestrado, o Ciro mostrou certo desconforto ao me ver estudando a *história das ideias*. Uma influência luminosa que recebi do Falcon. Na verdade, no final do mestrado, eu me interessava cada vez mais por Foucault e os historiadores franceses das mentalidades.

Não incorporei nenhuma dessas "novidades" no meu trabalho de mestrado, mas foi nele que amadureci o projeto de doutorado, que veio a ser o *Trópico dos Pecados* (original de 1988, publicado em 1989). É claro que não tinha, então, a menor ideia do impacto que o livro teria no meio acadêmico e editorial. Assim como a Laura de Mello e Souza, de quem fui colega de doutorado na USP - e tornou-se a minha musa - não fazia ideia do enorme significado de *O Diabo e a Terra de Santa Cruz* (original de 1985, publicado em 1986) em nossa historiografia. Só percebi o impacto desses livros – dos colegas de geração e meus - alguns anos depois, em especial diante críticas acérrimas dos autores e professores apegados ao marxismo economicista. Também tomei consciência disso, do impacto historiográfico das novas pesquisas, pela ressonância delas na *mídia* da época (sobretudo os cadernos literários de grandes jornais), pela curiosidade do público frequentador dos congressos da ANPUH, pelo êxito editorial de vários desses livros, pelos reiterados convites para palestras e congressos no Brasil e no exterior.

5 - Quer dizer que esta inflexão historiográfica partiu da USP?

Em parte sim, por tradição e vocação. A construção do curso de História da USP recebeu grande influência dos franceses. Desde Fernand Braudel, que integrou a missão francesa entre 1935 e 1937, antes de ser o *rex* dos *Annales*, no pós-45, de quem o grande Eduardo d´Oliveira França, catedrático de História Moderna, meu orientador no doutorado, foi assistente naqueles anos. Também a cátedra de História do Brasil, dirigida por ninguém menos do que Sérgio Buarque de Holanda, teve peso considerável. Ele nunca foi, a meu ver, um fã da historiografia francesa, embora a valorizasse, pois preferia os alemães e os italianos. Mas sempre foi um aficionado pela história da cultura e pela história das ideias, no sentido clássico. Doutor Sérgio, como diziam seus orientandos, admitiu tudo isto em um dos prefácios de *Visão do Paraíso* (original de 1958), ao dizer que o livro era a biografia de uma ideia.

Mas não foi só a USP. A UNICAMP teve grande papel, em outra chave, ao privilegiar estudos sobre as *multidões* na história, sobre a *história dos vencidos*, que resultou em bibliografia de ponta sobre o movimento operário e sobre as revoltas escravas, em especial o peso delas no processo abolicionista. O curso de história da UNICAMP estimulou a leitura da obra de Edward Thompson, um marxista não-marxista, um historiador-antropólogo, cioso da mudança, estudioso das continuidades. Foi uma referência, uma luz. A USP e a UNICAMP, cada uma a seu modo, foram, de fato, os focos da renovação historiográfica no Brasil.

A UFF só veio depois, a partir da década de 1990. Mas com docentes formados nos citados Programas de São Paulo. Pela lateral, esta inflexão da pesquisa universitária também estimulou a valorização de historiadores dos anos 1970, que não tinham reconhecimento acadêmico, em razão da intolerância dos marxistas. Exemplo máximo: Evaldo Cabral de Mello, um Philippe Ariès brasileiro. Melhor dizendo, pernambucano - ele, Evaldo, como seus leitores, haverão de saber por que digo isto. A renovação de perspectivas também estimulou a releitura de Gilberto Freyre, em especial de *Casa-Grande e Senzala*, autor e obra amaldiçoados pelo pensamento de esquerda no Brasil.

6 - Os estudos sobre Inquisição e religiosidades no mundo ibérico e colonial ganharam grande destaque a partir de seus trabalhos e de outros historiadores de sua geração, como Laura de Mello e Souza, Luiz Mott e tantos outros. Uma das grandes contribuições, a meu ver, foi criar e sedimentar o interesse das novas gerações pela continuidade destes estudos. De Norte a Sul do país temos trabalhos nos mais variados recortes sobre Inquisição e Igreja, sinal do crescimento e desenvolvimento dos programas de pós-graduação em História Brasil afora, bem como da facilidade de acesso aos arquivos e documentação sobre o tema. Como vê estas novas gerações que foram influenciadas pelos seus estudos? Acha que a nova historiografia sobre o Santo Ofício e a Igreja tem conseguido avanços consistentes?

É verdade que esses trabalhos inaugurais estimularam o avanço da pesquisa sobre as religiosidades. Um campo que, não apenas cresceu em números, como avançou, qualitativamente, foi o das pesquisas sobre a história da Inquisição portuguesa e/ou sobre temas baseados nas fontes inquisitoriais. Este avanço começou na USP e se estendeu à UFF. Na USP já existia, desde os anos 1970, o núcleo dirigido por Anita Novinsky, ex-orientanda de Sérgio Buarque de Holanda, uma grande mestra, dedicada aos estudos sobre a perseguição dos cristãos-novos pela Inquisição portuguesa. *Cristãos Novos na Bahia* (1972) é um clássico. *Dona Anita*, como muitos a chamam, com carinho e reverência, foi pioneira, entre os historiadores brasileiros, no uso da historiografia francesa das "mentalidades" – a da terceira geração dos *Annales*, como disse Peter Burke. Assim como o Professor Eduardo d´Oliveira França foi quem introduziu, como professor e historiador, os estudos de Bloch, e sobretudo de Febvre, entre nós. Basta ler o clássico *Portugal na época da restauração* (original de 1951, reeditado nos anos 1990). Até o estilo da escrita é parecido com o de Febvre. Também o livro da Sônia Siqueira, *Inquisição portuguesa e sociedade colonial* (1978), cumpriu papel importante para o repensar da Inquisição em termos institucionais, além de indicar o potencial das fontes do Santo Ofício para pesquisas de sociologia histórica.

As pesquisas da UFF seguiram o caminho aberto na USP, estimuladas por pesquisadores formados pela "escola de São Paulo": Lana Lage, minha colega na USP, depois Ronald Raminelli, em seguida Georgina dos Santos, além de vários outros que renovaram o estudo das moralidades e religiosidades na sociedade colonial com base em outros fundos documentais: Guilherme Pereira das Neves, Luciano Figueiredo, Rodrigo Bentes Monteiro. Voltando aos estudos sobre o Santo Ofício, alguns percursos foram paralelos, como o do falecido Rogério Ribas, autor de importante estudo sobre os mouriscos em Portugal, doutorado na Universidade de Lisboa e docente da UFF desde os anos 1970; e Bruno Feitler (doutorado na Sorbonne), hoje professor na UNIFESP, estudioso da Inquisição e do criptojudaísmo.

O fluxo de pesquisadores e de trabalhos originais só tem aumentado com o passar das décadas, um indicador razoável da consistência desse campo de pesquisa e do potencial da documentação. Outro indicador é o espraiamento dessas pesquisas por vários Programas do país. Para comprovar o que digo, limito-me a identificar somente alguns percursos que acompanhei diretamente, do contrário teria que redigir um catálogo. Angelo Assis, Célia Tavares, Jacqueline Hermann, Yllan Mattos, Pollyanna Mendonça dão exemplos de historiadores que orientei no doutorado e publicaram livros importantes com base das fontes inquisitoriais. Todos são professores de universidades públicas no Rio de Janeiro, São Paulo, Minas Gerais, Maranhão. Orientaram e orientam trabalhos neste campo. Assim ocorreu com outros colegas da minha geração: orientaram teses de futuros orientadores que, por sua vez, já estão formando novos pesquisadores. A multiplicação e o adensamento do campo são evidentes. Várias teses foram produzidas na Paraíba, em Pernambuco, Bahia, Paraná, Rio Grande do Sul...

Um registro importante: a pesquisa das fontes inquisitoriais é hoje facilitada pela digitalização *on line* de vários códices, como os processos da Inquisição de Lisboa. Isto também vale para outros temas luso-brasileiros que, outrora, só poderiam ser trabalhados com pesquisa de arquivo *in loco*. Há quem estude a experiência colonizadora de Portugal em Macau, na Índia ou no Japão nos séculos XVI, XVII ou XVIII, sem precisar viajar para tais países. Logo, as pesquisas sobre a Inquisição no império marítimo português não se limitam ao Brasil Colonial. Muitos têm dado contribuições originais para o estudo do Santo Ofício em Portugal, na Ásia e na África. Segundo registro importante: no caso do Brasil, pesquisa-se, cada vez mais, a ação inquisitorial em outras regiões, além do Nordeste, foco dos trabalhos dos anos 1980 e 1990. Terceiro registro: aprofundou-se o estudo do Santo Ofício como um *tribunal de Antigo Regime*, e não como uma agência de fanáticos (como foi considerado por décadas); inserido na cultura política da época; relacionado às especificidades das monarquias ocidentais do período, mormente o fato de serem *Estados confessionais*. Os avanços são notáveis. Aprendo muito com os jovens mestres, quando examino dissertações sobre a matéria em diversos estados brasileiros.

Professor Eduardo d´Oliveira França tinha plena razão, pelo visto, quando, escreveu, em 1963, que as fontes inquisitoriais constituíam um acervo a *desafiar gerações e gerações de pesquisadores*. Passados mais de 40 anos, o prognóstico do Professor França é de uma atualidade extraordinária.

7 - Ao longo dos seus anos de pesquisa nas fontes inquisitoriais, quais foram os maiores dilemas e desafios com os quais se deparou? Quais as peculiaridades destas fontes? Quais os cuidados teóricos e metodológicos que jovens historiadores que começam a trabalhar com a documentação do Santo Ofício devem tomar?

Enfrentei dilemas que todo historiador enfrenta quando se aventura em uma pesquisa sobre qualquer tema, de qualquer época. Ao menos desde o século XIX, quando a história, enfim, deixou de ser considerada *Magister Vitae* e, graças ao *Historicismo*, desenvolveu procedimentos de crítica interna e externa da documentação. A contribuição da historiografia oitocentista foi fundamental para a nossa disciplina. Talvez tenha sido mais importante e abrangente, no mundo ocidental, do que o movimento dos *Annales,* cuja apologia de uma história-problema e de uma história social totalizante (na geração de Bloch e Febvre), influiu sobretudo na historiografia francesa e nos países seguidores desta tradição, como o Brasil.

Para produzir um conhecimento original, os historiadores precisam de fontes, sejam inéditas, sejam conhecidas, porém submetidas a novas abordagens. Mas as fontes são o produto de uma época, foram produzidas por sujeitos sociais específicos, com propósitos determinados; seguiram, portanto, cânones de escrita e de valores institucionalizados. Isto vale para qualquer tipo de fonte, escrita, oral, iconográfica. Se o historiador não conhecer as regras que balizaram a produção das fontes que utiliza, corre o risco de ser enganado por elas e propor um conhecimento histórico muito próximo ao discurso dos que produziram a documentação. É uma ingenuidade capital.

Estudar um tema implica fazer um trabalho de bastidores, ou seja, conhecer o sujeito produtor do discurso que, para o historiador, é um documento. As fontes são, portanto, aliadas e inimigas do historiador, ao mesmo tempo. Sem elas ele não avança, sequer delimita uma pesquisa original; mas se confiar nelas em demasia, não irá a lugar nenhum.

No caso do Santo Ofício, isto é fácil de indicar, embora dificílimo de fazer em pesquisa concreta. São documentos produzidos por inquisidores, antes de tudo, para averiguar e punir os desvios – e os desviantes – da fé oficial. São documentos judiciários que registram e penalizam os culpados de heresia ou de crimes assimilados a ela – crimes de fé, erros de consciência – sempre do ponto de vista do tribunal, é claro, intolerante em relação à diferença de crenças e de alguns comportamentos.

Como saber o que pensavam os réus, acuados por inquisidores, por vezes submetidos a torturas? Como saber os modos e meios de suas ações, se tudo era registrado conforme os jargões inquisitoriais? Esta polêmica esteve no centro da historiografia sobre a feitiçaria, por exemplo. Robert Mandrou, em seu *Magistrados e feiticeiros na França do século XVII* (original de 1968), embora não tenha pesquisado processos inquisitoriais, senão processos similares de tribunais mistos, sustentou que nunca houve feiticeiros, senão indivíduos que, por diversas razões, foram condenados por juízes baseados no saber demonológico. Homens doutos que, esses sim, acreditavam nas ações do demônio. Não por acaso, Mandrou sustentou que, quando os médicos franceses passaram a questionar o paradigma demonológico, interpretando as possessões das freiras de Loudun como casos de histeria coletiva das reclusas, as perseguições recuaram. Mandrou negou, portanto, qualquer possibilidade de estudo histórico-antropológico com base nesses processos. Por isso foi considerado mentor da "visão racionalista" da história da feitiçaria europeia.

Questão similar vê-se na polêmica sobre se os cristãos-novos judaizavam ou não, se guardavam ou não as crenças de seus ancestrais em casa, fingindo-se de católicos no foro público. Antônio José Saraiva, grande intelectual português, marxista durante décadas, sustentou no impactante livro *Inquisição e Cristãos-novos* (1969), que os cristãos-novos não *judaizaram* jamais. Estariam praticamente assimilados, cerca de meio século após a conversão imposta por d.Manuel (1497), não fosse a criação do Santo Ofício pelo seu sucessor, d.João III. Saraiva atribuiu o judaísmo dos *judaizantes* às maquinações de um tribunal empenhado em barrar a ascensão da burguesia judaica no reino. Amplificou a tese de que a Inquisição foi uma *fábrica de judeus*, assim como Mandrou sustentou que foram os magistrados franceses dos séculos XVI e XVII que inventaram feiticeiros. Ambos usaram as fontes somente para explicar as razões do poder persecutório, desmerecendo o potencial etnográfico do registro judiciário.

Do lado oposto, no caso da feitiçaria, o italiano Carlo Ginzburg, principal referência teórico-metodológica dos estudos inquisitoriais, ele mesmo autor de *Os benandantes* (original de 1966) e de *O queijo e os vermes* (original de 1976), identificou sistemas culturais complexos - e híbridos - subjacentes ao relato dos réus da Inquisição italiana no século XVI. Tessituras que misturavam alguma doutrina cristã com tradições camponesas de origem pagã, conhecimentos livrescos com a cultura oral dos camponeses do Friuli. Nos anos 1990, Ginzburg publicou um artigo seminal, *O inquisidor como antropólogo*, no qual sustentou que as fontes inquisitoriais, se também lidas em perspectiva etno-histórica, na contramão dos inquisidores, ofereciam evidências de enorme riqueza para a história cultural. Em especial quando os inquisidores, desconhecendo a lógica dos relatos que ouviam, antes de enquadrar os réus como hereges, faziam inúmeros interrogatórios, registrando em detalhe tudo o que ouviam.

No caso dos judaizantes portugueses, foi Israel Révah, historiador francês, quem polemizou com Saraiva, nos anos 1970. Révah demonstrou, com amplo conhecimento da documentação, a impossibilidade de dar uma resposta única e geral para a ocorrência ou não de crenças judaicas entre os cristãos-novos. Há muitos fatores a considerar: cristãos-novos do século XVI, ainda próximos da geração convertida à força (os *batizados em pé*) ainda estavam muito apegados a uma tradição que não poderia ser abolida por decreto; cristãos-novos do século XVII, sobretudo os que mantinham contato com os exilados no Marrocos, Itália ou Holanda, também realimentaram as tradições, quando não fugiram para se juntar aos parentes da diáspora. Révah dá uma lição de método na análise dessas fontes, abrindo caminho para pesquisas inovadoras. Mas fica claro que, para estudar o criptojudaísmo, há que estudar o judaísmo, em si, crenças e ritos, sobretudo o judaísmo sefardita - o ibérico.

Em resumo, e aqui concluo a resposta, enfrentei este dilema de confiar e desconfiar, ao mesmo tempo, das fontes. Enfrentei, de um lado, o desafio de tentar saber como a documentação do Santo Ofício era produzida, as regras da escritura processual, o que os inquisidores conheciam da identidade cultural e religiosa de suas vítimas. Enfrentei, de outro lado, o trabalho demiúrgico de conhecer o universo cultural das vítimas, suas tradições, as mudanças provocadas pela intolerância católica, as adaptações, as simulações e dissimulações. Procurei seguir esta linha desde os primeiros estudos com fontes inquisitoriais, mas talvez no *Jerusalém Colonial* (2010) tenha ido mais longe.

Mas o que são tais comentários senão uma reiteração das lições do *historicismo*, temperado pela história-problema dos *Annales* e adensado pelo modelo de história cultural de Ginzburg? Nada muito além. Recomendo, portanto, aos jovens historiadores, que sigam as lições dos antigos, a começar pelos autores do século XIX.

8 - Sobre divulgação, nos últimos anos, nota-se grande sucesso editorial de obras relacionadas à História do Brasil. Um dos maiores expoentes deste fenômeno, o best-seller *1808*, de Laurentino Gomes, foi predominantemente mal recebido no meio acadêmico. Como você avalia a relação entre o relativo interesse do grande público pela história nacional e a produção da historiografia acadêmica? Até que ponto a divulgação ampla impacta na qualidade do ofício do historiador?

Li, sim, este livro do Laurentino Gomes, não li os outros. Texto bem escrito. Também revela bom conhecimento factual e bibliográfico sobre o período joanino. O sucesso editorial do livro comprova, antes de tudo, o interesse do público leitor brasileiro pela nossa história, o que é ótimo. Comprova, também, que os textos de história produzidos fora da academia, possuem um potencial de mercado muito maior, o que é mau, de um ponto de vista corporativo. Mas o livro foi mal recebido no meio acadêmico não apenas por razões corporativas, senão porque oferece uma versão muito sensacionalista do assunto. Basta citar o subtítulo do livro citado: *Como uma rainha louca, um príncipe medroso e uma corte corrupta enganaram Napoleão e mudaram a História de Portugal e do Brasil*. É, antes de tudo, um encadeamento de estereótipos e preconceitos: a loucura da rainha, o despreparo do regente, e por aí vai. É o tipo de livro que faz sucesso por contar uma história que o público leitor já conhece por alto. Assim como fez sucesso o filme da Carla Camurati, *Carlota Joaquina, Princesa do Brasil* ou a minissérie *Quinto dos Infernos*, cujo enredo se estende ao D.Pedro I. No filme, cujo roteiro parece inspirar-se no romance de João Felício dos Santos, *Carlota, a rainha devassa* (1968), a rainha é representada como uma ninfomaníaca e d.João como idiota. A minissérie é uma comédia pastelão, com destaque para o desempenho de d.Pedro como um *Don Juan* dos trópicos.

O que o livro do Laurentino, o filme da Camurati e a série da GLOBO possuem em comum, além do sucesso de público? O achincalhe da história do Brasil, em seus primórdios como Nação. Personagens extravagantes. Sexualidades exacerbadas. Ambições desmedidas. Corrupção infrene. Ouso dizer que o "grande público" que se interessa pela história do Brasil é tributário de uma certa memória, entre a cultura escrita e a tradição oral, que considera a nossa história como exótica, bizarra. No filme da Camurati, o ponto de partida é um velho escocês que conta para a neta a história de um país exótico. Na história de nossa historiografia, um livro muito importante dos anos 1920 foi o de Paulo Prado, *Retrato do Brasil*. Um livro que expõe nossa história como uma agregação de excessos e carências, a história de uma patologia coletiva. A matéria é ordenada em quatro capítulos, cujos títulos dizem muito: *luxúria* (excesso de sexo); *cobiça* (excesso de ambição); *tristeza* (excesso de insatisfação); *romantismo* (excesso de sentimentos). As carências de nossa formação histórica estariam no campo da moral, da disciplina, da racionalidade. Esta visão tem a ver com o *complexo de vira-lata* do brasileiro, que Nelson Rodrigues divulgou, décadas depois: o sentimento de inferioridade diante do mundo. Este conceito vem de longe, antes mesmo do que escreveu Paulo Prado e sobrevive, impávido, até hoje.

Creio que isto explica muito o sucesso de livros, como o do Laurentino e outros livros de divulgação inspirados no mesmo gosto pela reprovação moral de nosso passado histórico, uma auto-rejeição, com pitadas de autocomiseração, algum *quê* de denúncia. A questão reside em como explicar o profundo enraizamento desse autorretrato difuso de nossa história. Qualquer tentativa dos historiadores profissionais de enfrentar esta memória, não para exaltar a história brasileira, mas para compreendê-la e explicá-la, só é bem recebida por um público muito restrito de intelectuais e acadêmicos. Não tem a menor chance de triunfar sobre o modelo de uma história bizarra e desmoralizante.

É claro que há outras fórmulas para fazer sucesso editorial contando a nossa história. O Eduardo Bueno é um craque na divulgação da história brasileira, misturando chavões do senso comum com informações livrescas bem tradicionais, tudo com linguagem livre de academicismos. O Leandro Narloch inventou fórmula original: usa a pesquisa acadêmica de historiadores profissionais, cujos livros desmontam lugares-comuns da história oficial. Mas, para tanto, abusa dos estereótipos, pois esta é condição para o sucesso de mercado. Banaliza argumentos fundamentados da pesquisa histórica recente a ponto de transformá-los em caricaturas. É capaz de escrever, por exemplo, que a maior ambição de qualquer escravo, no Brasil antigo, era comprar escravos para si.

Os historiadores profissionais não são capazes de escrever uma coisa dessas, por escrúpulo acadêmico. E, como *historiadores profissionais*, não quero me referir apenas aos autores formados em história, com mestrados e doutorados, senão aos que escreveram/escrevem livros de história fundamentados em pesquisa documental, conhecimento bibliográfico, erudição factual. Pessoalmente, acho que tais qualidades, somadas à boa escrita, são as condições para que uma obra possa ser considerada como contribuição historiográfica. Bastaria citar, entre vários exemplos, as contribuições de Evaldo Cabral de Mello ou Alberto da Costa e Silva, diplomatas de carreira, historiadores por vocação.

9 - Na sua produção, nota-se a presença da temática da escravidão em diferentes facetas, seja as relações escravistas permeando o cotidiano colonial, como em *Trópico dos Pecados*, ou no plano do pensamento (e consciência) da elite do poder eclesiástico, em *Ideologia e Escravidão*. A problemática da escravidão é incontornável para a historiografia do período colonial?

Não me considero um autor importante da historiografia brasileira sobre a escravidão. O meu único livro que elegeu a escravidão, nem tanto como objeto, senão como tema de referência, foi o citado *Ideologia e Escravidão*. Na época foi até inovador, um dos primeiros a pensar nas relações escravistas com um *pacto político* entre senhores e escravos, e não apenas como a sujeição dos cativos aos senhores por meio exclusivo da violência. Mas esta não foi uma interpretação totalmente original. Gilberto Freyre já a tinha proposto em *Casa Grande e Senzala* (1933), atento à hierarquia da escravidão (inclusive ao uso da violência), embora privilegiando as trocas culturais e os fatores de coesão entre os polos sociais opostos. Kátia Mattoso, ex-professora da Universidade Federal da Bahia, ex-catedrática de História do Brasil na Sorbonne, também pensou nesta chave em S*er escravo no Brasil* (original em francês de 1978). Inspirei-me neles ao estudar a cultura letrada no Brasil Colônia em relação à escravidão africana, debulhando os discursos, sobretudo o jesuítico, para alcançar um modelo de escravidão capaz de manter o domínio senhorial com a aquiescência dos cativos.

Mas este meu livro é de iniciante. A principal historiografia brasileira sobre a escravidão decolou, na década de 1980, com outros nomes. João Reis, da UFBa; Manolo Florentino e Flávio Gomes, da UFRJ; Hebe Mattos e Sheila de Castro Faria, da UFF; Sidney Chaloub, Robert Slenes e Silvia Lara, da UNICAMP; Marcus Carvalho, da UFPe e outros. Atualmente, a conexão entre a história da escravidão e a história africana tem avançado muito. Cito um só nome, na historiografia universitária, Marina de Mello e Souza, e outro "de fora", Alberto da Costa e Silva, um monumento em nossa historiografia.

Em todo caso, estou de pleno acordo com a ideia de que a escravidão é referência incontornável para os historiadores do período colonial. Referência obrigatória, mas não problemática necessária. Tudo depende do tema tratado, das fontes, do objeto de pesquisa. Estudos sobre a história político-administrativa colonial, estrutura eclesiástica, comércio de gêneros, relações diplomáticas *etc* dificilmente teriam a escravidão como problemática relevante, embora seja quase impossível um historiador dedicado ao período não topar, aqui e ali, com os senhores e escravos – *et pour cause*. No meu caso, não só topei com eles, estudando outros temas, como a sexualidade colonial ou os judeus no Brasil holandês, como os incorporei nas respectivas problemáticas. Mas *Trópico dos Pecados* ou *Jerusalém Colonial* não deram contribuição à historiografia sobre a escravidão.

Pois bem, uma coisa é parte da bibliografia sobre o período colonial, conforme o tema, deixar a escravidão à margem, sem desmerecer a sua importância. Outra bem diferente é a construção de um modelo de interpretação sobre o Brasil Colonial que não reconheça a centralidade da escravidão em nossa história. Este último é o caso do núcleo *Antigo Regime nos Trópicos*, liderado por João Fragoso (UFRJ) – autor de valor indiscutível. Mas como indica o próprio nome do núcleo, título de importante livro homônimo (2001), trata-se de um modelo que destaca, entre seus elementos fundamentais: a inserção do Brasil nos quadros do império marítimo português, e não em um *sistema colonial* abstrato (Fernando Novais); a inserção do Brasil nos protocolos jurídico-administrativos de governança portuguesa em nível de governo-geral, administração judiciária, estrutura militar, governos camarários *etc*; o transplante, para o Brasil, da hierarquia social do reino para a Colônia, inclusive os valores de limpeza de sangue, ideal de nobreza e outros aspectos includentes de indivíduos, excludentes de grupos; a valorização dos poderes locais, identificados com grupos de interesse radicados na colônia, quer no comércio, quer na propriedade fundiária, o que se exprime na *sociologização* do conceito de "nobreza da terra".

O modelo do *Antigo Regime* colonial possui qualidades inegáveis, no conjunto, a meu ver, mas foi duramente criticado por Laura de Mello e Souza no texto inaugural de *O Sol e a sombra* (2006). Não é caso de retomar a polêmica, senão de lembrar, aí sim, dois argumentos essenciais da crítica: 1) O fato de o modelo em causa não incluir a escravidão como elemento estruturante da sociedade colonial. Não que os seguidores deste modelo neguem a importância da escravidão, mas porque a tomam como um dado *a priori*, quase naturalizado, do "viver em colônias" naquele tempo; 2) O fato de o Antigo Regime clássico jamais ter se apoiado na escravidão, pelo contrário, foi um regime no qual se operou, na Europa, a transição do trabalho servil para o trabalho livre.

Assim encerro a resposta. É perfeitamente lícito deixar a problemática da escravidão à margem das pesquisas sobre o Brasil Colonial; mas é discutível marginalizá-la ou naturalizá-la a *priori* em qualquer modelo teórico. Neste sentido, sim, a questão da escravidão é incontornável.

10 - Os grandes laboratórios de pesquisa, como é a *Companhia das Índias*, da Universidade Federal Fluminense, são importantes redutos de investigação das universidades. Fale-nos um pouco mais sobre a importância de núcleos como este para a pesquisa acadêmica.

Reduto é uma excelente palavra, porque a pesquisa, nas universidades públicas, só funciona graças ao financiamento das agências de fomento, em todas as áreas. O governo federal, desde o período FHC, mas sobretudo no tempo do PT – ao menos até 2014 – percebeu que a otimização dos recursos para a pesquisa científica dependia do envolvimento dos pesquisadores *seniors* como gestores das despesas. O mesmo vale para os Programas de Pós-Graduação considerados de excelência, segundo o *ranking* da CAPES: autonomia financeira para eles, investidura dos coordenadores de pós como ordenadores de despesas. Foi decisão sábia, porque delegar às autoridades universitárias a gestão da verba para pesquisa é problemático. Muitos dirigentes não possuem sequer o título de mestre, quanto mais o de doutor. São escolhidos a partir de uma eleição direta de docentes, funcionários e estudantes. Mesmo com peso diferenciado para o voto de cada categoria, o fato é que uma eleição para reitor de qualquer universidade pública se transforma em uma "disputa de arraial".

Os laboratórios e núcleos financiados por editais específicos, como o PRONEX, são fundamentais para a pesquisa. As agências financiam equipamentos, organização de espaços de trabalho, viagens para congressos nacionais e internacionais, pesquisa de campo, aquisição de livros, digitalização de fontes. Não fosse a estratégia de retirar da administração universitária oficial a gestão das verbas de pesquisa em favor dos pesquisadores *seniors* ou coordenadores de Programas de excelência, a pesquisa científica no Brasil estaria arruinada, com verbas alocadas segundo conveniências políticas.

A *Companhia das Índias* não é um grande laboratório, no cenário nacional, nem poderia. Os maiores financiamentos públicos são para as áreas de Saúde, tecnologias de ponta – prioridades indiscutíveis. As Ciências Humanas produzem conhecimentos com menor impacto social do que os produzidos pelos *cientistas* – para usar o termo no sentido convencional. Mas no âmbito das Ciências Humanas – e da História, em particular – a *Companhia das Índias* possui alguns méritos. Obteve financiamentos generosos para projetos coletivos sobre a dominação colonial portuguesa no Brasil, origem jurídica dos preconceitos raciais, raízes da intolerância religiosa, enfim, projetos acadêmicos comprometidos com a sociedade brasileira atual. A *Companhia* foi fundada nos anos 1990, mas só decolou nos anos 2000. Ganhou três edições do PRONEX que, somados, chegam a quase um milhão de reais. Um portento para um laboratório ou núcleo de Ciências Humanas

Além de consórcios firmados com a Cátedra Jaime Cortesão (USP) e com o núcleo de Estudos Coloniais (UFMG), a *Companhia* mantém permanente contato com historiadores e centros de pesquisa portugueses, espanhóis, franceses, alemães, estadunidenses, colombianos, mexicanos, argentinos.

O mais importante, porém, é o agigantamento do número de pesquisadores em história ibérica, incluindo metrópoles e colônias, com ênfase no Brasil colonial – entre os séculos XVI e XVIII. Quando voltei à UFF como doutor pela USP, não havia sequer um aluno pesquisando história moderna e colonial. Hoje são mais de dez docentes e muitas dezenas de graduandos, mestrandos e doutorandos.

11 - Você considera que os cargos de gestão acadêmica que exerceu foram um desvio em sua carreira de professor e historiador? Aliás, independentemente dos cargos, você se considera mais professor ou mais historiador?

Os cargos que exerci na UFF, CAPES, CNPq, FAPERJ foram articulados à minha carreira ou, pelo menos, tentei articular a gestão acadêmica com o meu trabalho. Trabalho duríssimo, não remunerado, exceto na FAPERJ. Mas não me arrependo de nada. Batalhei por critérios de excelência, pela meritocracia, contra a isonomia, quer de pesquisadores (CNPq, FAPERJ), quer dos Programas de Pós-Graduação (CAPES).

Quanto a como me considero, entre historiador e professor, acho que sou (ou fui) as duas coisas. Os anos de magistério em história colonial da América Espanhola, por exemplo, foram essenciais para as minhas pesquisas sobre a história do Brasil Colonial. Não teria escolhido os meus temas de pesquisa em história luso-brasileira não fossem os anos de docência em história hispano-americana. Foi tudo um *mix*, incluída a minha "atração fatal" pela história da Europa entre os séculos XVI e XVIII. Uma época extraordinária em que os valores tradicionais, inspirados pela religião, conviviam (e disputavam) com os novos valores inspirados pelo mercado, pela possibilidade de ascensão social, pelo fetiche do dinheiro. Isto para dizer o mínimo. Mas não me imagino como historiador se não fosse professor universitário. Esta é minha experiência pessoal, não é um modelo. Houve historiadores excelentes, muito melhores do que eu, que não foram bons professores, ou não lecionaram *at all*. Assim como há professores dedicados que não são historiadores. Não são, nem o seriam, jamais.

12 - Faça um balanço final sobre a sua carreira de professor e pesquisador. Após tantas décadas no ofício, o que foi mais positivo, o que foi frustrante?

Esta pergunta, antes de tudo, me lembra de uma entrevista que dei à uma aluna que cursava uma disciplina de História Oral na UFF. Ela perguntou se eu me via mais como professor ou pesquisador. Pergunta boa, mas que, naquela altura, me pareceu estranha, provocativa, sobretudo porque a tal disciplina era ministrada por um colega que separa, até hoje, pesquisa e ensino. Acha que os docentes dedicados à pesquisa não gostam de dar aula, sobretudo de graduação. Isto foi um mito construído no Departamento de História da UFF, do que prefiro não falar. Mas, na senda aberta pelo mito, surgiram alguns *mitômanos*, alguns fanáticos, empenhados em divorciar pesquisa e ensino como se fossem atividades antagônicas. Uma estupidez que convinha aos que não conseguem fazer pesquisa. No caso da citada entrevista, respondi que não me sentia nem como professor, nem como pesquisador, senão como historiador.

Com este comentário, já entro no território das frustrações. Embora seja grato à UFF, como instituição, pois ali fiz a graduação e o mestrado, e ali exerci o magistério por 37 anos, enfrentei, a exemplo de vários colegas – a maioria – um bombardeio de colegas *esquerdistas* que, embora minoritários, sempre fazem muito barulho. Alguns são quadros de partidos sectários de esquerda, outros são esquerdistas independentes – e todos são revolucionários ou quase isto. Seguidores dos conselhos de Gramsci, para quem a revolução comunista não devia depender apenas da luta política do partido de vanguarda, mas de um combate em todas as frentes - escolas, universidades, sindicatos, ruas, bairros etc. No Departamento de História da

UFF, a rejeição da pesquisa e da pós-graduação é apenas um exemplo dessa postura, do que resultou, por anos, um combate implacável contra as viagens de pesquisa e contra uma carga horária que respeitasse o trabalho dos pesquisadores. Entenda-se: uma carga horária diferenciada conforme o engajamento dos docentes nas atividades universitárias. Quem faz pesquisa, deveria dar menos disciplinas, quem não faz, deve lecionar mais. No entanto, há uma visão que se pretende de esquerda que sustenta carga horária igualitária, entendendo-a como sinônimo de carga horária letiva. Como se os professores devessem ser exclusivamente *auleiros*, como ocorre na imensa maioria das universidades privadas. Os que sustentam tal posição, não percebem, ou fingem não perceber, que a excelência das universidades públicas reside, exatamente, na conjugação do magistério com a pesquisa. Mas o que esperar de colegas que, ainda hoje, defendem uma revolução internacional da classe trabalhadora, seguidores do *Manifesto* de 1848? Que consideram o regime comunista histórico, independentemente de suas variantes, ao qual chamam de *socialismo real*, não é o verdadeiro socialismo anunciado por Marx & Engels? Estranho conceito o de *socialismo real*, que postula que o real é falso e o verdadeiro é o que não há, nem é, nem houve. Um contrassenso epistemológico, que, no entanto, uns poucos insistem em pregar, molestando a Universidade, seduzindo alunos que, ainda jovens e inexperientes, aderem aos professores *camaradas*.

Pessoalmente, combati tudo isto desde sempre, na medida das minhas possibilidades. Questionei o grevismo insano; questionei a tentativa de *aparelhar* o Departamento de História, por meio de alunos cooptados – "representantes" estudantis que só representam facções sectárias.

Um flagelo. Cansei dessa luta e me preocupo muito com o destino do curso de graduação e o de pós-graduação em História da UFF. Os graduandos são massacrados com as greves, que impedem os vestibulandos de ingressar e os formandos de obter o diploma. Os pós-graduandos – outro paradoxo – são menos afetados, exceto pelas calúnias de que, por fazerem pesquisas e/ou receberem Bolsas do governo, são pessoas "vendidas" ao capitalismo *neoliberal*. Bem poderia prosseguir no magistério até a aposentadoria compulsória. Mas cansei. Que os colegas de índole democrática enfrentem este flagelo, se quiserem.

Reconheço, porém, que gastei muito espaço desta pergunta falando de frustrações. Sinal de que elas são um incômodo danado.

Mas o lado positivo da carreira, como consta da pergunta, é gratificante, em vários aspectos. Como pesquisador, me senti praticando o ofício, como escreveu

Marc Bloch, em seu manual póstumo, *Apologia da História*. O cotidiano dos arquivos e bibliotecas, a poeira dos documentos e livros raros, o aprendizado que somente a pesquisa de campo permite ao historiador. É nela que o historiador repensa seu tema, delimita outra vez, e mais outra, o seu objeto. É ali que ele realmente o concebe, no diálogo com os documentos, ancorado na bibliografia, porém aberto ao que as fontes dizem sobre seus problemas de investigação. Pesquisei, com sofreguidão, em várias bibliotecas do Brasil e do exterior. É um trabalho duríssimo e fascinante, para o qual não tenho mais a energia indispensável.

Como historiador – e me refiro, aqui, aos principais livros que publiquei, sem apelo ao quantitativo do *Homo Lattes* (conceito luminoso do Renato Lessa) - a minha contribuição foi razoável. Se fosse escolher, citaria o *Trópico dos Pecados*, a *Heresia dos Índios*, o livro *Traição*, o *Jerusalém Colonial* e o *Antônio Vieira, jesuíta do rei*. Cinco livros nos quais mergulhei desde a ideia até a redação, entrega total, disciplina e paixão.

Como professor, a minha experiência no Brasil foi na UFF, onde ingressei muito jovem. Lecionei pouco no Ensino Fundamental e Médio. A melhor recordação que guardo como professor é a formação de quadros para a docência universitária e para a pesquisa histórica.

Orgulho-me de ter orientado Andrea Doré, Angelo Assis, Carlos Henrique Cruz, Célia Tavares, Cristiane Laidler, Emanuel de Souza e Silva, Jacqueline Hermann, João Azevedo, João Kennedy Eugenio, José Roberto Góes, Juliana Beatriz de Souza, Marina de Mello e Souza, Pollyanna Mendonça, Ronald Raminelli, Thiago Henrique Silva, Thiago Groh, Vera Lúcia Soares, Yllan Mattos, Yobenj Chicangana. Quase todos, hoje, docentes de universidades públicas, alguns já o eram quando iniciei a orientação de teses.

Mas não pensem que só destaco a formação de quadros na pós-graduação. Não. Alguns dos historiadores citados, foram meus alunos de graduação, como Angelo, Célia, Jaqueline, Juliana, Ronald. Professor Raminelli, Titular de História Moderna da UFF, foi o meu primeiro orientando de Iniciação Científica, depois fez a pós com a Laura, na USP. Grande historiador, que abandonou a Medicina porque preferia estudar os mortos, evitando o sofrimento dos vivos.

Minha lembrança final – positiva – é a dos alunos de Graduação, em geral, sem citar nomes, pois teria que fazer um catálogo. Alguns seguiram com orientação de colegas, outros continuaram comigo, muitíssimos escolheram caminhos profissionais diversos. Minha avaliação dos alunos da UFF – ao menos os que cursaram as disciplinas que ministrei – é a melhor possível. Aprendi muito com todos, em especial sobre a conexão entre ensino e pesquisa. Preparar uma aula é organizar um conhecimento, que pode resultar em um possível diálogo, como ocorre no trabalho de pesquisa, que escuta múltiplas vozes, navega entre múltiplos registros. Não fui professor *camarada*, desses que confraternizam em busca de apoio político e lealdade canina. Procurei ser, desde o início da carreira, um professor empenhado em ensinar o que aprendi de história e na vida, por dever de ofício. Nada mais, nada menos.

Sobre os Autores

Aldair Carlos Rodrigues

Professor da Universidade Estadual de Campinas. Autor de *Igreja e Inquisição no Brasil: agentes, carreiras e mecanismos de promoção social (Século XVIII)* (São Paulo: Alameda, 2014).

Andréa Doré

Professora da Universidade Federal do Paraná. Autora de *Sitiados. Os cercos às fortalezas portuguesas na Índia* (São Paulo: Alameda, 2010).

Angelo Adriano Faria de Assis

Professor da Universidade Federal de Viçosa. Autor de *Macabeias da Colônia: Criptojudaísmo feminino na Bahia* (São Paulo: Alameda, 2012) e *Edificar e Transgredir: Clero, Religiosidade e Inquisição no espaço ibero-americano (séculos XVI-XIX)* (Jundiaí: Paco, 2016), organizado em conjunto com Aldair Rodrigues, Pollyanna Gouveia e Yllan de Mattos.

Bruno Feitler

Professor da Universidade Federal de São Paulo. Autor de *The Imaginary Synagogue: Anti-Jewish Literature in the Portuguese Early Modern World (16th-18th Centuries)* (Leiden: Brill, 2015).

Célia Cristina da Silva Tavares

Professora da Universidade do Estado do Rio de Janeiro - Faculdade de Formação de Professores. Autora de *Jesuítas e inquisidores em Goa* (Lisboa: Roma Editora, 2004).

Christiane Vieira Laidler

Professora da Universidade do Estado do Rio de Janeiro. Autora de *O barão do Rio Branco: política externa e nação* (Rio de Janeiro: Fundação Casa de Rui Barbosa, 2014).

Daniela Buono Calainho

Professora da Universidade do Estado do Rio de Janeiro - Faculdade de Formação de Professores. Autora de *Metrópole das mandingas: religiosidade negra e Inquisição portuguesa no Antigo Regime* (Rio de Janeiro: Garamond, 2008).

Elisa Frühauf Garcia

Professora da Universidade Federal Fluminense. Autora de *As diversas formas de ser índio: políticas indígenas e políticas indigenistas no extremo sul da América portuguesa* (Rio de Janeiro: Arquivo Nacional, 2009).

Fernando Gil Portela Vieira

Professor do Instituto Federal de Educação, Ciência e Tecnologia Fluminense - Diretoria Geral de Implantação dos *Campi* Maricá/Itaboraí e Coordenador do Centro de Memória IFF/Maricá. Autor da tese "Os Calaças: quatro gerações de uma família de cristãos-novos na Inquisição (séculos XVII-XVIII)".

Georgina Silva dos Santos

Professora da Universidade Federal Fluminense. Autora de *Ofício e Sangue: a Irmandade de São Jorge e a Inquisição na Lisboa Moderna* (Lisboa: Edições Colibri, 2005).

Isabel M. R. Mendes Drumond Braga

Professora da Universidade de Lisboa. Autora de *Viver e morrer nos cárceres do Santo Ofício* (Lisboa: A Esfera dos Livros, 2015).

Jacqueline Hermann

Professora da Universidade Federal do Rio de Janeiro. Autora de *No Reino do Desejado. A construção do sebastianismo em Portugal, séculos XVI e XVII* (São Paulo: Companhia das Letras, 1998).

Jorge Victor de Araújo Souza

Professor da Universidade Federal do Rio de Janeiro. Autor de *Para além do claustro: uma história social da inserção beneditina na América portuguesa, c. 1580 - c. 1690* (Niterói: EDUFF, 2014).

Júnia Ferreira Furtado

Professora Titular da Universidade Federal de Minas Gerais. Autora de *O mapa que inventou o Brasil* (São Paulo: Versal, 2013).

Lana Lage da Gama Lima

Foi Professora da Universidade Federal Fluminense e da Universidade Estadual do Norte Fluminense Darcy Ribeiro. É professora do Curso de Especialização em Justiça Criminal e Segurança Pública da Universidade Federal Fluminense. É autora de *Mulheres, Adúlteros e Padres. História e Moral Na Sociedade Brasileira* (Rio de Janeiro: Dois Pontos, 1986).

Laura de Mello e Souza

Professora aposentada da Universidade de São Paulo. Desde setembro de 2014, ocupa a cátedra de História do Brasil na Universidade de Paris IV - Sorbonne. Autora de *O diabo e a terra de Santa Cruz: feitiçaria e religiosidade popular no Brasil colonial* (São Paulo: Companhia das Letras, 1986).

Lina Gorenstein Ferreira da Silva

Pesquisadora do departamento de documentação do Museu da Tolerância (a ser construído) da Universidade de São Paulo. Historiadora do núcleo de pesquisa Anita Novinsky da Universidade de São Paulo. Autora de *A Inquisição contra as mulheres* (São Paulo: Associação Editorial Humanitas, 2005).

Luiz Mott

Professor titular aposentado da Universidade Federal da Bahia. Autor de *Bahia: Inquisição e Sociedade* (Salvador: EdUFBA 2010).

Maria Fernanda Bicalho

Professora da Universidade Federal Fluminense. Autora de *A Cidade e o Império: Rio de Janeiro no século XVIII* (Rio de Janeiro: Civilização Brasileira, 2003).

Maria Leônia Chaves de Resende

Professora da Universidade Federal de São João Del-Rei. Autora de *Em nome do Santo Ofício: cartografia da Inquisição nas Minas Gerais* (Belo Horizonte: Fino Traço, 2015), junto com Rafael José de Sousa.

Marina de Mello e Souza

Professora da Universidade de São Paulo. Autora de *Reis negros no Brasil escravista. História da festa de coroação de rei congo* (Belo Horizonte: Ed.UFMG, 2002).

Mary del Priore

Professora do Programa de Mestrado em História da Universidade Salgado de Oliveira. Autora de *Ao Sul do Corpo: Condição Feminina, Maternidade e Mentalidades No Brasil Colonial* (Rio de Janeiro: Jose Olympio, 1993).

Paulo Drumond Braga

Professor na Escola Superior de Educação Almeida Garrett (Lisboa). Autor de À Cabeceira do Rei. Doenças e causas de morte dos soberanos portugueses entre os séculos XII e XX (Lisboa: A Esfera dos Livros, 2014).

Pollyanna Gouveia Mendonça Muniz

Professora da Universidade Federal do Maranhão Autora de *Inquisição e Justiça Eclesiástica* (Rio de Janeiro: Paco, 2013), organizado em conjunto com Yllan de Mattos, e *Réus de Batina: Justiça Eclesiástica e clero secular no Maranhão colonial* (São Paulo: Alameda, 2017).

Reginaldo Jonas Heller

Professor do Centro Universitário de Volta Redonda. Autor de *Judeus do Eldorado* (Rio de Janeiro: E-papers, 2010).

Ronaldo Vainfas

Professor titular aposentado da Universidade Federal Fluminense. Professor Visitante do Programa de Pós-Graduação em História da UERJ - Faculdade de Formação de Professores, de 2016 a 2017. Autor de *Trópico dos pecados: moral, sexualidade e Inquisição no Brasil* (Rio de Janeiro: Campus, 1989) e *Jerusalém Colonial: judeus portugueses no Brasil holandês* (Rio de Janeiro: Civilização Brasileira, 2010).

Thiago Groh

Professor da Universidade Federal do Tocantins, *campus* Araguaína. Autor de *O embaixador oculto: Antônio Vieira e as negociações entre Portugal e a república dos países baixos* (Curitiba: Editora Prismas, 2015).

Yllan de Mattos

Professor da Universidade Federal Rural do Rio de Janeiro, campus de Seropédica e Professor Colaborador no Programa de Pós-Graduação em História da Universidade Estadual Paulista Júlio de Mesquita Filho, campus Franca. Autor de *A última Inquisição: os meios de ação e funcionamento do Santo Ofício no Grão-Pará pombalino (1750-1774)* (Jundiaí: Paco Editorial, 2012) e *A Inquisição contestada: críticos e críticas ao Santo Ofício português (1605-1681)* (Rio de Janeiro: Mauad-x/Faperj, 2014).

Alameda nas redes sociais:

Site: www.alamedaeditorial.com.br
Facebook.com/alamedaeditorial/
Twitter.com/editoraalameda
Instagram.com/editora_alameda/

Esta obra foi impressa em São Paulo na primavera de 2017. No texto foi utilizada a fonte Minion Pro em corpo 10,25 e entrelinha de 15,25 pontos.